Studienbücher zur Linguistik

Herausgegeben von Peter Schlobinski

Band 8

Vandenhoeck & Ruprecht

Christa Dürscheid

Einführung
in die Schriftlinguistik

3., überarbeitete und ergänzte Auflage 2006

Mit 31 Abbildungen

Vandenhoeck & Ruprecht

Bibliografische Information Der Deutschen Bibliothek

Die Deutsche Bibliothek verzeichnet diese Publikation in der
Deutschen Nationalbibliografie; detaillierte bibliografische Daten sind
im Internet über <http://dnb.ddb.de> abrufbar.

ISBN 10: 3-525-26516-6
ISBN 13: 978-3-525-265116-1

Gedruckt auf alterungsbeständigem Papier.

Inhalt

Vorwort

Es gibt zahlreiche Einführungen in die verschiedenen Teilgebiete der Linguistik, doch keine linguistische Arbeit, in der die schriftbezogenen Aspekte des Sprachsystems zusammenfassend dargestellt werden. Diese Lücke möchte das vorliegende Studienbuch schließen. Es soll einen Überblick über den Stand der Forschung geben, den Einstieg in die Lektüre der einschlägigen Literatur erleichtern und als Anregung zum Nachfragen dienen.

In den sechs Hauptkapiteln werden sechs Forschungsansätze vorgestellt. Ihr Bindeglied ist der gemeinsame Untersuchungsgegenstand, die Schrift. Zunächst steht die Unterscheidung von Mündlichkeit und Schriftlichkeit im Mittelpunkt, danach folgt ein Überblick zur Klassifikation von Schrifttypen/Schriftsystemen und zur Geschichte der Schrift. Im Anschluss daran liegt der Schwerpunkt auf dem deutschen Schriftsystem. Wichtige Aspekte zur Graphematik und zur Orthographie des Deutschen werden hier erörtert, und auch dem Schriftspracherwerb wird ein eigenes Kapitel gewidmet. Ergänzt wird das Buch um kommentierte Literaturhinweise am Ende jedes Kapitels sowie um Übungsaufgaben und Lösungsvorschläge, ein Glossar und eine Bibliographie, die den aktuellen Forschungsstand dokumentiert.

Eine Arbeit wie diese kann nur gelingen, wenn man mit der Unterstützung anderer rechnen kann. Bei der Ausarbeitung der einzelnen Kapitel hatte ich diese Unterstützung: Jiyoung Choe, Nan-Hi Lee und Monika Skupin gaben mir Hinweise zum koreanischen und chinesischen Schriftsystem. Esther Grindel, Eva Langeneke, Monica Stadler und Sabine Stegemann stellten Materialien zum Schriftspracherwerb zur Verfügung. Arne Ziegler überprüfte das Kapitel zur Schriftgeschichte, Peter Schlobinski und Frank Schindler (Westdeutscher Verlag) sichteten das gesamte Manuskript. Barbara Voß besorgte die notwendige Literatur, Barbara Hieronymus übernahm die Aufgabe des Formatierens, Kai Stäpeler erledigte schwierige EDV-Arbeiten. Ihnen allen sei an dieser Stelle herzlich gedankt.

Mein ganz besonderer Dank gilt an dieser Stelle Otto Ludwig. Er hat alle Kapitel kritisch gelesen und mir sehr viele wichtige Hinweise gegeben.

Münster, im August 2002   Christa Dürscheid

Vorwort zur 2. Auflage

Nach Erscheinen der ersten Auflage dieses Buches erhielt ich viele positive Rück-
meldungen. Hingewiesen wurde ich auch auf einzelne Punkte, die bei einer zweiten Auflage des Buches berücksichtigt werden könnten. Die zweite Auflage liegt
nun vor; die notwendigen Korrekturen habe ich durchgeführt. Es handelt sich um
minimale Änderungen in den Abschnitten 1.3.2, 1.4.2, 1.5.3, 2.2, 2.4.1, 2.4.2, 3.6.2,
4.5.3, 6.1, 6.3.2 und 6.4.2. In Kapitel 5 habe ich den gegenwärtigen Stand der Diskussion um die Rechtschreibform aufgearbeitet; daher fallen hier die Änderungen
etwas umfangreicher aus. Dies betrifft die Abschnitte 5.3 und 5.5. Außerdem wurde der gesamte Text noch einmal Korrektur gelesen und um aktuelle Literaturhinweise ergänzt.

Danken möchte ich an dieser Stelle Petrea Bürgin, Martin Businger, Douglas
Fear, Guido Gefter, Nadio Giger, Theodor Ickler, Dieter Nerius, Andrea Riemen-
schnitter und Jürgen Spitzmüller. Sie haben mir wichtige Verbesserungsvorschläge gegeben und mich auf so manchen Fehler aufmerksam gemacht.

Zürich, im Januar 2004   Christa Dürscheid

Vorwort zur 3. Auflage

Die »Schriftlinguistik« erscheint nunmehr in der dritten Auflage. Geändert hat
sich mit dieser Auflage nicht nur das Gewand des Buches, auch in inhaltlicher
Hinsicht wurden Änderungen und Ergänzungen vorgenommen und die neueste
Literatur eingearbeitet. Die Ergänzungen betreffen v. a. Kapitel 5, in dem ich die
Entwicklung der Rechtschreibreform bis zum 30. März 2006 darstelle und auf die
Empfehlungen des Rats für deutsche Rechtschreibung Bezug nehme. Außerdem
habe ich im Anschluss an die Ausführungen zur Graphematik und Orthographie
ein Kapitel zur Typographie eingefügt. Damit möchte ich der Tatsache Rechnung
tragen, dass auch die Gestalt von Schrift und die Anordnung von Schrift auf der
Fläche zum Gegenstandsbereich der Schriftlinguistik gehören. Dieses Kapitel
wurde von Jürgen Spitzmüller verfasst, der sich in seinen Forschungen u. a. mit
den kommunikativen Funktionen der Typographie beschäftigt.

Jürgen Spitzmüller hat aber nicht nur das Kapitel zur Typographie geschrieben,
er hat auch die typographische Gestaltung des vorliegenden Buches besorgt. Für
beides sei ihm an dieser Stelle mit Nachdruck gedankt. Danken möchte ich auch
Petrea Bürgin, die die Änderungen im vorliegenden Buch überprüft hat, sowie
dem Verlag Vandenhoeck & Ruprecht, der die »Schriftlinguistik« in sein Programm aufgenommen hat.

Zürich, im Mai 2006   Christa Dürscheid

0   Einführung

Von Aristoteles bis zu de Saussure ist die Schrift immer wieder nur als *technisches* Notationssystem zur Aufzeichnung gesprochener Sprache verstanden worden, dem im Prinzip keinerlei sprachtheoretische Bedeutsamkeit zukomme.

W. Köller (1988:154)

0.1   Vorbemerkungen

In diesem Buch wird der Standpunkt vertreten, dass die Schrift genuin ein Gegenstand der Sprachwissenschaft ist. Um dies kenntlich zu machen, trägt das Buch den Titel »Einführung in die Schriftlinguistik«, obwohl der Terminus ›Schriftlinguistik‹ bis heute nicht in den fachsprachlichen Gebrauch eingegangen ist. Zwar gibt es eine Festschrift mit dem Titel »Beiträge zur Schriftlinguistik« (hrsg. von Petra Ewald/Karl Sommerfeldt 1995), und auch im »Metzler Lexikon Sprache« findet sich ein Eintrag zu diesem Stichwort.[1] Doch davon abgesehen begegnet diese Bezeichnung noch selten – weder als Schlagwort in Katalogen von Fachbibliotheken noch als Eintrag in einschlägigen Lexika noch als Werk- oder Aufsatztitel. Es scheint ein Terminus zu sein, der zwar im Umfeld der Rostocker Forschungsgruppe Orthographie (s. u.) etabliert ist, darüber hinaus bisher aber nur wenig Bedeutung im wissenschaftlichen Diskurs erlangte. Daran hat sich erst in jüngster Zeit etwas geändert. So wird es künftig ein Wörterbuch zu diesem Themenbereich geben (vgl. Neef/Weingarten). Immer öfter wird die Schriftlinguistik auch als gleichberechtigtes Forschungsgebiet neben anderen linguistischen Disziplinen genannt und es werden universitäre Lehrveranstaltungen zu diesem Themenbereich angeboten.

Wie wir im nächsten Abschnitt sehen werden, führte die theoretische Beschäftigung mit der geschriebenen Sprache lange Zeit ein Schattendasein. Wilhelm Köller hat zweifellos Recht, wenn er feststellt, die Schrift sei in der Sprachwissenschaft von Aristoteles bis de Saussure vorrangig als »ein technisches Notationssystem zur Aufzeichnung gesprochener Sprache« verstanden worden (s. das vorangestellte Zitat). An dieser Stelle ist aber wichtig zu betonen, dass diese Auffassung nicht mehr für die sprachwissenschaftliche Forschung der vergangenen Jahrzehnte gilt. Einige Etappen in der Geschichte der Schriftlinguistik, die deutlich machen, dass die Beschäftigung mit der schriftlichen Repräsentationsform von Sprache seit

---

1   **Schriftlinguistik** wird hier definiert als »[z]usammenfassende Bez. für Bemühungen, konsistente Beschreibungen und Analysen der geschriebenen Sprachform von Spr. zu gewinnen und sie zu einer allgemeinen Schrifttheorie als konstitutivem Bestandteil einer allgemeinen Sprachtheorie zu entwickeln« (Glück 2005:572).

den 70er Jahren des 20. Jahrhunderts an Bedeutung gewonnen hat, werden im
Folgenden aufgelistet:

– 1974 wurde an der Akademie der Wissenschaften in der DDR die **Forschungsgruppe Orthographie** gegründet. Die Gruppe veröffentlichte unter der Leitung
  des Rostocker Germanisten Dieter Nerius zahlreiche orthographietheoretische
  Arbeiten, so das Buch »Theoretische Probleme der deutschen Orthographie«,
  das 1980 erschien und weiteren Forschungen als wichtige Grundlage diente.
  1987 initiierten Dieter Nerius und Gerhard Augst auf dem 14. Internationalen
  Linguistenkongress in Berlin ein Rundtischgespräch zum Thema »Probleme
  der geschriebenen Sprache«. Die Veröffentlichung der Vorträge in einem Sammelband (vgl. Nerius/Augst 1988) trug zur weiteren Diskussion des Forschungsgegenstandes bei.[2]

– 1981 wurde in Bad Homburg die **Studiengruppe Geschriebene Sprache** gegründet, die sich zum Ziel gesetzt hatte, die vielfältigen Aspekte der Schriftlichkeit in interdisziplinärem Rahmen zu diskutieren (vgl. Günther 1993). Zu
  dieser Gruppe gehörten zunächst die Linguisten F. Coulmas, K. Ehlich, K. B.
  Günther, H. Günther, O. Ludwig, B. Pompino-Marschall sowie der Mediziner
  C. Wallesch und der Kognitionspsychologe E. Scheerer. Im Laufe der Zeit kamen weitere Mitglieder hinzu (U. Knoop, P. Eisenberg, J. Baurmann, H. Giese,
  H. Glück, P. Rück, R. Weingarten).

– 1985 wurde an der Universität Freiburg der Sonderforschungsbereich ›Über-
  gänge und Spannungsfelder zwischen Mündlichkeit und Schriftlichkeit‹ einge-
  richtet, dessen Sprecher von 1985 bis 1996 der Freiburger Romanist Wolfgang
  Raible war. Die Arbeiten, die im Rahmen dieses Forschungsprogramms entstanden, erscheinen in der Schriftenreihe »ScriptOralia«.

– 1994 stand die Jahrestagung der DGfS (Deutsche Gesellschaft für Sprachwissenschaft) unter dem Thema ›Sprache & Schrift‹. Anlässlich dieser Tagung, die
  in Freiburg stattfand, wurden zahlreiche Vorträge zum Verhältnis von gesprochener und geschriebener Sprache gehalten und in einer Sonderausstellung die
  Ergebnisse der Arbeiten aus dem Sonderforschungsbereich präsentiert.

– 1994 erschien der erste Halbband des Handbuchs »Schrift und Schriftlichkeit«, 1996 der zweite Halbband. Dieses umfangreiche Werk, das den Stand der

---

2 In der Einleitung zu diesem Band schreibt Dieter Nerius: »Diese Publikation reiht sich
   ein in die Vielzahl von Arbeiten, die in jüngster Zeit zu Problemen der geschriebenen
   Sprache und Orthographie erschienen sind. Solche Arbeiten dokumentieren das aktuelle
   Interesse der internationalen Linguistik an diesem Forschungsgegenstand und zeigen,
   daß sich hier eine eigenständige linguistische Teildisziplin, die Schriftlinguistik oder
   Grapholinguistik, entwickelt hat« (Nerius/Augst 1988:1). Nerius verwendet hier – vermutlich erstmals – den Terminus ›Schriftlinguistik‹. Mit diesem Terminus sollte die Einbindung der Beschäftigung mit geschriebener Sprache in die Linguistik zum Ausdruck
   gebracht werden (Dieter Nerius, p. c.).

Schriftlichkeitsforschung umfassend dokumentiert, wurde von den Mitgliedern der ›Studiengruppe Geschriebene Sprache‹ konzipiert und von Otto Ludwig und Hartmut Günther als Hauptherausgeber editiert.

0.2   Zum Logozentrismus in der Geschichte der Sprachwissenschaft

Die Überschrift dieses Kapitels knüpft an einen Terminus des französischen Philosophen Jacques Derrida an. Derrida weist in seinem großen Plädoyer für die Schrift »De la grammatologie« (zitiert nach der deutschen Übersetzung von 1983) nach, dass es von jeher nur die gesprochene Sprache war, der in der Wissenschaft ein Wert anerkannt worden sei. Das Geschriebene habe keine Rolle gespielt. Derrida illustriert diesen **Logozentrismus** an zahlreichen philosophischen Texten. Einer der wichtigsten Schriftkritiker, den er erwähnt, ist Platon. Im »Phaidros« berichtet Sokrates über den ägyptischen Gott Ammon, dessen Götterkollege Theuth in der griechischen Mythologie als Erfinder der Schrift gilt. Sokrates kommentiert Theuths ›Erfindung‹ kritisch. Drei seiner Kritikpunkte seien im Folgenden wiedergegeben. Es sind dies die Textstellen, die immer wieder angeführt werden, um Platon als Schriftkritiker darzustellen:

1) Das Schreiben, so lässt Platon Sokrates sagen, ermögliche zwar das mühelose Wiedererinnern, halte den Menschen aber davon ab, sein Gedächtnis zu benutzen (vgl. Phaidros 274c–278b, nach der deutschen Übersetzung von Edgar Salin):

> Denn sie wird Vergessenheit in den Seelen derer schaffen, die sie lernen, durch Vernachlässigung des Gedächtnisses, – aus Vertrauen auf die Schrift werden sie von außen durch fremde Gebilde, nicht von innen aus Eigenem sich erinnern lassen.
>
> zitiert nach A. u. J. Assmann/Ch. Hardmeier (1983:7)

2) Der geschriebene Text könne, so legt Sokrates weiter dar, keine Antwort auf die Fragen des Lesers geben. Wie das Bild, so spricht auch der Text nicht:

> Bedenklich, nämlich, mein Phaidros, ist darin das Schreiben und sehr verwandt der Malerei. Denn auch ihre Schöpfungen stehen da wie lebend, – doch fragst du sie etwas, herrscht würdevolles Schweigen. Genauso verhalten sich geschriebene Worte: du könntest glauben, sie sprechen wie vernünftige Wesen, – doch fragst du, lernbegierig, sie nach etwas, so melden sie immer nur eines und dasselbe.
>
> zitiert nach A. u. J. Assmann/Ch. Hardmeier (1983:8)

3) Und schließlich habe der Verfasser keine Handhabe über den Text; das Geschriebene löse sich vom Schreiber, verselbständige sich, stehe jedem zum Gebrauch und zum Missbrauch zur Verfügung:

> Und jedes Wort, das einmal geschrieben ist, treibt sich in der Welt herum, – gleichermaßen bei denen, die es verstehen, wie bei denen, die es in keiner Weise angeht, und es weiß nicht, zu wem es sprechen soll und zu wem nicht.
>
> zitiert nach A. u. J. Assmann/Ch. Hardmeier (1983:8)

An dieser Stelle ist allerdings die grundsätzliche Frage zu stellen, ob im »Phaidros«
tatsächlich vor der Schrift und nicht vielmehr vor dem Missbrauch der Schrift gewarnt wird. Denn gilt nicht für alle Medien und so auch für die Schrift, dass nicht
das Medium selbst gut oder schlecht ist, sondern der Gebrauch, den der Benutzer
davon macht? Auf diesen Aspekt weist H.-G. Gadamer in seiner Interpretation des
»Phaidros« hin:

> Es erscheint kaum glaubhaft, daß diese Erfindung als solche von Plato im Ernst als
> zweifelhaftes Verdienst charakterisiert werden sollte. So wird auch nichts darüber be-
> richtet, ob die kritische Zurechtweisung, die der weise ägyptische König dem Erfinder
> erteilt, die Zurückweisung der Erfindung bedeuten sollte – von der doch jeder Plato-
> Leser wußte, daß sie längst durchgedrungen war. Vielmehr ist deutlich, daß lediglich
> der Mißbrauch und die Verführung, die in schriftlicher Fixierung von Reden und Ge-
> danken gelegen ist, von dem ägyptischen König zurückgewiesen wird [...]. Als ein
> Trost und Heilmittel gegenüber der Vergeßlichkeit des Alters und in einem weiteren
> Sinne als ein Erinnerungsmittel für den, der weiß – und der zu denken weiß –, wird die
> Schrift vielmehr anerkannt.   H.-G. Gadamer (1983:15)

Platons Schriftkritik kann also durchaus positiv gesehen werden: nicht als War-
nung vor der Schrift, sondern als Hinweis auf eine sinnvolle Nutzung derselben.
Dass Platons kritische Beurteilung der Schrift nur für den Einzelnen, nicht aber
für die Gesellschaft gilt, die ihr Vermächtnis an nachfolgende Generationen nur
über die Schrift weiterreichen kann, steht ohnehin außer Frage.

Jacques Derrida zitiert in seinem historischen Überblick weiter Jean-Jacques
Rousseau, der die Schrift lediglich als ein »Supplement der Rede« auffasste. Die
Rede sei es, die das Denken unmittelbar repräsentiere, die Schrift sei »nur eine
mittelbare Repräsentation des Denkens« (zitiert nach J. Derrida 1983:506). Eben
diese Auffassung findet sich auch in der Sprachwissenschaft (vgl. hierzu die ausführliche Darstellung in Glück 1987). So schreibt Hermann Paul in seinem großen
Werk »Prinzipien der Sprachgeschichte«, das Geschriebene sei nichts anderes als
»in die Schrift umgesetzte Sprache«, die Schrift sei »nicht nur nicht die Sprache selbst, sondern sie ist derselben auch in keiner Weise adäquat« (1880:374).
Jedes Schriftzeichen stehe für »eine Reihe unendlich vieler Artikulationsweisen«
(1880:374), die »Akzentuation« könne »entweder gar nicht oder nur sehr unvoll-
kommen bezeichnet« werden (1880:376). Paul führt die Tatsache, dass die Schrift
die Rede nur unzulänglich abbilde, auf den Umstand zurück, dass »fast sämtliche
Völker nicht sich selbständig ihr Alphabet den Bedürfnissen ihrer Sprache gemäss
erschaffen, sondern das Alphabet einer fremden Sprache der ihrigen, so gut es
gehen wollte, angepasst haben« (1880:376). Er schlussfolgert, dass sich die Schrift
zur Sprache verhalte »wie eine Skizze zu einem mit der grössten Sorgfalt in Farben ausgeführten Gemälde« (1880:377).

Helmut Glück, der Hermann Pauls Standpunkt ausführlich darlegt, stellt allerdings mit Recht fest, dass Pauls »theoretisches Verdikt über ›die Schrift‹ auf be-
merkenswerte Weise damit in Kontrast steht, daß ›die Schrift‹ in der praktischen

Grammatikarbeit in eigene und unangefochtene Rechte gesetzt bzw. darin belassen wird« (Glück 1987:80). Immerhin stehe die Herausbildung einer überregionalen Standardsprache in enger Verbindung mit der Schrift, was von Hermann Paul durchaus gesehen wurde. Es sei also, so Glück, unberechtigt, Hermann Paul ausschließlich als Schriftkritiker darzustellen. Dennoch muss festgehalten werden, dass Paul mit seinen theoretischen Äußerungen über die Schrift dieser Einschätzung Vorschub leistet.

Weitergetragen wird die Schriftkritik im 20. Jahrhundert von dem Genfer Sprachwissenschaftler Ferdinand de Saussure, der seinerseits die Schriftauffassung bis hin zur Generativen Grammatik beeinflusste. Auch de Saussure vertritt, wie Hermann Paul vor ihm, die Auffassung, Gesprochenes und Geschriebenes stünden zueinander wie Gesicht und Foto, Letzteres bilde Ersteres lediglich ab. Nerius et al. (2000:57) fassen in ihrem Forschungsüberblick zur Stellung der geschriebenen Sprache in der Linguistik de Saussures Argumente prägnant zusammen: »Nicht Ideen, sondern Laute würden durch die graphischen ›Zeichen‹ ausgedrückt, auch könne die Sprache ohne Schrift existieren, und die natürliche Vorrangstellung des gesprochenen Wortes zeige sich darin, dass man sprechen lerne, bevor man schreiben lernt.« Zwar könne, so lesen wir im *Cours*, die Schrift durchaus eine Eigengesetzlichkeit entwickeln.[3] Dies aber sei nichts anderes als eine »Tyrannei der Buchstaben« (F. de Saussure 1916:37). Der alleinige Gegenstand der Sprachwissenschaft sei das gesprochene Wort, das *mot parlé*:

> Sprache und Schrift sind zwei verschiedene Systeme von Zeichen; das letztere besteht nur zu dem Zweck, um das erstere darzustellen. Nicht die Verknüpfung von geschriebenem und gesprochenem Wort ist Gegenstand der Sprachwissenschaft, sondern nur das letztere, das gesprochene Wort allein ist ihr Objekt.   F. de Saussure (1916:28)

An dieser Stelle ist eine kurze Erläuterung zu de Saussures Zeichenbegriff erforderlich: Das Sprachsystem, die »langue«, besteht aus einzelnen **sprachlichen Zeichen**. Jedes Zeichen hat zwei Seiten, eine Ausdrucks- und eine Inhaltsseite. Um die Inhaltsseite des sprachlichen Zeichens auf der Ausdrucksseite zu realisieren, gibt es in einer literalen Gesellschaft zwei Möglichkeiten: das gesprochene und das geschriebene Wort. Doch sieht de Saussure in seiner schriftdistanzierten Haltung diese beiden Repräsentationsformen nicht als gleichwertig an, für ihn zählt nur das *mot parlé*, nicht das *mot écrit*.

In der schriftskeptischen Tradition von Ferdinand de Saussure steht der amerikanische Strukturalismus, zu dessen Hauptvertretern Leonard Bloomfield zählt.[4]

---

3   Der *Cours* (= »Cours de linguistique générale«) gilt als Grundlage der modernen Sprachwissenschaft. Er geht auf Vorlesungsmitschriften von Schülern de Saussures zurück und erschien nach dessen Tod. Wenn hier und im Folgenden – allgemeinem Usus folgend – Zitate mit dem Namen *de Saussure* versehen werden, so muss betont werden, dass de Saussure selbst den Text nicht autorisiert hat (vgl. Ágel/Kehrein 2002:4).

4   Nach Ágel (2003) führt auch die Generative Grammatik die Tradition des Saussure'schen »mot parlé« fort.

Nach Bloomfields berühmtem Diktum ist die Schrift »merely a way of recording language by means of visible marks« (1933:21). Bloomfield ist damit, so schreibt Helmut Glück (1987:67), einer der meistzitierten Autoren, »wenn die Auffassung belegt werden soll, daß im amerikanischen Strukturalismus die geschriebene Sprachform inadäquat und stiefmütterlich behandelt worden sei.« Glück warnt allerdings mit Recht davor, Bloomfields Äußerung als repräsentativ für *den* amerikanischen Strukturalismus anzusehen. Andere Vertreter dieser Richtung hätten sich intensiv mit Fragen des Lesen- und Schreibenlernens und des Verschriftens schriftloser Sprachen beschäftigt (vgl. Glück 1987:68), und auch für Bloomfield gelte, dass er die geschriebene Sprachform nicht vollständig ausblende. Glück (1987:74) weist des Weiteren kritisch darauf hin, dass es üblich sei, Leonard Bloomfield und Hermann Paul »als borniere Verfechter der Abhängigkeitshypothese anzugreifen, was sie nicht waren«.

In der Tat muss die Logozentrismus-Kritik relativiert werden. Denn selbst wenn die Auffassung vom Primat der gesprochenen Sprache lange Zeit vorherrschend war, gab es doch bereits im 19. Jahrhundert Gegenpositionen.[5] Nerius et al. (2000) nennen den polnisch-russischen Sprachwissenschaftler Baudouin de Courtenay und den deutschen Sprachwissenschaftler Georg von der Gabelentz, die sich beide gegen die zu ihrer Zeit vorherrschende Geringschätzung der geschriebenen Sprache stellten. Über Georg von der Gabelentz schreiben Nerius et al.:

> Für ihn sind die geschriebene und die gesprochene Sprache von gleicher Wichtigkeit, stehen als zwei komplementäre »Sprachen« einer Sprachgemeinschaft gleichberechtigt nebeneinander: »Laut- und Schriftbilder«, heißt es bei ihm (von der Gabelentz 1891; 1969, 135), »sammeln sich in zwei parallelen Inventarien, und die optische Sprache ist ebenso tatsächlich, ist ebenso gut eine lebendige Sprache, wie die akustische.«
>
> D. Nerius et al. (2000:57)

In der ersten Hälfte des 20. Jahrhunderts war es der Tscheche Josef Vachek, der sich in seiner Studie »Zum Problem der geschriebenen Sprache« dafür einsetzte, dass die Schrift als eine eigenständige, voll funktionale Realisationsform von Sprache anzusehen sei, die getrennt von der gesprochenen Sprache untersucht werden müsse (vgl. Vachek 1939). Nerius et al. (2000:60) charakterisieren Vacheks Verdienst folgendermaßen:

> Vachek gelingt es nun [...], die Spezifik der gesprochenen Sprache einerseits und der geschriebenen Sprache andererseits auf einer einheitlichen theoretischen Grundlage zu erklären, indem er von ihren unterschiedlichen Funktionen in der Kommunikation ausgeht. [...] »Das Vorhandensein von zwei Sprachnormen in den kultivierten Sprachen«, schrieb Vachek schon 1939 (1976, 233) und gebraucht »Sprachnorm« als zusammenfassenden Terminus für die beiden Existenzweisen der Sprache, »ist unleugbar. Es ist

---

5   Außerhalb der Sprachwissenschaft war die Eigenständigkeit der Schrift bereits früh erkannt worden (so in den kulturhistorischen Arbeiten von E. A. Havelock, Walter Ong und Jack Goody, vgl. Kap. 1).

vom synchronischen Standpunkt aus unberechtigt, mit de Saussure zu fragen, welche von beiden Normen zeitlich primär und welche sekundär ist. Beide Normen sind einfach linguistische Tatsachen, und jede von ihnen hat ihre eigene Funktion.«

D. Nerius et al. (2000:60)

Nicht nur Josef Vachek, auch andere Schrifttheoretiker der sog. Prager Schule, des 1927 gegründeten Linguistenkreises, wenden sich gegen die dogmatische Auffassung vom Primat der gesprochenen Sprache. Folgt man Glück (1987:72), so muss man ihnen allerdings vorwerfen, dass sie ihrerseits dogmatisch verfuhren,»indem sie nämlich Untersuchungen der sprachlichen Formen und der darauf begründeten Strukturen vernachlässigt haben.« Der Nachweis soll an dieser Stelle nicht geführt werden; wichtig ist festzuhalten, dass im wissenschaftlichen Diskurs die Auffassung, die gesprochene Sprache sei der zentrale Untersuchungsgegenstand der Sprachwissenschaft, bis ins 20. Jahrhundert vorherrschend war und lediglich die Vertreter der Prager Schule sich dieser Auffassung entgegengestellt haben.

In der zweiten Hälfte des 20. Jahrhunderts setzte schließlich ein Umdenken ein. Nicht wenige Sprachwissenschaftler wenden sich nun der geschriebenen Sprache aus theoretischem Interesse zu (s. o.). Die Argumente, die für die relative Autonomie der Schrift sprechen, wurden erstmals zusammenfassend in dem höchst lesenswerten Büchlein »Über Schrift« von Florian Coulmas vorgetragen. Coulmas betont hier mit Recht, dass die Schrift eigene Qualitäten habe, die sie über ihre Funktion als Abbild der Rede hinaushebe (vgl. Coulmas 1981:42). Diese und andere Überlegungen, die für die sog.»Autonomiehypothese« sprechen, werden in Kap. 1 dargelegt. Hier sei auf einen anderen Punkt hingewiesen, der kennzeichnend für die Geschichte der Sprachwissenschaft ist: Trotz der verbreiteten Auffassung, der alleinige Untersuchungsgegenstand des Sprachwissenschaftlers sei die gesprochene Sprache, waren die meisten linguistischen Untersuchungen schriftzentriert. Dieser Umstand wird in der Forschung als **Skriptizismus** bezeichnet (vgl. u. a. Ágel 2003). Beschreibungs- und Erklärungskategorien wurden auf Geschriebenes bezogen, grammatische Analysen an schriftlichem Material vorgenommen.[6] So schreibt Otto Behaghel in der Einleitung zu seiner Rede zum geschriebenen und gesprochenen Deutsch (vgl. O. Behaghel 1927):

Wenn in den letzten Jahrhunderten von deutscher Sprache geredet wurde, wenn angesehene Gesellschaften der deutschen Sprache ihr Pflege widmeten, wenn Lehrgebäude und Wörterbücher der deutschen Sprache entstanden, so war es die vornehme, würdevolle, streng abgemessene Sprache der Schrift, des Buches, die man im Auge hatte, die Sprache derer, die vielbewundert auf den Höhen des Schrifttums sich bewegten.

O. Behaghel (1927:11)

Bedauernd stellt Behaghel (1927:12) fest, dass man »der alten Herrin [i. e. der ›Sprache der Schrift‹]« zu Leibe rücken wolle, indem man sie als »Tintendeutsch«

---

6   Nicht von ungefähr bezieht sich der Terminus ›Grammatik‹ auf die griechische Bezeichnung für ›Buchstabe‹ (*gramma*) bzw. *grammatikos,* ›die Buchstaben betreffend‹.

brandmarke. Die Mundart sei »zum Gegenstand eindringender wissenschaftlicher Forschung geworden« (1927:11f.). Durch die Dialektforschung hätten sich, so Behaghel, die Verhältnisse beinahe umgekehrt: »Beinahe umgekehrt, aber nicht vollständig: denn so weit gehen sie nicht, jene Gegner des Tintendeutschen, daß sie nunmehr die Mundarten in eine schrankenlose Herrschaft einsetzen wollen« (Behaghel 1927:12).

Das Studium der Dialekte stellte im 19. Jahrhundert zwar eine erste Hinwendung zum gesprochenen Wort dar. Allerdings vollzog sich auch diese im Medium der Schrift, da in damaligen dialektologischen Arbeiten nur verschriftete Äußerungen als Grundlage dienen konnten. Es gilt also für die Geschichte der Sprachwissenschaft bis weit ins 20. Jahrhundert, was Hartmut Günther im Jahr 1988 konstatiert:

> Typisch für den Sprachforscher in unserem Jahrhundert ist es, daß er einerseits davon überzeugt ist, daß allein die gesprochene Sprache sein Untersuchungsgegenstand ist, und daß sich andererseits seine Analysen grundsätzlich auf schriftliches oder verschriftlichtes Material stützen.   H. Günther (1988:14)

Auch Ágel (2003:10) weist auf diesen Widerspruch hin: Einerseits sei die Sprachwissenschaft logozentrisch, andererseits sei sie skriptizistisch, das *mot écrit* sei »der eigentliche Hauptdarsteller grammatischer Beschreibungen.«[7] Außerdem stellt Ágel fest, dass zwischen *Skriptizismus* und *Schriftbezogenheit* zu unterscheiden sei. Der Ausdruck *Schriftbezogenheit* beschreibe einen neutralen Tatbestand, der Ausdruck *Skriptizismus* hingegen charakterisiere den »Widerspruch zwischen logozentrisch intendierter Theorie und deren nichtintendierter schriftbezogener Verwirklichung« (2003:10).

Als Fazit ergibt sich: Wer einerseits die gesprochene Sprache verabsolutiert, andererseits die geschriebene Sprache als alleinigen Maßstab grammatischer Beschreibung ansetzt, der muss sich den Vorwurf des Skriptizismus gefallen lassen. Sowohl die gesprochene als auch die geschriebene Sprache müssen Gegenstand sprachwissenschaftlicher Forschung sein. Die Disziplin, die sich explizit mit geschriebener Sprache unter verschiedenen Aspekten befasst, ist die Schriftlichkeitsforschung. In den Rahmen dieser Forschung ist das vorliegende Buch einzuordnen. Es nimmt eine schriftbezogene Position ein.

---

7   Allerdings gebe es Gegentendenzen (so die Gesprochene-Sprache-Forschung). Erwähnt sei in diesem Zusammenhang auch, dass in der neuesten Auflage der Duden-Grammatik ein Kapitel zur gesprochenen Sprache (verfasst von Reinhard Fiehler) zu finden ist. Im Klappentext wird dies eigens hervorgehoben: »Diese Grammatik, die völlig neu erarbeitet wurde, [...] beschreibt erstmals auch systematisch die Eigenschaften gesprochener Sprache«.

0.3   Zur Terminologie

An dieser Stelle sind noch terminologische Festlegungen erforderlich, da wir uns mit der Schriftlinguistik auf einem Terrain bewegen, das von verschiedenen wissenschaftlichen Disziplinen bearbeitet wird und auch im Alltagsverständnis eine Rolle spielt. Ich stütze mich hier v. a. auf die Ausführungen in Ludwig (1983). Seine Begriffsbestimmungen liegen vielen neueren linguistischen Arbeiten zugrunde. Nach der Auflistung wichtiger Definitionen in (1) werden einzelne Aspekte erläutert. Eine genauere Bestimmung des zentralen Terminus ›Schriftlichkeit‹ (in Abgrenzung zu ›Mündlichkeit‹) soll hier allerdings noch nicht geleistet werden. Dies wird Gegenstand von Kap. 1 sein.

(1)

Terminologische Festlegungen

1. Schrift = Inventar von Schriftzeichen
2. Schriftzeichen = kleinste segmentale Einheit des Schriftsystems
3. Schriftsystem = einzelsprachabhängiges Inventar von Schriftzeichen
4. Schrifttyp = Gestaltungsprinzip, das einer Schrift zugrunde liegt (logographischer, syllabischer, alphabetischer Schrifttyp)
5. Schriftliche Sprache = Ausdrucksweise, die charakteristische sprachliche Merkmale aufweist
6. Geschriebene Sprache = schriftlich fixierte Äußerung
7. Schreiben: Prozess des schriftlichen Fixierens von Äußerungen
8. Text: Resultat des schriftlichen Fixierens von Äußerungen
9. Schriftlichkeit: alle mit Schrift, Schreiben und Geschriebenem assoziierten Aspekte.

Zu dieser stichwortartigen Auflistung von Definitionen sind vier Anmerkungen erforderlich:

a) Die Definition von Schriftzeichen ist angelehnt an die Ausführungen in Eisenberg (1996:1371). Eisenberg verwendet allerdings nicht den Terminus ›Schriftzeichen‹, er spricht von »graphematischen Grundformen«. Der Ausdruck ›Schriftzeichen‹ ist in der Tat problematisch, da ein Zeichen im Sinne von Ferdinand de Saussure eine Einheit ist, die eine Ausdrucksseite mit einer Inhaltsseite verbindet. Die Buchstaben in einer Alphabetschrift aber (oder besser: die Grapheme, vgl. Kap. 4) tragen keine Bedeutung, sie haben lediglich eine bedeutungsunterscheidende Funktion (vgl. <Tuch> vs. <Buch>). Wenn im Folgenden dennoch von ›Schriftzeichen‹ die Rede ist, dann folge ich dem Usus der einschlägigen Literatur.

b) Der Ausdruck ›schriftliche Sprache‹ wird in der Literatur häufig mit ›Schriftsprache‹ gleichgesetzt (vgl. auch das Adjektiv *schriftsprachlich*). In der vorliegenden Arbeit wird in Anlehnung an Ludwig (1983) der Terminus ›Schriftsprache‹ gemieden. Ich verfahre hier ebenso wie H. Günther, der in seinem Buch »Schriftliche

Sprache« auf die umgangssprachlich unscharfe Verwendung des Terminus ›Schriftsprache‹ (Schriftsprache = geschriebene Sprache = Hochsprache) hinweist (vgl.
Günther 1988:41).

c) Ludwig (1983:14) verwendet den Terminus ›geschriebene Sprache‹ in Abgrenzung zu ›gedruckter Sprache‹. Eine solche Unterscheidung ist seines Erachtens
notwendig, da die Produktionsbedingungen einen Einfluss auf die sprachliche Gestaltung von Texten hätten. Im vorliegenden Buch wird der Ausdruck ›geschriebene
Sprache‹ weiter gefasst. Er bezieht sich, wie die terminologische Festlegung in (1)
zeigt, auf alle schriftlich fixierten Äußerungen, d. h. nicht nur auf diejenigen, die
handschriftlich aufgezeichnet wurden.[8]

d) Anders als Ludwig (1983:8–11) werde ich im Folgenden nicht zwischen »Ent-
würfen«, »Notaten« und »Texten« unterscheiden, sondern alle schriftlich fixierten
Äußerungen als ›Texte‹ bezeichnen, da die von Ludwig vorgenommene Differenzierung für das Folgende ohne Relevanz ist. In diesem Zusammenhang sei darauf
hingewiesen, dass in vielen textlinguistischen Arbeiten unter ›Text‹ sowohl schriftlich als auch mündlich produzierte Äußerungen subsumiert werden. Für die Zwecke der vorliegenden Einführung ist es dagegen sinnvoll, terminologisch zwischen
schriftlichen und mündlichen Realisationsformen von Sprache zu unterscheiden.
Nur Erstere bezeichne ich als Text.

0.4 Vorschau auf die folgenden Kapitel

In diesem Buch wird nicht nur ein Überblick über zentrale, für die Schriftlinguistik relevante Fragestellungen gegeben, auch die gegenwärtige Forschungsdis-
kussion soll berücksichtigt werden. Deshalb kommen sowohl solche Themen zur
Sprache, die in der Schriftlichkeitsforschung seit langem etabliert sind (z. B. die
Schriftgeschichte), als auch solche Aspekte, die gerade in den letzten Jahren zu
Kontroversen Anlass boten (z. B. die Stellung der Graphematik in der Sprachwissenschaft). Der Leser wird eingeladen, sich mit den hier dargebotenen Informationen und aktuellen Literaturhinweisen weiter über offene Fragen zu informieren.

Jedes der im Folgenden kurz skizzierten Kapitel stellt eine thematische Einheit
dar, die unabhängig von den anderen Kapiteln gelesen werden kann: Kap. 1 behandelt das Verhältnis von geschriebener und gesprochener Sprache, Mündlichkeit
und Schriftlichkeit, Oralität und Literalität. In diesem Zusammenhang wird auch
die Kontroverse zwischen den Vertretern der Autonomie- und der Dependenzhypothese vorgetragen, bei der es um die Stellung der geschriebenen Sprache geht.
Im zweiten Kapitel werden drei grundlegende Schrifttypen vorgestellt und exemplarisch hierfür drei ausgewählte Schriftsysteme erläutert, das chinesische, japa-

---

8   Damit wird natürlich nicht in Abrede gestellt, dass es den von Ludwig angesprochenen
    Zusammenhang zwischen der Schreibtechnik und den verwendeten sprachlichen Mitteln
    gibt (vgl. hierzu Kap. 1).

nische und koreanische Schriftsystem. Das dritte Kapitel ist der historischen Dimension der Schrift gewidmet. Hier werden die wichtigsten Etappen der Schriftgeschichte nachgezeichnet. Die theoretischen Aspekte des deutschen Schriftsystems werden in Kap. 4 vorgestellt, die Geschichte der deutschen Orthographie bis hin zur 1996 beschlossenen Rechtschreibreform in Kap. 5. Auch die Inhalte der neuen Amtlichen Regelung werden hier erläutert und aus linguistischer Sicht kommentiert. Dabei wird die im Narr-Verlag erschienene Fassung von 2005 zugrunde gelegt, die von der Zwischenstaatlichen Kommission für deutsche Rechtschreibung im November 2004 vorgelegt wurde. Gegenstand von Kap. 6 ist die Typographie, die in der Linguistik bis vor kurzem kaum Beachtung fand, auf deren semiotisches Potenzial aber neuere Arbeiten zu Recht verweisen. Kap. 7 schließlich behandelt entwicklungspsychologische und didaktische Aspekte zum Schreiben- und Lesenlernen. Hier wird es vorrangig um den Schriftspracherwerb von Kindern gehen. Aber auch das Schreiben- und Lesenlernen von Erwachsenen wird zur Sprache kommen.

Abschließend sei angemerkt, dass der Untersuchungsgegenstand ›Schrift‹, der alle Kapitel verbindet, aus einer europazentrierten Perspektive heraus dargestellt wird. Mit anderen Worten: Wenn im Folgenden von ›geschriebener Sprache‹, von ›Schrift‹, ›Schreiben‹, ›Rechtschreibung‹ etc. die Rede ist, dann beziehen sich diese Aussagen – sofern nicht anders vermerkt – auf die in einer Alphabetschrift geltenden Regularitäten. Würde man ein nicht-alphabetisches Schriftsystem wie beispielsweise das Chinesische als Basis für die Untersuchung nehmen, so käme man in einzelnen Punkten zu anderen Ergebnissen. Wo die Unterschiede liegen, kann im Folgenden nur angedeutet werden.

Zur Vertiefung

Günther/Ludwig 1994:V–XXII: zusammenfassender Überblick über die in der Schriftlichkeitsforschung untersuchten Aspekte

Ludwig 1983: Definition grundlegender Termini, richtungsweisend für zahlreiche neuere Arbeiten der Schriftlichkeitsforschung

Nerius et al. 2000:55–72: chronologische Skizze zur Stellung der geschriebenen Sprache und Orthographie in der Linguistik

1 Gesprochene und geschriebene Sprache

Da zeigt denn schon ein flüchtiger Blick, daß zwischen den Voraussetzungen für das geschriebene Wort und denen für das gesprochene Wort tiefgreifende Unterschiede bestehen. Das eine hat auf das Auge zu wirken, das andere auf das Ohr; und so sind schon die Mittel andere, über die beide gebieten.   O. Behaghel (1899, 1927:13)

1.1   Vorbemerkungen

Gegenstand dieses Kapitels ist die Frage, welche Merkmale die gesprochene, welche die geschriebene Sprache trägt und in welchem Verhältnis diese beiden Realisationsformen von Sprache stehen. In einem zweiten Schritt wird gezeigt, wie dieses Verhältnis in der Forschung gewichtet wird. Zwei Positionen werden hier vorgestellt, die Dependenz- und die Autonomiehypothese. Beide Positionen haben eines gemeinsam: Sie befassen sich explizit mit der Frage, welche Rolle das Geschriebene in Relation zum Gesprochenen einnimmt. Dependenztheoretiker vertreten die Ansicht, dass die gesprochene Sprache der zentrale Forschungsgegenstand der Sprachwissenschaft sei und die Schrift nur ein abgeleitetes, sekundäres Zeichensystem darstelle. Als ein Vertreter dieser Richtung wurde bereits Ferdinand de Saussure genannt (vgl. Kap. 0.2). Die Vertreter der Autonomiehypothese hingegen plädieren dafür, die Schrift als eine eigenständige Realisationsform von Sprache anzuerkennen.

Im Anschluss an die Diskussion dieser Positionen werden die Termini ›Mündlichkeit‹ und ›Schriftlichkeit‹ erläutert. Beide spielen in der neueren Schriftlichkeitsforschung eine zentrale Rolle. »Schriftlichkeit«, so schreiben Hartmut Günther und Otto Ludwig in der Einleitung zu ihrem großen Handbuch »Schrift und Schriftlichkeit«, wird im Deutschen als Oberbegriff verwendet, mit dem »alle Sachverhalte zusammengefaßt werden, denen das Attribut *schriftlich* zukommt« (1994:VIII). Die Autoren weisen auf die Verbindung zum englischen ›literacy‹ bzw. zur deutschen Übersetzung ›Literalität‹ hin, betonen aber, dass Literalität und Schriftlichkeit nicht in jedem Kontext austauschbar seien. Worin die Unterschiede liegen, soll im vorliegenden Kapitel herausgearbeitet werden. Wie wir sehen werden, sind Oralität/Literalität weder mit Mündlichkeit/Schriftlichkeit noch mit gesprochener/geschriebener Sprache gleichzusetzen.

Die weitere Vorgehensweise ist wie folgt: In Abschn. 1.2 werden Unterschiede und Gemeinsamkeiten zwischen gesprochener und geschriebener Sprache dargelegt. Abschn. 1.3 stellt die Dependenz- und die Autonomiehypothese vor. An dieser Stelle sei bereits darauf hingewiesen, dass beide Positionen nicht so absolut vertreten werden, wie es hier scheinen mag. Die typisierende Darstellung dient lediglich dazu, die prinzipiellen Unterschiede zwischen diesen Auffassungen herauszustellen. In Abschn. 1.4 stehen die Termini ›Mündlichkeit‹ und ›Schriftlichkeit‹ im Mittelpunkt der Betrachtung. In Anlehnung an die Arbeiten von Peter Koch und Wulf Oesterreicher (1985 und 1994) werden die Unterschiede zwischen medialer vs. konzeptioneller Mündlichkeit bzw. medialer und konzeptioneller Schriftlichkeit erläutert und an Beispielen vorgeführt. Abschn. 1.5 stellt den Unterschied zwischen Oralität und Literalität dar. Die Ausführungen sind angelehnt an die Arbeit von Walter Ong, die zu den wichtigsten auf dem Gebiet der Oralitäts-/Literalitätsforschung gehört (vgl. Ong 1987). Abschließend werden die Termini gesprochene/geschriebene Sprache, Mündlichkeit/Schriftlichkeit und Oralität/Literalität zueinander in Beziehung gesetzt (vgl. Abschn. 1.6).

1.2 Zum Verhältnis von gesprochener und geschriebener Sprache

1.2.1 Prototypische Merkmale gesprochener und geschriebener Sprache

Diesem Abschnitt liegt die Frage zugrunde, ob die Unterschiede zwischen gesprochener und geschriebener Sprache so tief greifend sind, wie der Sprachwissenschaftler Otto Behaghel in seinem Aufsatz »Geschriebenes Deutsch und gesprochenes Deutsch« behauptet (s. das vorangestellte Zitat). Sieht man die Forschungsliteratur durch, findet man in der Tat zahlreiche Hinweise darauf, dass »zwischen den Voraussetzungen für das geschriebene Wort und denen für das gesprochene Wort tiefgreifende Unterschiede bestehen« (Behaghel 1927:13).[9] Allerdings scheinen die meisten Autoren nur die prototypischen Beispiele für mündliche und schriftliche Äußerungen vor Augen zu haben. Was die gesprochene Sprache betrifft, sind dies Äußerungen in einer *Face-to-Face*-Kommunikation. Nicht prototypisch ist z.B. ein Telefongespräch, da hier ein für mündliche Äußerungen wichtiges Merkmal fehlt: der Blickkontakt. Auch eine auf den Anrufbeantworter gesprochene Mitteilung zählt nicht dazu, denn es gibt weder den Blickkontakt noch die Möglichkeit einer direkten Intervention. Damit fallen zwei charakteristische Merkmale für den Gebrauch der gesprochenen Sprache weg.[10]

Bei der Charakterisierung der geschriebenen Sprache wird in der Regel ein sprachlich elaborierter Text als Prototyp einer schriftlich fixierten Äußerung angesehen, also beispielsweise ein literarischer Text oder ein Zeitungsartikel. Andere Äußerungsformen, wie z.B. eine rasch hingeschriebene Notiz, eine Grußkarte oder auch ein Tafelanschrieb, werden in der Diskussion meist nicht in Betracht gezogen.[11] Ein Tafelanschrieb ist insofern untypisch, als bei dieser Aktivität das Schreiben und Lesen des Textes zeitlich zusammenfallen, der Adressat kann die

---

9   Der Aufsatz geht zurück auf einen Vortrag vom 1.10.1899 (gehalten anlässlich der Hauptversammlung des Allgemeinen Deutschen Sprachvereins).

10 Vgl. zu diesen und weiteren typischen Eigenschaften gesprochener Sprache Fiehler/Barden/Elstermann/Kraft (2004).

11 Eben dies hat Häcki Buhofer (1985) in ihrer Studie ›Schriftlichkeit im Alltag‹, in der sie schriftlich verfasste Texte in einem Schweizer Industriebetrieb untersucht, kritisiert.

Entstehung des Textes also unmittelbar wahrnehmen. In der Regel tritt eine solche Synchronie in der schriftlichen Kommunikation aber nicht auf, Produktion und Rezeption des Textes sind, anders als in der gesprochenen Sprache, meist zeitversetzt. Dies gilt selbst für die Chat-Kommunikation, wo der Text vom Rezipienten zwar unmittelbar nach seiner Produktion, aber in der Regel nicht während des Produktionsprozesses selbst gelesen werden kann. Allerdings gibt es auch Chat-Programme, die es den Teilnehmern ermöglichen, der Schreibtätigkeit des anderen zuzusehen. Die Möglichkeit dieses Synchron-Chats wird jedoch bislang kaum genutzt (vgl. Dürscheid 2004).

Es werden nun im Folgenden die als prototypisch angesehenen Merkmale gesprochener und geschriebener Sprache aufgelistet. An dieser Stelle sei aber mit Fiehler (2000) davor gewarnt, von einer Homogenität des Untersuchungsgegenstandes auszugehen. Denn sobald eine Gegenüberstellung von gesprochener und geschriebener Sprache vorgenommen wird, besteht die Gefahr, dass die Vielfalt der jeweiligen, der gesprochenen bzw. geschriebenen Sprache eigenen »kommunikativen Praktiken« (Fiehler 2000:97) aus dem Blick gerät:

> Wir sprechen und schreiben nicht schlechthin, sondern jedes Sprechen und Schreiben geschieht in und ist Bestandteil von *kommunikativen Praktiken*. Wir sprechen im Rahmen eines Kaffeeklatsches, einer Dienstbesprechung, einer telefonischen Vereinbarung eines Arzttermins, einer Rede, einer Theaterrolle etc.; wir schreiben einen Brief, einen Aufsatz, ein Protokoll, einen Einkaufszettel. R. Fiehler (2000:97)

›Die‹ gesprochene und ›die‹ geschriebene Sprache gibt es also gar nicht; es gibt sie »immer nur in Form von Exemplaren je konkreter Praktiken« (Fiehler 2000:100). Wenn hier dennoch eine typisierende Gegenüberstellung vorgenommen wird, dann geschieht dies aus heuristischen Gründen. Auf diese Weise lassen sich die grundlegenden Unterschiede zwischen den beiden Repräsentationsformen von Sprache am besten verdeutlichen.[12] Der Leser sollte sich aber immer dessen bewusst sein, dass zunächst nur solche Eigenschaften angegeben werden, die als prototypisch gelten, und andere, möglicherweise ebenfalls existierende, unberücksichtigt bleiben. Im Anschluss daran wird gezeigt, welche der genannten Unterschiede tatsächlich für alle Manifestationen gesprochener und geschriebener Sprache gelten und welche Fälle damit in der Tat nicht erfasst werden können.

Vorweg aber sind noch drei grundsätzliche Anmerkungen erforderlich:

1. In der folgenden Auflistung dient die gesprochene Sprache als Basis für den Vergleich. Prinzipiell ist natürlich auch die Umkehrung möglich. In diesem Fall würden zunächst die prototypischen Eigenschaften der geschriebenen Sprache benannt, und erst im Anschluss daran würde gefragt, welche Eigenschaften demgegenüber prototypisch für die gesprochene Sprache sind.

---

12 Eine solche Vorgehensweise wird auch von Reinhard Fiehler gewählt, wenn er die unterschiedlichen Domänen und Funktionen von gesprochener und geschriebener Sprache typisierend gegenüberstellt (vgl. Fiehler 2005:1180–1187).

2. Die Gegenüberstellung nimmt Bezug auf die neuzeitlichen Verhältnisse und auf alphabetbasierte Schriftsysteme. Ersteres ist wichtig zu betonen, da im Mittelalter andere Bedingungen für Sprechen, Schreiben und Lesen galten. Die geschriebene Sprache war häufig in einen mündlichen Kontext eingebettet, es wurde laut oder zumindest halblaut gelesen, Texte wurden diktiert.[13] Der zweite Punkt, die Beschränkung auf ein alphabetbasiertes Schriftsystem, muss vielleicht nicht eigens betont werden, da die meisten Leser bei der Lektüre ohnehin keinen anderen Schrifttyp vor Augen haben. Nichtsdestotrotz sollte dieser Punkt Erwähnung finden, um deutlich zu machen, dass viele der hier behandelten Fragen in Bezug auf ein nicht-alphabetisches Schriftsystem (wie das Chinesische) anders gestellt werden müssten.

3. Die im Folgenden genannten Merkmale gesprochener und geschriebener Sprache haben unterschiedlichen Status. Einige betreffen die Produktion selbst, also den Vorgang des Sprechens und Schreibens (z. B. Punkt 2), andere beziehen sich auf das Resultat dieses Vorgangs, auf die mündliche Äußerung bzw. auf den schriftlichen Text (z. B. Punkt 8).

(1)

Prototypische Merkmale gesprochener und geschriebener Sprache

1. Die gesprochene Sprache ist flüchtig, die geschriebene ist dauerhaft. Geschriebenes kann archiviert werden, es ist immer wieder in derselben Form rückholbar. Dies gilt für mündliche Äußerungen nicht.
2. Gesprochene Sprache unterliegt den Bedingungen von Zeit und Raum. Geschriebene Sprache ist nicht an eine gemeinsame Äußerungssituation gebunden.
3. Kommunikation in gesprochener Sprache verläuft synchron, in geschriebener Sprache asynchron. Produktion und Rezeption der Äußerung sind im Geschriebenen zeitlich entkoppelt. Der Leser hat – anders als der Hörer – nicht die Möglichkeit, direkt zu intervenieren.
4. In der gesprochenen Sprache werden deiktische Ausdrücke verwendet, die unmittelbar auf die Äußerungssituation Bezug nehmen. Im Geschriebenen wird auf diese weitgehend verzichtet, da der Wahrnehmungsraum von Sender und Empfänger nicht deckungsgleich ist.[14] Dies macht eine präzisere, explizite Ausdrucksweise erforderlich.

---

13 Zur Beschreibung des historischen Verhältnisses von geschriebener und gesprochener Sprache vgl. die interessante Studie von Ulrich Knoop (1993). Knoop stellt fest, dass Lesen im Mittelalter ein Umsetzen von geschriebener in gesprochene Sprache war. Das Geschriebene galt lediglich als »Intonationsvorlage« (U. Knoop 1993:222). Vgl. auch O. Ludwig (2005:44): »Auch wenn über die Jahrhunderte hinweg die Zahl gewiß größer geworden ist, ist das stille Lesen nie zur Regel geworden.«

14 Statt deiktischer Ausdrücke treten im Geschriebenen vorzugsweise anaphorische Ausdrücke auf. Diese beziehen sich auf vorher im Text Genanntes (z. B. *Die Kinder sind im Garten. **Sie** spielen Verstecken*).

5. Die gesprochene Sprache tritt im Verbund mit weiteren Informationsträgern auf (Intonation, Mimik, Gestik), die geschriebene muss ohne diese auskommen.
6. Die gesprochene Sprache ist phylogenetisch und ontogenetisch primär, die geschriebene Sprache sekundär.
7. Die gesprochene Sprache ist nicht an ein Werkzeug gebunden, die geschriebene Sprache benötigt ein Hilfsmittel (Schreibzeug, Schreibfläche).
8. Äußerungen in gesprochener Sprache sind häufig gekennzeichnet durch fehlerhaften Satzbau, Flexionsbrüche, Dialektismen, umgangssprachliche Ausdrücke, Ellipsen, Selbstkorrekturen, Gesprächspartikeln. In den Texten der geschriebenen Sprache finden sich solche Ausdrucksmittel in der Regel nicht.
9. Die gesprochene Sprache stellt ein Lautkontinuum dar, sie erstreckt sich in der Zeit. Die geschriebene Sprache enthält diskrete Einheiten. Diese haben eine räumliche Ausdehnung.
10. Die gesprochene Sprache ist dialogisch, die geschriebene ist monologisch ausgerichtet.

1.2.2 Zur Unterscheidung von gesprochener und geschriebener Sprache

Im Folgenden werden die in (1) genannten Punkte näher erläutert. Dabei wird der Frage nachgegangen, welche der genannten Merkmale gesprochener und geschriebener Sprache auf alle Äußerungsformen zutreffen und welche nur für den prototypischen Fall gelten.

ad 1: Die gesprochene Sprache ist flüchtig, die geschriebene dauerhaft. Geschriebenes kann archiviert werden, es ist immer wieder in derselben Form rückholbar. Dies gilt für mündliche Äußerungen nicht.
Die typisierende Trennung ›flüchtig/dauerhaft‹ gilt nur dann, wenn ausschließlich der Moment der Sprachtätigkeit in Betracht gezogen wird. Hier ist es in der Tat so, dass das gesprochene Wort, einmal ausgesprochen, nicht mehr rückholbar ist, das geschriebene hingegen weiter existiert. Betrachtet man aber das Resultat der Sprachtätigkeit, gilt diese Unterscheidung nur eingeschränkt: Auch mündliche Äußerungen können heutzutage jederzeit konserviert werden: auf Plattenspielern, Tonbandgeräten, Anrufbeantwortern, Kassettenrekordern oder in Video- und Fernsehaufzeichnungen in Verbindung mit bewegten Bildern.[15] Zwar lässt sich einwenden, dass solche Äußerungen in ihrer »jeweiligen Reproduktion wiederum flüchtig« (H. Günther 1983:32) seien. Doch ändert dies nichts an dem Umstand, dass sie, einmal aufgezeichnet, immer wieder rückholbar sind. Die Flüchtigkeit bezieht sich also auf den Prozess der Äußerung, aber nicht auf das Produkt.

---

15 Nota bene: Otto Behaghel stellt seine Überlegungen zu einer Zeit an (1899), in der die Möglichkeiten zur Aufzeichnung und Reproduktion von gesprochener Sprache noch in den Anfängen waren – zu einer Zeit also, die alle »technisch vermittelten und massenmedialen Formen der Mündlichkeit noch nicht kennt« (Fiehler 2000:95).

Dass die Unterscheidung ›flüchtig/dauerhaft‹ nicht so grundlegend ist, wie gemeinhin angenommen, gilt im Übrigen auch unabhängig vom Einsatz moderner Aufzeichnungstechniken. Gesprochenes wird niedergeschrieben (z. B. im Gericht, im Bundestag), Geschriebenes wird vorgelesen (Fernsehnachrichten, Festvorträge, Predigten, politische Reden). Damit wird Flüchtiges dauerhaft, Dauerhaftes flüchtig. Wenn Otto Behaghel einerseits tief greifende Unterschiede zwischen gesprochenem und geschriebenem Deutsch konstatiert, andererseits aber anmahnt, dass man die »Entfernung zwischen beiden nicht zu groß werden« lasse, meint er eben diesen Umstand:

> Denn das geschriebene Wort und das gesprochene Wort, sie sind keine zwei getrennte Welten, heute weniger denn je. Das Wort des Redners wird festgehalten von der Feder des Schnellschreibers; was geschrieben und gedruckt ist, hat vielfach die Bestimmung, vorgelesen zu werden.   O. Behaghel (1899, 1927:24)

ad 2: Gesprochene Sprache unterliegt den Bedingungen von Zeit und Raum. Geschriebene Sprache ist nicht an eine gemeinsame Äußerungssituation gebunden.
Auch diese Unterscheidung gilt in Bezug auf das Gesprochene nur für den prototypischen Fall, für die *Face-to-Face*-Kommunikation. Diese ist aber nur eine Variante der direkten Interaktion. Telefonate und auch Videokonferenzen ermöglichen die Übermittlung gesprochener Sprache unabhängig von der Kopräsenz der Gesprächsteilnehmer. Gesprochene Sprache ist also nicht notwendig an Zeit und Raum gebunden. Auf der anderen Seite gibt es eine Form der schriftbasierten Kommunikation, für die gilt, dass sich Schreiber und Leser im selben Raum befinden müssen. Dies ist z. B. der Fall, wenn man im Vortrag auf Geschriebenes Bezug nimmt und zu diesem Zweck Visualisierungshilfen verwendet (Papier, Tafel, Overhead-Projektor, Computer). Im Übrigen sei an dieser Stelle angemerkt, dass eine Verständigung über räumliche Distanzen nicht nur über geschriebene und gesprochene Sprache erfolgen kann, sondern auch über andere Hilfsmittel wie z. B. Rauch-, Flaggen- oder Morsezeichen.

ad 3: Kommunikation in gesprochener Sprache verläuft synchron, in geschriebener Sprache asynchron. Produktion und Rezeption der Äußerung sind hier zeitlich entkoppelt, der Leser hat – anders als der Hörer – nicht die Möglichkeit, direkt zu intervenieren.
Auch die Trennung ›synchron/nicht synchron‹ gilt nur bedingt. Durch die Entwicklung der neuen Kommunikationstechnologien ist diese Trennung aufgehoben. Die Chatkommunikation im Internet verläuft – anders als die herkömmliche schriftliche Kommunikation – quasi-synchron, selbst wenn gelegentlich kleinere technische Verzögerungen auftreten. Dies stellt ein bislang einzigartiges Phänomen dar, das allenfalls damit verglichen werden kann, dass sich die Kommunikationspartner Zettel zuschieben, auf denen sie ihre Mitteilungen austauschen. Andererseits kann ein Chatpartner erst dann intervenieren, wenn der andere seinen Beitrag über die Tastatur eingegeben hat und dieser auf dem eigenen Bildschirm

erscheint. Die Möglichkeit einer direkten Interaktion ist also nicht gegeben. Der Hörer hingegen kann dem Sprecher jederzeit ›ins Wort fallen‹, also schon während des Produktionsprozesses einen eigenen Gesprächsbeitrag beginnen (vgl. zur Synchronizität in der computervermittelten Kommunikation ausführlich Thaler 2005).

ad 4: In der gesprochenen Sprache werden deiktische Ausdrücke verwendet, die unmittelbar auf die Äußerungssituation Bezug nehmen. Im Geschriebenen wird auf diese weitgehend verzichtet, da der Wahrnehmungsraum von Sender und Empfänger nicht deckungsgleich ist. Dies macht eine präzisere, explizite Ausdrucksweise erforderlich.

»Charakteristisch für schriftliche Kommunikation ist, daß während des Schreibprozesses der Leser nicht anwesend ist, während des Leseprozesses nicht der Schreiber.« So charakterisiert Günther (1983:33) den Vorgang des Schreibens. Eben daraus resultiert beim Schreiben die Notwendigkeit einer expliziteren Ausdrucksweise. Der Schreiber kann weder auf einen gemeinsamen Äußerungsort noch auf eine gemeinsame Äußerungszeit Bezug nehmen. Eben dadurch, dass das Geschriebene gewissermaßen verselbständigt, losgelöst vom Schreiber ist, muss der Text allein die ganze Information übermitteln, muss er abgelöst von der Produktionssituation verstehbar sein (vgl. K. Ehlich 1981).[16] Dies wirkt sich auf die Verwendung der sprachlichen Mittel aus. Im Gesprochenen treten Ausdrücke wie *da, dort, das da* etc. auf, mit denen der Sprecher auf Objekte im gemeinsamen Wahrnehmungsraum verweist. Der Hörer andererseits kann direkt Bezug auf die Äußerung nehmen (vgl. *Das verstehe ich nicht!*). In der schriftlichen Kommunikation muss zunächst ein solcher Bezug hergestellt werden (vgl. *Im letzten Brief schreibst du, dass [...]. Das$_{[anaphorisch]}$ verstehe ich nicht*). Die hierbei auftretenden anaphorischen Elemente verweisen auf den Textraum, nicht auf den Wahrnehmungsraum (vgl. Ehlich 1981). Der Text ist in diesem Sinne eine sprachliche Äußerung, die Teil einer ›zerdehnten Sprechsituation‹ ist, einer Kommunikationssituation also, bei der einmal der Hörer, das andere Mal der Sprecher fehlt.

An dieser Stelle ist noch ein Hinweis zu den Termini ›Situationsgebundenheit‹ bzw. ›Situationsentbundenheit‹ erforderlich. A. Häcki Buhofer (1985:114) argumentiert, dass alle Texte insofern situationsgebunden seien, als sie in einem »institutionellen Rahmen und in einem ebensolchen Kontext stehen«. In diese Richtung gehen auch die Überlegungen von M. Hennig (2000:115): »Überhaupt ist das distanzsprachliche Merkmal ›Situationsentbindung‹ am ehesten zu hinterfragen, da Kommunikation ja prinzipiell in bestimmten Situationen stattfindet.«

---

16 Günther (1988:12) sagt es treffend: »Schriftstücke, geschriebene Texte erwecken den Anschein, als existieren sie aus eigener Kraft.« Vgl. auch Stetter (1997:297): »Man hört dem Sprecher zu, aber man liest den Text, nicht den Autor. In *Ich lese gerade Döblin* bezeichnet »Döblin« nicht die Person, sondern seinen Roman. Entsprechend ist das, was verstanden wird, der Text, nicht der Schreiber.«

Dies freilich ist hier nicht gemeint. Entscheidend ist vielmehr, ob die Kommunikationspartner in eine gemeinsame Kommunikationssituation eingebunden sind und somit im Sinne von Karl Bühler ein gemeinsames Zeigfeld des *hier, jetzt* und *ich* haben, also unmittelbar auf den gemeinsamen Wahrnehmungsraum Bezug nehmen können.

ad 5: Die gesprochene Sprache tritt im Verbund mit weiteren Informationsträgern auf (Intonation, Mimik, Gestik), die geschriebene muss ohne diese auskommen.
Im Geschriebenen fallen alle nonverbalen Ausdrucksmittel weg. Zwar gibt es die Möglichkeiten, diese zu kompensieren (Interpunktion, Großschreibung von Buchstaben, Buchstabenwiederholungen zur Intonierung der Äußerung, vgl. *Kommst du???, Es ist ja so schaaaade!, Was möchtest denn DU gerne unternehmen?*), doch sind diese Möglichkeiten nicht gleichwertig. Allerdings kann auch in der gesprochenen Sprache nicht immer auf das ganze Repertoire an nonverbalen Ausdrucksmitteln zurückgegriffen werden, z. B. dann nicht, wenn die Kommunikation nicht *Face-to-Face*, sondern über das Telefon verläuft. Hier ist die Stimme losgelöst vom Körper, der optisch-visuelle Kanal fehlt, körperbezogene Ausdrucksmittel wie Mimik und Gestik lassen sich nicht verwenden. Auch ist es falsch, anzunehmen, dass Sprechen immer emotional, Schreiben immer rational sei. Es gibt, darauf weist Häcki Buhofer (1985) zu Recht hin, Texte, die keineswegs emotionslos sind, und mündliche Äußerungen, die erst nach langem Nachdenken erfolgen und keine spontane Reaktion auf eine vorhergehende Äußerung darstellen. Hingewiesen sei auch darauf, dass die geschriebene Sprache Informationsträger kennt, die in der gesprochenen Sprache fehlen. Dies sind die typographischen Mittel, die zur Untergliederung der Äußerung dienen und zusätzliche Informationen übermitteln: Absätze, Leerstellen, Einrückungen, Groß- und Kleinschreibung, die Schrifttype etc. (vgl. hierzu Kap. 6).

ad 6: Die gesprochene Sprache ist phylogenetisch und ontogenetisch primär, die geschriebene Sprache in beiden Punkten nachgeordnet.
Unbestritten ist, dass in der Menschheitsgeschichte die gesprochene Sprache der geschriebenen vorangeht. Günther stellt die Chronologie knapp dar:

> Die frühesten direkten Vorläufer von Schrift [...] datieren höchstens ins XI. vorchristliche Jahrtausend. Zu diesem Zeitpunkt existieren längst soziale Organisationsformen mit Werkzeuggebrauch etc., die ohne (mündliche) Sprache nach allgemeiner Auffassung nicht denkbar sind.   H. Günther (1983:17)

Unbestritten ist auch, dass in der Ontogenese des Menschen das Sprechenlernen dem Schreiben- und Lesenlernen vorangeht. Allerdings gibt es Ausnahmefälle, die oft nicht bedacht werden: Der Spracherwerb bei gehörlosen Kindern erfolgt nicht über die gesprochene Sprache, das Lernen einer toten Sprache im Schulunterricht ebenfalls nicht. In Bezug auf die Phylogenese gilt also generell, in Bezug auf die Ontogenese nur für den prototypischen Fall, dass die gesprochene Sprache primär ist.

*ad 7: Die gesprochene Sprache ist nicht an ein Werkzeug gebunden, die geschrie-
bene Sprache benötigt ein Hilfsmittel (Schreibzeug, Schreibfläche).*
Der Schreiber benötigt sowohl ein Schreibgerät als auch eine Schreibfläche,
der Sprecher benötigt keine solchen Hilfsmittel. In einigen Abhandlungen ist
allerdings zu lesen, dass auch beim Sprechen Hilfsmittel eingesetzt würden, da
das Sprechen über die »Sprechwerkzeuge« (Lippen, Zähne, Zunge etc.) erfolge.
Doch wird damit ein maßgeblicher Unterschied verdeckt: Das Sprechen wird
durch den körpereigenen Artikulationsapparat ermöglicht, Schreibgeräte hingegen sind körperfremde Werkzeuge. Utz Maas sagt dies deutlich:

> [D]ie gesprochene Sprache wird allein mit der leiblichen Ausstattung des Menschen
> produziert und stellt insofern eine Überformung anderer körperlicher Ausdrucksformen
> dar, während die Schriftsprache externe Ausdrucksmittel nutzt. Darauf geht die Vor-
> stellung von der »Natürlichkeit« der gesprochenen Sprache zurück, die in dem langen
> Schriftdiskurs seit der Antike im Topos vom *lebendigen* gesprochenen Wort gegenüber
> dem *toten* einen sprichwörtlichen Ausdruck gefunden hat [...].   U. Maas (2004:633f.)

Die Körpergebundenheit beim Sprechen ist also ein konstitutives Merkmal mündlicher Kommunikation. Dies gilt auch für das Telefonieren. Selbst wenn die Stimme vom Körper gelöst scheint, ist die Äußerung doch körpergebunden. Beim
Schreiben hingegen »schieben« sich die Werkzeuge »zwischen den Schreiber und
die produzierte Äußerung, so daß sie für den Leser nicht mehr quasi körperlich
erfahrbar ist wie die mündliche Äußerung« (H. Günther 1988:12). Auch an anderer Stelle hebt Günther diesen Unterschied hervor: »Sprache trennt sich in der
Schrift auch materiell vom Sprecher oder Hörer« (1983:34). Allerdings muss hier
weiter differenziert werden: Während der handgeschriebene Text noch einen gewissen Grad an Somatizität (Körperlichkeit) aufweist, fehlt dieses Merkmal bei
einem mit der Schreibmaschine oder dem Computer erstellten Text völlig.[17] Die
Fingerkuppen berühren beim Maschineschreiben die Tasten, diese erst erzeugen
den geschriebenen Text. Beim Computerschreiben kommt noch hinzu, dass das
Geschriebene in Form von elektronischen Bildpunkten auf dem Monitor präsent
ist und – daraus folgend – immer wieder neu gestaltet werden kann. Erst wenn der
Text ausgedruckt wird, liegt er als materielles Produkt vor. Es steht also nicht nur
die Tastatur, sondern auch der Monitor zwischen dem Textproduzenten und dem
Text.

*ad 8: Die gesprochene Sprache ist häufig gekennzeichnet durch fehlerhaften Satz-
bau, Flexionsbrüche, Dialektismen, umgangssprachliche Ausdrücke, Ellipsen,
Selbstkorrekturen, Gesprächspartikeln. In der geschriebenen Sprache finden sich
solche Ausdrucksmittel in der Regel nicht.*
Diese Typisierung gilt nicht für alle mündlichen Äußerungsformen. So sind
ein wissenschaftlicher Vortrag oder eine Predigt in der Regel gerade durch die

---

17 Gerade dieser Umstand veranlasst viele Schreiber dazu, persönliche Briefe nicht mit der
    Maschine oder dem Computer zu schreiben.

Abwesenheit dieser Merkmale gekennzeichnet. Andererseits weisen bestimmte Texte (wie z. B. flüchtig geschriebene Notizen, Äußerungen im Chat, Grußkarten an gute Freunde, Kurznachrichten über das Handy) möglicherweise die für die gesprochene Sprache genannten Merkmale auf. Auf die Tatsache, dass keine feste Korrelation zwischen der Wahl bestimmter Ausdrucksmittel und der Repräsentationsform von Sprache vorliegt (geschrieben oder gesprochen), hat schon früh Häcki Buhofer (1985) hingewiesen. In ihrer interessanten, von der Schriftlichkeitsforschung wenig beachteten Arbeit zeigt sie, dass auch geschriebene Texte durch Merkmale charakterisiert sein können, die gemeinhin der gesprochenen Sprache zugeordnet werden.[18] Häcki Buhofer (1985:187) stellt in diesem Zusammenhang kritisch fest, dass sich in der Wissenschaftsgeschichte zwar die Vorstellung vom Verhältnis von gesprochener und geschriebener Sprache geändert habe, nicht aber die Vorstellung von der geschriebenen Sprache selbst. Sie kritisiert, dass die Merkmale des Schreibens meist nur an literarischen Texten entwickelt würden. Geschriebene Sprache gelte im Vergleich zur gesprochenen Sprache als expliziter, als formeller, als elaborierter. Das Schreiben werde demzufolge als schwieriger angesehen, unhinterfragt werde davon ausgegangen, dass Texte grundsätzlich »ein mehr an sprachlicher Leistung enthielten« (Häcki Buhofer 1985:74). Diese Typisierung sei, so ihre dezidierte These, falsch: »Man schliesst von der Schwierigkeit, eine Rede zu halten, nicht auf das Alltagssprechen. Ebensowenig muss man von der Schwierigkeit, einen Aufsatz zu schreiben, auf das Alltagsschreiben schliessen« (A. Häcki Buhofer 1985:322).

In der Tat gibt es keine feste Korrelation zwischen einer bestimmten Ausdrucksweise und ihrer Realisierung in geschriebener oder gesprochener Sprache. Dass fälschlich dennoch häufig eine solche Zuordnung vorgenommen wird, zeigt sich u. a. dann, wenn eine formelle Ausdrucksweise als ›schriftsprachlich‹ bezeichnet wird. Auf die Verwendung dieses Terminus wird im Folgenden verzichtet.

ad 9: Die gesprochene Sprache stellt ein Lautkontinuum dar, sie erstreckt sich in der Zeit. Die geschriebene Sprache enthält diskrete Einheiten. Diese haben eine räumliche Ausdehnung.

Mit diesem Punkt werden die Eigenschaften von Sprache angesprochen, die daraus resultieren, dass sie mit dem Ohr oder mit dem Auge wahrgenommen wird. Beim Schreiben kommt es, so Köller (1988:157) »zu einer Transponierung der Sprache von der Ebene der Zeit auf die Ebene des Raumes«. Köller spricht von einer »Verräumlichung« der Sprache im Medium der Schrift. Dies hat weitgehende Konsequenzen für die Analyse. In der gesprochenen Sprache liegt ein Lautkontinuum vor, in der geschriebenen eine Reihenfolge von Segmenten, die räumlich

---

18 Häcki Buhofer legt im theoretischen Vorspann ihrer empirischen Studie dar, dass »die Vorstellungen über Medium und Funktionen des Schreibens […] nur auf ganz bestimmte Segmente der Schriftlichkeit zutreffen und viele Vorkommensweisen der Schriftlichkeit ausklammern« (1985:323f.).

angeordnet sind. Darauf hat bereits Hermann Paul aufmerksam gemacht, wenn er schreibt, Sprache und Schrift verhielten sich zueinander wie Linie und Zahl:

> Wir haben […] gesehen, wie wichtig für die Beurteilung der lautlichen Seite der Sprache die Kontinuität in der Reihe der hintereinander gesprochenen wie in der Reihe der bildbaren Laute ist. Ein Alphabet dagegen, mag es auch noch so vollkommen sein, ist nach beiden Seiten hin diskontinuierlich. Sprache und Schrift verhalten sich zueinander wie Linie und Zahl. H. Paul (1880, 1970:374)

H. Günther (1988:17) betont, dass aus eben dieser Tatsache die Eigenständigkeit der beiden Untersuchungsgegenstände folge. Man könne nun einmal kontinuierliche Elemente nicht mit den gleichen Methoden beschreiben wie diskrete Segmente; man könne Einheiten, die sich in der Zeit erstrecken, nicht mit solchen gleichsetzen, die sich räumlich ausdehnen. Um im Bild zu bleiben: Linien und Zahlen können nicht mit dem gleichen Maß gemessen werden. Die segmentalen Einheiten der Schrift (i. e. die ›Zahlen‹) können zwar je nach Schriftsystem unterschiedlich komplex (vgl. das chinesische vs. das deutsche Schriftsystem) und unterschiedlich angeordnet sein (vgl. das koreanische vs. das deutsche Schriftsystem).[19] Es handelt sich dennoch immer um Einheiten, die räumlich – in einem eindimensionalen, zweidimensionalen oder aber wie die Gebärdensprache in einem dreidimensionalen Raum – situiert sind. Daraus folgt, wie Reinhard Fiehler (2005:1182) schreibt, dass »alle Einheiten in der schriftlichen Mitteilung gleichzeitig präsent sind, die damit […] den Charakter eines abgeschlossenen Produkts annimmt«. Für das Gesprochene gilt dies nicht. Es ist an die Dimension der Zeit, nicht an die des Raumes gebunden. Mündliche Verständigung erscheint deshalb als Prozess, nicht als abgeschlossenes Produkt.

ad 10: Die gesprochene Sprache ist dialogisch, die geschriebene ist monologisch ausgerichtet.
Auch die Zuordnung ›dialogisch/monologisch‹ zu ›gesprochen/geschrieben‹ gilt nur tendenziell. So gibt es mündliche Äußerungssituationen, die von ihrer Grundstruktur her monologisch sind. Dazu zählen Predigten, Vorträge, Parlamentsreden und Vorlesungen. Eine wechselseitige Kommunikation, eine direkte Rückkoppelung von Seiten der Rezipienten ist hier nicht vorgesehen. Andererseits kann Geschriebenes durchaus dialogischen Charakter haben. Nicht von ungefähr werden in der Textlinguistik Briefe als eine »Art der dialogischen Kommunikation« (Vater 2001:167) angesehen. Eine solche Analyse ist aber nur möglich, wenn die Einheit der Kommunikation ausreichend groß gewählt ist (vgl. Häcki Buhofer 1985:108). Betrachtet man nur den Zeitraum, in dem ein Brief geschrieben wird, ist der Text in der Tat monologisch. Der Adressat hat, anders als im persönlichen Gespräch, ja keine Möglichkeit, während des Schreibens zu intervenieren. Er kann auch nicht, wie in der Chatkommunikation, unmittelbar

---

19 In der Alphabetschrift des Koreanischen werden die Schriftzeichen, die eine Silbe konstituieren, in Quadraten angeordnet (vgl. hierzu Kap. 2).

im Anschluss an das Verfassen des Textes auf die Mitteilung antworten. Doch anders als bei einem Gesetzestext z. B. ist die Äußerung so organisiert, dass sie sich an einen Rezipienten richtet, dessen Antwort – wenn auch zeitversetzt – erwartet wird. Insofern ist die Annahme berechtigt, dass Briefe, wiewohl im Medium der Schrift abgefasst, im Gegensatz zu anderen Kommunikationsformen (Radio, Fernsehen) dialogischen Charakter haben.

1.2.3   Zusammenfassung

Es bleibt festzuhalten: Zwischen gesprochener und geschriebener Sprache treten systematische Unterschiede auf, es gibt aber auch wichtige Gemeinsamkeiten. Diese fallen erst dann ins Gewicht, wenn nicht ausschließlich prototypische, sondern auch randständige Äußerungsformen betrachtet werden. Dass solche Gemeinsamkeiten auftreten, überrascht nicht, denn es handelt sich, dies betonen Nerius et al. (2000:22) zu Recht, »um zwei Existenzformen einer Sprache.«

Aus heuristischen Gründen wurden hier diese beiden Existenzformen von Sprache getrennt untersucht. Nur so können die strukturellen und funktionalen Unterschiede adäquat erfasst werden. Insofern halte ich den Vorwurf von Häcki Buhofer (1985:118) für unberechtigt. Sie stellt fest, die Linguistik grenze die geschriebene Sprache nur deshalb als homogenen Gegenstandsbereich aus, damit sie ihn der gesprochenen Sprache gegenüberstellen könne. Dem ist Folgendes entgegenzuhalten: Zum einen gibt es konstitutive Unterschiede, die dazu berechtigen, die geschriebene Sprache als eigenen Gegenstandsbereich zu etablieren. Zum anderen ist im Interesse einer präzisen Beschreibung des Forschungsgegenstandes eine solche Grenzziehung durchaus sinnvoll. Wichtig aber ist, in einem zweiten Schritt beide Untersuchungsansätze zusammenzuführen. Nur so kann man der Tatsache gerecht werden, dass beide, geschriebene und gesprochene Sprache, in einer Wechselwirkung stehen und Gemeinsamkeiten aufweisen.

Die Unterschiede, die zwischen gesprochener und geschriebener Sprache bestehen und für alle Äußerungsformen gelten, werden im Folgenden angeführt. Sie resultieren aus den unter Punkt 7 und 9 genannten Eigenschaften. Beide Merkmale beziehen sich auf den Produktionsprozess. Dies ist ein interessanter Befund. Er liefert eine Erklärung dafür, warum Autoren, die ihr Augenmerk auf die Äußerungsprodukte richten (so z. B. Textlinguisten), eher dazu neigen, die prinzipielle Unterscheidbarkeit von gesprochener und geschriebener Sprache in Frage zu stellen.

(2)

Konstitutive Merkmale gesprochener und geschriebener Sprache

1. Die gesprochene Sprache ist körpergebunden. Die geschriebene Sprache ist dies nicht. Sie benötigt ein Werkzeug.
2. Die gesprochene Sprache erstreckt sich in der Zeit. Dies gilt für die geschriebene Sprache nicht. Sie hat eine räumliche Ausdehnung.

1.3   Dependenz- und Autonomiehypothese

1.3.1   Vorbemerkung

Im Folgenden werden zwei konträre Auffassungen zum Verhältnis von gesprochener und geschriebener Sprache dargestellt: die Dependenz- und die Autonomiehypothese. In Abschn. 1.3.2 und 1.3.3 werden die Argumente genannt, die die jeweiligen Protagonisten anführen, um die Abhängigkeit der geschriebenen von der gesprochenen Sprache bzw. um die relative Autonomie der geschriebenen Sprache zu belegen. Eine ausführliche Gegenüberstellung dieser Positionen findet sich bei Glück (1987:57–110), eine Kurzfassung in dem von Glück (2005) herausgegebenen *Metzler Lexikon Sprache*. Glück weist in beiden Texten darauf hin, dass es eine dritte, eine vermittelnde Position gebe, die er als »Interdependenzhypothese« bezeichnet. Auf diese Position wird hier nicht in einem separaten Abschnitt eingegangen, da es im Kern die Auffassung ist, die von allen nicht-radikalen Autonomietheoretikern vertreten wird. Gemeinsam ist ihnen die Annahme, dass die geschriebene und die gesprochene Sprache »methodisch differenziert zu behandelnde und theoret. elementare Kategorien der Sprachbeschreibung und -analyse« (Glück 2005:288) seien, wobei aber – und darin besteht der Unterschied zur Autonomiehypothese – von einer »relativen [...] Dominanz der gesprochenen über die geschriebene Sprachform ausgegangen wird« (Glück 2005:288). Die von Glück so genannte Interdependenzhypothese stellt also lediglich eine Variante der Autonomiehypothese in schwächerer, relativierter Form dar (vgl. zu dieser Auffassung auch Neef/Primus 2001:354).[20]

1.3.2   Die Dependenzhypothese

Unter der an das Verdikt von Ferdinand de Saussure angelehnten Überschrift »Die Schrift als sekundäres Zeichensystem« seien nun die wichtigsten Argumente, die für die Abhängigkeit der geschriebenen von der gesprochenen Sprache vorgebracht werden, aufgelistet. Im Anschluss daran werden die einzelnen Punkte erläutert.

---

20 Neef/Primus (2001) beziehen ihre Argumente für die relative Autonomie des Schriftsystems ausschließlich auf das Verhältnis von Phonem- und Graphemebene (vgl. hierzu ausführlich Kap. 4). Im vorliegenden Abschnitt wird die Fragestellung weiter gefasst. Es werden nicht nur strukturelle, sondern auch kommunikativ-funktionale und entwicklungsgeschichtliche Aspekte in die Diskussion um das Verhältnis von gesprochener und geschriebener Sprache einbezogen.

(3)

Die Schrift als sekundäres Zeichensystem
1. Linguistisches Argument: Die Schrift ist nichts anderes als eine Visualisierung von Sprache, als in Buchstaben umgesetzter Schall.
2. Entwicklungspsychologisches Argument: Die Schrift wird sowohl phylo- als auch ontogenetisch später erworben als Sprache.
3. Logisches Argument: Sprache existiert ohne Schrift, Schrift aber nicht ohne Sprache.
4. Funktionales Argument: Gesprochene Sprache wird bei weitaus mehr Gelegenheiten eingesetzt als die geschriebene.

ad 1: Die Schrift ist nichts anderes als eine Visualisierung von Sprache, als in Buchstaben umgesetzter Schall.

Dieses Argument wird meist in Verbindung gebracht mit den Arbeiten von H. Paul (1880) und F. de Saussure (1916). In neueren Arbeiten findet sich diese Auffassung im Standardwerk zur generativen Phonologie, in dem Buch von Chomsky/Halle (1968). Ausgangspunkt ist hier die Annahme, dass die Graphemebene der Phonemebene nachgeordnet ist. Mit anderen Worten: Die Grapheme (hier vortheoretisch: die Buchstaben) werden über die Phoneme (hier vortheoretisch: die Laute) definiert, sie stellen, so die Auffassung der Dependenztheoretiker, keine autonomen Untersuchungseinheiten dar. So werden z.B. die Grapheme <g> bzw. <k> in *Garten* bzw. *Karten* den Phonemen /g/ bzw. /k/ zugeordnet. Über sog. Korrespondenzregeln (vgl. zuerst Bierwisch 1972) wird festgelegt, wie die Phoneme in Grapheme überführt und problematische Fälle erfasst werden können. In Kap. 4 zur Graphematik des Deutschen wird dieser dependenztheoretische Ansatz beschrieben, und es wird ein alternatives Konzept vorgestellt, das auf der Annahme einer relativen Autonomie von Schriftsystem und phonologischem System beruht (vgl. Neef/Primus 2001, Neef 2005).

ad 2: Die Schrift wird sowohl phylo- als auch ontogenetisch später erworben als Sprache.

In der Menschheitsgeschichte geht das Sprechen dem Schreiben voran. Es gibt Kulturen ohne Schrift, aber keine ohne Sprache. Coulmas sagt es treffend:

> Noch heute sind viele Sprachen schriftlos, und unter systematischen Gesichtspunkten kann die Schrift als historische Koinzidenz betrachtet werden. Schriftlosigkeit ist ein kulturelles bzw. soziales Phänomen; Sprachlosigkeit hingegen ein pathologisches.
>
> F. Coulmas (1981:109)

Auf die phylogenetische Vorrangstellung der Schrift wurde bereits hingewiesen. Maas (1992) merkt in diesem Zusammenhang richtig an, dass man korrekterweise aber nicht von einer phylogenetischen, sondern von einer soziogenetischen Konstante sprechen müsse, da die Schrift nicht naturgegeben sei, sondern als kulturelles Produkt erst entwickelt werden musste.

Was die Ontogenese betrifft, so ist zwar richtig, dass der Erwerb der jeweiligen Sprache dem Schriftspracherwerb vorangeht. Doch merkt Lyons (1987[3]:21) in diesem Zusammenhang mit Recht an, dass dem Argument der »biologischen Priorität« nicht zu viel Gewicht beigemessen werden sollte. Immerhin sei es auch möglich, »die Schriftform einer Sprache zu erlernen, ohne vorher die entsprechende gesprochene Form beherrscht zu haben.« Dies freilich gilt nur für Zweitspracherwerb (so z. B. für den Lateinunterricht), nicht aber für den Erstspracherwerb.

ad 3: Sprache existiert ohne Schrift, Schrift aber nicht ohne Sprache.
Dass Sprache ohne Schrift denkbar ist, nicht aber Schrift ohne Sprache, zeigt sich nicht nur ontogenetisch, sondern auch aktualgenetisch, in der Äußerungssituation: Die suprasegmentalen Merkmale der gesprochenen Sprache, d. h. die Merkmale, die sich auf komplexe sprachliche Äußerungseinheiten beziehen (Intonation, Akzent, Prosodie), können im Geschriebenen nicht vollständig wiedergegeben werden. Dass dies nicht möglich ist, liegt an den Variationsmöglichkeiten, die die gesprochene Sprache bietet. Im Medium der Schrift ist diese Variation begrenzt, im Gesprochenen hingegen gibt es eine unendlich große Möglichkeit an Artikulationsweisen (vgl. H. Paul 1881:374). Leiss/Leiss (1997) stellen denn auch fest, dass aufgrund dieser Tatsache die Dekodierungsleistung des Hörers weitaus größer sei als die des Lesers. Dem allerdings hält Theodor Ickler (p. c.) entgegen: »Was heißt hier ›Leistung‹? Ist Hören anstrengender als Lesen? Lernt man nicht viel früher Hörverstehen als Leseverstehen? Wenn man müde ist – fällt Lesen dann nicht schwerer als Hören?«

ad 4: Gesprochene Sprache wird bei weitaus mehr Gelegenheiten eingesetzt als die geschriebene.
Lyons (1987[3]:22) weist darauf hin, dass die geschriebene Sprache als Notbehelf in solchen Situationen diene, in denen eine mündliche Kommunikation unmöglich ist. Noch heute gelte, dass die gesprochene Sprache bei sehr viel mehr Gelegenheiten als die geschriebene benutzt werde. Sie habe daher funktionale Priorität. Dem kann mit Häcki Buhofer (1985) entgegengehalten werden, dass bestimmte Funktionen des Schreibens, so z. B. das Aufstellen von Listen, gar keine Entsprechungen in der gesprochenen Sprache haben. Auch ist, so Häcki Buhofer, der Alltag nicht die unbestrittene Domäne des Sprechens, es gebe Situationen, die ebenso gut über die Schrift bewältigt werden können. Das Schreiben sei für bestimmte Kommunikationszwecke besser geeignet, das Sprechen für andere.

1.3.3 Die Autonomiehypothese

Die Autonomietheoretiker plädieren dafür, die Schrift als eigenen Forschungsgegenstand anzusehen, der theoretisch und methodisch von der gesprochenen Sprache zu unterscheiden ist. Die wichtigsten Argumente, die sich hierzu in der Literatur finden, sind die folgenden:

(4)

> **Die Schrift als eigenständige Realisationsform von Sprache**
>
> 1. Strukturelles Argument: Die Schrift besteht aus diskreten Einheiten, die gesprochene Sprache stellt ein Kontinuum dar.
> 2. Logisches Argument: Lesen und Schreiben rekurrieren nicht notwendigerweise auf die gesprochene Sprache.
> 3. Linguistisches Argument: Die Schrift ermöglicht es, in Distanz zum Untersuchungsgegenstand zu treten. Sie macht sprachliche Strukturen der genauen Beobachtung zugänglich.
> 4. Kulturwissenschaftliches Argument: Die Schrift bewahrt vor dem Vergessen, sie hat eine »dokumentarische Funktion« (Köller 1988:157).
> 5. Auf das Medium bezogenes Argument: Die Schrift hat optisch-visuelle Eigenschaften, die auf die gesprochene Sprache zurückwirken.

ad 1: Die Schrift besteht aus diskreten Einheiten, gesprochene Sprache stellt ein Kontinuum dar.

Dass die Unterscheidung zwischen Gesprochenem (= Kontinuierlichem) und Geschriebenem (= Segmentalem) als Argument für die Autonomiehypothese angeführt wird, überrascht nicht. Wie bereits weiter oben dargelegt, stellt dieses Merkmal einen der zentralen Unterschiede zwischen gesprochener und geschriebener Sprache dar. Hartmut Günther betont, dass die Analysen schriftlicher und mündlicher Sprache aus eben diesem Grunde getrennt zu erfolgen habe. »Man kann kontinuierliche Elemente nicht mit den gleichen Methoden beschreiben wie diskrete Segmente« (1988:17).

ad 2: Lesen und Schreiben rekurrieren nicht notwendigerweise auf die gesprochene Sprache.

In der Regel nimmt der Sprecher bei der mündlichen Artikulation nicht auf das Schriftbild Bezug. Selbst beim lauten Lesen ist dies nicht der Fall. Das Geschriebene wird vom geübten Leser ganzheitlich erfasst, nicht Buchstabe für Buchstabe dekodiert. Gerade beim geübten Schreiben und Lesen erfolgt also nur selten der Umweg über die gesprochene Sprache. Beide Prozesse vollziehen sich vielmehr in unmittelbarer, nicht durch die gesprochene Sprache vermittelter Weise.[21] Oder anders gesagt: Wir lesen nicht, indem wir das Wort laut vorsprechen; wir schreiben nicht, indem wir das Wort vorweg laut sprechen. Günther (1983:25) sagt es treffend: »Das geschriebene Wort ist unabhängig davon, ob und wie es ausgesprochen wird.« Häcki Buhofer (1985:76) bringt in diesem Zusammenhang ein interessantes Argument: Die »Arbeit mit gehörlosen Kindern zeigt, dass die geschriebene Sprache einen ausgezeichneten Zugang zur Sprache überhaupt

---

21 Dies freilich gilt nicht für Wörter, die dem Leser unbekannt sind. Sie werden nach den Phonem-Graphem-Korrespondenz-Regeln der eigenen Sprache ausgesprochen, das Schriftbild ist hier dominant.

bietet – und dies gerade für Kinder, die keine lautsprachliche Entwicklung hinter sich haben«. Damit ist auch das obige Argument von der ontogenetischen Priorität der gesprochenen Sprache widerlegt: Die geschriebene Sprachform kann ohne die gesprochene Sprache beherrscht werden. Dass dies möglich ist, zeigt auch der Umstand, dass eine Fremdsprache wie das Lateinische nur über Schriftzeugnisse gelernt werden kann.

Es würde an dieser Stelle zu weit führen, der Frage nachzugehen, warum die oben skizzierte Auffassung dennoch so weit verbreitet ist. Hier sei nur auf die höchst lesenswerte Arbeit von Christian Stetter (2005) verwiesen, der in dem Kapitel»Zur Medialität der Schrift« schreibt:»Zu verbreitet ist immer noch der Mythos vom Alphabet als einer Lautschrift, der Gedanke, die graphischen Zeichen müssten erst ins Medium des Oralen übersetzt werden, um Bedeutung zu gewinnen. Doch es genügt, auf einige bekannte Fakten zu verweisen, um zu sehen, daß er zu kurz greift« (Stetter 2005:86).

ad 3: Die Schrift ermöglicht es, in Distanz zum Untersuchungsgegenstand zu treten. Sie macht sprachliche Strukturen der genauen Beobachtung zugänglich.
Eben weil die Schrift nicht mit dem Ohr, sondern mit dem Auge wahrgenommen wird, werde die Sprache, so schreibt Köller (1988:157),»auf eine Weise versinnlicht, die es gestattet, sie immer wieder neu wahrzunehmen«. Und weil durch die Schrift die Informationsübermittlung nur über den optischen Kanal verlaufe, gewinne der geschriebene Text auf anderer, auf kognitiver Ebene. Schriftbasierte Äußerungen seien in der Regel semantisch autonom, aus sich selbst heraus verstehbar. Dies wiederum wirke sich auf ihre Rezeption aus.»Da die Kommunikation in der geschriebenen Sprache semiotisch auf den optischen Kanal und die sinnliche Kargheit der graphischen Zeichen reduziert wird, konzentriert sich unsere Aufmerksamkeit automatisch auf den kognitiven Gehalt sprachlicher Äußerungen bzw. auf die Darstellungsfunktion der Sprache. Insgesamt wird dadurch unsere Einstellung zur Sprache und zu ihren Mitteilungsinhalten abstrakter und distanzierter« (Köller 1988:157). Das geschriebene Wort schaffe überhaupt die Möglichkeit, die Sprache zu einem Beobachtungsgegenstand zu verselbständigen, der systematisch untersucht werden kann.

ad 4: Die Schrift bewahrt vor dem Vergessen, sie hat eine »dokumentarische Funktion« (Köller 1988:157).
Die Schrift kann einen Inhalt immer wieder zugänglich machen. Alles Wissen ist auf die Überlieferung in der Schrift angewiesen. Damit ist die geschriebene Sprache, wie Fiehler schreibt,»das zentrale Element der Wissensvermittlung« (2005:1183). Insofern lässt sich auf die eingangs dargestellte Schriftkritik (s. Kap. 0) entgegnen: Die Schrift führt zwar beim Individuum zu einer»Vernachlässigung des Gedächtnisses« (so Platon), sie bewahrt aber das Kulturgut einer Gesellschaft für die nachfolgenden Generationen auf. Sie ist»das kulturelle Gedächtnis« (vgl. den Titel des Buches von Jan Assmann, *Das kulturelle Gedächtnis. Schrift, Erinnerung und politische Identität in frühen Hochkulturen*).

Auch Hermann Paul, der als einer der bedeutendsten Schriftkritiker gilt, erkennt dies als die große Leistung der Schrift an: »Durch sie kann der enge Kreis, auf den sonst der Einfluss des Individuums beschränkt ist, bis zur Weite der ganzen Sprachgenossenschaft anwachsen, durch sie kann er sich über die lebende Generation hinaus, und zwar unmittelbar auf alle nachfolgenden verbreiten« (H. Paul 1880, 1970:373).

ad 5: Die Schrift hat optisch-visuelle Eigenschaften, die auf die gesprochene Sprache zurückwirken.

Jürgen Erfurt (1994:1397f.) zählt interessante Beispiele aus dem Französischen auf, die belegen, dass die Schrift auf die gesprochene Sprache zurückwirkt. Als ein Beleg führt er an, dass Endkonsonanten im Neufranzösischen nur deshalb (wieder) gesprochen werden, weil sie im Schriftbild konserviert sind (vgl. *avec*, *chic*, *août*, *neuf* etc.). Weitere Beispiele seien aus dem Bereich der Wortbildung genannt: Kurzwörter wie NATO und FAZ resultieren aus den Anfangsbuchstaben. Die Kurzwörter werden entweder als phonetisches Wort gesprochen (NATO), häufiger noch aber ist, dass die Bezeichnungen für die Buchstaben aneinander gereiht werden (*WDR = We-de-er*, *FAZ = Ef-a-zet*). Ist Letzteres der Fall, liegt eine **Spelling Pronunciation** vor, ein Hörbarmachen von Buchstaben in der Lautung. Dass hier tatsächlich die Anfangsbuchstaben, nicht die Anlaute der Basiswörter genommen werden, zeigt das Beispiel *EU* (Europäische Union), das *E-U*, nicht *Eu-U* gesprochen wird (vgl. auch *AZUBI*).

Ein anderes Beispiel, das den Einfluss der Schreibung auf die Lautung deutlich macht, wird von Coulmas (1981:120) angeführt:

In etwas anderer Funktion als bei Abkürzungen gehen Buchstaben in Wortbildungsprozesse ein, wenn ihre ikonische Qualität zur Bezeichnung eines Gegenstandes ausgenutzt wird. X- und O-Beine verdanken ihre Namen einer Ähnlichkeitsbeziehung zwischen der Form von Beinen und Buchstaben. Entsprechend ikonische Bezeichnungen liegen vielen anderen Bezeichnungen zugrunde wie beispielsweise *V-Ausschnitt, V-8-Motor, T-Träger, T-Shirt, S-Kurve, Q-Antenne* usw.   F. Coulmas (1981:120)

Coulmas (1981) weist in dem Kapitel »Einflüsse von Schrift auf Sprache« auf zahlreiche solche Phänomene hin. Als weiteren Punkt führt er in Anlehnung an die Studien des tschechischen Sprachwissenschaftlers Josef Vachek die Schreibungen *Äh, Hm* an. Diese dienten dazu, paraverbale Äußerungen im Medium der Schrift zum Ausdruck zu bringen. Werden diese vom Sprecher als Substantive benutzt (z. B. *Wegen ihrer vielen Ähs und Hms war es schwierig, ihr zu folgen*), dann wird eine behelfsmäßige schriftliche Darstellung als Basis für die verbale Charakterisierung eines Sachverhalts genommen: »Dadurch, dass sie geschrieben werden, erhalten diese Einheiten, die eigentlich keine Wörter sind, wortähnlichen Charakter« (Coulmas 1981:120). Und indem diese schriftlich fixierten geschriebenen, paraverbalen Äußerungen (vgl. auch *Hihi, Haha, Ähem*) Wortcharakter annehmen, werden sie zu einem Teil des Sprachsystems und wirken zurück auf die gesprochene Sprache, so z. B. wenn ein Sprecher »etwa in ironischer Absicht

– tatsächlich [hi:hi] sagt« (Coulmas 1981:121). Schriftlich fixierte paraverbale Äußerungen werden auf diese Weise in die gesprochene Sprache übernommen.

Welchen Stellenwert die Schrift hat, sieht man auch am Vorkommen von Redewendungen, die auf das Schreiben Bezug nehmen. Hier eine Auswahl (vgl. Glück 1987:7f.): »Papier ist geduldig«, »etwas für das A und O halten«, »bei jemandem in der Kreide stehen«, jemandem »ein X für ein U vormachen«, »kein Blatt vor den Mund nehmen«, niemanden »abstempeln«, er »lügt wie gedruckt«, er »redet wie ein Buch«, er redet »nach der Schrift«, er ist »kein unbeschriebenes Blatt«, das kann man jedem »schriftlich geben«, das sollten sich alle »hinter die Ohren schreiben«, darauf könne man »Brief und Siegel geben«, das »spreche Bände«, man wolle nun endlich »einen Punkt setzen«, das Ganze sei »druckreif«. Die Beispiele machen deutlich, dass unser Sprachgebrauch in doppeltem Sinne schriftgeprägt ist: Nicht nur, dass in der gesprochenen Sprache die geschriebene Sprache als Folie dient. Im Beschreiben bestimmter Sachverhalte bedienen wir uns schriftbasierter Metaphern.

1.3.4 Schlussbemerkung

Die Argumente, die hier für und gegen die Abhängigkeit der geschriebenen von der gesprochenen Sprache vorgetragen wurden, stehen nicht im Widerspruch zueinander. Wer die historische Dimension berücksichtigt, kann nicht bestreiten, dass das Schreiben dem Sprechen nachgeordnet ist. Wer hingegen nur die systematischen Aspekte in Betracht zieht, braucht diesem Argument keine Bedeutung beizumessen. Es hängt also jeweils von der Perspektive und vom Untersuchungsziel ab, welche Position man als Sprachwissenschaftler in der Diskussion um das Verhältnis von gesprochener und geschriebener Sprache einnimmt.[22]

Unabhängig von der Frage aber, wie das Verhältnis theoretisch gewichtet wird, lässt sich für die neuere linguistische Forschung feststellen, dass es Versuche gibt, beide Existenzformen von Sprache methodisch differenziert zu behandeln. Dies sieht man u. a. daran, dass sich in den 60er bzw. 70er Jahren des 20. Jahrhunderts eigene Forschungsdisziplinen etabliert haben: die Gesprächsanalyse und die Textlinguistik. Erstere wird der gesprochenen, Letztere der geschriebenen Sprache zugeordnet. Hierzu eine kurze Erläuterung:

Zentraler Untersuchungsgegenstand der **Gesprächsanalyse** ist die gesprochene Sprache (vgl. Brinker/Sager 2001³). Untersucht werden die Art und Weise des Sprecherwechsels, die Wahl und Fortführung des Gesprächsthemas, die Länge der Gesprächsbeiträge etc. Dass solche Untersuchungen überhaupt durchgeführt werden können, hängt mit der Entwicklung von Geräten zusammen, die es erlauben, die gesprochene Sprache aufzuzeichnen und ihr dadurch die Flüchtigkeit zu nehmen, die sie über lange Zeit einer linguistischen Analyse verschloss. Allerdings ist hier anzumerken, dass letztendlich auch diese Analyse über die Schrift erfolgt:

---

22 Häufig genug zeigt sich die jeweilige Position ohnehin nur in der praktischen Arbeit, nicht in programmatischen Äußerungen.

Die aufgezeichneten Gesprächsbeiträge werden in schriftliche Form gebracht, sie werden für die weitere Untersuchung transkribiert.[23] Nichtsdestotrotz ist die Gesprächsanalyse die Disziplin, die sich genuin mit der Frage befasst, welchen Gebrauch Sprecher von der gesprochenen Sprache machen. Dies gilt nicht für die sog. Sprechakttheorie, in der es um die systematische Analyse einzelner sprachlicher Äußerungen geht (vgl. das klassische Werk von John Searle (1969) mit dem Titel »Speech Acts«), deren Untersuchungsgegenstand aber – anders als dies die Bezeichnung »Sprechakt« vermuten lässt – nicht an die gesprochene Sprache gebunden ist.

Das Pendant zur Gesprächsanalyse ist die **Textlinguistik**. Sie befasst sich mit der strukturellen Analyse solcher Einheiten, die über die Satzgrenze hinausgehen (vgl. Vater 20013, Adamzik 2004). Die folgenden Fragen werden hier gestellt: Was macht aus einer Ansammlung von Sätzen einen Text, welche Verknüpfungsmittel treten auf, wie wird Kohärenz hergestellt? Mit ›Text‹ werden sowohl schriftliche als auch mündliche Äußerungen bezeichnet. Im Unterschied zur Gesprächsanalyse steht nicht die Produktion dieser Texte im Mittelpunkt der Betrachtung, sondern das Resultat, die sprachliche Einheit als Ganzes. Auch die Textlinguistik ist eine relativ junge Disziplin. Zwar mag man einwenden, dass doch auch die forschungsgeschichtlich wesentlich ältere Stilistik mit Texten befasst ist, doch geht es in der Stilistik um das angemessene Verfassen von Texten, nicht um ihre linguistische Analyse. Die Stilistik ihrerseits geht zurück auf die Rhetorik, die antike Lehre von der (öffentlichen) Rede. Beide, Rhetorik und Stilistik, sind Vorläufer der Textlinguistik, sie stehen aber in einer anderen, in einer philologischen Tradition.

Im nächsten Abschnitt wird ein weiteres Begriffspaar vorgestellt, das in der neueren schriftlinguistischen Forschung eine zentrale Rolle spielt: Mündlichkeit und Schriftlichkeit. Wie wir sehen werden, sind diese beiden Termini nur bedingt mit den Termini gesprochene/geschriebene Sprache gleichzusetzen.

1.4   Mündlichkeit und Schriftlichkeit

1.4.1   Zur medialen und konzeptionellen Dimension

Peter Koch und Wulf Oesterreicher weisen in ihrem in der Forschung vielfach zitierten Aufsatz »Schriftlichkeit und Sprache« (1994) darauf hin, dass die Termini »mündlich« und »schriftlich« ambig seien. Zum einen sei damit schlicht die Tatsache gemeint, dass eine Äußerung phonisch oder graphisch vorliegt, also gesprochen oder geschrieben wird. In diesem Sinne beziehen sich die Termini ›mündlich/ schriftlich‹ auf »das Medium der Realisierung sprachlicher Äußerungen« (1994:

---

23 Die Transkription, das schriftliche Fixieren der Gesprächsbeiträge, gehört zu den zentralen Aufgaben der Gesprächsanalyse. Die Verschriftung folgt weitgehend der normalen Orthographie, angegeben werden aber auch Pausen, Parallelsprechen, dialektale Besonderheiten etc.

587).[24] Zum anderen werde darunter oft der Duktus, die Modalität der Äußerungen verstanden, »kurz: die Konzeption, die die Äußerung prägt« (1994:587). Es geht dabei um die Tatsache, dass eine bestimmte Ausdrucksweise gewählt wird und diese eher »mündlich« (d.h. an die gesprochene Sprache) oder eher »schriftlich« (an die geschriebene Sprache) angelehnt ist.

Um deutlich zu machen, von welcher Art von Mündlichkeit bzw. Schriftlichkeit jeweils die Rede ist, müssen beide Ebenen terminologisch getrennt werden. Dies ist möglich über den Zusatz »medial« bzw. »konzeptionell«. Eine Äußerung kann als konzeptionell (eher) mündlich oder konzeptionell (eher) schriftlich eingestuft werden – und zwar unabhängig davon, ob sie im Medium der gesprochenen oder der geschriebenen Sprache realisiert ist, also medial mündlich oder medial schriftlich ist.[25] So wird im prototypischen Fall eine Grußkarte an einen Freund – obwohl medial schriftlich – konzeptionell mündlich sein, ein wissenschaftlicher Vortrag – obwohl medial mündlich – konzeptionell schriftlich. Zwischen der konzeptionellen und der medialen Dimension von Mündlichkeit und Schriftlichkeit ist also zu unterscheiden. Zwar wurde auch in älteren Arbeiten, so von Otto Behaghel (1899, 1927) in dem bereits erwähnten Aufsatz »Geschriebenes Deutsch und gesprochenes Deutsch«, darauf hingewiesen, dass eine solche Doppelunterscheidung notwendig sei, doch es war erst das Verdienst von Koch und Oesterreicher, diese Annahme in der linguistischen Forschung konsolidiert zu haben. Das von ihnen präsentierte Modell hat mittlerweile – wie Mathilde Hennig (2001:219) schreibt – »den Status einer Grundlage, auf die man sich unbesorgt berufen kann«. In der Tat hat es einen großen Vorteil: Es gestattet eine präzise Kennzeichnung dessen, was unter Mündlichkeit und Schriftlichkeit zu fassen ist.

(5)

Mündlichkeit/Schriftlichkeit

Koch/Oesterreicher (1994) unterscheiden in Bezug auf sprachliche Äußerungen zwischen medialer und konzeptioneller Mündlichkeit bzw. Schriftlichkeit. Die **mediale Dimension** bezieht sich auf die Realisationsform der sprachlichen Äußerung, die **konzeptionelle Dimension** auf die in der Äußerung gewählte Ausdrucksweise.

Legt man die Koch/Oesterreicher'sche Terminologie zugrunde, lässt sich auch das Thema des vorliegenden Buches präzisieren: Im Vordergrund steht die mediale Dimension. Behandelt werden die verschiedenen Aspekte der medialen Schriftlichkeit (Schrifttypen, Schriftsysteme, Schriftgeschichte, Schriftnormierung, Ty-

---

24 In einer älteren Arbeit zum selben Thema sprechen Koch/Oesterreicher vom »phonischen« bzw. »graphischen Kode« als den beiden Instanzen, in denen Sprache vorkommt (1985:17).

25 Eine andere Unterscheidung, die sich aber nicht durchgesetzt hat, schlägt U. Maas (2004:635) vor: Er spricht von orat/literat bzw. mündlich/schriftlich und bezieht das erstgenannte Begriffspaar auf die konzeptionelle, das zweitgenannte auf die mediale Dimension von Äußerungen.

pographie und Schriftspracherwerb) aus linguistischer Sicht. Nichtsdestotrotz soll im folgenden Abschnitt die konzeptionelle Dimension zur Sprache kommen, eben weil, wie Koch/Oesterreicher schreiben, zwischen Medium und Konzeption eine »ausgeprägte Affinität« (1994:587) besteht. Dieser Abschnitt ist aber gewissermaßen als Exkurs zu verstehen, im Anschluss daran kehrt der Text wieder zur medialen Dimension zurück.

1.4.2   Konzeptionelle Mündlichkeit und Schriftlichkeit

Während eine Äußerung im prototypischen Fall nur in zwei Realisationsformen (medial mündlich oder medial schriftlich) vorliegt[26], variiert ihre Konzeption in einem Kontinuum, das zahlreiche Zwischenstufen zulässt. Koch/Oesterreicher (1994) erläutern den Unterschied folgendermaßen:

> Beim Medium sind die Begriffe ›mündlich/schriftlich‹ dichotomisch zu verstehen (unbeschadet der Tatsache, daß jederzeit ein Medienwechsel, sei es beim Vorlesen, sei es beim Diktieren stattfinden kann). Bei der Konzeption bezeichnen die Begriffe ›mündlich/schriftlich‹ demgegenüber die Endpunkte eines Kontinuums.
>
> P. Koch/W. Oesterreicher (1994:587)

Koch/Oesterreicher stellen mit Recht fest, dass keine feste Korrelation zwischen medialer und konzeptioneller Mündlichkeit bzw. Schriftlichkeit vorliege. Prinzipiell seien auch »gegenläufige Kombinationen« (z. B. medial schriftlich/konzeptionell mündlich) möglich, und gerade diese seien für die Forschung von besonderem Interesse (vgl. Koch/Oesterreicher 1994:587). In diesem Zusammenhang sei auf eine neuere Studie zum Phänomen der konzeptionellen Mündlichkeit in schriftlichen Texten hingewiesen. Darin wird gezeigt, dass in Deutschaufsätzen von Schweizer Abiturienten ein neues, an der konzeptionellen Mündlichkeit angelehntes Grundmuster auftrete, ein sog. »Parlando« (vgl. Sieber 1998).

Mit der Unterscheidung ›medial schriftlich/konzeptionell schriftlich‹ (und analog dazu ›medial mündlich/konzeptionell mündlich‹) wird der Tatsache Rechnung getragen, dass schriftlich fixierte Äußerungen nicht notwendig bestimmte sprachliche Merkmale aufweisen und umgekehrt das Auftreten bestimmter sprachlicher Merkmale nicht notwendig an schriftlich fixierte Äußerungen gebunden ist. Damit wird eine lang tradierte Annahme richtig gestellt. Denn wenn in der Germanistik von »Schriftsprache« oder, wie in der Sprachwissenschaft der DDR üblich (vgl. Nerius et al. 2000:23), von »Literatursprache« die Rede ist, wird nicht nur nahe gelegt, dass es sich um eine Sprachform handelt, die im Medium der Schrift vorliegt. Es wird auch suggeriert, dass es sich bei dem Geschriebenem um einen sprachlich elaborierten Text handelt. Nicht von ungefähr stehen die Termini ›Schriftsprache‹ und ›Literatursprache‹ in enger Verbindung zu ›Standardsprache‹ bzw. ›Hochsprache‹.

---

26 Es gibt allerdings eine dritte Realisationsform von Sprache, die weder mündlich noch schriftlich ist: die Gebärdensprache.

Die folgende Abbildung unter (6) zeigt, wie verschiedene Äußerungsformen in das Mündlichkeits-/Schriftlichkeitsmodell eingeordnet werden können.[27] Die Endpunkte in diesem Kontinuum bezeichnen Koch/Oesterreicher (1994) als Mündlichkeitspol bzw. Schriftlichkeitspol. Sie ordnen die Beispiele einerseits dem medial mündlichen bzw. schriftlichen Bereich zu, andererseits positionieren sie sie im Kontinuum zwischen konzeptioneller Mündlichkeit und Schriftlichkeit. Dabei bleibt unberücksichtigt, dass Variationen auftreten können, die im Einzelfall eine abweichende Einstufung erforderlich machen. So kann eine Grußkarte durchaus in der Nähe des Schriftlichkeitpols stehen, wenn sie bestimmte sprachliche Merkmale aufweist (dazu siehe unten). Andererseits kann es vorkommen, dass in Äußerungsformen, die gemeinhin als konzeptionell und medial mündlich eingestuft werden (Telefongespräche, Verkaufsgespräche, Beratungsgespräche, Gesprächsrunden in Talkshows u. a.), charakteristische Merkmale der konzeptionellen Mündlichkeit gar nicht vorhanden sind (vgl. dazu Hennig 2000:115-119).

(6)

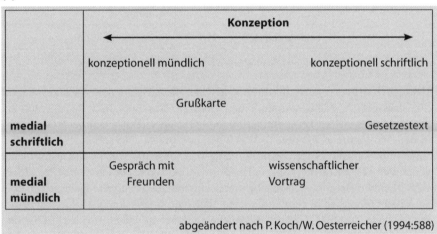

abgeändert nach P. Koch/W. Oesterreicher (1994:588)

Dem konzeptionellen Mündlichkeitspol ordnen Koch/Oesterreicher (1994:588) den Begriff ›Nähe‹, dem Schriftlichkeitspol den Begriff ›Distanz‹ zu. Nähe und Distanz beziehen sie auf die situativen Bedingungen der Kommunikation. Diese unterscheiden sich hinsichtlich der raumzeitlichen Nähe der Kommunikationspartner, ihrer Vertrautheit bzw. Fremdheit, der Privatheit bzw. Öffentlichkeit der Kommunikation, der Emotionalität, Spontaneität usw. Koch/Oesterreicher (1994) listen die folgenden Parameter auf:

---

27 Hier und im Folgenden werde ich in Anlehnung an Koch/Oesterreicher den etwas umständlichen Ausdruck ›Äußerungsformen‹ verwenden, um keinerlei mediale Assoziationen aufkommen zu lassen. Dies wäre z. B. der Fall, wenn von ›Texten‹ bzw. ›Textsorten‹ die Rede ist.

(7)

Konzeption der Äußerung		
	Sprache der Nähe	Sprache der Distanz
Kommunikations-bedingungen	raumzeitliche Nähe	raumzeitliche Distanz
	Vertrautheit	Fremdheit
	Privatheit	Öffentlichkeit
	Emotionalität	keine Emotionalität
	Situations- und Handlungseinbindung	keine Situations- und Handlungseinbindung
	kommunikative Kooperation	keine kommunikative Kooperation
	Dialog	Monolog
	Spontaneität	keine Spontaneität
	freie Themenentwicklung	Themenfixierung

Hennig (2000:116) weist in ihrer kritischen Diskussion des Ansatzes darauf
hin, dass die für Nähekommunikation charakteristischen Äußerungsformen am
ehesten in der Alltagskommunikation zu erwarten seien (persönliche Gespräche
in der Familie, unter Freunden). Was Telefongespräche, Beratungsgespräche, Gespräche in Talkshows etc. betreffe, zeige sich, dass die von Koch/Oesterreicher
genannten Merkmale nicht ausreichen würden. So könne der Parameter Privatheit/
Öffentlichkeit Beratungsgespräche nicht erfassen, da diese zwar nicht privat, aber
auch nicht öffentlich in dem Sinne seien, dass sie für jedermann zugänglich wären
(vgl. Hennig 2000:117). Telefongespräche andererseits ließen sich nicht über den
Parameter raumzeitliche Nähe/Distanz einordnen. Hier gelte nur zeitliche, nicht
aber räumliche Nähe. Zu überlegen ist also, ob die beiden Eckpunkte in diesem
Kontinuum nicht differenzierter beschrieben werden müssen.

In der Darstellung des Mündlichkeit-Schriftlichkeit-Kontinuums in (6) wurde,
anders als dies Koch/Oesterreicher (1994) tun, auf die Kennzeichnung der Eckpunkte mit den Termini ›Nähe‹ und ›Distanz‹ verzichtet, da diese eine Korrelation
nahelegen, die bei näherer Betrachtung nicht existiert. Das sehen wir am Beispiel
der Chatkommunikation. Die Teilnehmer im Chat verwenden eine Ausdrucksweise, die in vielen Fällen der konzeptionellen Mündlichkeit zuzuordnen ist – und
dies, obwohl sie sich in der Regel nicht kennen und die Kommunikation maximal
öffentlich ist. Vermutlich ist es gerade diese Anonymität, die sie dazu veranlasst,
nach dem Motto »Schreib, wie du sprichst« zu verfahren, d. h. sich konzeptionell

mündlich auszudrücken.[28] Mit anderen Worten: Die nähesprachlichen Merkmale ›Dialog‹, ›Spontaneität‹ und ›freie Themenentwicklung‹ treffen für den Chat zwar zu, die Kommunikationsbedingungen ›raumzeitliche Nähe‹, ›Vertrautheit‹, ›Privatheit‹, ›Situations- und Handlungseinbindung‹ sind aber nicht anwendbar. Eine räumliche Situationseinbindung liegt nicht vor, die Schreiber teilen sich zwar einen virtuellen Raum, sie befinden sich aber nicht am selben Äußerungsort und können nicht deiktisch auf einen gemeinsamen Wahrnehmungsraum verweisen. Auch eine gemeinsame Handlungseinbindung ist nicht gegeben, da die Kommunikationsteilnehmer, anders als in der gesprochenen Sprache, nur mit dem Resultat der Äußerungsproduktion konfrontiert werden. Die Produktionsphase ist dem Adressaten nicht gegenwärtig, er sieht nicht, wie der Text entsteht.

Es ließen sich noch weitere Beispiele nennen, die zeigen, dass die für Nähe und Distanz festgelegten Parameter nicht generell mit den Eckpunkten des Kontinuums von Mündlichkeit und Schriftlichkeit korrelieren. So gilt für eine Äußerung über große raumzeitliche Distanz hinweg, dass sie durchaus konzeptionell mündlich sein kann (z. B. ein Brief an einen guten Freund). Andererseits gibt es Kommunikationssituationen, die trotz raumzeitlicher Nähe konzeptionell eher am Schriftlichkeitspol situiert sind (z. B. eine Predigt). Aus diesem Grunde werde ich die von Koch/Oesterreicher (1985) geprägten Bezeichnungen ›Sprache der Nähe‹ bzw. ›Sprache der Distanz‹ für die an der konzeptionellen Mündlichkeit bzw. Schriftlichkeit angelehnte Ausdrucksweise nicht verwenden. Die Bezeichnungen haben zwar den Vorteil, dass sie, wie Koch/Oesterreicher (1994:588) feststellen, anders als die Bezeichnungen ›Mündlichkeit‹ und ›Schriftlichkeit‹ »keinerlei mediale Assoziationen mehr« wecken, sie knüpfen aber an Kommunikationsbedingungen (Nähe/Distanz) an, die nicht notwendigerweise gegeben sind.

Wenn wir die Charakterisierung der Eckpunkte nicht an den von Nähe/Distanz abgeleiteten Kommunikationsbedingungen festmachen wollen, wie lassen sich dann die zwei Pole unterscheiden? Es sind bestimmte Versprachlichungsstrategien, die hierfür in Frage kommen. Ein Kennzeichen für konzeptionelle Mündlichkeit ist z. B., dass solche Äußerungsformen sprachlich weniger elaboriert, weniger formell sind als solche, die der konzeptionellen Schriftlichkeit zugeordnet werden. In ihrer Arbeit von 1985 listen Koch und Oesterreicher diese Merkmale unter dem Stichwort ›Versprachlichungsstrategien‹ auf. Die wichtigsten sind in (8) aufgeführt.

Die jeweiligen Versprachlichungsstrategien lassen sich am Auftreten bestimmter sprachlicher Ausdrucksmittel festmachen. So ist ein Text dann sprachlich weniger elaboriert, wenn verkürzte Sätze auftreten, Rektions- oder Kongruenzfehler und Satzbrüche vorkommen. Ein solcher Text wird im Regelfall dem Mündlichkeitspol zugeordnet. Auf lexikalischer Ebene ist die Verwendung von Interjektionen, ›Passepartout‹-Wörtern, Wortwiederholungen, Wortabschleifungen, Wortformverschmelzungen, umgangssprachlichen Ausdrücken, Gesprächspartikeln, *und-*

---

28 Hennig (2001) präsentiert eine alternative Erklärung für die Mündlichkeit des Chats. Auf diese interessante Studie kann hier aus Platzgründen nur verwiesen werden.

(8)

Konzeption der Äußerung		
	Mündlichkeitspol	Schriftlichkeitspol
Versprachlichungs-strategien	*geringere:*	*größere:*
	Informationsdichte	Informationsdichte
	Kompaktheit	Kompaktheit
	Integration	Integration
	Komplexität	Komplexität
	Elaboriertheit	Elaboriertheit
	Planung	Planung

vgl. P. Koch/W. Oesterreicher (1985:23)

Verknüpfungen charakteristisch. Konzeptionell schriftliche Texte werden ex negativo über das Fehlen dieser Merkmale definiert. Charakteristische Merkmale für konzeptionelle Schriftlichkeit sind Partizipialkonstruktionen (z.B. *Ein Gespräch führend betrat er das Zimmer*), Nominalisierungen (z.B. *sein Drängen auf eine Antwort*), Funktionsverbgefüge (z.B. *jdn. einer Prüfung unterziehen* statt *jdn. prüfen*) und hypotaktische Konstruktionen (z.B. *Er wird entlassen, weil er krank ist* statt *Er wird entlassen, er ist krank*).

Ein Beispiel für einen Text, der aufgrund seiner sprachlichen Merkmale zweifellos der konzeptionellen Mündlichkeit zuzuordnen ist, wird in (9) angeführt. Dabei handelt es sich um einen Ausschnitt aus einem Chat. An erster Stelle stehen die Spitznamen der beteiligten Personen. Wenlok (vgl. Zeile 7) ist der Chatcomputer, der das Kommen und Gehen der Teilnehmer meldet.

Sehen wir an dieser Stelle von den Rechtschreibfehlern, Buchstaben- und Satzzeichenwiederholungen ab und achten nur auf die von den Chatteilnehmern verwendete Ausdrucksweise. Es treten charakteristische Merkmale konzeptioneller Mündlichkeit auf. Dazu gehören die Interjektion *oh* (Zeile 8), die Gesprächspartikel *na ja* (Zeile 9), umgangssprachliche Ausdrücke wie *klugscheißer* und *spinner* (Zeile 8, 10) und Reduktionsformen wie ‹ne (Zeile 1) und *hab* (Zeile 3). Auch ein Rektionsfehler kommt vor (*dank dem Spinner*, Zeile 3), der von einem Mitchatter zugleich korrigiert wird (Zeile 5). Die Gründe, die für die Verwendung solcher Ausdrucksmittel im Medium der Schrift sprechen, habe ich an anderer Stelle ausgeführt (vgl. Dürscheid 1999). Worauf es hier ankommt, ist, an einem konkreten Beispiel zu zeigen, wie man die konzeptionelle Mündlichkeit eines Textes belegen kann. Außerdem sehen wir hieran, dass die konzeptionelle und die mediale Di-

(9) Beispiel für konzeptionelle Mündlichkeit

(1)	MrBom: Seit wann is Vollblut 'ne Fra'?	
(2)	jokman: schau an, darauf ist VB sogar stolz *gf*	
(3)	VOLLblut: dank dem Spinner hab ich ein hervorragenden Ruf hier	
(4)	VOLLblut: ja warum auch nicht jok *lach*	
(5)	hjw: VOLLblut, lern erst einmal Deutsch. Es hieße korrekt dank des Spinners	
(6)	VOLLblut: man muß halt spaß verstehen gelle *zwinkert zu hjw*	
(7)	Wenlok: »JimBeam« verläßt uns.	
(8)	jokman: oh hjw, bis du auch so ein klugscheißer?	
(9)	hjw: na ja, aber das kann man von Dir ja auch nicht erwarten	
(10)	MrBom: Winnie winnfried is kein SPINNER	

mension keineswegs korrelieren. Die Chatbeiträge in (9) sind konzeptionell mündlich, sie sind aber medial schriftlich.

Zum Vergleich folgt ein Text, der aufgrund seiner sprachlichen Elaboriertheit als konzeptionell schriftlich einzustufen ist. Dabei handelt es sich um einen Auszug aus § 2 des Lehrerausbildungsgesetzes für Nordrhein-Westfalen vom 18. September 1998. Der Satz baut auf einer unpersönlichen Konstruktion auf (*ist* […] *durchzuführen*). Es finden sich zahlreiche präpositionale Attribute (z. B. *für ein Lehramt*, *an öffentlichen Schulen*, *für Wissenschaft und Forschung*, *für Schule und Weiterbildung*) sowie Nominalisierungen vom Typ *im Einverständnis mit dem Innenministerium*.

(10) Beispiel für konzeptionelle Schriftlichkeit

Das Studium für ein Lehramt an öffentlichen Schulen ist an Wissenschaftlichen Hochschulen einschließlich Gesamthochschulen oder an vom Ministerium für Wissenschaft und Forschung und vom Ministerium für Schule und Weiterbildung im Einverständnis mit dem Innenministerium und dem Finanzministerium für die Lehrerausbildung als gleichwertig anerkannten Einrichtungen im Hochschulbereich durchzuführen.

Halten wir fest: Während in den meisten früheren Arbeiten nur zwischen gesprochener/geschriebener Sprache unterschieden wurde, erlaubt es das Modell von Koch/Oesterreicher, vier Ebenen zu kennzeichnen: die konzeptionell mündliche Ebene, die medial mündliche Ebene, die konzeptionell schriftliche Ebene und die medial schriftliche Ebene. Die Zuordnung einer Äußerungsform zur medialen Dimension ist weitgehend unproblematisch, da es für den prototypischen Fall nur zwei Existenzweisen von Sprache gibt. Die konzeptionelle Einordnung hingegen ist im Einzelfall zu prüfen. Sie ist anhängig von den verwendeten sprachlichen Mitteln. Diese lassen sich auf morphologischer, lexikalischer, syntaktischer und pragmatischer Ebene bestimmen.

1.4.3   Offene Fragen

Abschließend sollen noch drei Aspekte angeführt werden, die möglicherweise eine Modifikation des hier vorgestellten Modells erforderlich machen. Die im Folgenden angesprochenen Punkte beziehen sich vor allem auf die Situierung von Texten im Kontinuum von konzeptioneller Mündlichkeit und Schriftlichkeit.

1. Es gibt Äußerungsformen, die nicht durchgängig einer bestimmten Stilebene zuzuordnen sind. In diesen lässt sich eine Zuordnung zum konzeptionellen Mündlichkeits- bzw. Schriftlichkeitspol – wenn überhaupt – nur für einzelne Passagen vornehmen, nicht für die gesamte sprachliche Einheit (vgl. Dürscheid 2006). Ein Beispiel hierfür ist der wissenschaftliche Vortrag, den Koch/Oesterreicher ohne weitere Diskussion dem Schriftlichkeitspol zuordnen. Zu bedenken ist aber Folgendes: Auch ein wissenschaftlicher Vortrag wird anders konzipiert als ein Text, der für die stille Lektüre bestimmt ist. Es werden Ausdrucksmittel eingeplant, die von der konzeptionellen Schriftlichkeit wegführen sollen, eben weil der Text für die mündliche Darbietung vorgesehen ist. Otto Behaghel schreibt dazu treffend:

> Wer aber schreibt, was er sprechen will, der stellt sich im Geiste hin vor den Hörer, er redet innerlich leise mit, und so ergibt es sich ganz von selbst, daß sein Geschriebenes vom Hauche des gesprochenen Wortes etwas verspürt.   O. Behaghel (1899, 1927:25).

Die Frage, ob eine Äußerung mündlich oder schriftlich erfolgt, spielt nicht nur in den Fällen, in denen die Äußerung vorher geplant wird, eine wichtige Rolle. Auch in der Produktionsphase hat das Medium einen wichtigen Einfluss auf den Duktus der Äußerung. Darauf weist Hennig (2001:219) hin: »So kann bspw. selbst ein zunächst schriftlich festgehaltener, dann abgelesener Vortrag nicht als hundertprozentig am Distanzpol stehend eingeordnet werden, weil das Medium ›gesprochene Sprache‹ den Text verändert: Durch prosodische Elemente kann der Vortragende Wichtungen vornehmen, die in der Schriftfassung nur andeutungsweise markiert werden können.« Dies mag, wie Hennig weiter vermutet, ein Grund dafür sein, warum Koch/Oesterreicher den wissenschaftlichen Vortrag – anders als den Gesetzestext – nicht uneingeschränkt am Schriftlichkeitspol situieren. In ihren Ausführungen begründen sie dies nicht. Die Tatsache, dass ein Vortrag gesprochen, ein Gesetzestext geschrieben wird, bleibt unkommentiert; was allein zählt, ist die konzeptionelle Dimension. Häcki Buhofer (2000:259) übt daran mit Recht Kritik: »Damit wird der theoretische Stellenwert des Mediums durch denjenigen der Konzeption ersetzt anstatt um diese Dimension erweitert.« Statt die Schriftlichkeit neu zu bestimmen, würden die Autoren diese lediglich auf den Faktor der Konzeption beziehen. Beide Dimensionen sollten aber gleichermaßen berücksichtigt und in ihrer Interaktion beschrieben werden.

2. Zunächst scheint unbestritten: Eine Äußerung ist entweder mündlich oder schriftlich, die Zuordnung zur medialen Dimension scheint also unproblematisch zu sein. Am Beispiel des Chats lässt sich aber zeigen, dass es Probleme mit dieser Zuord-

nung gibt. Die Kommunikation erfolgt über die Tastatur, im Chat wird geschrieben, nicht gesprochen. Der Chat ist also medial schriftlich. Und doch wird im Chat quasi synchron kommuniziert, Produktion und Rezeption sind direkt aneinander gekoppelt, es erfolgt ein ständiger Sprecherwechsel, die Struktur ist dialogisch. Diese Merkmale gelten unabhängig davon, welche sprachlichen Mittel die Teilnehmer verwenden. Denn auch wenn sie die Äußerungen weitaus formeller gestalten würden, weist der Chat Merkmale gesprochener Sprache auf. Der Chat trägt also gleichzeitig Eigenschaften medialer Mündlichkeit und medialer Schriftlichkeit. Wie lassen sich dann noch die dichotomischen Einheiten medial mündlich/medial schriftlich voneinander abgrenzen?

Ein weiteres Problem stellt sich in diesem Zusammenhang: In vielen Fällen werden geschriebene und gesprochene Sprache simultan aktiviert, so z. B. wenn Fernsehnachrichten vorgetragen werden und gleichzeitig am unteren Bildschirmrand ein Textband läuft oder wenn auf einer Webseite Ton- und Videodateien integriert sind und Musiksequenzen abgespielt werden. Das Phonische ist hier ins Graphische, das Graphische ins Phonische integriert. Die Mündlichkeits-/Schriftlichkeits-Dichotomie scheint sich in diesem Medienmix aufzulösen.

3. Wie lassen sich in dem Modell Äußerungsformen einstufen, die aufgrund der gewählten Ausdrucksmittel der konzeptionellen Mündlichkeit bzw. Schriftlichkeit zuzuordnen sind, aufgrund ihrer gedanklichen Elaboriertheit und Reflektiertheit aber gerade nicht? Günther (1993:85) stellt ein solches Beispiel seinem Aufsatz »Erziehung zur Schriftlichkeit« voran:

> Sitzn zwee Fische aufm Baum un strickn Knittax. Fliecht plötzlich 'n Pferd vorbei. Sacht der eene »'ch möcht gern zwee Pferde sein, könntich selb hinner mir herfliejn«. Sacht der andere: »'ch möcht gern drei Pferde sein, könntig mich selbs hinner mir herfliejn sehn«.

Günther (1993:89) merkt an: »Von der angestrebten Sprachebene her liegt konzeptionelle Mündlichkeit vor. Inhaltlich aber – das, was Gegenstand des Witzes ist – gehört der Text aufgrund seiner Reflektiertheit und der Entfremdung aus irgendeiner erfahrbaren Situation ans äußerste Ende konzeptioneller Schriftlichkeit.« Hier zeigt sich ein Problem, das Hennig (2001) in aller Deutlichkeit anspricht: Das »Konzeptionskonzept« sei undurchsichtig; was darunter genau zu verstehen ist, bleibe unklar.[29] In der Tat versuchen Koch/Oesterreicher, die konzeptionelle Dimension einer Äußerung auf drei verschiedenen Ebenen zu erfassen. Zum einen beziehen sie ›Konzeption‹ auf nähe- bzw. distanzsprachliche Kommunikationsbedingungen, zum anderen auf Versprachlichungsstrategien. Und schließlich bringen sie auch das Auftreten bestimmter sprachlicher Merkmale, den Duktus der Äuße-

---

29 Vgl. dazu auch eine neuere Arbeit von Mathilde Hennig, in der sie zusammen mit Vilmos Ágel das Modell weiterentwickelt und zeigt, wie die eigene »Theorie des Nähe- und Distanzsprechens« für die praktische Arbeit mit Texten nutzbar gemacht werden kann (Ágel/Hennig 2006).

rung, in Verbindung zur Konzeption. Hennig (2001:220) stellt hierzu kritisch fest:
»Sprache der Nähe und Sprache der Distanz zeichnen sich durch die jeweiligen
Kommunikationsbedingungen bzw. Versprachlichungsstrategien aus; ein konzep-
tionell mündlicher oder schriftlicher Duktus ist aber nicht mit diesen gleichzu-
setzen, er kann sich allenfalls aus ihnen ergeben.« Dass beides nicht gleichzuset-
zen ist, sehen wir am obigen Beispiel. Obgleich hier ein konzeptionell mündlicher
Duktus auftritt, liegen dem Text Versprachlichungsstrategien zugrunde, die nach
Koch/Oesterreicher dem Schriftlichkeitspol zuzuordnen sind.

Es stellt sich nun die Frage, wie diesen Kritikpunkten Rechnung getragen wer-
den kann. Wie wir gesehen haben, sind die Probleme unter anderem der verän-
derten Datenlage geschuldet. Durch die Weiterentwicklung der Informations- und
Kommunikationstechnologie entstanden neue Kommunikationsformen, die von
Koch/Oesterreicher noch gar nicht erfasst werden konnten (E-Mail, Chat, SMS).
Um diesen Daten gerecht zu werden, genügt es aber nicht, lediglich das Kontinuum von Mündlichkeit und Schriftlichkeit in konzeptioneller Hinsicht zu erweitern.
Beschränkt man sich nämlich darauf, dann berücksichtigt man nicht den Umstand,
dass es sich hierbei um Kommunikationsformen handelt, die eine neue Variante
elektronischer Schriftlichkeit darstellen. Ich selbst habe daher vorgeschlagen, im
medial schriftlichen Bereich zwischen elektronisch und nicht elektronisch über-
mittelten Äußerungsformen zu unterscheiden und so den spezifischen Merkmalen
der Internetkommunikation Rechnung zu tragen (vgl. Dürscheid 1999). Denn wie
in der Medienforschung immer wieder betont wird, hat auch der Übertragungs-
weg einen Einfluss auf die sprachliche Gestaltung eines Textes. Auf diesen Aspekt
gehen Koch/Oesterreicher nicht ein; sie beziehen ihren Medienbegriff ausschließlich auf die beiden Repräsentationsformen von Sprache (phonisch/graphisch).
Diese Erweiterung der medialen Dimension erlaubt es, sowohl Chat-, E-Mail- als
auch SMS-Mitteilungen in den ihnen eigenen Bereichen anzuordnen und damit
den spezifischen Produktions-, Distributions- und Rezeptionsbedingungen dieser Kommunikationsformen gerecht zu werden. Dabei ist allerdings zu beachten,
dass die Festlegung einer Kommunikationsform auf einen bestimmten Punkt in
der Mündlichkeits-/Schriftlichkeits-Skala nicht möglich ist, allenfalls bestimmte
Textsorten resp. Diskursarten (z. B. Werbe-SMS, Geschäfts-E-Mail, Beratungs-
chat) können in diesem Kontinuum eingeordnet werden. So ist man längst von
der Annahme abgerückt, E-Mails seien stets konzeptionell mündlich (vgl. Ziegler/
Dürscheid 2002), und auch für Chat-Äußerungen gilt, dass sie nicht generell am
Mündlichkeitspol eingeordnet werden können (vgl. Beißwenger 2001). Das Modell
muss also weiter differenziert werden (vgl. Dürscheid 2006).

Dies gilt auch für das »Konzeptionskonzept« (vgl. Hennig 2000). So spielen
die sprachlichen Merkmale, die von Koch/Oesterreicher zur Kennzeichnung konzeptioneller Mündlichkeit resp. Schriftlichkeit genannt werden, bei genauerer
Betrachtung nur eine sekundäre Rolle. Diese Merkmale sind nur ein Reflex der
Kommunikationsbedingungen, sie sind diesen nicht gleichgestellt. Zu fragen ist
außerdem, welche der sprachlichen Merkmale überhaupt in Relation zu den Kom-

munikationsbedingungen wie Vertrautheit oder Distanz stehen und welche nicht schlicht aus der Tatsache resultieren, dass gesprochen oder geschrieben wird (z. B. Assimilationen, Reduktionsformen). Es ist also zu vermuten, dass die Unterscheidung von geschriebener und gesprochener Sprache eine wichtigere Rolle spielt, als in dem Modell von Koch/Oesterreicher und in der darauf Bezug nehmenden Literatur gemeinhin angenommen.

1.5   Oralität und Literalität

1.5.1   Vorbemerkungen

Die Termini ›Oralität‹ und ›Literalität‹ stammen nicht aus der linguistischen Forschungspraxis, sondern aus den Sozial- und Kulturwissenschaften. Eine wichtige Studie in diesem Kontext ist das 1982 erschienene Buch von Walter Ong, »Orality and literacy. The Technologizing of the Word« (hier zitiert nach der deutschen Übersetzung von 1987). Auf Ongs höchst lesenswerte Arbeit stützen sich die folgenden Ausführungen.

Ong bezweckt mit seiner Untersuchung, wie er einleitend betont, dem Leser die »unterschiedliche ›Mentalität‹ oraler und schreibender Kulturen« (1987:11) nahe zu bringen. Es geht ihm also weniger um den historischen Übergang von der Oralität zur Literalität und die dadurch bedingten Veränderungen der sozialen, politischen und wirtschaftlichen Strukturen, als vielmehr darum, die Denkweise oraler und literaler Kulturen vorzustellen. Eine vorläufige Definition von oraler und literaler Kultur lautet wie folgt:

(11)

> Literale Kulturen sind schriftgeprägt, orale Kulturen sind solche, die keine Schriftkenntnis haben. Es sind dies zum einen Kulturen, die vor der Entwicklung der Schrift existierten, aber auch solche, die heute noch unberührt von der Schriftentwicklung sind.[30]

»Eine literalisierte Person«, stellt Ong (1987:19) fest, »kann niemals völlig wiederentdecken, was ein Wort für rein orale Völker bedeutet.« So ist es in der Tat, und es ist sein Verdienst, dem Leser einen Eindruck davon zu vermitteln, wie tief greifend unser Denken und Handeln durch die Literalität geprägt ist.

Erwähnt sei in diesem Zusammenhang auch der von Jack Goody 1968 herausgegebene Sammelband »Literacy in Traditional Societies« (deutsche Übersetzung von 1981). In diesem Werk findet sich ein Aufsatz von J. Goody und I. Watt zum

---

30 Kulturen, die heute noch unberührt von der Schriftentwicklung sind, stellen allerdings nur einen kleinen Prozentsatz dar. Haarmann (1991:19) schreibt hierzu: »In mehrsprachigen Gebieten haben auch viele von denen, deren Muttersprache nicht geschrieben wird, Anteil am Schriftgebrauch, sofern ihre Zweitsprache eine Schriftsprache ist (z. B. zweisprachige Kurden in der Türkei, die Türkisch lesen und schreiben). Nur ein vergleichsweise kleiner Teil der Weltbevölkerung bleibt ohne Zugang zur modernen Schriftkultur (z. B. Indianer im Amazonasbecken).«

Thema »Konsequenzen der Literalität«, in dem dargestellt wird, welche mentalen Veränderungen sich für den Einzelnen und für eine Gesellschaft durch die Schrift ergeben. Hingewiesen sei auch auf das in diesem Zusammenhang wichtige Buch von Helmut Glück »Schrift und Schriftlichkeit. Eine sprach- und kulturwissenschaftliche Studie« aus dem Jahr 1987.

Im Folgenden soll zunächst das Konzept der Literalität weiter ausgeführt werden. Im Anschluss daran wird knapp auf die Oralität und die Unterscheidung zwischen primärer, sekundärer und inszenierter Oralität eingegangen.

1.5.2 Literalität

›Literalität‹ bezeichnet die Fähigkeit, lesen und schreiben zu können. ›Literalisiert‹ ist eine Person, die diese Fähigkeiten erworben hat. Die Termini ›Literalität‹ und ›literalisiert‹ beziehen sich ausschließlich auf die mediale Dimension der Schriftlichkeit, die konzeptionelle Dimension bleibt ausgeklammert. Der Terminus ›literalisiert‹ sagt zudem nichts darüber aus, welches Schriftsystem die Person beherrscht. Dies gilt im Übrigen auch für die Bezeichnung ›alphabetisiert‹, obwohl damit im strengen Sinne die Vertrautheit mit einer Alphabetschrift gemeint ist. Doch auch der Terminus ›alphabetisiert‹ wird im Sinne von ›literalisiert‹ auf ein beliebiges Schriftsystem bezogen. Helmut Glück grenzt in dem von ihm herausgegebenen *Metzler Lexikon Sprache* die Literalität von der Präliteralität ab:

> Präliteralität liegt vor, wenn eine Gesellschaft ganz überwiegend analphabet. [sic] ist, schriftliche Kommunikation in einzelnen Funktionen aber existiert und im Prinzip bekannt ist; dieser Fall wird auch als *Oligoliteralität* oder *Protoliteralität* bezeichnet (Goody, Watt). Präliterale Gesellschaften unterscheiden sich von literalen durch qualitative Differenzen in den sozialen Funktionen der S. (Schriftlichkeit, C. D.): im einen Fall sind sie rudimentär, auf wenige periphere Funktionen beschränkt, im anderen Fall sind sie konstitutiv für das Funktionieren der betreffenden Gesellschaft, deren Mitglieder nicht nur als Sprecher und Hörer, sondern auch als Leser und Schreiber miteinander verkehren (z. B. in Gesetzgebung, Jurisdiktion, Verwaltung, Bildung, Produktion und Handel).   H. Glück (2005:570 f.)

An anderer Stelle betont Glück, dass zwischen präliteral und aliteral zu unterscheiden sei. **Aliteralität** bezeichne den »Zustand des vollkommenen Fehlens von Schriftlichkeit, die gänzliche Unbekanntheit schriftförmiger Kommunikation« (Glück 1987:182). In präliteralen Gesellschaften hingegen komme die Schriftlichkeit zwar in einzelnen Funktionen vor, sie spiele aber keine soziale Rolle. Allerdings sind hier grundsätzliche Bedenken gegen die Verwendung dieser Termini anzumelden, denn man beschreibt damit ein chronologisch primäres Phänomen – die Oralität – von der Perspektive des uns vertrauten sekundären Phänomens, von der Literalität aus (vgl. Ong 1987:20). Aus diesem Grunde wird im Folgenden dem Terminus ›Oralität‹ der Vorzug gegeben.

Zurück zur Literalität: »Literalität begann mit dem Schreiben, umfasste jedoch später selbstverständlich auch das Drucken«, so schreibt Walter Ong (1987:11) in der Einleitung zu seinem Buch. Das (handschriftliche) Schreiben wird als **Chirographie**, das Drucken als **Typographie** bezeichnet (vgl. Kap. 6). Beide machen die beiden grundlegenden Formen der Literalität aus. Zu dem ›Manu-Skript‹, dem handgeschriebenen Text, und dem ›Typo-Skript‹, dem maschinengeschriebenen Text, kommt noch eine dritte Variante hinzu: das ›Compu-Skript‹. Darunter fallen alle mit dem Computer geschriebenen Texte. Ein Compu-Skript wird über die Tastatur erstellt und ist in diesem Sinne typographisch, doch ist der so erstellte Text zunächst nur auf dem Monitor sichtbar. Die Schriftzeichen sind entmaterialisiert, sie bestehen aus elektronischen Bildpunkten, nicht aus Farbpigmenten wie auf dem Papier. Dies wiederum hat zur Folge, dass das Geschriebene ohne großen Aufwand veränderbar ist, dass Textblöcke beliebig verschiebbar sind, dass der Text als Ganzes immer wieder eine neue Gestalt annehmen kann.

Es wäre sicher interessant, zu prüfen, wie groß der Einfluss ist, den die neuen, elektronischen Schreibbedingungen auf die Produktion von Texten haben. Doch an dieser Stelle soll der Bogen zurück zur Literalität geschlagen werden, die erst das schriftliche Verfassen von Texten ermöglicht. Wie bereits betont, ist die Literalität auf die mediale Dimension der Schriftlichkeit bezogen. Sie wirkt aber zurück auf ihre konzeptionelle Dimension. Mit anderen Worten: Es gibt einen Zusammenhang zwischen der medialen Dimension von Schriftlichkeit und dem Verwenden bestimmter sprachlicher Ausdrucksmittel, die der konzeptionellen Schriftlichkeit zuzuordnen sind. Hartmut Günther (1993:89) sagt dies treffend: »Dem hochliteralen Menschen steht in der Regel der Eckpunkt ›reiner‹ konzeptioneller Mündlichkeit nur noch in Ausnahmesituationen (Fluchen, in der Fankurve beim Meisterschaftsspiel etc.) zur Verfügung.« Bildlich gesprochen: Als literalisierte Menschen verwenden wir die Sprache durch die ›Brille der Schrift‹. Walter Ong geht sogar soweit zu sagen, dass das Schreiben das menschliche Bewusstsein verändert habe (vgl. Ong 1987:80). Berühmt geworden ist sein Diktum: »Das Schreiben konstruiert das Denken neu«, das sich als Kapitelüberschrift in seinem Buch zur Oralität und Literalität findet (s. u.).

Halten wir fest: Die Schriftgeprägtheit unserer Gesellschaft beherrscht nicht nur unseren Umgang mit und unser Denken über Sprache, sondern auch unser Bewusstsein. Vilmos Ágel (2003:11) sagt dies deutlich: »Man kann, ja muss die Geschichte einer modernen Kultursprache wie des Deutschen als Literalisierungsgeschichte […] interpretieren und beschreiben.« Dabei ist mit Eckart Scheerer davon auszugehen, dass die Schrift in stark literalisierten Gesellschaften eine »bewußtseinsverändernde Wirkung« ausübt (vgl. Köller 1988:166). In Abänderung eines Wittgenstein-Zitats kann man gar von einer »Verhexung unseres Verstandes« nicht »durch die Mittel unserer Sprache«, sondern durch ›die Mittel unserer Schrift‹ sprechen.[31]

---

31 Vgl. Ludwig Wittgenstein, Philosophische Untersuchungen, § 109: »Die Philosophie ist der Kampf gegen die Verhexung unseres Verstandes durch die Mittel unserer Sprache.«

Dass das Schreiben tatsächlich unsere Sicht auf die Sprache verändert, soll im Folgenden an drei Beispielen gezeigt werden.

1. Viele Menschen sind der Meinung, sie würden ein Wort so aussprechen, wie sie es schreiben. Dies wird besonders deutlich, wenn Erwachsene Kinder im Schriftspracherwerb korrigieren. Ein Kind, das *Rad* fälschlich <Rat> schreibt, müsse doch hören, dass hier ein [d] gesprochen werde (Beispiel aus Günther 1981:62). Oder es müsse doch wissen, dass das Wort *Mutter* die zwei Konsonantenbuchstaben <t> enthalte, da es diese auch spreche. Hinter dieser Auffassung steht ein komplexer Fehlschluss. Der erste Irrtum: Die geschriebene Sprache besteht aus einzelnen Segmenten – also besteht auch die gesprochene Sprache aus Segmenten. Der zweite Irrtum: Die Segmente der geschriebenen Sprache lassen sich eindeutig klassifizieren – also lassen sich auch die ›Segmente‹ der gesprochenen Sprache klassifizieren. Der dritte Irrtum: Was in der geschriebenen Sprache als <d>, <b> oder <tt> etc. verschriftet wird, muss in der gesprochenen Sprache als /d/, /b/ oder /tt/ gesprochen werden. Es wird also implizit angenommen, dass der Laut den Buchstaben abbildet.

2. Sowohl unser Wort- als auch unser Satzbegriff ist schriftgeprägt. In der Regel verstehen wir unter einem Wort eine sprachliche Einheit, die von zwei Leerstellen abgegrenzt ist, unter einem Satz eine sprachliche Einheit, die durch Großschreibung am Anfang und Schlusszeichen am Ende (Punkt, Fragezeichen, Ausrufezeichen) von der Folgeeinheit abgetrennt wird. Wir orientieren uns also am Visuellen, am Schriftbild. Ágel/Kehrein (2002:6) sprechen in diesem Zusammenhang sehr treffend von der ›magischen Macht‹ der Zwischenräume. Unser vorwissenschaftliches Verständnis von Wort sei literal, es basiere auf den spatia, also auf den im Geschriebenen sichtbaren Zwischenräumen. Dass dieser Skriptizismus auch für die sprachwissenschaftliche Perspektive gelte, zeigen die Autoren im weiteren Verlauf ihrer Argumentation. Das Konzept des ›Sprachzeichens‹ (= Wort), so weisen sie an Beispielen nach, sei in der Linguistik zumindest teilweise schriftinduziert (Ágel/Kehrein 2002:9); es gelte nicht nur als »Sprechzeichen«, sondern auch als »Schreibzeichen«.

3. Die Elaboriertheit schriftlich fixierter Äußerungen wird häufig als Maßstab für die gesprochene Sprache genommen. Auf syntaktischer Ebene zeigt sich dies in den bekannten Ermahnungen von Lehrern und Eltern, in »ganzen Sätzen« zu sprechen. Damit wird als Norm eine Explizitheit zugrunde gelegt, wie sie häufig in medial schriftlichen, situationsentbundenen Texten anzutreffen ist. Eine solche Explizitheit ist in der medialen Mündlichkeit, zumindest wenn sie in eine direkte Interaktion eingebettet ist, aber meist gar nicht erforderlich. Selbst Grammatiker halten an dieser Norm fest. Dies sieht man daran, wenn Sätze, die kommunikativ völlig angemessen sind (wie z. B. die Äußerung *Hab ich nicht*), als elliptisch charakterisiert werden. Der vollständig-explizite Satz wird hier als Maßstab genommen, obwohl im kommunikativen Sinne gar nichts ›fehlt‹, obwohl der Satz im situativen Kontext verständlich ist.

1.5.3   Oralität

Wie bereits angedeutet, unterscheidet Walter Ong zwischen primärer und sekundärer Oralität. Unter **primärer Oralität** versteht Ong das, was im vorangehenden
Abschnitt in Anlehnung an Glück (1987) als Aliteralität bezeichnet wurde:

> Wie schon gesagt, nenne ich die Oralität einer Kultur, die sich unberührt von jeder
> Kenntnis des Schreibens oder Druckens entfaltet, »primäre Oralität«. Sie ist »primär«
> verglichen mit der »sekundären Oralität« gegenwärtiger hochtechnisierter Kultur, in
> der durch Telefon, Radio, Fernsehen und andere elektronische Finessen eine neue Ora-
> lität entstanden ist, die ihre Existenz und ihr Funktionieren der Schrift und dem Dru-
> cken verdankt.   W. Ong (1987:18)

Im Folgenden werden die wesentlichen Eigenschaften primärer Oralität skizziert,
im Anschluss daran folgen knappe Erläuterungen zur sekundären und inszenierten
Oralität. Auch in diesem Zusammenhang soll wieder Walter Ong zu Wort kommen.
Er legt anschaulich dar, wie schwer es für einen literalisierten Menschen ist, sich ge-
danklich in eine Kultur hineinzuversetzen, die keine Berührung mit dem Schreiben
hat. Ong spricht den Leser direkt an:

> Stellen Sie sich eine Kultur vor, in der niemals jemand etwas ›nachgeschlagen‹ hat. In
> einer primären oralen Kultur wäre der Ausdruck ›etwas nachschlagen‹ eine Leerformel
> ohne eine begreifbare Bedeutung. Ohne die Schrift besitzen die Wörter als solche kei-
> ne visuelle Präsenz, auch dann nicht, wenn die Objekte, die sie repräsentieren, sichtbar
> sind. Sie sind Klänge. Man kann sie sich in Erinnerung ›rufen‹, sie ›zurückrufen‹. Aber
> man kann sie nirgendwo ›nachschlagen‹.   W. Ong (1987:37)

Ein Laut hingegen, so schreibt Ong (1987:37) weiter, »existiert nur im Moment seiner Entstehung. Er ist nicht nur vergänglich, sondern wesentlich verklingend, und er
wird als verschwindender wahrgenommen«. An dieser Stelle kann nicht weiter ausgeführt werden, welche Strategien orale Kulturen entwickeln, um das, was sie nicht
niederschreiben können, im Gedächtnis aufzubewahren und damit an die Nachwelt
zu überliefern.[32] Dazu müsste auch die indische Kultur mit ihren gewaltigen mündlich überlieferten Textmassen, Lehrwerken und Kommentaren berücksichtigt werden. Wichtig bleibt festzuhalten, dass kognitive Prozesse in oral geprägten Kulturen
anders ablaufen als in literalen. Der Kognitionswissenschaftler E. Scheerer stellt
hierzu fest:»Schrift zeichnet Sprache und Denken nicht nur auf, sondern wirkt auf
beide zurück: ein Satz, der ›Skriptologen‹ selbstverständlich ist, ›Kognitologen‹
bis jetzt aber unbekannt geblieben zu sein scheint« (Scheerer 1993:142). Welchen

---

32 Ong (1987) stellt verschiedene Strategien vor, die in oralen Kulturen als Gedächtnisstüt-
    ze dienen: das formelhafte Wiederholen, das Verwenden von festgefügten Ausdrücken,
    die Rhythmisierung der Rede u. a. Eine neue Arbeit zum Entstehen und zur Technik des
    Memorierens in der Heldendichtung stammt von Haferland (2004).

Einfluss die Literalität auf die Kognition hat, ist allerdings noch weitgehend uner-
forscht (vgl. Ágel 2003).

Worin unterscheiden sich nun orales und literales Denken? **Orales Denken**, so
überschreibt Ong (1987:54) einen Abschnitt seines Buches, sei eher »situativ als
abstrakt«. Erst durch die Schrift sei es möglich, in Distanz zur aktuellen Kommunikationssituation zu treten, situationsentbunden zu denken und wahrzunehmen, Abstraktionen vorzunehmen. Ong berichtet in diesem Zusammenhang über
die Feldstudien des Kognitologen Alexander v. Lurija, die dieser in den Jahren
1931/1932 mit nichtliteralisierten und wenig literalisierten Personen durchführte
(vgl. Lurija 1976): Die Versuchspersonen sollten geometrische Figuren bezeichnen. Sie taten dies, indem sie ihnen Namen von Objekten gaben (z. B. Mond, Haus,
Ball), nicht aber abstrakte Bezeichnungen (Kreis, Viereck). Auch Begriffsdefiniti-
onen waren ihnen fremd. Ong zitiert aus der Arbeit von Lurija:

> »Erklären Sie mir, was ein Baum ist.« »Warum sollte ich? Jeder weiß, was ein Baum
> ist, das brauche ich nicht zu erzählen«, antwortete ein nichtliteralisierter 22 Jahre alter
> Bauer (1976, S. 86). Warum sollte man etwas definieren, wenn eine alltägliche Lebens-
> situation dies unendlich perfekter vermag? Im Grunde hatte der Bauer recht. Man kann
> die Welt primärer Oralität nicht widerlegen. Man kann nur zur Literalität voranschrei-
> ten.   W. Ong (1987:58)

Wichtig ist zu betonen, dass das Denken oraler Kulturen nicht mit dem Maßstab literalisierter Personen gemessen werden darf. Auch darauf weist Ong hin. Er kommentiert Lurijas Vorgehensweise mit den folgenden kritischen Worten:

> Eine orale Kultur beschäftigt sich schlichtweg nicht mit solchen Dingen wie geome-
> trischen Figuren, abstrakten Kategorien, formal-logischen Denkprozessen, Definiti-
> onen oder auch nur gründlichen Beschreibungen, nicht mit zergliedernder Selbstanaly-
> se, die stets nicht einfach dem Denken, sondern dem textgeprägten Denken entstammt.
> Lurias [sic] Fragen sind Klassenzimmer-Fragen, eng verknüpft mit dem Gebrauch von
> Texten und ähneln in der Tat sehr den standardisierten Intelligenztest-Fragen der Lite-
> ralisierten. Sie sind legitim, aber sie entstammen einer Welt, an welcher der orale Ge-
> sprächspartner nicht teilhat.   W. Ong (1987:59)

Bezieht man die Unterscheidung konzeptionelle Mündlichkeit/Schriftlichkeit an
dieser Stelle in die Diskussion ein, so liegt die Vermutung nahe, dass das Verwenden konzeptionell mündlicher Ausdrucksmittel ein Kennzeichen oraler Kulturen
ist. Das stellt auch Scheerer (1993) fest und merkt an, dass dies augenfällig wird,
wenn man die parataktischen Satzstrukturen der Schöpfungsgeschichte (so die
zahlreichen *und*-Verbindungen) mit einem beliebigen Absatz aus Kants ›Kritik der
reinen Vernunft‹ vergleiche.

Der »Gemeinplatz der Schriftlichkeitsforschung, dass orales Sprechen eher additiv als subordinierend sei« (Ágel 2003:20), trifft sicherlich zu, doch muss betont
werden, dass auch orale Kulturen Äußerungsformen entwickelt haben, die der
konzeptionellen Schriftlichkeit oder – treffender – der elaborierten Mündlichkeit

zuzuordnen sind. Koch/Oesterreicher (1985:29f., 1994:593) nennen Spruchweis-
heiten, Beschwörungs- und Zauberformeln, Rätsel, Sagen und Heldenlieder. Diese liegen im Kontinuum von konzeptioneller Mündlichkeit und Schriftlichkeit an
dem Pol, der durch eine größere Elaboriertheit gekennzeichnet ist.

Nun noch ein Wort zur **sekundären Oralität**. Die sekundäre Oralität ist die
Oralität der Massenmedien. Sie existiert nur auf der Basis der Literalität und verdankt ihre Existenz den Technologien, die es ermöglichen, Nachrichten weltweit
über das gesprochene Wort zu distribuieren (Radio, Fernsehen, Telefon). Dadurch
wird eine weitaus größere Gruppe von Menschen verbunden, als es die primäre Oralität je zu leisten vermag (vgl. Ong 1987:136). Ong stellt den Unterschied
deutlich heraus: »Der Gegensatz zwischen der Redekunst der Vergangenheit und
der Gegenwart erklärt vortrefflich denjenigen zwischen primärer und sekundärer
Oralität. Radio und Fernsehen haben wichtige Akteure der Politik einem größeren
Publikum als Redner so nahegebracht, wie dies ohne die moderne elektronische
Technik niemals hätte geschehen können« (1987:137).

Bedenkt man allerdings die neueren technischen Entwicklungen, die Internet-
und Mobilfunkkommunikation, dann drängt sich der Eindruck auf, dass die sekundäre Oralität gegenwärtig wieder an einem Wendepunkt steht. Im Internet wird
vorrangig im Medium der Schrift kommuniziert (Chat, E-Mail). Und auch über
das Handy verläuft die Kommunikation nicht mehr nur fern-mündlich, sondern
fern-schriftlich, über das Verschicken von SMS und MMS. Doch möglicherweise
werden auch diese Kommunikationsformen bald auf gesprochener Sprache basieren. Gearbeitet wird derzeit an Spracherkennungsprogrammen, die Geschriebenes
in Gesprochenes umsetzen sollen (so z.B. Voice Mail). Auch SMS-Texte lassen
sich bereits in gesprochene Sprache transformieren, damit Telefonkunden, die den
SMS-Service im Festnetz nicht nutzen, solche Nachrichten empfangen können. Es
kann also durchaus sein, dass die schriftliche Kommunikation über das Internet
und die schriftliche Kommunikation via Handy langfristig in gesprochener Sprache erfolgt.

Von der sekundären Oralität schließlich ist die **inszenierte Oralität** zu unterscheiden. Dieser Terminus kann zweierlei meinen. Zum einen lässt er sich auf
die mediale Ebene der Äußerung, zum anderen auf die konzeptionelle Ebene beziehen. Eine Inszenierung auf medialer Ebene liegt vor, wenn schriftlich fixierte
Äußerungen mündlich vorgetragen werden (z.B. Wortbeiträge in Radio- und
Fernsehsendungen sowie im Theater, wissenschaftliche Vorträge, Predigten).[33] Ob
dabei offen zu Tage tritt, dass ein schriftlicher Text als Basis dient, oder dies,
wie beim Ablesen vom Teleprompter, kaschiert wird (vgl. hierzu Burger 2005),
spielt keine Rolle; in beiden Fällen handelt es sich um die Übertragung von einem
Medium in das andere, lediglich der Grad der Inszenierung unterscheidet sich.
Burger (2005:162) spricht in diesem Zusammenhang denn auch sehr treffend von

---

33 Ein solcher Fall liegt auch vor, wenn gesprochene Sprache durch Transkription in das
    Medium der Schrift überführt wird (vgl. Hennig 2001).

»sekundär gesprochenen Texten.« Wird hingegen durch den Gebrauch bestimmter sprachlicher Mittel versucht, die Spontaneität und Dialogizität mündlicher Kommunikation zu imitieren, dann handelt es sich um eine Inszenierung auf konzeptioneller Ebene. In literarischen Texten wird dieses Stilmittel gelegentlich benutzt (z. B. zur Kennzeichnung eines inneren Monologs), und auch in den imitierten Dialogen von Fremdsprachenlehrbüchern (vgl. hierzu Hennig 2001) und in Zeitungstexten (vgl. die Maxime »You should write the way people talk«) tritt es auf. Komplementär dazu kann es den Fall geben, dass Merkmale konzeptioneller Schriftlichkeit in der medialen Mündlichkeit eingesetzt werden. Dies bezeichne ich als **inszenierte Schriftlichkeit**. Darunter fasse ich den Umstand, dass Sprecher absichtlich syntaktische Strukturen und lexikalische Ausdrücke verwenden, die der konzeptionellen Schriftlichkeit zuzuordnen sind (z. B. *ferner, gleichwohl, indes, mitnichten*). Eine solche Ausdrucksweise kann ironisch gemeint sein, sie kann aber auch verwendet werden, um der mündlichen Äußerung den Charakter von stilistischer Eleganz und sprachlicher Elaboriertheit zu geben (etwa in einer wissenschaftlichen Diskussion oder in einem Bewerbungsgespräch). Allerdings tritt dieses Phänomen nur vereinzelt auf, da der Sprecher anders als der Schreiber nicht die Möglichkeit hat, an seinen Formulierungen zu feilen.

1.6   Zusammenfassung

Die in diesem Kapitel vorgestellten Konzepte von gesprochener/geschriebener Sprache, Mündlichkeit/Schriftlichkeit und Oralität/Literalität werden abschließend zueinander in Beziehung gesetzt. Dies dient gleichzeitig als Rekapitulation der wichtigsten Punkte:

(12)

a) gesprochene Sprache	geschriebene Sprache
b) mediale Mündlichkeit	mediale Schriftlichkeit
c) Oralität	Literalität

In Abbildung (12) steht die mediale Dimension sprachlicher Äußerungen im Vordergrund. Die konzeptionelle Dimension liegt gewissermaßen quer dazu. Was die Dichotomie gesprochene/geschriebene Sprache betrifft, bleibt sie ganz ausgeklammert, denn diese Bezeichnungen nehmen per definitionem ausschließlich auf die zwei medialen Realisationsformen von Sprache Bezug. Mündlichkeit und Schriftlichkeit hingegen sind weiter gefasst, sie umfassen sowohl die mediale Dimension als auch die Konzeption der Äußerung. Sie entsprechen nur dann dem Begriffspaar gesprochene/geschriebene Sprache, wenn, wie in (12b) geschehen, mit dem Zusatz ›medial‹ festgelegt wird, dass die Realisationsform und nicht die Konzeption der Äußerung gemeint ist.

Ein wichtiger Unterschied zwischen Mündlichkeit/Schriftlichkeit und gesprochener/geschriebene Sprache, der bislang noch nicht erwähnt wurde, ist der folgende: Die Termini Mündlichkeit und Schriftlichkeit beziehen sich auf eine abgeschlossene Tätigkeit (auf ein ›Ergon‹ im Humboldt'schen Sinne). Gemeint ist also nicht die Dynamik der Sprech- bzw. Schreibtätigkeit (›Energeia‹), sondern die jeweilige Äußerungsform. Diese wird hinsichtlich ihrer Eigenschaften klassifiziert. Benennt man hingegen die prototypischen Merkmale gesprochener und geschriebener Sprache, dann bezieht man sich, wie wir in Abschn. 1.2.2 gesehen haben, sowohl auf den Vorgang des Sprechens und Schreibens als auch auf das Resultat, also sowohl auf die Ergon- als auch auf die Energeia-Eigenschaften von Sprache.

Die Termini Oralität/Literalität schließlich sind nur dann mit gesprochener/geschriebener Sprache resp. Mündlichkeit/Schriftlichkeit in Verbindung zu bringen, wenn sie, wie in (12) geschehen, auf die mediale Dimension bezogen werden. Dies wurde in (12c) nicht eigens vermerkt, da zumindest für Literalität nur diese eine Lesart, die mediale, in Frage kommt. Wie wir in Abschn. 1.5.2 gesehen haben, lässt sich Literalität definieren als die Fähigkeit, lesen und schreiben zu können, Oralität ex negativo als die Abwesenheit dieser Fähigkeit. Mit Literalität wird im Unterschied zu Schriftlichkeit (vgl. 9b) nicht eine bestimmte Äußerungsform bezeichnet, sondern ein gesellschaftlicher Zustand bzw. eine individuelle Verfasstheit. Es ist also eine andere Perspektive, die hier eingenommen wird. Dies gilt auch für die Unterscheidung geschriebene Sprache/Literalität. Der Terminus geschriebene Sprache bezieht sich auf die Repräsentationsform von Sprache, nicht auf den einzelnen Sprachteilhaber.[34]

Was die Abgrenzung von Oralität zu Mündlichkeit und gesprochene Sprache betrifft, so ist die Lage nicht so eindeutig: Im kulturwissenschaftlichen Kontext wird unter Oralität komplementär zu Literalität ein Zustand bezeichnet, der durch die Unkenntnis von Schrift charakterisiert ist. In diesem Sinne wurde der Begriff auch hier eingeführt. Doch findet sich eine Lesart von Oralität, die auf die Verwendung bestimmter sprachlicher Mittel, also auf die konzeptionelle Dimension abzielt. Im Interesse einer sauberen Trennung plädiere ich dafür, in diesem Fall nicht von Oralität, sondern von konzeptioneller Mündlichkeit zu sprechen.

Abschließend sei noch ein Wort zur Diskussion um die Dependenz- und die Autonomiehypothese gesagt. Die Argumente, die von beiden Seiten vorgetragen werden, beziehen sich auf zwei der drei Ebenen, auf das Verhältnis von gesprochener und geschriebener Sprache und auf das Verhältnis von Oralität und Literalität. Wenn beispielsweise von Seiten der Dependenztheoretiker von der phylo- und ontogenetischen Priorität der gesprochenen Sprache die Rede ist, dann geht es um das Verhältnis von Oralität und Literalität (im Sinne von 12c). Wenn andererseits gesagt wird, die Schrift besitze Eigenschaften, die auf die gesprochene

---

34 Hier muss der umständliche Terminus ›Sprachteilhaber‹ verwendet werden, da bei dem Ausdruck ›Sprecher‹ die Assoziation zur gesprochenen Sprache nahe liegen würde – und um diese geht es ja gerade nicht.

Sprache zurückwirken, steht das Verhältnis von gesprochener und geschriebener Sprache (vgl. 9a) im Vordergrund. Hingegen wird auf der Ebene der Mündlich-keits-/Schriftlichkeitsunterscheidung (vgl. 9b) die Diskussion um den Autonomie-vs. Dependenzstatus der geschriebenen Sprache nicht geführt. Der Grund liegt auf der Hand: Hier ist die konzeptionelle Dimension involviert, und diese spielt für das Verhältnis von gesprochener und geschriebener Sprache nur eine sekundäre Rolle.

Zur Vertiefung

Hennig 2000: Kritik an der traditionellen Unterscheidung von gesprochener und geschriebener Sprache
Koch/Oesterreicher 1994: Grundlegung der medialen und konzeptionellen Unterscheidung von Münd-lichkeit und Schriftlichkeit
Lyons 1987[3], 19–25: Diskussion der prototypischen Merkmale gesprochener und geschriebener Spra-che
Ong 1987: hochinteressante kulturwissenschaftliche Studie zum Verhältnis von Oralität und Literalität
Raible 1994: grundsätzliche Überlegungen zur Unterscheidung von Oralität und Literalität

2 Schrifttypen und Schriftsysteme

> Keine Schrift ist eine perfekte Abbildung ihrer Sprache. Angesichts dieses Faktums ist erneut die Frage aufzuwerfen, inwieweit es sich bei Schrift überhaupt *nur* um Abbildung handelt.
>
> F. Coulmas (1981:39)

2.1 Vorbemerkungen

Im vorangehenden Kapitel stand die Unterscheidung von gesprochener und geschriebener Sprache, von Mündlichkeit und Schriftlichkeit im Mittelpunkt der Betrachtung. In diesem Zusammenhang wurde auch der Unterschied zwischen konzeptioneller und medialer Schriftlichkeit erläutert. An die mediale Schriftlichkeit wird nun angeknüpft. Die folgenden Fragen werden in diesem Kapitel angesprochen: Welche graphischen Repräsentationsformen von Sprache(n) gibt es? Wie lassen sie sich klassifizieren? Wie ist zu erklären, dass es verschiedene Schrifttypen gibt und wovon hängt die »Güte eines Schriftsystems« (F. Coulmas 1981:42) ab?[35]

Vorweg aber sind noch einige grundsätzliche Anmerkungen zur **Semiotik** (= **Zeichenlehre**) geboten. In Abschn. 2.2 werden vier Zeichentypen vorgestellt. In Abschn. 2.3 steht die Klassifikation der Schriftsysteme im Mittelpunkt. Drei Grundtypen werden hier unterschieden: der logographische, der syllabische und der alphabetische Schrifttyp. Darauf Bezug nehmend werden in Abschn. 2.4 das chinesische, das japanische und das koreanische Schriftsystem vorgestellt. Eine solche Auswahl kann natürlich nur exemplarischen Charakter haben. Der interessierte Leser sei an dieser Stelle auf die Enzyklopädie von Coulmas (1996a) verwiesen, in der über 400 Schriftsysteme vorgestellt werden.

Dass im Folgenden gerade fernöstliche Beispiele ausgewählt wurden, hat seinen Grund nicht nur darin, dass dem an der lateinischen Schrift orientierten Leser ein Einblick in fremde Schriften vermittelt werden soll. Es hängt auch damit zusammen, dass das Chinesische das einzige Schriftsystem ist, das gegenwärtig den logographischen Typus repräsentiert. Das koreanische Schriftsystem wiederum ist insofern interessant, als es – was viele Leser erstaunen mag – in der Schrifttypologie zwar zum alphabetischen Schrifttyp gezählt wird, die graphematischen Grundformen dieser Schrift aber nicht-alphabetische Einheiten sind.

---

35 Nota bene: Florian Coulmas verwendet den Ausdruck ›Schriftsystem‹ *nicht* im hier definierten Sinne (vgl. Kap. 0). Er bezieht den Terminus auf das Gestaltungsprinzip, das der Schrift zugrunde liegt (hier definiert als Schrifttyp), nicht auf ein einzelsprachabhängiges Inventar von Schriftzeichen (hier definiert als Schriftsystem).

2.2   Piktogramme, Ideogramme, Logogramme und Phonogramme

Wird man danach gefragt, welche visuellen Zeichen zur Kommunikation benutzt werden, denkt man als literalisierter Mensch zunächst an Schriftzeichen. Doch es gibt noch andere Zeichen, auf die wir in der Kommunikation zurückgreifen können. Im Folgenden werden vier Zeichentypen vorgestellt: Piktogramme, Ideogramme, Logogramme und Phonogramme. Wie sich zeigen wird, stellen unter diesen nur Logogramme Schriftzeichen dar.

1. Zu den **Piktogrammen** (= Bildzeichen) zählen Beispiele wie ☎ und ✆. Solche Abbildungen kennen wir aus dem Straßenverkehr, von Flughäfen, Bahnhöfen und öffentlichen Plätzen. Dabei handelt es sich nicht um Schriftzeichen, da es keine konventionalisierte phonemsprachliche Repräsentation gibt. Beispielsweise kann das Zeichen ✆ im Deutschen gelesen werden als *Bitte nicht rauchen* oder als *Rauchen verboten*. Die Bedeutung hingegen ist in der Regel festgelegt. So wird das Zeichen ✂ – meist in Verbindung mit einer gestrichelten Linie – als Aufforderung verstanden, an dieser Stelle das Papier durchzuschneiden. In anderen Kontexten (so z. B., wenn sich das Zeichen auf einer Schublade befindet) kann es aber anderes bedeuten. Im weitesten Sinne verweisen Piktogramme also lediglich auf einen Sachverhalt, der in irgendeiner Verbindung zu dem dargestellten Objekt steht.

Piktogramme haben gegenüber Schriftzeichen mehrere Vorteile: Sie sind international verständlich, sie sind Zeit sparend (sowohl beim Lesen als auch beim Schreiben) und Platz sparend (beim Schreiben). Letzteres ist gerade in Zeitungsannoncen, deren Preis sich nach der Größe der Anzeige richtet, ein wichtiger Aspekt. Weil die Bedeutung des Zeichens assoziativ über das Bild hergeleitet werden kann, sind Piktogramme schnell zu lernen und gut zu merken. In der Semiotik rechnet man sie zur Klasse der **Ikone**, also zu den Zeichen, die eine unmittelbar wahrnehmbare Beziehung zur bezeichneten Sache herstellen (vgl. Coulmas 1996a:221f.).

2. **Ideogramme** (= Begriffszeichen) sind nur schwer von Piktogrammen zu unterscheiden. Sie sind ebenfalls dadurch charakterisiert, dass sie lautsprachlich nicht festgelegt sind. Utz Maas (2004:634) fasst darunter Zeichen »ohne festgelegte wörtliche Form der Deutung.« Im Unterschied zu den Piktogrammen handelt es sich bei Ideogrammen um solche Darstellungen, die keine bildhaften Assoziationen mehr wecken (so z. B. das Verkehrszeichen ⊖). Doch stellt sich hier die Frage, wie Zeichen einzuordnen sind, die zwar bildhaften Charakter haben, deren Bedeutung aber nicht unmittelbar aus dem Bild herleitbar ist. Dies gilt beispielsweise für das Zeichen ♥, das zum Ausdruck von Zuneigung verwendet wird. Hartmut Günther (1988:27) spricht sich zu Recht gegen die Verwendung des Terminus ›Ideogramm‹ aus: »Der Begriff Ideogramm ist so mißverständlich, daß man auf ihn grundsätzlich verzichten sollte.« Auch im Folgenden wird auf diesen Terminus verzichtet.

3. **Logogramme** (= Wortzeichen) sind fest mit einer Bedeutung verbunden. Es handelt sich dabei um abstrakte Zeichen, eine Abbildbeziehung liegt nicht vor. Doch werden in der Literatur gelegentlich auch solche Zeichen als Logogramme bezeichnet, die noch einen bildähnlichen Charakter haben. So listet Haarmann (1981:208) unter der Überschrift »Bildhafte Logogramme« eine Reihe von Bildzeichen auf (z. B. Schilder, die auf die Bus- oder Straßenbahnhaltestelle, den Taxistand oder eine Telefonzelle verweisen). In der hier vorgestellten Klassifikation werden diese den Piktogrammen zugerechnet.

Nicht nur die Inhalts-, auch die Ausdrucksseite der Logogramme liegt fest, lässt sich aber nicht aus den einzelnen Segmenten des Zeichens erschließen. Zu den Logogrammen des deutschen Schriftsystems gehören Ziffern, Zeichen für mathematische Operationen (z. B. +, –) und Kurzschreibungen wie %, $ und §. Alle diese Logogramme könnten natürlich auch alphabetisch verschriftet werden (z. B. <eins>, <zwei>, <Prozent>), in bestimmten Fällen müssen sie es sogar (so die Zahlen 1 bis 12, sofern sie in Text eingebettet sind). Auch Kombinationen von Logogrammen und Alphabetzeichen sind im Deutschen die Regel (vgl. *100 km*), als graphostilistische Spielerei kommen sie sogar innerhalb eines Wortes vor (vgl. *½-Zeit, 2DF*).

Ein mittlerweile häufig gebrauchtes Logogramm ist das Zeichen @ (= *at*), das der Adresskennung in der E-Mail-Kommunikation dient, mittlerweile aber auch in anderen Kontexten auftritt (vgl. den Buchtitel »Generation @«). Das @-Zeichen geht, so wird vermutet, auf eine Ligatur, d. h. auf eine Zusammenschreibung der Buchstaben <a> und <d> in der lateinischen Präposition *ad*, zurück.[36] Gelegentlich steht <@> für den Buchstaben <a> (vgl. *Liter@tur, Internetc@fé, Compust@r* oder *E-M@il*), wird also nicht mehr als Logogramm gebraucht. Diese Schreibtechnik hat inzwischen schon auf andere Buchstaben übergegriffen. So weist Dieter E. Zimmer (2000:141) darauf hin, dass der Buchstabe <e> in Wörtern wie *eCommerce, eBanking* und *eBook* bereits mit einem »Rundschwung« auftrete: »Und wenn es so weitergeht, werden eines Tages alle Buchstaben mit animierenden Internetschwänzen versehen sein« (Zimmer 2000:141). Doch noch hat diese Schreibtechnik einen Signaleffekt. Sie findet sich v. a. in Produktnamen, auf Werbeanzeigen und überall da, wo eine Assoziation zum Internet hergestellt werden soll oder der Schreiber sich den Anschein des Modernen geben möchte.

Ein weiteres logographisches Zeichen ist das Währungszeichen €. Es ist ein stilisiertes <E>, das aus dem Initialbuchstaben des Wortes *Euro* abgeleitet ist. Ge-

---

36 Vgl. Androutsopoulos (1999:1): »Die aufsteigende Linie von d dehnt sich dabei nach links und wickelt sich um a herum, die Kreise beider Buchstaben vereinen sich.« Diese von dem amerikanischen Handschriftenforscher Berthold Luis Ulman stammende Theorie wird von Dieter E. Zimmer (2000:136) mit der Begründung in Frage gestellt, dass es keinen einzigen Beleg für eine solche Ligatur in alten Handschriften gebe. Zimmer (2000:140) argumentiert demgegenüber, »dass das @ in Wahrheit auf ein vorwiegend (aber nicht unbedingt nur) im Textilhandel Englands und Amerikas benutztes handschriftliches Zeichen in der Bedeutung *at* (»zum Preis von«) zurückgeht«.

legentlich wird es als Anfangsbuchstabe des Wortes *Euro* gesetzt (vgl. *€uro*). In diesem Fall sind logographische Schreibung und Alphabetschreibung gekoppelt, was streng genommen zu der unsinnigen Lesart *Euro-uro* führt (so auch in der Werbeanzeige »Keine Chance für den T€URO«). Das Verfahren findet sich mittlerweile bereits in solchen Kontexten, in denen lediglich eine Assoziation zu Geld hergestellt werden soll. So ist in der Anzeige einer Supermarktkette »VIEL MEHR FÜRS G€LD« zu lesen, auf einem Firmenschild »€CONOMY CONCEPT«. Dass diese Verwendung von Sonderzeichen zur Darstellung von Buchstaben des lateinischen Alphabets nicht neu ist, zeigen schon länger dokumentierte Schreibweisen vom Typ *MICRO$OFT* oder *wo®ldwide jeanswear*.

4. **Phonogramme** (= Lautzeichen) sind Zeichen, die ausschließlich auf die lautliche Ebene des Sprachsystems bezogen sind. So ist [fʊks] ein Phonogramm, es steht für eine Lautkette, der die Schreibung <Fuchs> zugeordnet wird. Phonogramme sind in gewissem Sinne das Gegenstück zu Piktogrammen. Letztere werden nicht als Schriftzeichen klassifiziert, weil sie keine festgelegte lautliche Repräsentation haben, Erstere nicht, weil sie nur die Ausdrucksseite, nicht die Inhaltsseite eines sprachlichen Zeichens repräsentieren. So ist das phonetische Transkriptionssystem IPA (International Phonetic Association) kein Schriftsystem. Die **Transkriptionszeichen** zeigen lediglich an, wie eine beliebige Lautkette zu artikulieren ist. Darauf weist auch Hartmut Günther hin, wenn er schreibt (1988:63):»Was das IPA leisten soll, ist die Wiedergabe des artikulatorischen Inhalts einer aktuellen mündlichen Äußerung – eine Aufgabe, für die Schrift in der Regel nicht herangezogen wird.«

Halten wir fest: Zur Übermittlung von Bedeutungen werden in unserer literalisierten Gesellschaft nicht nur Schriftzeichen, sondern auch solche Zeichen verwendet, die nicht schriftbasiert sind: Piktogramme und Ideogramme. In bestimmten Kontexten ist die Bedeutung dieser Zeichen konventionalisiert. Ausdrucksseitig sind sie nicht auf eine bestimmte Lautung festgelegt. Ihr Nutzen besteht darin, dass sie 1. nicht auf eine Einzelsprache bezogen sind, 2. Platz und damit 3. möglicherweise Kosten sparen. Komplementär zu den Piktogrammen und Ideogrammen stehen die Phonogramme, die nur die Lautung, nicht aber die Bedeutung wiedergeben.

　　Der folgende Ausschnitt aus der Symbolleiste eines Textverarbeitungsprogramms zeigt abschließend, wie die einzelnen Zeichentypen kombiniert werden können:

(1)

Die drei einzigen, vollständig in Buchstaben notierten Wörter im gegebenen Beispiel sind *Times New Roman*. <10> und <100%> sind Logogramme. Genauer: <10> ist ein einfaches Logogramm, <100%> ein komplexes Logogramm, bestehend aus den zwei Logogrammen <100> und <%>. Zu den Piktogrammen in diesem Beispiel zähle ich die Abbildung einer Diskette, eines Druckers, eines Klemmbretts (Clipboard) und eines Pinsels. In der Computersprache werden sie als »Icons« bezeichnet. Mit diesen Piktogrammen werden bestimmte Arbeitsvorgänge dargestellt: das Speichern, das Drucken, das Einfügen von Text oder Grafiken aus der Zwischenablage, das Übertragen von Formatvorlagen. Die jeweiligen Bedeutungen sind konventionalisiert. So muss der ›Anwender‹ wissen, dass sich hinter der Darstellung des Pinsels die Möglichkeit verbirgt, Formatierungen zu übernehmen – und nicht etwa, den Text in einer anderen Farbe zu gestalten. Die lautliche Repräsentation liegt nicht fest, dem Zeichen können unterschiedliche Lautketten zugeordnet werden (»Formatierung übertragen«; Klicken Sie hier, um bestimmte Formatvorlagen zu übernehmen«, »Format übernehmen« etc.).

Weiter finden sich in (1) zwei kleine Dreiecke, die den Leser zum ›Blättern‹ verweisen, sowie ein rückwärts gerichteter Pfeil, der es ermöglicht, die zuletzt durchgeführte Aktion rückgängig zu machen. Diese Zeichen werden als Diagramme klassifiziert. Diagramme sind »arbiträre geometrische Zeichen für abstrakte, nicht abbildbare Sachverhalte« (Günther 1988:27). Die Buchstaben *F*, *K* und *U* schließlich stehen als Abkürzungen für die Wörter *fett*, *kursiv* und *unterstrichen*. Die **Textauszeichnungen** werden hier nicht nur durch die Initialbuchstaben, sondern auch ikonisch angezeigt (durch die Unterstreichung des *U* beispielsweise). Auch die Möglichkeit, eine Fußnote einfügen zu können, ist ikonisch, durch die Verbindung von Buchstabenfolge und hochgestellter Ziffer, dargestellt.

2.3 Schrifttypen

»Es gibt grundsätzlich zwei Alternativen, Schrift mit Sprache zu verbinden. Entweder man orientiert sich am Inhalt dessen, was durch Sprache ausgedrückt wird, also an der Wortbedeutung, oder man schreibt, unabhängig von der Bedeutung, die Laute der Sprache.« Mit diesen Worten beginnt Harald Haarmann (1991:147f.) seine Ausführungen zur Typologie der Schriftsysteme. Die weiteren Kapitel gliedert er, diesen Überlegungen folgend, in Logographie und Phonographie. Haarmanns Unterscheidung dient als Ausgangspunkt für die hier zugrunde gelegte Klassifikation der Schriftsysteme:[37]

1. Ein Schriftsystem gehört zum **logographischen Schrifttyp**, wenn die graphematischen Einheiten primär auf bedeutungstragende Einheiten im Sprachsystem, d. h. auf Wörter bzw. frei vorkommende Morpheme bezogen sind.[38] Ein solches Schriftsystem ist **plerematisch** (griech. *pleres*, voll).

---

37 Eine alternative Unterscheidung nimmt auf die dominante Schreibrichtung Bezug (von links nach rechts, von rechts nach links, von oben nach unten, von unten nach oben). Die lateinische, griechische und georgische Schrift zählen zu den rechtsläufigen Schriften (= *dextrograd*), die arabische und die persische Schrift zu den linksläufigen (= *sinistrograd*). Die traditionelle Anordnung der chinesischen und japanischen Schriftzeichen ist von oben nach unten.

38 Morpheme werden in der strukturalistischen Sprachanalyse als kleinste bedeutungstra-

2. Ein Schriftsystem gehört zum **phonographischen Schrifttyp**, wenn die Grundformen primär auf bedeutungsunterscheidende Elemente im Sprachsystem, d. h. auf Silben und Phoneme bezogen sind. Ein solches Schriftsystem ist **kenematisch** (griech. *kenos*, leer). Ist die Silbe die dominante Bezugsgröße, spricht man von einem **syllabischen Schrifttyp**. Die Basiseinheiten einer syllabischen Schrift werden als **Syllabogramme** bezeichnet. Ist das Phonem die dominante Bezugsgröße, handelt es sich um eine **Alphabetschrift**. Die Basiseinheiten von Alphabetschriften werden als **Grapheme** bezeichnet. Bei Alphabetschriften gilt es grundsätzlich zu unterscheiden, ob die Grapheme sowohl für Vokale als auch für Konsonanten (= Konsonant-Vokal-Schrift bzw. konsequente Alphabetschrift) oder nur für Konsonanten (= **Konsonantenschrift**) stehen.[39] Irrelevant hingegen ist die Frage, von welcher Art die in der Alphabetschrift verwendeten graphischen Grundformen sind: »Der Schrifttyp des Russischen (Kyrillis) ist also derselbe wie der des Englischen (lateinisches Alphabet)« (Eisenberg 1996:1371). Varianten des alphabetischen Schrifttyps sind neben dem Kyrillischen auch die georgische, armenische, hebräische und arabische Schrift.

Zusammenfassend ergibt sich: Alle Schriftsysteme lassen sich auf drei Grundtypen zurückführen: Alphabetschriften, Silbenschriften und logographische Schriften. Diese drei Schrifttypen werden danach unterschieden, welches das kleinste Element des Sprachsystems ist, das sie graphisch repräsentieren: das Phonem, die Silbe oder das Wort. Dem übergeordnet ist die Unterscheidung in pleremische und kenemische Schriftsysteme. Die wichtigsten Punkte werden in (2) dargestellt.

2.4   Schriftsysteme

2.4.1   Das chinesische Schriftsystem

2.4.1.1 Vorbemerkungen

Das chinesische Schriftsystem gehört zum logographischen Schrifttyp. Falsch wäre es, die moderne chinesische Schrift als piktographisch bzw. ideographisch zu bezeichnen. Dies ist nicht nur deshalb unzutreffend, weil der bildhafte Charakter vieler chinesischer Schriftzeichen verloren ging, sondern auch, weil Piktogramme niemals, wie Jie Li (1996:1404) in ihren Ausführungen zum chinesischen Schrift-

---

gende Einheiten der Sprache definiert. So besteht das Wort *Haustür* aus den zwei frei vorkommenden Morphemen *Haus* und *Tür*, das Wort *Haustüren* aus den zwei freien Morphemen *Haus* und *Tür* und dem gebundenen Morphem *-en*, das den Plural anzeigt.

39   Das Arabische wird zu den Konsonantenschriften gezählt. Doch besteht im arabischen Schriftsystem die Möglichkeit, Langvokale zu verschriften (so in religiösen Texten oder in Lehrbüchern für Schulanfänger). Es ist also fraglich, ob das Arabische tatsächlich als Konsonantenschrift zu klassifizieren ist (vgl. Glück 2005:52).

(2)

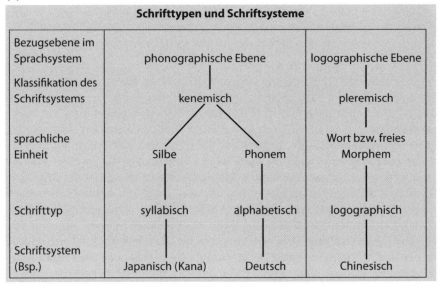

Schrifttypen und Schriftsysteme		
Bezugsebene im Sprachsystem	phonographische Ebene	logographische Ebene
Klassifikation des Schriftsystems	kenemisch	pleremisch
sprachliche Einheit	Silbe — Phonem	Wort bzw. freies Morphem
Schrifttyp	syllabisch — alphabetisch	logographisch
Schriftsystem (Bsp.)	Japanisch (Kana) — Deutsch	Chinesisch

system schreibt, »die Gesamtheit der Sprache repräsentiert« haben.[40] Außerdem existieren, wie wir noch sehen werden, in der chinesischen Schrift graphische Elemente, die einen Hinweis auf die Aussprache geben.

Als Argument für den ideographischen Charakter der chinesischen Schrift wird häufig vorgetragen, dass die Sprecher der stark voneinander abweichenden Dialekte des Chinesischen nur über die Schrift miteinander kommunizieren könnten. Es seien ja nur Bedeutungen, keine Lautungen mit den chinesischen Schriftzeichen assoziiert. So lautet das Wort für die Zahl *zehn* im Beijing-Dialekt *shí*, im Kanton-Dialekt *seb* und im Minnan-Dialekt *záp*. Die Aussprache ist also völlig verschieden, das Schriftzeichen ist aber jeweils dasselbe. Florian Coulmas diskutiert dieses Universalitätsargument kritisch und weist darauf hin, dass auch eine Schrift, die dem phonographischen Typus angehört, in allen Dialekten gelesen werden kann. Daraus zu folgern, die Schrift sei ideographisch, wäre absurd:

> [T]o find mutually unintelligible dialects sharing a common written norm one does not have to restrict one's attention to non-alphabetically written languages; English is a perfect example. A speaker of Indian English from Bombay will be hard put to understand the broad drawl of a southern Texan, and the latter will find the dialect of Glasgow quite difficult to comprehend. Yet neither of them has any problems reading standard American English and relating it in some way to their own dialect. From this observa-

---

40 Schlobinski (2001) setzt sich mit diesem »Ideographie-Mythos« auseinander und stellt kritisch fest, dass dieser Mythos in der Arbeit von Stetter (1999²) fortgeschrieben wird. Eine polemische Anwort darauf gibt Stetter (2002).

tion, no one would want to draw the conclusion that English orthography is ideographic. The fact that Chinese characters can be used across dialect boundaries cannot be taken to imply that either. Rather what it implies is that the representation of sound by the characters is not very accurate and that dialectal sound change is systematic.

F. Coulmas (1989:106f.)

Auch Schlobinski (2001) stellt in seinem Artikel »Zum Prinzip des Relativismus von Schriftsystemen – die chinesische Schrift und ihre Mythen« mit Verweis auf die Argumentation in DeFrancis (1984) fest, dass die Annahme, das Chinesische sei ideographisch, falsch ist. Er weist in diesem Zusammenhang auf einen zweiten »Universalitätsmythos« hin, nämlich auf die weit verbreitete Annahme, dass Japaner und Koreaner chinesische Texte lesen könnten, ohne die jeweilige Sprache zu sprechen. Auch diese Annahme ist falsch. Richtig ist zwar, dass die japanische Schrift aus der chinesischen hervorging und dass sowohl im Japanischen als auch im Koreanischen heute noch chinesische Schriftzeichen verwendet werden. Dennoch haben die drei Sprachgemeinschaften eigenständige Systeme, die nicht füreinander einsetzbar sind. Dies verwundert nicht: Die typologischen Unterschiede zwischen dem Chinesischen auf der einen und dem Koreanischen und Japanischen auf der anderen Seite sind so groß (s. u.), dass die chinesischen Schriftzeichen in Japan und Korea nicht ohne Modifikation adaptiert werden konnten.

2.4.1.2 Langzeichen und Kurzzeichen

Die Schriftzeichen des chinesischen Schriftsystems werden als **Hanzi** (»Zeichen der Han-Dynastie«) bezeichnet. Die ältesten chinesischen Schriftdokumente stammen aus der Zeit um 1500 v. Chr. Zwar sind die Inschriften anderer Sprachen älter (vgl. Kap. 3), doch ist die chinesische Schrift die einzige, die eine so lange, ungebrochene Tradition aufweist und in der Gegenwart noch geschrieben wird. Heute besteht das gesamte Inventar an Schriftzeichen aus ca. 70.000 Zeichen. Von diesen finden sich viele nur noch in Wörterbüchern, im Alltag sind sie nicht mehr im Gebrauch. Die Liste der im heutigen Chinesisch gebräuchlichen **Hanzi** umfasst ca. 3.500 Zeichen. 2.000 bis 3.000 Hanzi muss man kennen, will man eine Zeitung lesen (vgl. Li 1996:1410).

Um das Erlernen der Hanzi zu erleichtern, wurde vom chinesischen Schriftreformkomitee eine wichtige Maßnahme durchgeführt: Innerhalb von 24 Jahren (1956 bis 1980) wurden 2.238 Zeichen vereinfacht. Ein Unterschied zwischen den traditionellen Hanzi, den sog. **Langzeichen**, und ihren vereinfachten Entsprechungen, den **Kurzzeichen**, besteht in der Zahl der Striche. Ihre Zahl wurde um die Hälfte reduziert, einzelne Zeichenkomponenten wurden eliminiert. Diese Schriftreform, die auf einen Beschluss der Regierung zurückgeht, stellt einerseits eine Vereinfachung, andererseits eine Erschwernis dar. Das Schreiben der Kurzzeichen ist einfacher, da die Zahl der Striche geringer ist. In vielen Fällen wurden auch kürzere Schreibvarianten, die in der Kursivschrift ohnehin schon existierten, übernommen und das traditionelle Zeichen gestrichen. Dies bedeutete eine Erleichterung für das Lesen. Ein Beispiel für das Gegenüber von alten und neuen Hanzi findet sich in (3). Zu den ersten beiden Hanzi, den Schriftzeichen für *Sonne* und *Stern*, gibt es keine vereinfachte Entsprechungen, da es sich auch bei den traditionellen Zeichen um weniger komplexe Strichfolgen handelt.

(3) Alte und neue Hanzi (aus Wang 2001:75)

	alt	neu
Sonne (rì)	日	日
Stern (xīng)	星	星
Morgensonne (lóng)	曨	眬
Pferd (mǎ)	馬	马

Heute sind die Kurzzeichen in den meisten Publikationen zum Standard geworden. Langzeichen finden sich noch auf Straßenschildern, in älteren Texten usw. Hinzu kommt, dass in Hongkong die Langzeichen weiterhin im Gebrauch sind und auf Taiwan aus politischen Gründen nur Langzeichen verwendet werden. Der Leser muss also weiterhin sowohl die Langform als auch die Kurzform kennen. Ein weiterer Kritikpunkt ist der, dass einige der bildhaften Assoziationen, die in den traditionellen Hanzi vorhanden waren, durch die Vereinfachung der Zeichen verloren gingen. So fällt es in vielen Fällen schwerer, die Kurzzeichen zu memorieren. Und ein letzter Punkt, der die Kunst des Schönschreibens, die **Kalligraphie** betrifft: Die Kurzzeichen haben einen geringeren ästhetischen Reiz. Sie sind funktional, aber nicht schön.

2.4.1.3 Hanzi, Silbe, Morphem

Im Regelfall steht ein Hanzi für ein Morphem und ein Morphem für eine Silbe.[41] Aus diesem Grunde wird das Chinesische als morphosyllabische Schrift bezeichnet (vgl. DeFrancis 1984, Schlobinski 2001). Wenn hier dennoch der Terminus ›logographisch‹ beibehalten wird, dann geschieht dies in Anlehnung an Jie Li (1996:1405), die ausführt, dass es sich bei dem Begriff ›morphosyllabisch‹ »nur um einen terminologischen Unterschied zu dem Begriff ›logographisch‹ [handelt],

---

41 Dies ist im Deutschen nicht der Fall. So liegt die Silbengrenze in dem Wort *Kinder* nach dem Konsonanten /n/, die Morphemgrenze zwischen dem Morphem *Kind* und dem Morphem *-er*.

weil auch dieser ein Schriftsystem meint, in dem die Zeichen für Morpheme stehen, welchen *per definitionem* eine phonologische Einheit zugeordnet ist.« Da Logogramme, wie in Abschn. 2.2 geschehen, im Gegensatz zu Piktogrammen als Zeichen definiert sind, die eine feste Verbindung von Inhalts- und Ausdrucksseite darstellen, umfasst der Terminus ›logographisch‹ in der Tat nichts anderes als ›morphosyllabisch‹.

Auch Coulmas (1981:83) weist auf den morphosyllabischen Charakter des Chinesischen hin. Er schreibt:»Im klassischen Chinesisch herrschte zwischen Wort, Zeichen und Silbe die einfache Relation von 1:1:1 vor. Heute ist dieses Verhältnis komplizierter, da der größere Teil des Wortschatzes aus zwei- oder mehrsilbigen Wörtern besteht. Allerdings entspricht nach wie vor jedem Schriftzeichen eine Silbe.« Da aber in der Regel ein und dieselbe sprachliche Einheit mehrere Bedeutungen trägt und die bedeutungstragenden Morpheme jeweils unterschiedlich verschriftet werden, gibt es weitaus mehr Hanzi als Silben. So steht die Lautfolge *ma* je nach dem Ton, mit dem sie assoziiert ist, jeweils für ein anderes Wort.[42] Die vier Wortbedeutungen (*Mutter, Hanf, Pferd, schimpfen*) werden in verschiedenen Hanzi wiedergegeben (vgl. Günther 1988:49). Auch wenn ein Wort ohne Tonunterschied mehrere Bedeutungen trägt, gibt es in der Regel mehrere Hanzi. So stehen für das Wort *shu* mit Hochton u. a. die Übersetzungen *ausdrücken, Onkel, verschieden, schnell* und *Kamm* (vgl. Haarmann 1991:178). Solch homophone Formen sind im Chinesischen häufig.[43] In der Schreibung stellen sie kein Problem dar. Die Vielzahl der Hanzi erlaubt es in den meisten Fällen, die verschiedenen Wortbedeutungen zu unterscheiden.

Fraglich ist, inwieweit das lateinische Alphabet eine solche Disambiguierung zu leisten vermag. Eben dies wird immer wieder als Argument dafür angeführt, dass eine Latinisierung der chinesischen Schrift, d. h. eine Übertragung vom logographischen Schrifttyp in die lateinische Alphabetschrift, zum Scheitern verurteilt sei. Dem allerdings hält Haarmann (1991:178) entgegen, dass dies auch im Vietnamesischen gelang, wo seit 1945 die lateinische Schrift verbindlich ist – und dies, obwohl das Vietnamesische ebenfalls eine Tonsprache (mit sechs Tönen) ist. Die Töne werden durch diakritische Zeichen über den Vokalbuchstaben markiert. Diese Möglichkeit wird auch für das Chinesische genutzt, wenn die Wörter in Alphabetschrift übertragen werden (z. B. *má* vs. *mà*).[44] Trotzdem bleibt das Problem der Schreibung homophoner Wörter mit gleichem Ton bestehen. In diesem Fall

---

42 Hierzu eine grundsätzliche Erläuterung: Das Chinesische ist eine Tonsprache. In Tonsprachen hat die Tonhöhe bzw. der Tonhöhenverlauf einzelner Silben eine bedeutungsunterscheidende Funktion. Im Standardchinesischen werden neben dem Normalton (= Tonlosigkeit) vier Töne unterschieden: Hochton, Steigton, Fall-Steig-Ton und Fallton. Durch die Töne steigt die Zahl der Silben im Chinesischen auf ca. 1.350 – eine im Vergleich zum Deutschen immer noch geringe Zahl.

43 Vgl. als Beispiel für Homophonie im Deutschen *Laib/Leib*, als Beispiel für Homographie *Tenor*.

44 Auf die Verwendung dieser Zeichen wird im Folgenden verzichtet. Damit folge ich der

müssten trotz gleicher Lautung verschiedene latinisierte Schreibungen gewählt werden (analog zu dt. *Lied* und *Lid*), um die Zahl homographer Formen möglichst gering zu halten. So gibt es für das Wort *shi*, das insgesamt 86 Bedeutungen hat, immerhin 31 verschiedene Hanzi. Wie sollten diese in einer Alphabetschrift wiedergegeben werden?

2.4.1.4 Die interne Struktur der Hanzi

Hanzi werden zeilenförmig, ohne Leerraum zwischen den Wörtern angeordnet. Diese Schreibkonvention stammt aus der Zeit, als die Mehrzahl der chinesischen Wörter einsilbig waren und mit je einem Zeichen geschrieben wurden, als also keine Veranlassung bestand, Wortgrenzen graphisch zu markieren (vgl. Coulmas 1981:96). Ein Hanzi besteht in der Regel aus 1 bis 25 Strichen. Die Striche wiederum lassen sich auf sieben Grundstriche, d. h. auf sieben einfache, punkt- und akzentähnliche Striche zurückführen.[45] Ihre Schreibrichtung ist festgelegt (z. B. von links unten nach rechts oben). Hinzu kommen weitere Strichtypen, bei denen der Schreiber das Schreibgerät ebenfalls nicht absetzt, die aber eine Richtungsänderung aufweisen. Auch diese Striche müssen nach einem festgelegten Schema geschrieben werden. Hier zeigt sich der Vorteil des Pinsels. Bei diesem sieht man am besten, wo der Strich ansetzt und wo er ausläuft.

Aus den Strichverbindungen bauen sich die einzelnen Zeichenkomponenten der Hanzi auf. Die Zeichenkomponenten werden so geschrieben, dass sie in ein imaginäres Rechteck oder Quadrat passen. Auch in ihrer Anordnung ist eine bestimmte Reihenfolge einzuhalten (erst oben, dann unten, erst links, dann rechts, erst außen, dann innen etc.). Einige Zeichenkomponenten können nur unselbständig verwendet werden. So tritt das Suffix *-men*, das bei Personenbezeichnungen fakultativ den Plural anzeigt, immer in Verbindung mit einem anderen Hanzi auf. Andere Zeichen werden nie zur Bildung komplexer Zeichen benutzt, sie kommen nur selbständig vor.

Als **Radikale** (= chin. *bushou*, Klassenhaupt) bezeichnet man solche Zeichenkomponenten bzw. Zeichen, die anzeigen, zu welcher Klasse das Schriftzeichen gehört. So findet sich im Hanzi für das Wort *Geld* ein Radikal, der darauf schließen lässt, dass dieses Hanzi zum Bedeutungsfeld *Metall* gehört, im Hanzi für das Wort *Liebe* ein Radikal, der auf *Herz* verweist. Die Radikale stellen immer Konkreta dar. Im modernen Chinesisch werden zwischen 189 und 226 solcher Radikale unterschieden. Sie sind im Lexikon nach der Zahl ihrer Striche angeordnet. Ist innerhalb des Schriftzeichens der Radikal identifiziert, kann über diesen das

---

Praxis vieler Autoren (so auch Li 1996). Meist wird nur dann, wenn es zur Disambiguierung notwendig ist, der Ton angezeigt.

45 Die Zahl der Grundstriche, die in der Literatur angenommen wird, variiert. Coulmas (1996a:80) setzt acht Grundstriche an, bei Li (1996:1406) werden nur sieben aufgelistet. Dies hängt damit zusammen, dass Li einen Strich (den Strich mit Namen *zhé*) als komplexen Strich ansieht und deshalb nicht zu den Grundstrichen zählt.

Zeichen im Wörterbuch nachgeschlagen werden. Einige Radikale repräsentieren nur einen kleinen Ausschnitt des Wortschatzes, andere haben ein sehr großes Bedeutungsfeld. So tritt der Metallradikal in ca. 200 verschiedenen Hanzi auf. Diese stehen für so verschiedene Wörter wie *schmieden, Stahl, Blei, sich irren, Glocke, angeln, Platin, Kalzium, Bratpfanne, Zange, Feile, respektieren, schmelzen, Spiegel, Schlüssel, aufmuntern* und *reiten*. In einigen Fällen ist der Bezug zur Semantik des Radikals also völlig verdunkelt. Hierzu schreibt Florian Coulmas:

> In modern dictionaries with about 12.000 characters some classifiers, such as [...] 30 (›mouth‹), 120 (›thread‹) or 140 (›grass‹), head as many as 500 characters, but others serve only a handful or fewer characters as classifiers. Classifiers 204 (›to embroider‹) and 213 (›turtle‹) even seems to be listed as such only because the lexicographers did not know how to decompose and thus assign them to other classifiers. Given that there are only 214 classifiers, some of which are practically useless as regards determining the meanings of characters it is clear that the classifiers play only a limited role in semantic coding.
>
> F. Coulmas (1989:104)

Weiter ist zwischen **Determinativa** und **Phonetika** zu unterscheiden. Die Determinativa stellen als Radikale den Bedeutungszusammenhang her, die Phonetika geben einen Hinweis auf die Aussprache und den Ton, der mit dem Wort assoziiert ist. So besteht das Zeichen für *Zucker* aus dem Determinativzeichen für *Reis* und dem Phonetikumzeichen *táng*. Nach DeFrancis (1984), zitiert in Schlobinski (2001:130), haben »nahezu 66 % aller Sinographeme einen signifikanten phonetischen Charakter«. Liest man allerdings die kritische Diskussion von Li (1996) zu DeFrancis' Analyse nach, stellt sich der Sachverhalt anders dar: Die chinesische Schrift zeige, so Li, keine lautliche Qualität an. Ein unbekanntes Zeichen sei lautlich nicht identifizierbar. Auch die phonetischen Indikatoren, die in komplexen Zeichen vom Typ Determinativphonetika (s. u.) vorhanden seien, würden dies nicht zu leisten vermögen:

> Denn erstens kann der phonetische Indikator infolge der im Laufe der Geschichte stattgefundenen Lautverschiebung meistenfalls den exakten Laut und Ton des betreffenden Zeichens nicht mehr angeben. Zweitens, selbst wenn er noch hundertprozentig treffsicher wäre, muß man noch als erstes wissen, welcher Teil in solchen komplexen Zeichen das Phonetikum ist, und als zweites, wie dieses ausgesprochen wird. Zu bemerken ist, daß es laut DeFrancis (1989, 102 f) 895 Zeichen gibt, die als phonetische Elemente eingesetzt werden. Das heißt, selbst wenn die phonetische Komponente die exakte lautliche Angabe machen würde, muß zuerst diese Menge von Zeichen erlernt werden, was sowohl unter dem Aspekt des Systems als auch unter dem des Aufwands betrachtet überhaupt nicht mit dem Erwerb von etwa 30 deutschen Buchstaben vergleichbar ist.
>
> J. Li (1996:1409)

Der Lautbezug der Phonetika ist graduell verschieden. Einige enthalten noch einen direkten Hinweis auf die Aussprache, bei anderen ist dieser nicht mehr vorhanden. So existiert neben dem Schriftzeichen *táng* (*Zucker*) noch das Schriftzeichen *táng*

(*Halle, Saal*), das ebenso gesprochen wird, obwohl es nicht das Phonetikum *táng* enthält. Die Silben *ji, xi* und *shi* lassen sich sogar jeweils mit zehn und mehr verschiedenen Phonetika darstellen (vgl. Coulmas 1989:101). Coulmas schreibt hierzu: »[I]t would be difficult to find a syllable that is represented by one phonetic only.«[46] Dies hängt mit der Schriftreform zusammen. Durch die Reduktion der Striche ging in vielen Kurzzeichen der Aussprache-Indikator verloren. Möglich ist auch, dass dadurch nunmehr ein falscher Aussprachehinweis gegeben wird.

Die meisten Hanzi sind **Determinativphonetika**, d.h. Kombinationen aus [Determinativ + Phonetikum]. Sie machen ca. 95% aller Zeichen aus (vgl. Li 1996:1408). Kombinationen aus [Determinativ + Determinativ] bzw. [Phonetikum + Phonetikum] sind hingegen ausgeschlossen. In einem Determinativphonetikum folgt die Anordnung von Determinativ und Phonetikum einem bestimmten Muster: Manche Determinativa dürfen nur links bzw. nur oben stehen, andere nur rechts bzw. nur unten. Auch die Größenverhältnisse innerhalb der Hanzi sind festgelegt. Dies ist, wie Li (1996:1409) schreibt, »nicht nur ökonomisch in der schnellen Wiedererkennbarkeit begründet, sondern beruht auch auf den im Laufe der Geschichte kristallisierten ästhetischen Vorstellungen.« Dass in den Schriftzeichen die Tradition gewahrt wird, ja, dass unter Umständen »ein Stück sehr alter Kulturgeschichte« (Haarmann 1991:174) erhalten ist, sieht man heute nur noch an der Verbindung einzelner Zeichen. Wenn bei vielen Determinativa der Bedeutungszusammenhang nicht mehr erkennbar ist, dann liegt dies daran, dass sich die gesellschaftlichen Verhältnisse geändert haben. Transparent ist die Semantik nur noch dann, wenn dem Schreiber die historischen Verhältnisse bekannt sind. Das ist z.B. der Fall bei dem chinesischen Wort für *Bahnhof.* Dieses besteht aus drei Hanzi: dem Hanzi für Feuer (*huo*), dem Hanzi für Fahrzeug (*che*) und dem Hanzi für Station (*zhan*).[47]

2.4.1.5 Pinyin

Die Bestrebungen, in China eine Alphabetschrift einzuführen, reichen zurück bis ins 17. Jahrhundert (vgl. Coulmas 2003). Doch erst seit 1958 gibt es eine staatlich anerkannte Alphabetschrift, das sog. **Pinyin** (chin. *pin,* zusammensetzen, *yin,* Silbe). Wer in China Straßenkarten in lateinischer Schrift benutzt, tut gut daran, die Städtenamen in der neuen, der Pinyin-Schreibung nachzuschlagen. So wird man unter dem Buchstaben <p> die Stadt *Peking* nicht finden. Im besten Fall gibt es einen Querverweis auf *Beijing*. Dies gilt für die Schreibung zahlreicher Ortsnamen (vgl. *Nanjing* (Pinyin) statt *Nanking, Xi'an* (Pinyin) statt *Sian*).

---

46 Nota bene: Auch in einer Schrift vom phonographischen Typus ist der Lautbezug nicht eindeutig. So wird im Deutschen das Phonem /k/ u.a. durch die Grapheme <k>, <ck> und <ch> wiedergegeben. Es gibt also keine Eins-zu-Eins-Entsprechung von Phonem und Graphem.

47 Vgl. hiermit das Deutsche, das in der Lexik historische Verhältnisse konserviert (*das Licht* **löschen**, *Pferdestärke*).

Als Basis für die Verschriftung in Pinyin dient die Aussprache der Wörter in **Putonghua**, der chinesischen Standardsprache. Nur wer Putonghua spricht, ist in der Lage, in Pinyin geschriebene Texte zu lesen und in Pinyin zu schreiben. In den Schulen wird daher großer Wert darauf gelegt, dass alle Kinder Putonghua lernen. Es ist gewissermaßen die ›lingua franca‹, mit der sich alle Chinesen verständigen können. Taylor schreibt hierzu:

> The teaching of Putonghua is important in its own right as a means to facilitate oral communication among speakers of mutually intelligible dialects. Putonghua is taught through immersion, by using it to teach all school subjects. On the first day of school the children may hear their own dialect but gradually, over a period of months, they hear more and more words of Putonghua, until at the end of the first year they hear only Putonghua.   I. Taylor (1996:1312)

Im Laufe der ersten sechs Schuljahre lernen die Kinder ca. 2.800 Hanzi (vgl. Taylor 1996:1311) – eine grandiose Gedächtnisleistung im Vergleich zum Erwerb der 26 Buchstaben des lateinischen Alphabets. Am Beginn des Schriftspracherwerbs steht die Einführung in Pinyin, daran anknüpfend werden die Schüler im Schreiben der chinesischen Schriftzeichen unterrichtet. Die Pinyin-Schreibung dient ihnen dann nur noch als Merkhilfe. Sie zeigt die Aussprache des Wortes an. Am Ende des Lehrbuchs für das erste Schuljahr sind alle 201 eingeführten Schriftzeichen zusätzlich noch in Pinyin notiert, in höheren Klassen ist dies nicht mehr der Fall. Schriftzeichen, die einmal gelernt wurden, müssen häufig benutzt werden, damit sie nicht wieder in Vergessenheit geraten: »The injunction ›use it or lose it‹ applies to knowledge of the numerous and complex Chinese characters« (Taylor 1996:1312).

Welche Rolle spielt nun die Pinyin-Schreibung im allgemeinen Schriftgebrauch? Nach Schlobinski (2001:144) ist Pinyin eine »suppletive Schrift, die primär im akademischen Kontext ihre Verwendung findet.« In der Tat: Gebraucht man es außerhalb dieses Kontextes, kann man nicht sicher sein, dass der andere Pinyin ebenfalls beherrscht und das Geschriebene lesen kann.[48] Meist wird Pinyin nur dann benutzt, wenn äußere Umstände (z.B. die Schreibung am Computer) es erforderlich machen oder das Schreiben mit Hanzi zu aufwendig ist (z.B. bei Texteingaben am Handy). Doch wird in der Internet- und Handykommunikation die Verwendung einer Alphabetschrift bald ohnehin nicht mehr nötig sein. Schon existieren Programme, die bei Eingabe chinesischer Schriftzeichen diese in Alphabetschrift umwandeln – und umgekehrt. Gibt der Schreiber ein Wort in lateinischer Schrift ein, so werden ihm vom Programm mehrere Hanzi zur Auswahl angeboten. Unter diesen Vorschlägen muss er dann nur noch das jeweils passende auswählen. Andererseits lassen sich viele Webseiten nur dann aufrufen, wenn die Internetadresse in Alphabetschrift geschrieben wird.

---

48 So ist es nicht angeraten, die Adresse von Postsendungen nach China in Pinyin zu notieren. Es könnte sonst sein, dass der Brief nicht ankommt.

Eine Vereinfachung stellt die Pinyin-Schreibung zweifellos für die Transliteration ausländischer Namen dar.[49] Haarmann (1991:187) erläutert das Problem folgendermaßen:

> Jeder chinesische Name [...] setzt sich aus Elementen zusammen, die alle eine bestimmte Bedeutung tragen. [...] Das Namensproblem von Ausländern, die in China leben, wird dadurch umgangen, daß ihnen rein chinesische Namen gegeben werden. Schwieriger ist das Problem im Fall von Personen, die weltweit bekannt sind [...], außerdem bei speziellen ausländischen Ortsnamen. Solche Namen werden nicht sinisiert, sondern ihnen werden lautähnliche Morpheme des Chinesischen zugeordnet [sic]. Das Ergebnis ist zwar eine lautliche Annäherung der chinesischen Aussprache, die Aneinanderreihung einzelner Silben schafft aber eine geradezu »verrückte« Bedeutungskette.
>
> H. Haarmann (1991:187)

Haarmann führt als Beispiel die chinesische Schreibung des Namens *Tschaikowsky* an. Dieser wird mit fünf Hanzi wiedergegeben, deren Lautwert der Aussprache des Namens ähnelt: *chai-kuo-fu-si-ji*. Die Bedeutung dieser Hanzi ist ›Feuerholz-plötzlich-anfangen-dieses-Grundlage‹. Die Zeichen werden nach dem Rebusprinzip (s. Kap. 3) verwendet, d.h. sie sind entsemantisiert. Erhalten bleibt nur ihre Ausdrucksseite.[50]

Abschließend seien noch zwei Gründe genannt, die gegen die Adaption einer Alphabetschrift angeführt werden. Häufig wird auf das Problem der Wiedergabe homophoner Wörter hingewiesen. Die Tonunterscheidung kann in Pinyin zwar durch **diakritische Zeichen** zum Ausdruck gebracht werden, dennoch wäre die Zahl homographer Schreibungen beträchtlich. Mehrdeutigkeiten ließen sich nicht vermeiden. Hinzu kommt, dass die Satzbedeutung im Chinesischen häufig ambivalent ist; vieles wird nur aus dem Kontext erschlossen. In solchen Fällen, so schreibt Haarmann (1991:178) mit Recht, »ist eine eindeutige Schreibung zweifellos von Nutzen«. Ein anderes Problem resultiert daraus, dass im Chinesischen die Wortgrenzen nicht durch Zwischenräume markiert werden. Darauf weist F. Coulmas hin:

> Wenn nicht mit HANZI, sondern alphabetisch geschrieben wird, muß jedoch segmentiert werden. Dies setzt grammatische Analysen voraus, die vor allem im Zusammenhang mit der Unterscheidung zwischen Wortgruppen und Komposita in einer isolierenden Sprache ohne Morphologie noch größere Schwierigkeiten bereiten als in flektierenden Sprachen.
>
> F. Coulmas (1981:97)

---

49 Als **Transliteration** bezeichnet man die Übertragung eines Textes von einer Schrift in eine andere.

50 Vergleichbar ist dieses Verfahren mit der Darstellung des Wortes *Rebus* durch das Bild eines Rehs und eines Busses – mit dem Unterschied, dass die Bilderkombination *Reh-Bus* dazu dient, eine bedeutungstragende Einheit darzustellen und Piktogramme, nicht Logogramme verwendet werden (vgl. Kap. 3).

Coulmas bezieht sich hier auf den Umstand, dass das Chinesische zum **isolie-
renden Sprachtyp** zählt. Für diesen ist kennzeichnend, dass die Wörter im prototypischen Fall unveränderlich sind.[51] Syntaktische Beziehungen werden nicht
durch Wortbildungs- und Flexionsmorpheme ausgedrückt, sondern über die Wortstellung und lexikalische Mittel (z. B. Präpositionen). Häufig wird die grammatische Analyse nur aus dem Kontext erschlossen. Dies gilt auch für den von Coulmas angesprochenen Unterschied zwischen Wortgruppe und Kompositum. Im Chinesischen stehen bedeutungstragende Morpheme unverbunden nebeneinander, so
dass im Einzelfall nicht deutlich wird, ob es sich dabei um eine Wortgruppe oder
ein komplexes Wort handelt.

Bislang wurde die Frage gestellt, warum das Chinesische nicht die Alphabetschrift adaptiert. Wechseln wir nun einmal die Perspektive und fragen uns, warum
dies überhaupt geschehen sollte. Der Vorteil, den eine logographische Schrift für
eine isolierende Sprache wie das Chinesische hat, liegt auf der Hand: Da es in der
Regel für jedes Wort nur eine Wortform gibt, genügt ein Schriftzeichen pro Wort.
Würde man hingegen eine flektierende Sprache wie das Deutsche logographisch
verschriften, bräuchte man für jede Wortform (*kaufen, kaufe, kaufst, gekauft,
kaufend* etc.) ein separates Zeichen.[52] Wie wir an diesem Beispiel bereits sehen,
besteht zwischen dem Sprachtyp (isolierend vs. flektierend) und dem Schrifttyp
(logographisch vs. alphabetisch) eine Beziehung. Die Effizienz eines Schrifttyps
ist also immer in Relation zu dem Sprachtyp zu beurteilen, auf den er bezogen
ist. Ein anderes Argument besteht darin, dass dieser Bruch mit der Tradition weit
reichende kulturelle und politische Konsequenzen hätte. Ältere Texte könnten von
künftigen Generationen nicht mehr gelesen werden, und die Verständigung über
Dialektgrenzen hinweg wäre nicht mehr gewährleistet, da sich Pinyin als phonologisch orientierte Schreibung nur an das Hochchinesische anlehnt. Chinesen weisen daher häufig darauf hin, dass das gemeinsame Band, das das riesige Land eint,
durch eine Schriftreform zerrissen würde.

Was die häufig gestellte Frage betrifft, ob das logographische Schriftsystem des
Chinesischen jemals durch ein alphabetbasiertes ersetzt werden wird, lassen sich
nur Vermutungen anstellen. Ich schließe mich hier der Prognose von Florian Coulmas an. Was er im Jahr 1981 schrieb, gilt auch für das Jahr 2006: »Gegenwärtig
ist kaum vorstellbar, daß chinesisches Schrifttum je völlig ohne HANZI bestehen wird. Sehr viel wahrscheinlicher scheint die Möglichkeit, daß sich in China
im Zuge der Alphabetisierung eine Situation der Digraphie einstellt, in der zwei
Schriftsysteme nebeneinander verwendet werden« (Coulmas 1981:105).

---

51 Dies heißt nicht, dass, wie Coulmas' Worte es nahe legen, im Chinesischen keinerlei
    morphologische Veränderungen auftreten. So gibt es die Möglichkeit, aus einem Sub-
    stantiv ein Verb abzuleiten (z. B. durch die Änderung des Tonhöhenverlaufs, vgl. liàn,
    »Kette« und lián, »verbinden«).

52 Im Chinesischen steht für alle Formen des Wortes *kaufen* nur das Wort *mai*, die gram-
    matischen Bedeutungen werden aus dem Kontext erschlossen oder durch Partikeln an-
    gezeigt, die als freie Morpheme vorkommen.

2.4.2   Das japanische Schriftsystem

2.4.2.1 Vorbemerkungen

Das japanische Schriftsystem besteht aus zwei Teilsystemen. Ein Teilsystem gehört dem syllabischen Schrifttypus an, das andere dem logographischen. Die Schriftzeichen des syllabischen Typus werden als **Kana** bzw. Kanamoji (= Silbenschriftzeichen), die des logographischen als **Kanji** (< Hanzi, chinesische Schriftzeichen) bezeichnet. Kana wiederum besteht aus zwei Typen von Silbenschriften: Hiragana und Katakana.[53]

An dieser kurzen Charakterisierung der japanischen Schrift wird bereits deutlich, dass es sich um ein Mischsystem handelt (vgl. dazu ausführlich Coulmas 2003:168–189). Zwar gilt auch für andere Schriftsysteme, dass sie nicht ausschließlich Schriftzeichen verwenden, die einem und nur einem Schrifttyp zuzuordnen sind. Eisenberg (1996:1373) weist aber mit Recht darauf hin, dass »die Mischung graphematischer Grundformen einerseits [...] von der strukturellen Fixierung sprachlicher Einheiten auf mehreren Ebenen andererseits« zu unterscheiden ist. Letzteres ist im Japanischen der Fall. So gibt es im deutschen Schriftsystem zwar Logogramme, doch ist dadurch die Alphabetbezogenheit des Schriftsystems nicht in Frage gestellt. Im japanischen Schriftsystem hingegen ist die Kombination zweier Schrifttypen ein konstitutives Prinzip. Daneben spielen im heutigen Japanisch auch die **Rômaji**, die Buchstaben des lateinischen Alphabets, eine Rolle. Sie werden v.a. in der Werbung, für Abkürzungen aus dem Technik- und Computerbereich und auf Verkehrs- und Hinweisschildern verwendet.

Eine erste alphabetbasierte Schreibung des Japanischen wurde von dem amerikanischen Missionar James Curtis Hepburn (1825-1911) entwickelt (vgl. Stalph 1996:1422). Der Vorteil dieses Hepburn-Systems besteht nicht nur darin, dass es dem Kanji- und Kana-Unkundigen das Lesen japanischer Texte ermöglicht, sondern auch, dass es die Aussprache des Japanischen annäherungsweise wiedergibt. Daneben sind in Japan noch zwei weitere Alphabetschriften im Gebrauch: das Kunrei- und das Nippon-System. Unterschiede zwischen den drei Systemen ergeben sich u.a. bei der Verschriftung von Nasalkonsonanten am Silbenende (z.B. *shimbun* im Hepburn-System, *shinbun* im Kunrei- und Nippon-System).

Die traditionelle Schreibrichtung in japanischen Texten ist von oben nach unten und von rechts nach links. In vielen Bereichen setzte sich mittlerweile aber, bedingt durch den Einfluss der Alphabetschrift, die Links-Rechts-Schreibung bei horizontaler Zeilenanordnung durch. Stalph (1996:1423f.) merkt hierzu an, dass Zeitungen, Zeitschriften und literarische Werke die letzten Bastionen der Vertikalschreibung seien, doch mittlerweile auch hier einzelne Bestandteile (z.B. in

---

53 Hiragana bedeutet »vollständig (hira-) entlehnte (-ga) Schriftzeichen (-na)«, Katakana »teilweise (kata-) entlehnte (-ka) Schriftzeichen (-na)« (vgl. hierzu sowie zur Geschichte des japanischen, koreanischen und vietnamesischen Schriftsystems Müller-Yokota 1994).

Überschriften) horizontal geschrieben würden. Der folgende Textausschnitt aus der Bedienungsanleitung eines Spiegelreflex-Objektivs der japanischen Firma Nikon zeigt das Nebeneinander von Kana, Kanji und Rômaji.

(4) Japanische Bedienungsanleitung

はじめに

このたびは、ニッコールレンズをお買い上げいただきありがとうございます。

ご使用の前に使用説明書をよくお読みのうえ、十分に理解してから正しくお使いください。お読みになった後は、お使いになる方がいつでも見られる所に必ず保管してください。なお、カメラ本体の使用説明書に記載されている「安全上のご注意」も併せてお読みください。

主な特長

● ニコンのAF[オートフォーカス（F3AFを除く）]カメラとの組み合わせでオートフォーカス撮影ができます。また、マニュアル（手動）によるピント合わせも可能です。

● ニコン独自のIF（インナーフォーカス）により、最短撮影距離0.5m（マクロ撮影時　約0.21m、最大撮影倍率1／2倍）を達成するとともに、非球面レンズや良好なボケ味を表現する円形絞りの採用により、コンパクトながら優れた描写性能を発揮します。また、焦点距離35～85mmの範囲では、マクロ撮影ができます。

● 被写体までの距離情報をカメラボディに伝達する機能を備えていますので、距離情報に対応したニコンカメラやスピードライト使用時、より的確な露出制御を実現する3D-マルチパターン測光や3D-マルチBL調光を可能とします。

Die meisten Schriftzeichen in diesem Text gehören zur Klasse der Kana. Die wenigen Kanji sind an ihrem komplexeren Aufbau und der größeren Zahl von Strichen zu erkennen. Daneben treten Kurzschreibungen in lateinischer Schrift auf: die Buchstabenfolge *BL* in der letzten Zeile, die Maßeinheiten *m* und *mm* in Verbindung mit Zahlzeichen und die Buchstaben-/Zahlenkombination *F3AF* und *3D* (wobei *AF* für ›Autofokus‹, *3D* für ›dreidimensional‹ steht). Diese Rômaji stehen für international gebräuchliche Abkürzungen. Wie ist es aber zu erklären, dass in einem Text Kanji und Kana verwendet werden? In den folgenden beiden Abschnitten werden diese beiden Schriftsysteme näher betrachtet und die jeweiligen Verwendungszusammenhänge beschrieben. Dabei wird sich zeigen, dass das Nebeneinander zweier Schriftsysteme im Japanischen sprachstrukturell erklärbar ist.

2.4.2.2 Kanji

Müller-Yokota (1994:382) kommentiert die Anfänge der Schriftentwicklung in Japan folgendermaßen: »Daß das chinesische Schriftsystem auf die Nachbarn Chinas nicht ohne Einfluß bleiben konnte, stand eigentlich von vornherein fest.« Aus linguistischer Sicht überrascht dies aber doch, da das Japanische typologisch nicht mit dem Chinesischen verwandt ist. Das Chinesische ist eine isolierende, das Japanische eine agglutinierende Sprache. Kennzeichnend für den agglutinierenden Sprachtypus ist, dass grammatische Informationen durch Morpheme ausgedrückt und die Morpheme unmittelbar aneinander gereiht werden. Im prototypischen Fall liegt also – anders als bei flektierenden Sprachen – eine Eins-zu-Eins-Entsprechung von Morphem und grammatischer Bedeutung vor. Für eine solche Sprache ist eine logographische Schrift, die Wortganzheiten, nicht Wortsegmente darstellt, nicht geeignet. Andererseits zeigt gerade die Tatsache, dass der logographische Schrifttyp im Japanischen übernommen und bis heute in den Kanji beibehalten wurde, dass nicht nur die sprachlichen, sondern auch die kulturellen Verhältnisse eine wichtige Rolle in der Geschichte eines Schriftsystems spielen (vgl. Schlobinski 2001:143, Coulmas 1981:62). Doch allein mit Kanji ließe sich das Japanische nicht adäquat schreiben. Und so überrascht es nicht, dass die ersten Schriftzeichen, die sprachliche Elemente phonographisch wiedergaben, bereits knapp einhundert Jahre nach der Übernahme der chinesischen Schrift im 4. Jhdt. n. Chr. entstanden (vgl. Haarmann 1991:395f.).

Auch wenn die Kanji aus der chinesischen Schriftkultur stammen, wäre es falsch, sie zum heutigen Zeitpunkt mit den chinesischen Hanzi gleichzusetzen. Die meisten Kanji haben – anders als die chinesischen Hanzi – mehrere Lesarten. Dieser Umstand erklärt sich aus der Schriftgeschichte. Bei der Übernahme chinesischer Schriftzeichen ins Japanische wurden drei Strategien eingesetzt (vgl. zu den ersten beiden Coulmas 1989:124f.):

a) die bedeutungsbezogene Strategie (**Kun-Lesart**): Das Wort wurde durch das in der Bedeutung entsprechende chinesische Schriftzeichen wiedergegeben. Die mit dem Hanzi verknüpfte chinesische Lautung wurde nicht übernommen; vielmehr wurde das Wort genuin japanisch ausgesprochen.

b) die lautbezogene Strategie (**On-Lesart**): Das Wort wurde ebenfalls durch das in der Bedeutung entsprechende chinesische Schriftzeichen wiedergegeben. Die mit dem Hanzi verknüpfte chinesische Lautung des Wortes wurde übernommen. Daraus entwickelten sich sinojapanische Wörter. Die On-Lesart tritt heute vorwiegend bei Komposita auf.

c) die **Rebusstrategie**: Für das japanische Wort wurde ein chinesisches Schriftzeichen gewählt, dessen lautliche Repräsentation der des japanischen Wortes zufällig ähnlich war. Der Bedeutungsgehalt des chinesischen Zeichens war in diesem Fall irrelevant.

Der Unterschied zwischen Strategie a) und Strategie c) sei kurz an einem konstruierten deutschen Beispiel erläutert: Liest man in der Sequenz <2weise> die Kombination aus Ziffer und Buchstabenfolge als »paarweise«, dann wendet man die bedeutungsbezogene Strategie an. Man gibt also die Bedeutung des Zeichens <2> wieder, nicht aber seinen Lautwert (»zwei«). Die Rebusstrategie hingegen tritt auf in einem Beispiel wie <2fel>: Nur die Lautung des Zahlzeichens <2>, nicht aber seine Bedeutung wird hier übernommen (vgl. Coulmas 1981:67). Ebenso ließe sich im Übrigen auch <2weise> lesen, nämlich als »zweiweise«. In diesem Fall bliebe die Bedeutung erhalten. Beide Strategien können miteinander kombiniert werden, wenn beispielsweise die Wortgruppe *zwei Zweige* als <2 2ge> geschrieben wird.

Um den Unterschied zwischen den ersten beiden Strategien deutlich zu machen, sei ein weiteres Beispiel genannt, das auch Coulmas (1989:125) anführt. Das Hanzi für Wasser wird im Japanischen entweder *sui* oder *mizu* gelesen. *Sui* ist das sinojapanische Wort (vom Chinesischen *shui*), *mizu* das native japanische Wort. Ein Kanji kann lautlich also sowohl eine On- als auch eine Kun-Lesart haben. Auch On-Kun-Kombinationen bzw. Kun-On-Kombinationen kommen in einem komplexen Wort vor. Des Weiteren gibt es genuin japanische Kanji (sog. **Kokuji**). Diese werden nach dem Muster der chinesischen Hanzi gebildet, sind aber im Chinesischen nicht gebräuchlich. Einige dieser Kokuji wurden sogar ins chinesische Schriftsystem entlehnt. Die Kokuji haben in der Regel nur eine Lesart, die japanische Kun-Lesart. Doch muss der Leser zunächst erkennen, dass es sich lediglich um ein dem Chinesischen nachempfundenes Schriftzeichen handelt und daher nur eine Lesart, die bedeutungsbezogene, anzunehmen ist.

Ein zusätzliches Problem beim Lesen der Kanji tritt auf, wenn ein Kanji nicht nur eine, sondern mehrere mögliche On- und Kun-Lesarten hat. So kann es vorkommen, dass einem Kanji bei gleicher Bedeutung drei On-Lautformen entsprechen, die aus Ausspracheunterschieden in früheren Sprachstufen des Chinesischen resultieren. Um den Lernaufwand möglichst gering zu halten, wurde in einer Regierungsverordnung vom 16.11.1946 die Zahl der Kanji auf 1.850 sog. Tōyō-kanji (»zur Verwendung geeignete Schriftzeichen«) beschränkt.[54] Außerdem wurde, wie auch im Nachbarland China, die Schreibung von 426 Kanji vereinfacht, d. h. die Zahl ihrer Striche reduziert. Die Liste der Tōyō-kanji ist vollständig abgedruckt in Stalph (1996:1415). Sie dient heute als Grundlage für den schulischen Unterricht und als Richtlinie für die Verschriftung amtlicher Texte und in den Printmedien. Trotz ihrer reduzierten Zahl setzt das Erlernen der Kanji viel Geduld voraus, und es überrascht nicht, wenn Taylor schreibt:

> So, students' mastery of Kanji is far from perfect, despite their effort and time. But their difficulty lies more in giving the correct On or Kun readings to Kanji and in writing Kanji than in obtaining the meanings of Kanji. And it is the meaning that is important in silent reading.   J. Taylor (1996:1314)

Dass Kanji im literalen Japan nicht allen geläufig sind, hängt auch damit zusammen, dass der Schreiber jederzeit auf ein anderes Schriftsystem ausweichen kann. Er hat prinzipiell immer die Möglichkeit, anstelle der Kanji Kana zu verwenden. Denn selbst wenn die Kana-Zeichen normalerweise anderen Verwendungszusammenhängen vorbehalten sind, bleibt der Text lesbar. Bereits die Kenntnis einer der beiden Silbenschriften würde ausreichen, um einen Text aufzuschreiben.[55]

---

54 1981 wurde diese Liste um 95 Kanji erweitert (vgl. Müller-Yokota 1994:395). Die Zahl der in den Wörterbüchern verzeichneten Kanji liegt weitaus höher.

55 So sind manche Kinderbücher komplett in Hiragana gedruckt.

2.4.2.3 Kana

Das Kana-System besteht aus zwei parallel aufgebauten Silbenschriften, Katakana und Hiragana. Die Katakana-Zeichen datieren vermutlich aus dem 9. Jhdt. n. Chr., die Hiragana-Zeichen sind nur wenig jünger. Beide haben sich aus chinesischen Schriftzeichen entwickelt. Die **Katakana**-Zeichen standen als Lesehilfen in buddhistischen Texten und zeigten die Aussprache der chinesischen Wörter im Japanischen an. Um Platz sparend in den Text eingefügt werden zu können, wurden sie graphisch stark vereinfacht und in einem kleineren Schriftgrad gesetzt. Die **Hiragana**-Zeichen wurden vorwiegend zum Schreiben von Gedichten verwendet – und zwar als eigenständige Schriftzeichen und nicht wie Katakana lediglich als Lesehilfe in Verbindung mit Kanji. Vor allem Frauen waren es, die in Hiragana schrieben. Aus diesem Grunde wurde sie auch als onnade (Frauenhandschrift) bezeichnet (vgl. Haarmann 1991:401). Heute werden die beiden Silbenschriften in verschiedenen Sprachgebrauchskontexten genutzt. Die Funktionsdifferenzierung, wie sie in der Literatur vorgenommen wird, ist im Folgenden wiedergegeben:

1) Mit Katakana werden fremdsprachige Eigennamen und Fremdwörter, aber auch dialektale Ausdrücke, Interjektionen, lautmalerische Wörter und fachsprachliche Termini geschrieben (vgl. Stalph 1996:1420). Katakana-Zeichen stehen vorzugsweise in solchen Kontexten, in denen sich der Schreiber an der Lautung orientiert – sei es, weil ihm das Wort unbekannt ist (Fremdwörter z. B.) oder weil es unmittelbar auf die gesprochene Sprache verweist (wie bei Interjektionen). Dafür spricht auch Stalphs Beobachtung (1996:1421), dass Katakana-Zeichen »in den letzten Jahren häufig [...] zur möglichst getreuen Nachahmung bzw. Betonung der Besonderheiten der gesprochenen Sprache sowie zum Ausdruck emotionaler Emphase eingesetzt« werden.[56]

2) Hiragana dienen zur Schreibung von Funktionswörtern (z. B. Konjunktionen), Adverbien und nicht selbständig vorkommenden grammatischen Morphemen. So werden Tempus-, Aspekt- und Kasusmarkierungen in Hiragana geschrieben. Die Hiragana werden mit Kanji kombiniert. Eine solche Verbindung zweier Schrifttypen auf syntagmatischer Ebene ist vergleichbar mit der Schreibung <*100%-ig*>, in der die Logogramme <*100*> und <%> mit den Graphemen <i> und <g> kombiniert werden. Doch der Vergleich greift nur bedingt: Im deutschen Schriftsystem ist eine solche Kombination zweier Schrifttypen die Ausnahme, im japanischen Schriftsystem die Regel. Für den Schreibanfänger stellt das Nebeneinander von Hiragana und Katakana eine große Hürde dar, denn er muss entscheiden, welches Silbenschrift-

---

56 Nach Stalph (1996) ist diese Tendenz v. a. bei jüngeren Schreibern zu beobachten. Es wäre in diesem Zusammenhang sicher interessant, die Verwendung von Katakana in der Chat- und SMS-Kommunikation zu untersuchen, die ja gerade von Jugendlichen genutzt wird. Beide Kommunikationsformen weisen starke Bezüge zur gesprochenen Sprache auf, so dass die Vermutung nahe liegt, dass hier, sofern Stalph Recht hat, mehr Katakana-Zeichen auftreten als in anderen Texten.

zeichen jeweils zu verwenden ist. Dem Leser jedoch kommt eine solche Differenzierung entgegen. Bereits über die Schreibung werden ihm auf diese Weise wichtige Informationen für die grammatische Analyse der Satzstruktur gegeben.

Betrachten wir nun die beiden Silbeninventare näher. Seit der Schriftreform von 1946 umfassen beide 46 Silbenzeichen, zuvor waren es 48. Die beiden **Syllabare** sind parallel angeordnet.[57] In der ersten Zeile stehen die Silbenzeichen (= **Syllabogramme**) für Kurzvokale, die Folgezeilen bestehen aus Silbenzeichen für die Kombination von Vokalen mit Konsonanten. Die alphabetbasierte Schreibung wurde hier hinzugefügt, um dem Leser die Systematik zu verdeutlichen. Doch sie sollte nicht zu der falschen Annahme verleiten, dass die mit den Graphemfolgen *ka, sa, ta* usw. korrespondierenden japanischen Silbenzeichen segmentierbar seien. Vielmehr gilt: Es ist nicht möglich, einen Teil des Zeichens dem ersten Phonem der Silbe, einen zweiten Teil dem zweiten Phonem zuzuordnen. Dies erklärt sich aus der Tatsache, dass die Syllabogramme ursprünglich auf chinesische Logogramme zurückgehen.[58]

(5) Katakana (aus Stalph 1996:1418)

ア	イ	ウ	エ	オ	a	i	u	e	o
カ	キ	ク	ケ	コ	ka	ki	ku	ke	ko
サ	シ	ス	セ	ソ	sa	shi	su	se	so
タ	チ	ツ	テ	ト	ta	chi	tsu	te	to
ナ	ニ	ヌ	ネ	ノ	na	ni	nu	ne	no
ハ	ヒ	フ	ヘ	ホ	ha	hi	fu	he	ho
マ	ミ	ム	メ	モ	ma	mi	mu	me	mo
ヤ		ユ		ヨ	ya		yu		yo
ラ	リ	ル	レ	ロ	ra	ri	ru	re	ro
ワ				ヲ	wa				(w)o
ン					n				

---

57 Als **Syllabar** wird das Inventar an Schriftzeichen einer Silbenschrift bezeichnet (vgl. dazu ausführlich Coulmas 2003:62–88).

58 Anders als logographische Zeichen haben sie aber keinen Bedeutungsbezug. Denn was für das Graphem in einer Alphabetschrift gilt, gilt auch für das Syllabogramm: Es ist bedeutungsunterscheidend, nicht bedeutungstragend.

(6) Hiragana (aus Stalph 1996:1418)

あ	い	う	え	お	a	i	u	e	o
か	き	く	け	こ	ka	ki	ku	ke	ko
さ	し	す	せ	そ	sa	shi	su	se	so
た	ち	つ	て	と	ta	chi	tsu	te	to
な	に	ぬ	ね	の	na	ni	nu	ne	no
は	ひ	ふ	へ	ほ	ha	hi	fu	he	ho
ま	み	む	め	も	ma	mi	mu	me	mo
や		ゆ		よ	ya		yu		yo
ら	り	る	れ	ろ	ra	ri	ru	re	ro
わ			を		wa			(w)o	
ん					n				

Wie die Tabellen zeigen, sind die Hiragana-Zeichen eher gerundet, die Katakana-Zeichen eher eckig. Auch dies wird in der Literatur als Grund dafür angeführt, dass Hiragana als die »weichere« Schrift, die Frauenhandschrift, bezeichnet wurde (vgl. Stalph 1996:1420). Jedem Silbenzeichen entspricht eine und nur eine Silbe. Innerhalb eines Syllabars liegt also eine Eins-zu-Eins-Entsprechung zwischen Schriftzeichen und sprachlicher Einheit vor. Dies ist deshalb möglich, weil das Japanische eine einfache Silbenstruktur aufweist und nur ca. 100 Silben umfasst. Die 46 Syllabogramme der beiden Silbenschriften reichen dennoch nicht aus, um alle Silben graphisch darzustellen. So gibt es Silben, in denen ein Langvokal auftritt oder der Konsonant stimmhaft gesprochen wird. Hierfür werden noch diakritische Zeichen benötigt. Insgesamt existieren ca. 25 solcher Diakritika.[59] Um ihre Zahl möglichst gering zu halten, werden einige Silbenzeichen zweifach verwendet: als Syllabogramme oder – in verkleinerter Form – als Diakritika.

Katakana- und Hiragana-Zeichen stehen jeweils für einen Vokal (V) oder für eine Verbindung aus Konsonanten und kurzem Vokal (KV). Solche Verbindungen von Kurzvokal und (höchstens) einem Konsonanten werden in der Linguistik als **Moren** (lat. *mora*, Zeitraum) bezeichnet.[60] Jedem Kana-Zeichen entspricht also eine More, d.h. eine silbische Einheit, die die Struktur (K)V aufweist. Mit der

---

59 Beispielsweise werden Syllabogramme wie *ka*, *sa* und *ta* mit einem diakritischen Zeichen (einem kleinen Kreis oder zwei akzentähnlichen Strichen) versehen, um anzuzeigen, dass die Silbe mit einem stimmhaften Konsonanten zu sprechen ist.

60 Als Beispiel aus dem Deutschen sei das Wort *Ampel* angeführt. Die erste Silbe dieses Wortes, die Vokal-Konsonant-Kombination [am], ist eine More.

Klammernotation (K)V wird angezeigt, dass der Konsonant in dieser More fakultativ, der Kurzvokal aber obligatorisch ist. Nun gibt es aber im Japanischen nicht nur Silben mit Kurz-, sondern auch mit Langvokalen. Diese sind zweimorig, d. h. sie bestehen aus einer KV- und einer V-More. Ob der Vokal lang oder kurz gesprochen ist, führt im Japanischen zu einem Bedeutungsunterschied, die Vokallänge ist also distinktiv (so auch im Deutschen, vgl. die Aussprache von *kam* vs. *Kamm*).

Um eine Silbe mit Langvokal zu verschriften, gibt es prinzipiell zwei Möglichkeiten: Entweder wird ein diakritisches Zeichen verwendet (so in der Katakana-Schreibung) oder das Silbenzeichen für den Kurzvokal wird verdoppelt (so meist in der Hiragana-Schreibung). Es werden dann natürlich zwei Kana-Zeichen benötigt, um beide Moren darzustellen. Als Beispiel hierfür seien die Wörter *ho-shi* (Stern) und *ho-shi-i* (sich wünschen) genannt. Beide Wörter sind zweisilbig, doch besteht *ho-shi* aus zwei, *ho-shi-i* aus drei Moren. Ersteres wird folglich mit zwei, Letzteres mit drei Kana-Zeichen geschrieben (vgl. Coulmas 1981:78).

Die morische (K)V-Silbenstruktur des Japanischen bringt es mit sich, dass nicht-japanische Wörter mit komplexen Silben nur schwer aussprechbar und im Kana-System nicht schreibbar sind. Will man sie verschriften, muss man Kanji verwenden. In der Regel wird das Wort lautlich so umgestaltet, dass es nur noch aus Moren besteht. Ist dies geschehen, können zur Schreibung auch Kana-Zeichen verwendet werden. So ist beispielsweise das deutsche Lehnwort ›Arbeit‹ an die Silbenstruktur des Japanischen angepasst, *Arbeit* wird zu *arubaitao* (vgl. Glück 2005:301). Als viermoriges Wort lässt es sich mit Katakana-Zeichen schreiben.

2.4.2.4 Schlussbemerkung

Das japanische Schriftsystem »ist das wohl komplizierteste heute von einem großen Volk verwendete System, das Japan gleichwohl weder daran gehindert hat, sehr früh allgemeine Literalität und ein hohes Bildungsniveau der Bevölkerung zu erreichen, noch daran, das höchstindustrialisierteste Land der Welt zu werden«. Dies betont F. Coulmas (1981:57) in der Einleitung seiner Ausführungen zum Japanischen. Bisher seien alle Versuche, die japanische durch die lateinische Schrift zu ersetzen, gescheitert. Anders als in China hätten solche Versuche in Japan keine Aussicht auf Erfolg (vgl. Coulmas 1981:77). In der Tat: Die dem chinesischen Pinyin entsprechende alphabetbasierte Hepburn-Schreibung, die *hyojun-shiki rô-maji* (= Standardumschrift), findet zwar international Anwendung und wird auch in Japan auf Hinweisschildern, Verkehrstafeln, in Werbeanzeigen etc. benutzt. Im alltäglichen Schriftgebrauch spielt die Alphabetschrift aber keine Rolle. Dies mag auch damit zusammenhängen, dass das japanische Schriftsystem – so schwer es ist – kreative Möglichkeiten bietet, die anderen Schriftsystemen fehlen. So kann der Schreiber mit dem Wechsel von Kana und Kanji einen Wechsel der Stilebene anzeigen oder bestimmte Merkmale der gesprochenen Sprache imitieren (s. o.). Und auch der Leser profitiert von dieser Schriftenalternation: Die Unterscheidung

von Hiragana- und Kanji-Zeichen erleichtert ihm das Verständnis des Textes.[61]
Eben weil die Schrifttypen keine Varianten voneinander, sondern funktional differenziert sind, ist dies möglich.

Ein anderer Grund, der gegen eine Transliteration der japanischen Schrift
spricht, ist die große Zahl der Homophone. Sie liegt noch höher als im Chinesischen. Dies hängt damit zusammen, dass das Japanische keine Tonsprache ist.
Alle Wörter, die sich im Chinesischen nur durch die Tonhöhe unterscheiden und
ins Japanische übernommen wurden, wurden zu Homophonen. Ein Beispiel hierfür ist das Wort *seika*, das mehr als 10 verschiedene Bedeutungen aufweist (vgl.
Coulmas 1989:127). In der Kanji-Schreibung dieses Wortes wird die Ambiguität
aufgelöst, da jedem Bedeutungsgehalt ein separates Kanji entspricht. Schreibt man
diese Wörter in Alphabetschrift, so stellt sich das Problem, das weiter oben bereits
in Bezug auf Pinyin diskutiert wurde: Es gibt keine Möglichkeit, den zahlreichen
Homophonen mittels einer phonographischen Schreibung beizukommen.

2.4.3   Das koreanische Schriftsystem

2.4.3.1   Zur Geschichte

Wenn man überhaupt von einer Schrift sagen kann, dass sie »erfunden« wurde,
trifft das auf die koreanische Schrift **Hangul** zu. »Erfunden« wurde Hangul im
15. Jhdt. n. Chr. Bis zu dieser Zeit wurden in Korea nur chinesische Schriftzeichen verwendet. Diese bereiteten nicht nur aufgrund ihrer hohen Zahl Probleme.
Schwerwiegender noch war der Umstand, dass der logographische Schrifttyp für
die Verschriftung der koreanischen Sprache ungeeignet war. Das Koreanische ist
wie das Japanische eine **agglutinierende Sprache**, in der grammatische Informationen durch Suffixe ausgedrückt werden. Es traten also vergleichbare Schwierigkeiten wie im Japanischen auf. Während sich aber in Japan Ausweichstrategien
entwickelten, die es ermöglichten, trotz dieser Schwierigkeiten die chinesische
Schrifttradition beizubehalten (s. o.), ging man in Korea einen anderen Weg. Man
schuf ein neues Schriftsystem. Dies geschah im Auftrag von König Sejong (1397–
1450). Eine Gelehrtengruppe entwickelte unter seiner Mitarbeit ein für das Koreanische geeignetes, strikt an der Lautung orientiertes Schriftsystem.[62] Im Jahr

---

61 Als Orientierung gilt (s. o.): Hiragana-Zeichen zeigen grammatische, Kanji-Zeichen le-
    xikalische Bedeutungen an. Die Substantivgroßschreibung im Deutschen und die Zei-
    chensetzung, die grammatische Informationen übermitteln, sind nicht annähernd so hilf-
    reich wie diese Differenzierung.

62 Umstritten ist, inwieweit Sejong selbst an der Ausarbeitung beteiligt war (vgl. die Dis-
    kussion in dem Sammelband von Kim-Renaud 1997). Fraglich ist auch, ob Hangul ganz
    neu geschaffen wurde. Nach Auskunft von Prof. Sang-Oak Lee (Seoul National Uni-
    versity) gilt, dass Hangul tatsächlich ›erfunden‹ wurde. Andere Hypothesen seien nicht
    bewiesen. Sang-Oak Lee (1997:107) schreibt hierzu:»Although some scholars have at-
    tempted to draw coincidal and nonsystematic connections between a few of the letters
    in *Hunmin chong'um* (The Korean alphabet) and those of neighboring writing systems,

1446 wurde es in einem königlichen Schreiben, im *Hunmin chong'um haerye*, der Öffentlichkeit vorgestellt. Künftig sollte damit jedem der Zugang zum Lesen und Schreiben ermöglicht werden.

Doch obwohl das neue Schriftsystem mit seinen ursprünglich 28 Alphabetzeichen leicht zu lernen war, wurde es von der Oberschicht nicht akzeptiert. Zu groß war die Wertschätzung der chinesischen Tradition.[63] So führte die neue Schrift trotz der Bemühungen König Sejongs und seiner Nachfolger über Jahrhunderte hinweg ein Schattendasein. Sie diente, wie Müller-Yokota (1994:399) schreibt, zwar dem Erlernen chinesischer Schriftzeichen, dem Studium chinesischer Bücher, der Schreibung fremdsprachiger Eigennamen, blieb aber bis ins 20. Jahrhundert als *onmun* (›Schrift für die niedere Sprache‹) diskriminiert. Dass sich Hangul in der ersten Hälfte des 20. Jahrhunderts nicht ausbreitete, liegt auch daran, dass Korea seit 1910 unter japanischer Kolonialherrschaft stand und sowohl der Gebrauch der koreanischen Sprache als auch der koreanischen Schrift offiziell verboten war. Dies änderte sich erst, nachdem Korea im Jahr 1945 seine Unabhängigkeit erlangte. Zu dieser Zeit setzte sich auch die Bezeichnung *Hangul* (›Großschrift‹) durch, die der koreanische Linguist Chu Sigyong im Jahr 1912 vorgeschlagen hatte (vgl. Ramsey 1996:20). Mittlerweile gibt es gar einen Tag, an dem der Einführung des koreanischen Schriftsystems gedacht wird: Der 9. Oktober ist der »Tag des koreanischen Alphabets« (*hangul-nal*). Bis 1990 war dies ein gesetzlicher Feiertag, und seit 1992 gibt es Bestrebungen, den ›hangul-nal‹ wieder zum Feiertag zu machen.

In der koreanischen Forschung stellt Hangul heute einen wichtigen Untersuchungsgegenstand dar. Im Jahr 1996 fand anlässlich des 550. Jahrestages in Paris eine internationale Konferenz zu Hangul statt (vgl. Ramsey 1996), im Jahr 1997 erschien der Sammelband von Y.-L. Kim-Renaud »The Korean Alphabet«, in dem zehn Beiträge von koreanischen Linguisten zur Geschichte und Struktur von Hangul zusammengefasst sind. In diesem Sammelband sind Zeitungs-Druckseiten aus Nordkorea und Südkorea gegenübergestellt. Der Text in der nordkoreanischen Zeitung ist in Hangul verfasst. In der südkoreanischen Zeitung (*Korea Daily*) hingegen treten auch chinesische Schriftzeichen auf. In Nordkorea wird heute ausschließlich Hangul verwendet, der Gebrauch chinesischer Schriftzeichen ist verboten. In Südkorea hingegen wurden die chinesischen Schriftzeichen nie ganz aufgegeben. Auch heute noch werden die **Hancha** (= koreanische Bezeichnung für Hanzi) in den Mittel- und Oberschulen gelernt. Ihre Zahl ist offiziell auf 1.800 festgelegt. Haarmann (1991:357) beschreibt die Situation folgendermaßen: »1970 gab man vorübergehend die Verwendung der chinesischen Schrift auf, führte sie aber einige Jahre später wieder in den Schulen ein. In den achtziger Jahren hat sich

---

these apparent similarities are the result of the limited number of the set of strokes (vertical, horizontal, and slanted lines, and circles) frequently used in an alphabet.«

63 Nur in der Frauenliteratur spielte Hangul eine wichtige Rolle. Essays, Tagebücher, Satiren und Reiseberichte, die im 17. und 18. Jahrhundert von Hofdamen und Aristokratenfrauen verfasst wurden, stehen in Hangul.

ein Trend abgezeichnet, der auf die ausschließliche Schreibung des Koreanischen in Hangul zustrebt.«

Zwar treten Hancha heute noch in Zeitungen, wissenschaftlichen Arbeiten etc. auf, ihre Zahl geht aber zurück. Universitäre Lehrbücher beispielsweise werden in der Regel nur in Hangul verfasst. Selbst Entlehnungen aus dem Chinesischen stehen in Hangul, wobei das chinesische Schriftzeichen in Klammern beigefügt wird, falls die Entlehnung ungebräuchlich ist.[64] Viele Lehnwörter werden mittlerweile nur noch in Hangul geschrieben, so dass bei manchen ihr Ursprung gar nicht mehr zu erkennen ist. Hier zeigt sich ein wesentlicher Unterschied zum Japanischen, wo chinesische Lehnwörter grundsätzlich in Kanji geschrieben werden. Dass das chinesische Schriftsystem in Japan eine weitaus bedeutendere Rolle spielt als in Korea, sieht man auch an der Schreibung der Eigennamen: Während japanische Namen immer noch in Kanji geschrieben werden, wissen koreanische Schüler und Studenten heutzutage meist nicht mehr, wie sich die Namen ihrer Eltern und ihr eigener Name in Hancha schreiben lassen.

2.4.3.2 Hangul: eine Alphabetschrift?

Die Frage, ob es sich bei Hangul tatsächlich um eine Alphabetschrift handelt, ist insofern berechtigt, als zwar Konsonanten- und Vokalzeichen die kleinsten Einheiten dieses Schriftsystems sind, die Basiseinheit aber die Silbe ist. Um diese paradox scheinende Aussage nachvollziehen zu können, betrachten wir zunächst das Verhältnis von Lautstruktur und Schriftstruktur und fragen uns, nach welchen Prinzipien die alphabetischen Elemente im koreanischen Schriftsystem angeordnet werden.

Eine großartige Leistung der Erfinder der koreanischen Schrift war, dass sie sich von der Vorstellung lösten, die Silbe sei nur als Ganzheit zu betrachten. Dies ist umso bemerkenswerter, als die bis dahin verwendeten chinesischen Schriftzeichen eine phonographische Sichtweise keineswegs nahe legten. Die Erkenntnis, dass eine Silbe aus einzelnen Lautsegmenten besteht (Anlaut, Inlaut, Auslaut), die auf Phoneme rückführbar sind, bildet die Grundlage für die Schaffung einer eigenen Schriftkultur. Darin liegt der entscheidende Unterschied zur Schriftentwicklung in Japan, wo es mit den Kana-Syllabaren zwar eine Weiterentwicklung der chinesischen Schrift, aber keinen Bruch mit der chinesischen Schrifttradition gab.

---

64 Dasselbe Verfahren wird auch zur Unterscheidung homonymer Wörter verwendet (vgl. *sudo*₁ (›Hauptstadt‹), *sudo*₂ (›Wasserleitung‹), *sudo*₃ (›Askese‹). Über die Hancha-Zeichen wird dem Leser angezeigt, um welche Bedeutung es sich jeweils handelt. Für diesen und andere Hinweise danke ich Frau Prof. Nan-Hi Lee und Frau Dr. Jiyoung Choe (Seoul, Ewha Womans University).

(7a) Konsonantenzeichen

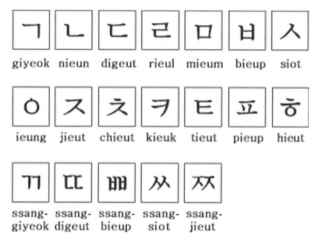

(7b) Vokalzeichen

http://www.mct.go.kr/e_mct/sub2_01.htm <kein Zugriff mehr möglich>

Was ist nun das Charakteristische an dieser phonographischen Schrift? Heute besteht Hangul aus 24 Basiszeichen und 16 Zeichenkombinationen. Hinzu kommen diakritische Zeichen, die in Verbindung mit den Basiszeichen charakteristische Artikulationsmerkmale anzeigen. So wird ein Strich hinzufügt, wenn der jeweilige Konsonant aspiriert werden soll. Mit den 40 Hauptzeichen und den Diakritika lassen sich alle Phoneme des Koreanischen verschriften. Wenn dennoch keine Eins-zu-Eins-Entsprechung zwischen Lautstruktur und Schriftstruktur vorliegt, dann hängt dies damit zusammen, dass sich die Aussprache im Laufe der Jahrhunderte änderte. Ein anderer Grund ist der, dass seit einer 1949 durchgeführten Schriftreform morphologisch verwandte Wörter gleich geschrieben werden, auch wenn es Unterschiede in der Aussprache gibt (analog zum Deutschen, wo z.B. das Wort *Räder* und das Wort *Rad* mit <d> geschrieben werden, obwohl *Rad* auf [t] endet). Hangul ist also nicht mehr streng phonographisch nach dem Motto: »Schreib, wie du sprichst!« organisiert, sondern folgt dem Prinzip der Morphemkonstanz (»Schreibe Gleiches möglichst gleich!«).

Die Erfinder der koreanischen Schrift waren nicht nur bestrebt, das Phoneminventar vollständig abzubilden, sie versuchten auch, die Artikulationsweise der Phoneme in der Komposition der Schriftzeichen nachzuzeichnen (vgl. Kim-Renaud 1997). Ein Beispiel für dieses in der Schriftgeschichte einmalige Verfahren ist die Schreibung der sog. Zungenlaute. Zu diesen zählt der Konsonant /n/. Hier gibt es eine Abbildbeziehung zwischen der Zeichengestalt und der Art und Weise der Lautbildung (vgl. 7a). Der für die Bildung dieses Nasals charakteristische Kontakt der Zunge (dargestellt als horizontaler Strich) mit dem Zahndamm (dargestellt als vertikaler Strich) wird im Zeichen visuell wiedergegeben.

Die Übersicht in (7) listet 40 Hangulzeichen auf. Ihre Namen stehen in lateinischer Umschrift (vergleichbar mit den deutschen Buchstabennamen *a, be, ce, de, e, ef, ge* etc.), wobei jeweils der erste Buchstabe des Namens den dargestellten Konsonanten repräsentiert. Das dem Konsonanten /n/ entsprechende Zeichen findet sich also unter »**n**ieun«.

Die Auflistung in (7a) enthält 14 Zeichen für Konsonanten und 5 Zeichen für Doppelkonsonanten (s. die Zeichenverdoppelungen der letzten Zeile). In (7b) stehen 10 Zeichen für Vokale, 11 Zeichen für Diphthonge. Der als <ae> notierte Diphthong beispielsweise setzt sich zusammen aus den Zeichen für <a> und <i>, das Diphthongzeichen für <oi> ist eine Kombination aus den Zeichen für <o> und <i>.

Nach diesen grundsätzlichen Bemerkungen zum koreanischen Alphabet kommen wir nun zu der Frage, wie die Alphabetzeichen in Hangul angeordnet werden. Hier ergibt sich ein großer Unterschied zu allen anderen Alphabetschriften: Die Vokal- und Konsonantenzeichen sind nicht linear gereiht, sondern zu quadratischen Blöcken gruppiert. Diese Blöcke werden von links nach rechts und von oben nach unten geschrieben, die Schriftrichtung ist also – wie im Deutschen – rechtsläufig. Jedem Zeichen-Block entspricht eine Silbe. Das folgende Beispiel macht das Verfahren deutlich. Der besseren Lesbarkeit halber sind die Vokal- und Konsonantenzeichen in lateinischer Schrift dargestellt. Das Wort *Hangul* wird folgendermaßen geschrieben:

In der schrifttechnischen Gestaltung erinnert eine solche Quadratschreibung an das Chinesische, wo die Schriftzeichen als quadratische bzw. rechteckige Einheiten erscheinen. Auch auf systematischer Ebene gibt es eine Entsprechung zum Chinesischen. In der chinesischen Schreibtradition steht für jede Silbe ein Hanzi, in Hangul stellt die Silbe ebenfalls die zentrale linguistische Einheit dar. Anders als im Chinesischen ist die Silbe im Koreanischen aber nicht mit dem Morphem gleichzusetzen. In den Quadraten werden nur artikulatorische, nicht bedeutungstragende Einheiten wiedergegeben. Die Silbenstruktur kann zwar wie im Deutschen mit der Morphemstruktur übereinstimmen, doch ist dies nicht systematisch der Fall. So besteht das koreanische Wort *hanul* (Himmel) wie im Deutschen aus nur einem Morphem, aber zwei Silben. Die möglichen KV-Kombination (K = Konsonant, V = Vokal) sind im Folgenden in Form einer Matrix dargestellt.

(8) Konsonanten-Vokal-Kombinationen (aus Coulmas 1989:121)

Vowels → Consonants ↓		ㅏ a	ㅑ ya	ㅓ eo	ㅕ yeo	ㅗ o	ㅛ yo	ㅜ u	ㅠ yu	ㅡ eu	ㅣ i
ㄱ	g(k)	가	갸	거	겨	고	교	구	규	그	기
ㄴ	n	나	냐	너	녀	노	뇨	누	뉴	느	니
ㄷ	d	다	댜	더	뎌	도	됴	두	듀	드	디
ㄹ	r(l)	라	랴	러	려	로	료	루	류	르	리
ㅁ	m	마	먀	머	며	모	묘	무	뮤	므	미
ㅂ	b	바	뱌	버	벼	보	뵤	부	뷰	브	비
ㅅ	s	사	샤	서	셔	소	쇼	수	슈	스	시
ㅇ	※	아	야	어	여	오	요	우	유	으	이
ㅈ	j	자	쟈	저	져	조	죠	주	쥬	즈	지
ㅊ	ch	차	챠	처	쳐	초	쵸	추	츄	츠	치
ㅋ	k	카	캬	커	켜	코	쿄	쿠	큐	크	키
ㅌ	t	타	탸	터	텨	토	툐	투	튜	트	티
ㅍ	p	파	퍄	퍼	펴	포	표	푸	퓨	프	피
ㅎ	h	하	햐	허	혀	호	효	후	휴	흐	히

Die Vokalzeichen befinden sich in (8) in der ersten Zeile, die Konsonantenzeichen in der ersten Spalte. Sie bilden die beiden Koordinaten des Systems. Aus ihrer Kombination ergeben sich neue Schriftzeichen, die für die KV-Verbindungen stehen. Ihre Anordnung im Silbenquadrat folgt bestimmten Prinzipien (vgl. Haarmann 1991:358).

Was nun die eingangs gestellte Frage nach der schrifttypologischen Einordnung von Hangul betrifft, so ergibt sich Folgendes: Die Bezeichnung ›Alphabetschrift‹ ist nur bedingt zutreffend. Hangul ist eine **alphabetosyllabische Schrift**. Zwar sind die Vokal- und Konsonantenzeichen die kleinsten Einheiten der koreanischen

Schriftstruktur, die zentrale »unit of operation« ist aber das Silbenquadrat.[65] Dieses ist zweifach gegliedert. Es besteht aus KV-Kombinationen, diese wiederum bestehen aus Konsonanten- und Vokal- bzw. Diphthongzeichen.

Aus dieser Systematik ergeben sich weitreichende Konsequenzen für das Lesen und Schreiben. Darauf weist Haarmann (1991:358) hin: »Dies bedeutet für die Praxis des Lesens und Schreibens, daß man koreanische Wörter nicht ›buchstabiert‹, sondern in Silben gliedert, die man entsprechend schreibt und liest«. Auch der Schriftspracherwerb gestaltet sich anders als in einer ›reinen‹ Alphabetschrift. Schulanfänger lernen Hangul in der Regel nicht alphabetisch, sondern syllabisch, genauer: mit Bezug auf die KV-Matrix:

> Children can deduce the sound of any vowel or consonant-vowel syllable within the matrix. For example they can combine the first consonant /g/ with each of the 16 vowels to produce /ga, gya, […]/ and can repeat the same process with the second consonant /n/. In this way, the children learn through deduction, instruction, and practice, all 399 possible V or CV syllables, after which they should have no trouble pronouncing any syllable string, whether familiar, unfamiliar, or nonsense.   I. Taylor (1996:1316)

Ergänzt seien Taylors Anmerkungen zum Schriftspracherwerb mit folgendem Zitat aus einer E-Mail an die Verfasserin. Die Mutter von Yusung schreibt:

> Hangul ist relativ einfach zu lernen, wie alle meinen. Zunächst lernte Yusung seinen Namen ›zeichnen‹ und dann einige andere Wörter, wie z. B. Auto, Mama, Papa, Haus und Hund, usw. Da hat er begriffen, dass die gleichen Zeichen gleich ausgesprochen werden und wie sich ein ganzes Zeichen, das im Koreanischen eine Silbe darstellt, lautlich zusammensetzt. Danach begann er einzelne Zeichen, d. h. mögliche Zusammensetzungen von Konsonanten und Vokalen wie ga, na, da, ra, ma usw. durchzulernen. So konnte er auch Wörter schreiben, deren Bedeutung er noch nicht kannte. Ab und zu macht er noch Rechtschreibfehler. Ich mache ihn jedes Mal darauf aufmerksam und er sagt dazu, sowas sei nicht so wichtig und man muss nicht so fingerlich [sic] sein!

2.4.3.3 Das McCune-Reischauer-System

Da Hangul nicht in allen Fällen eine Eins-zu-Eins-Entsprechung zwischen Schreibung und Lautung gewährleistet (s. o.), gibt es für die lateinische Umschrift koreanischer Wörter grundsätzlich zwei Möglichkeiten: Bei der Transliteration wird entweder die Lautung oder die Schreibung zugrunde gelegt.[66] Meist wählt man die erste Möglichkeit aus, denn nur dann ist gewährleistet, dass das Wort a) von Kore-

---

65 Vgl. Coulmas (1996:1386): »What follows is that a typological classification of a writing system should not look for the smallest linguistic entity it represents, but for its principal unit of operation.«

66 Eine solche Alternative stellt sich bei Übertragung chinesischer Hanzi in die Alphabetschrift nicht, da das chinesische Schriftsystem – anders als das koreanische – primär bedeutungs-, nicht lautbezogen ist.

anisch-Unkundigen korrekt ausgesprochen wird und b) von Koreanischsprechern bei der ›Rückübersetzung‹ zweifelsfrei erkannt wird.

Viele Koreaner folgen, wenn sie ihre Namen in Alphabetschrift notieren, dem **McCune-Reischauer-System** (z. B. *Choi, Nam, Lee*). Ein Kennzeichen dieses Systems ist, dass diakritische Zeichen verwendet werden, die anzeigen, wie das Wort im Koreanischen gesprochen wird. Die Romanisierung entspricht also der Lautung. Ein Apostrophzeichen z. B., das nach <t>, <k>, <p> und <ch> steht, weist darauf hin, dass der vorangehende Konsonant aspiriert wird (z. B. *T'aesu*). Ein Bindestrich wird gesetzt, wenn eine Silbengrenze vorliegt (z. B. *Han-gul*). Häufig werden die diakritischen Zeichen aber auch weggelassen. Dies hängt zum einen mit Schwierigkeiten bei der Eingabe an der Schreibmaschine oder am Computer zusammen, zum anderen liegt es daran, dass viele Zweifelsfälle auftreten. Das wiederum hat zur Folge, dass ein und dasselbe Wort möglicherweise in zwei romanisierten Varianten auftritt. So ergeben sich bei der Schreibung koreanischer Orts- und Personennamen nicht selten Abweichungen (z. B. *Posingak/Bosingak, Choi/Choe, Jiyoung/Ji-Young*).

Um diesen Problemen zu begegnen, hat das südkoreanische Bildungsministerium Vorschläge zur Transliteration ausgearbeitet, die erheblich von dem McCune-Reischauer-System abweichen. Die Vorschläge zielen auf eine verbindliche, einheitliche und einfachere **Romanisierung** koreanischer Wörter. Sie wurden im Jahr 2000 in einer Broschüre mit dem Titel »The Revised Romanization of Korean« (zitiert als *RRK*) veröffentlicht (= Ministry of Culture and Tourism proclamation No. 2000-8). Auf die Verwendung diakritischer Zeichen wird danach grundsätzlich verzichtet. Ein Apostroph beispielsweise darf nicht mehr gesetzt werden. Um die Unterschiede zwischen Konsonanten dennoch graphisch wiederzugeben, wird die Konsonantenschreibung teilweise geändert. Aus den romanisierten Schreibungen <k>, <t>, <p> und <ch> wird <g>, <d>, <b> und <j>, aus den Schreibungen <k'>, <t'>, <p'> und <ch'> wird <k>, <t>, <p> und <ch>. Daraus folgt, dass die Stadt *Pusan* nun *Busan*, die Stadt *Taegu* nun *Daegu*, die Stadt *Ch'ungju* nun *Chungju* geschrieben wird. Änderungen ergeben sich auch im Bereich der Vokalschreibung. So muss das Wort *Hangul* der neuen Regelung zufolge *Hangeul* geschrieben werden – eine Schreibung, auf die hier verzichtet wurde, weil sie sich noch in keiner der mir vorliegenden Arbeiten zum Koreanischen findet.[67] Lediglich bekannte Firmennamen etc. sind künftig von dieser Regelung ausgenommen:

> Business names such as *Samsung* and *Hyundai,* both known around the world, will not
> be required to change to *Samseong* and *Hyeondae* for instance. New companies, how-
> ever, will be encouraged to follow this new system, and the government will gladly

---

67 Allerdings wurde bei der Auflistung der Vokal- und Konsonantenzeichen in (8) bereits die neue Schreibung zugrunde gelegt. Dies hängt damit zusammen, dass die Abbildung von der Internetseite des südkoreanischen Bildungsministeriums stammt. Auf dieser Seite wird auch konsequent die Schreibung <Hangeul> verwendet (vgl. *http://www.korea. net/korea/kor_loca.asp?code=A020302*, Zugriff am 12.01.2006).

welcome decisions by companies that have been using arbitrarily Romanized name to make their names consistent within the new system.   RRK (2000:18)

Auch wenn die Regierung bemüht ist, die Regelung international bekannt zu machen, wird es lange dauern, bis die neue Schreibung konsequent umgesetzt wird. Viele Schreiber machen ohnehin kaum Gebrauch von lateinischen Schriftzeichen, da für ihre Zwecke Hangul vollständig ausreicht. Selbst am Computer gibt es nur noch wenige Probleme bei der Eingabe koreanischer Schriftzeichen. So berichtete mir eine koreanische Studentin: »Die Tastaturen sind mit beiden Schriften ausgestattet. Auf jeder Taste sind zwei Zeichen angezeigt, einmal das koreanische Zeichen, einmal das Zeichen des lateinischen Alphabets. Man muss nur die Funktion umstellen. Und da es Suchmaschinen in koreanischer Version gibt, kommt man auch im Internet meist mit Hangul aus (so z. B. bei YAHOO-Korea).«

Im internationalen Kontext aber werden romanisierte Schreibungen ständig benötigt. Reiseführer, Karten, Enzyklopädien, wissenschaftliche Darstellungen über Korea – überall stehen die Verlage vor der Frage, welche Variante der lateinischen Umschrift sie wählen sollen. Für koreanische Wissenschaftler gilt bereits jetzt, dass ihre Projekte nur dann noch von der Regierung gefördert werden, wenn sie bei der Verschriftung von Wörtern in Alphabetschrift die neue Schreibung wählen. Dass es trotzdem lange dauern wird, bis in allen Texten *Pusan Busan* und *Hangul Hangeul* geschrieben wird, ist zu vermuten. Dies kommt auch im abschließenden Zitat des koreanischen Bildungsministeriums zum Ausdruck:

Even a change for the better can bring initial confusion. The old system, based on the McCune-Reischauer system of Romanization for the Korean language, is widely used overseas, particularly in Western countries. Many other documents besides maps and encyclopedias use the old system as well. It is indeed believed that it will take considerable time before the new system is recognized around the world. Confusions between the old and the new system can be expected. But if we delay making needed improvements out of fear of temporary confusion, problems of inconsistency will only become increasingly serious, making the situation more difficult to rectify for the next generation.   RRK (2000:14)

Zur Vertiefung

Coulmas 1996: Überblick über verschiedene Klassifikationsansätze in der Schrifttypologie
Coulmas 2003: strukturelle Analyse der verschiedenen Typen von Schriftzeichen
Günther/Ludwig (Hrsg.) 1996: Artikel zu einzelnen Schriftsystemen (Chinesisch, Japanisch, Arabisch, Französisch, Spanisch)
Ludwig 1983: terminologische Abgrenzung von Schrifttyp und Schriftsystem

3 Schriftgeschichte

> Die Schrift ist nämlich nicht an einem Tag erfunden worden, sondern hat sich in
> Stufen entwickelt.
> W. Schenkel (1983:57)

3.1 Vorbemerkungen

Die folgenden Ausführungen geben in der hier gebotenen Kürze nur einen knappen Einblick in die wichtigsten Forschungsergebnisse zur Geschichte der Schrift. Wer an weiteren Informationen zu den einzelnen Etappen der Schriftgeschichte interessiert ist, sei auf die zahlreichen Darstellungen verwiesen, die hierzu bereits erschienen sind. Die Arbeit von H. Jensen aus dem Jahre 1958 mit dem Titel »Die Schrift in Vergangenheit und Gegenwart« gehört zu den Standardwerken zur Schriftgeschichte. Dies gilt auch für die reich illustrierte Arbeit von K. Földes-Papp »Vom Felsbild zum Alphabet« von 1966 (hier zitiert nach der Sonderausgabe von 1987). Eine interessante, in der Forschung zu wenig beachtete Studie zu neueren Schriften, aber auch zu den Schriften des Altertums stammt von Alfred Schmitt. Sein Buch »Entstehung und Entwicklung von Schriften« erschien postum im Jahr 1980 unter der Herausgeberschaft von Claus Haebler. Eine weitere, neuere Arbeit zur Schriftgeschichte aus dem Jahr 1990, auf die im Folgenden mehrfach Bezug genommen wird, ist die »Universalgeschichte der Schrift« von Harald Haarmann (hier zitiert nach der 2. Auflage von 1991).[68] Verwiesen sei auch auf die einschlägigen Artikel aus dem Handbuch »Schrift und Schriftlichkeit« (Günther/Ludwig 1994), insbesondere auf den Beitrag zur »Geschichte des Schreibens« von Otto Ludwig. Ludwig geht es in diesem Artikel weniger um die technisch-instrumentale Seite der Schrift, sondern um die Frage, zu welchem Zweck die Schriften verwendet wurden – eine Perspektive, die in den Schrifthistoriographien meist ausgeklammert wird.

Bevor in Abschn. 3.3 bis 3.7 ein Überblick über die wichtigsten Etappen der Schriftentwicklung gegeben wird, sollen vorab noch zwei Aspekte geklärt werden. Diese betreffen zum einen die Frage, unter welchen Bedingungen visuelle Darstellungen als Schrift bezeichnet werden können. Zum anderen soll, vom Einzelfall unabhängig, ein Schema vorgestellt werden, das die einzelnen Stufen in der Entwicklung der Schrift nachzeichnet.

---

68 Außerdem liegt von Haarmann eine knappe, neuere Arbeit vor, das 2002 erschienene Bändchen »Geschichte der Schrift«.

3.2   Semasiographie und Glottographie

Eine zentrale Frage der Schrifthistoriographie ist, unter welchen Bedingungen
historisch belegte visuelle Darstellungen als Schriftsystem klassifiziert werden
können. Wie wir bereits im vorangehenden Kapitel gesehen haben, haben Schriftzeichen zwei zentrale Eigenschaften. Sie übermitteln Bedeutungen (**semasiographisches Prinzip**), und sie stehen für bestimmte lautsprachliche Repräsentationen
(**phonographisches Prinzip**). Letzteres ist keineswegs selbstverständlich. Dass
»man mit graphischen Mitteln nicht nur den ungefähren Inhalt einer Mitteilung
andeuten, sondern den genauen Wortlaut festhalten kann«, war eine, wie Alfred
Schmitt feststellt, »revolutionierende Entdeckung«. Schmitt schreibt hierzu (Her-
vorhebungen im Orig.):

> Den schriftlosen Völkern, die sich der Semasiographie bedienen, liegt allerdings der
> Gedanke völlig fern, »die Sprache zu schreiben«. Wie sollte man auch mit s i c h t b a r e n
> Zeichen etwas festhalten können, was doch nur g e h ö r t werden kann. Das wäre nur
> möglich durch Zauberei!   A. Schmitt (1980:11)

Den Ausdruck ›Semasiographie‹ übernimmt Schmitt von Ignace Jay Gelb, der
1952 sein für die Erforschung der Schrift bedeutendes Werk »A Study of Writing.
The Foundation of Grammatology« veröffentlichte. Unter **Semasiographie** versteht Gelb die Tatsache, dass Zeichen auf eine Bedeutung verweisen, nicht aber auf
eine festgelegte sprachliche Form. Nehmen wir zur Illustration ein Beispiel, das
bereits in Kap. 2 angeführt wurde: Die Bedeutung des piktographischen Zeichens
🖫 ist dem Computernutzer bekannt, eine festgelegte lautsprachliche Repräsentation hat dieses Piktogramm aber nicht. Es kann als *speichern,* je nach Kontext
aber auch als *abspeichern, auf Festplatte speichern, auf Diskette speichern* etc.
realisiert werden. Ein historisches Beispiel für das Verwenden von Piktogrammen
zur Bedeutungsübermittlung sind die Höhlenmalereien (s. u.). Diese zählen zweifellos zu den Vorstufen der Schrift. Mit den bildhaften Wandzeichnungen wird auf
außersprachliche Objekte Bezug genommen, es wird aber nicht festgelegt, wie die
dargestellten Objekte verbalisiert werden sollen.

Der Vergleich der Höhlenmalereien mit modernen Piktogrammen trifft aber
nur bedingt zu, denn anders als ein Zeichen wie 🖫, dessen Bedeutung konventionalisiert ist, bieten die Höhlenmalereien dem Betrachter einen gewissen Interpretationsspielraum. Welche Bedeutung sie übermitteln, lag vermutlich auch für den
zeitgenössischen Betrachter nicht eineindeutig fest. Ein Charakteristikum solch
semasiographisch orientierter Zeichen ist, dass zwischen dem außersprachlichen
Objekt bzw. Sachverhalt (= O) und dem visuellen Zeichen (= Z) eine Beziehung
besteht, nicht aber zwischen dem Zeichen und einer bestimmten Lautgestalt (= L).
Dies kann in Anlehnung an H. Günther (1988:42) folgendermaßen dargestellt werden:

(1)

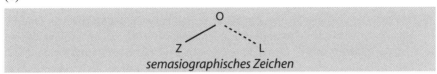

Die Beziehung zwischen Z und L wird über O, über das außersprachliche Objekt vermittelt. Die Verbindung zwischen O und L ist gestrichelt, um kenntlich zu machen, dass diese für den semasiographischen Zeichentypus irrelevant ist. Schmitt (1980:11) schreibt hierzu: »Auf der Stufe der Semasiographie will man nicht Worte schreiben, sondern Sachen zeichnen, und diese Sachen sollen dem, der die Zeichnung sieht, einen Anhalt bieten, um zu erraten, was der Zeichner mitteilen will.« Schmitt grenzt hiervon die **Glottographie** ab. Zeichen seien glottographisch (griech.: *glõtta,* Sprache, Wort), wenn sie sowohl auf einen bestimmten Inhalt als auch auf eine bestimmte sprachliche Form verweisen würden, wenn sie, so Schmitt (1980:9) »das Gemeinte im Hinblick auf die sprachliche Ausformung darbieten, die der Schreibende ihm zu geben wünscht und in der er bei mündlicher Mitteilung es aussprechen würde«. Nur dies sei »Schrift« im eigentlichen Sinne des Wortes. Ähnlich formuliert es Günther (1988:42): »Schriftsysteme sind stets gleichzeitig semasiographisch und phonographisch, eben glottographisch.« Es gebe weder rein phonographische Schriftsysteme (da diese die Bedeutungsseite ausklammern würden) noch rein semasiographische (da diese die Lautseite ausklammern würden).[69]

Wie vollzog sich nun der Übergang von der Semasiographie zur Glottographie? Wolfgang Schenkel (1983) entwirft das Modell einer »idealtypischen Schriftentwicklung« (S. 54), das anschaulich macht, welche Phasen prinzipiell möglich sind (vgl. (2)). Die einzelnen Entwicklungsstufen in diesem Modell sind nicht als eine lineare Höherentwicklung zu verstehen, sondern als eine typisierende Abfolge.

(2) Typisierende Darstellung der Schriftentwicklung

Stufe I: Semasiographisches Prinzip

a) Einzelobjekte (O) werden, sofern darstellbar, durch Zeichnungen der Objekte wiedergegeben (z.B. ᧶ für eine Brille).

b) Eine Klasse von Objekten wird, sofern darstellbar, durch die Zeichnung eines repräsentativen Mitglieds der Klasse dargestellt (z.B. ᧶ für Brille).

c) Objekte und Klassen von Objekten werden durch ein Zeichen dargestellt, das keinen Abbildcharakter hat (z.B. ♥ als Symbol für Liebe).

---

69 Es stellt sich natürlich die Frage, wie die chinesische Schrift hier einzuordnen ist (vgl. Kap. 2). Günther (1988:42) argumentiert, dass die chinesischen Schriftzeichen nicht ›reine Bedeutungen‹, sondern sprachliche Bedeutungsträger – Wörter und Morpheme – bezeichneten. Insofern seien auch diese Zeichen auf lautliche Formen bezogen (= phonographisch).

Stufe II: Semasiographisches und phonographisches Prinzip

a) Für ein *Wort* wird ein Objekt gezeichnet, dessen Bezeichnung gleich oder ähnlich wie das zu schreibende Wort ist (z.B. indem man ein (Fußball-)Tor zeichnet, um einen Tor (Dummkopf) zu bezeichnen. Diese Darstellungsweise bezeichnet man als Rebusschreibung: Das Zeichen stellt hier nur die Lautgestalt zur Verfügung (phonographisch), es wird mit einer anderen Bedeutung belegt (semasiographisch). [70]

b) Für einen *Teil eines Wortes* wird ein Objekt gezeichnet, dessen Bezeichnung gleich oder ähnlich wie der Teil des zu schreibenden Wortes ist (z.B. indem man eine Kuh und einen Bus zeichnet, um einen Kubus zu bezeichnen (Bsp. von Günther 1995:19).

c) Statt für einzelne Wörter immer neue Rebusschreibungen zu suchen, stellt man einen Satz von Zeichen zusammen, der für alle in der Sprache vorkommenden Lautformen ausreicht.

Stufe III: Orthographisches Prinzip

a) Aus der Zahl möglicher Schreibungen für eine Lautkette wählt man die aus, die als Normalschreibung zu gelten haben (z.B. <Fuchs> für [fʊks]).

b) Die zu einem bestimmten Zeitpunkt in einer Sprachgemeinschaft festgelegten Normalschreibungen werden kodifiziert.

abgeändert nach W. Schenkel (1983:54)

Das Modell in (2) entspricht nur zum Teil der von Wolfgang Schenkel angenommenen »idealtypischen Schriftentwicklung«. In zwei Punkten weicht es von seiner Darstellung ab:

1. Die erste Stufe entspricht der Phase, die noch nicht als Schrift zu kennzeichnen ist. Schenkel bezeichnet diese Stufe als »Wortschreibung«. Dies ist m. E. unzutreffend, denn der Wortbegriff kann erst sinnvoll angewandt werden, wenn bereits eine Schriftstufe erreicht ist. Das charakteristische Merkmal von semasiographischen Zeichen ist ja gerade, dass sie nicht auf Wörter, sondern auf Sachen verweisen.

2. Schenkel fasst Stufe III unter Stufe II. Dem folge ich nicht, da die Festlegung einer Normalschreibung ein bereits voll entwickeltes Schriftsystem voraussetzt. Stufe III gehört in diesem Sinne nicht mehr zur Schriftentwicklung. Es gibt durchaus die Möglichkeit, dass in einer Gesellschaft keine Kodifizierung des Schreibens vorgenommen wird. Für diese Gesellschaft gilt, dass die Schriftentwicklung mit dem Herausbilden eines Schreibusus abgeschlossen ist.

---

70 An dieser Stelle ist wichtig zu betonen, dass die Phonetisierung eines Zeichens im Rebusverfahren kein einmaliges Ereignis, sondern ein langwieriger Prozess ist. Vgl. Schmitt (1980:9): »Erst wenn die ursprüngliche Wortbedeutung eines Bildes oder Zeichens durch die zunehmende Rebus-Verwendung mehr und mehr in den Hintergrund tritt und zuletzt vielleicht sogar überhaupt vergessen wird, ist die Phonetisierung vollendet und aus dem Wortzeichen ein Schallzeichen geworden, d. h. ein Zeichen, das nur noch ein Schallstück ohne irgendeinen damit verbundenen Bedeutungsinhalt angibt.«

Der folgende Überblick über die Entwicklung der Schrift wird auf die ersten beiden Stufen des Modells Bezug nehmen. Stufe I ist Gegenstand von Abschn. 3.3, Stufe II wird in den Abschnitten 3.4 bis 3.6 behandelt. Stufe III gehört nicht mehr zur Schriftgeschichte. Die auf dieser Stufe vorgenommenen Normierungen werden Gegenstand der Ausführungen zur Orthographie sein (vgl. Kap. 5).

3.3 Vorläufer der Schrift

In seinem Beitrag »Geschichte des Schreibens« für das Handbuch »Schrift und Schriftlichkeit« legt Otto Ludwig (1994:49) dar, dass »sich spätestens bei allen Hominiden vor 40.000 Jahren eine voll artikulierte Lautsprache durchgesetzt hatte« und dass »vor etwa 35.000 Jahren die ersten Versuche unternommen w[u]rden, Gegenstände in bildhaften oder räumlichen Artefakten darzustellen.« Eine Frage stellt sich in diesem Zusammenhang: Zu welchem Zweck wurden Gegenstände, wie Ludwig schreibt, »in bildhaften oder räumlichen Artefakten« dargestellt, welche Intention stand dahinter? Dass es v. a. magisch-kultische Gründe waren, wie in der Literatur immer wieder angeführt, trifft vermutlich für die **Höhlenmalereien** zu.[71] Dargestellt werden hier u. a. Jagdszenen: eine schwarze Renkuh, die mit den Hinterbeinen in einer Fallgrube steckt; ein Jäger, der mit einem Speer einen Bison verwundet, ein Steinbock in einer Fanggrube etc. Nach Földes-Papp (1987), der diese kunstgeschichtlich einzigartigen Bilder im Detail beschreibt, handelt es dabei um magische Kulthandlungen. »Die Jagdmagie sollte in wunderbarer Fernwirkung den Jägern Mut zum Kampf einflößen, ihn vor Gefahr schützen und die Beute garantieren« (Földes-Papp 1987:13). Haarmann erläutert die magische Bedeutung der Bilder folgendermaßen:

> Wenn der Magier das Bild eines Rentiers an die Höhlenwand malte, so bedeutete dies, daß er das abgebildete Tier bannte, und damit befand es sich in der Gewalt des Menschen. Man hat an vielen Stellen Bilder mit Absplitterungen gefunden, die von Pfeilschüssen herrühren. Daher weiß man, daß in den Höhlen rituelle »Jagden« stattfanden. Man »erlegte« das Bild, und dies war die beste Einstimmung auf das, was der moderne Mensch die »eigentliche Jagd« nennen würde.   H. Haarmann (1991:23)

Gemeinsam ist den Höhlenmalereien, dass sie das umsetzen, was weiter oben als semasiographisches Prinzip bezeichnet wurde: Die Zeichnungen verweisen auf bestimmte Ereignisse; wie diese versprachlicht werden, ist sekundär. Nicht irrelevant ist aber die Frage, ob sie zu kommunikativen Zwecken eingesetzt wurden. So kann man die Auffassung vertreten, dass solche Malereien nur dann als Vorstufen der Schrift zu klassifizieren sind, wenn sie zur Übermittlung von Nachrichten eingesetzt wurden. Doch wie lässt sich dies feststellen?

---

71 Berühmt geworden sind die Wandmalereien von Lascaux (Dordogne), die vier Kinder im Jahr 1940 beim Spielen entdeckten.

Nicht nur naturalistische Zeichnungen, auch abstrakte Darstellungen wurden in Höhlen entdeckt. Bekannt sind die buchstabenähnlichen Zeichen auf dem Bild eines Bisons in der Höhle von Marsoulas (Frankreich). In einigen Höhlen fand man auch Gegenstände aus Knochen, die mit kunstvollen Verzierungen versehen waren, sog. **Kommandostäbe**. Ein solcher Stab, der mindestens 12.000 Jahre alt ist, wurde z. B. in Cueto la Mina (Asturien) entdeckt. Auf diesem Stab sind Einkerbungen mit bildhaftem Charakter zu sehen. Es handelt sich dabei vermutlich um symbolische Darstellungen, doch ist unklar, welche Bedeutungen mit diesen Symbolen übermittelt werden sollen (vgl. Haarmann 1991:55). Ein anderes Beispiel wird von Földes-Papp (1987:25f.) angeführt. Es ist die Abbildung einer gebogenen Mammutstoßzahnplatte, auf der geometrische Figuren zu sehen sind.

Wie diese Funde vermuten lassen, verfügten die Eiszeitmenschen über zeichnerische Mittel und das entsprechende Geschick zur abbild- oder symbolhaften Darstellung von Objekten. Dennoch waren sie von einer Schriftkultur noch weit entfernt. »Die gesellschaftlichen, wirtschaftlichen und kulturellen Verhältnisse der Eiszeit schlossen das Bedürfnis nach einer Schrift im Sinne alltäglicher Mitteilungen oder überhaupt der Kommunikation mit dem Mitmenschen völlig aus; einzig eine magisch beschaffene Zeichen- und Gemäldeschrift konnte entstehen« (Földes-Papp 1987:27). Drei weitere Symboltechniken aus prähistorischer Zeit unterscheiden sich von diesen zeichnerischen Darstellungen dadurch, dass Gegenstände verwendet wurden, um Bedeutungen darzustellen. Es sind dies die Knotenschnüre der Inka (Südamerika), die Zählsteine der Sumerer (Vorderer Orient) sowie die Kerbhölzer bzw. Kerbstöcke. Gemeinsam haben diese, dass sie – anders als die Höhlenmalereien z. B. – keinen Interpretationsspielraum mehr zulassen. Sie werden wie ein Code verwendet, die Bedeutung, die sie übermitteln, ist festgelegt.[72] So dienten die Kerbhölzer, wie Ernst Doblhofer (1957:16) schreibt, »meist zum Festhalten von Zahlangaben […]. Man bedient sich der Kerbstöcke vor allem als Kalender, indem man die Anzahl der Tage, Wochen usw. eingräbt; doch gibt es in Kerbholzform auch regelrechte Schuldenlisten und Verzeichnisse, von denen abzulesen ist, ›wieviel einer auf dem Kerbholz hat‹.«

Auch die Knotenschnüre (Quipus) stellten Zahlenwerte dar und wurden zum Durchführen von Rechenoperationen genutzt. Ein Quipu bestand aus einer Hauptschnur und daran befestigten Fäden. Sowohl aus der Farbe der Schnüre und ihrer Beschaffenheit als auch aus der Anzahl der Knoten und der Position der Knoten auf den einzelnen Schnüren ließen sich Informationen entnehmen. Haarmann gibt drei Beispiele für das Rechnen mit solchen Quipu-Schnüren (vgl. 3). Er erläutert die Vorteile dieses Verfahrens folgendermaßen:

---

72 Die Phase der Nicht-Schriftlichkeit ist also weiter unterteilbar: In einer ersten Phase übermitteln die Zeichen Bedeutung, haben aber weder eine konventionalisierte Inhalts- noch eine konventionalisierte Ausdrucksseite, in einer zweiten Phase haben sie eine konventionalisierte Inhalts-, aber keine konventionalisierte Ausdrucksseite.

Ein Vorteil der Knotenschnüre bestand darin, daß nicht nur das Ergebnis eines Rechen-
ganges sondern auch dessen einzelne Schritte festgehalten werden konnten. Zudem war
es möglich, durch die Wahl bestimmter Farben auf den Kontext hinzuweisen, in dem
eine statistische Aufzeichnung stand. Beispielsweise bedeutete die weiße Farbe von
Schnüren, daß es um Geld oder allgemein um friedliche (d. h. nicht militärische) Dinge
ging.   H. Haarmann (1991:59)

(3) Die Knotenschnüre der Inka (aus Haarmann 1991:59)

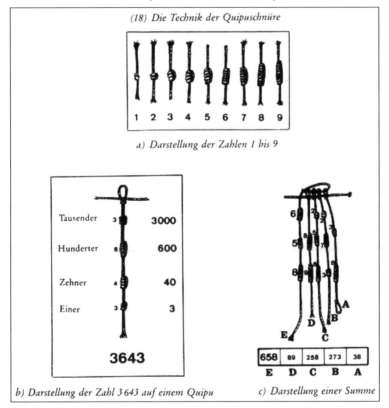

(18) Die Technik der Quipuschnüre

1 2 3 4 5 6 7 8 9

a) Darstellung der Zahlen 1 bis 9

Tausender 3 **3000**

Hunderter 6 **600**

Zehner 4 **40**

Einer 3 **3**

3643

b) Darstellung der Zahl 3 643 auf einem Quipu

658	89	258	273	38
E	D	C	B	A

c) Darstellung einer Summe

Die **Zählsteine** fanden Verwendung in Mesopotamien, das heute noch vielen als der
Ort gilt, an dem sich die erste Schrift entwickelte (siehe den nächsten Abschnitt).
Dabei handelt es sich um Tonfigürchen, die für gezählte Gegenstände standen. Jeder
dieser Zählsteine bezeichnete, so Günther (1988:20), eine »Einheit des symbolisierten Gegenstands – eine Ziege, ein Büschel Getreide, ein Krug Bier«, stand also für
einen Gegenstand, der im Warenhandel getauscht wurde. Solche Zählsteine wurden
etwa ab dem 4. Jahrtausend v. Chr. in hohlen, versiegelten Tonkugeln, sog. Bullen,
aufbewahrt. Um den Inhalt der Bullen anzuzeigen, wurde von den darin befind-
lichen Zählsteinen Abdrücke auf der Außenseite des Behälters angefertigt. Damit

war ein sekundäres Zeichensystem geschaffen: Die Abdrücke symbolisierten die
Zählsteine, die Zählsteine ihrerseits die Gegenstände. Es handelte sich, so Günther
(1988:21), um Zeichen von Zeichen.

Die Stempelabdrücke hatten einen weiteren großen Vorteil, der aus diesem
Zeichencharakter resultierte. Sie machten die Zählsteine in den Tonkugeln überflüssig: »Wenn die Zählsteine als solche einfache Zeichen sind, so bedarf man ihrer nicht mehr, wenn man Zeichen für sie hat« (Günther 1988:21). Die Zählsteine
dienten fortan nur noch als Stempel, der Abdruck wurde nicht mehr auf dem Ton-
gefäß, sondern auf einem Tontäfelchen angebracht. Schließlich benötigte man auch
die Stempel nicht mehr, denn anstelle solcher Abdrücke wurde mit einem Griffel
die Anzahl der Zählsteine in den noch feuchten Ton eingedrückt. Statt nun aber
die Anzahl der Zählsteine durch die jeweilige Anzahl von Strichen darzustellen,
verwendete man ein einzelnes Zeichen, das für die jeweilige Zahl stand. Die Gegenstände selbst wurden zeichnerisch dargestellt; die Zeichnungen wurden in den
Ton eingeritzt (vgl. Ludwig 1994:50).[73] Einige der späteren Keilschriftzeichen gehen möglicherweise auf solche Abbilder von Zählsteinen zurück (vgl. Schmandt-
Besserat 1992).

3.4   Die alteuropäische Schrift

Dieser Abschnitt beginnt mit einer Zusammenstellung der traditionellen Auffassungen zur Entstehung der Schrift, wie sie von Haarmann in seinem Buch »Universalgeschichte der Schrift« diskutiert werden. Dabei handelt es sich, so legt
Haarmann (1991:17) dar, um »Allgemeinplätze über Schrift, die bis heute in vielen
Sachbüchern ›herumgeistern‹«. Haarmann setzt sich mit seinem Buch das Ziel,
diese »veralteten Anschauungen« (1991:18) durch eine Perspektive zu ersetzen,
die den neuesten Erkenntnissen in der Forschung Rechnung trägt. Im Folgenden
werden drei dieser »veralteten Anschauungen« wiedergegeben:

> a) Die Schrift wurde als neue Technologie *erfunden;*
>
> b) Die Schrift entwickelte sich in einer bestimmten Kulturregion (u. zw. Mesopotamien)
> und verbreitete sich von dort in den übrigen Hochkulturen des Altertums (These von
> der Monogenese der Schrift);
>
> c) Das älteste Schriftsystem der Welt wurde vor etwa 5000 Jahren von den Sumerern in
> Mesopotamien erfunden;   H. Haarmann (1991:17)

Dass die Schrift nicht erfunden wurde, sondern sich als eine Kulturtechnik entwickelte, ist eine der weniger spektakulären Erkenntnisse. Wie wir noch sehen
werden, ist die Schrift das Ergebnis eines langen Entwicklungsprozesses, an dessen Anfang die Semasiographie stand, an dessen Ende die Glottographie, also die
Erkenntnis, dass Zeichen nicht nur Inhalte, sondern auch sprachliche Formen dar-

---

73 Das englische Wort *to write* für ›schreiben‹ zeigt noch die etymologische Verbindung
    zum deutschen Verb *ritzen.*

stellen können. Im Folgenden werden die Punkte b) und c) im Mittelpunkt der Betrachtung stehen. Zunächst seien hier die von Haarmann getroffenen Richtigstellungen wiedergegeben:

Die Schriftkultur der Menschheit begann vor etwa 7000 Jahren.

H. Haarmann (1991:18)

Die Anfänge der Schriftverwendung in Alteuropa gehen auf das Ende des 6. Jahrtausend zurück. Damit steht fest, daß es sich bei der *altbalkanischen Schrift* nicht um einen ›sumerischen‹ Import handeln kann, zumal die Zeichen dieser Schrift keine nennenswerte Ähnlichkeit mit den Symbolen der altsumerischen Bilderschrift haben.

H. Haarmann (1991:73)

Haarmann folgend beginnen wir die chronologische Darstellung zur Schrift also nicht – wie in vielen Schriftgeschichten der Fall – mit der Keilschrift der Sumerer, sondern mit einem Kulturkreis, der in Südosteuropa beheimatet war. Allerdings muss an dieser Stelle angemerkt werden, dass diese Auffassung, die Haarmann auch in seinem neueren Buch zur Schriftgeschichte vertritt (vgl. Haarmann 2002:16–29), von vielen Schrifthistorikern nicht geteilt wird. So fehlt in den großen Darstellungen zur Schriftgeschichte (wie z. B. Jensen 1958, Földes-Papp 1963) ein Hinweis darauf, dass die ersten Schriftzeugnisse aus dem südosteuropäischen Raum stammen könnten. Ein Grund hierfür ist sicher darin zu sehen, dass die Antwort auf die Frage nach den Anfängen der Schrift eng damit zusammenhängt, welchen theoretischen Standpunkt man in Bezug auf die Definition von Schrift einnimmt. Wer den von Haarmann genannten Zeichen Schriftcharakter abspricht, wird bei der Auffassung bleiben, in Mesopotamien liege der Anfang der Schrift. Trotzdem wird Haarmanns Position im Folgenden vorgetragen, um dem Leser einen Eindruck davon zu geben, dass auch in der Schriftgeschichte noch viele Fragen offen sind. Allerdings sei an dieser Stelle noch einmal betont, dass Haarmanns Thesen »nun einmal nicht communis opinio« (Douglas Fear, p. c.) sind.[74]

Nach Haarmann stammen die ersten Schriftzeugnisse aus der Vinča-Kultur (benannt nach einem Ort in der Nähe von Belgrad). Sie datieren aus dem 6. Jahrtausend v. Chr., sind also zwei Jahrtausende älter als die ersten sumerischen Aufzeichnungen.[75] Die Tongefäße und Tontafeln hatten vermutlich eine rituelle

---

74 So schreibt Helmut Glück (2002:101): »Manche Forscher wollen möglichst viele Verfahren der graphischen Fixierung von Bedeutungen als Schriften klassifizieren, z. B. steinzeitliche Inventare geometrischer Symbole, wie sie in vielen Höhlen und bei Ausgrabungen gefunden wurden (z. B. Harald Haarmann, der ein verbreitetes Schrift-Buch verfaßt hat). Dieser weiterzige Standpunkt zählt alles, was mit graphischen Mitteln Bedeutungen ausdrückt, zu den Schriften. Bilder und Bilderfolgen sind aber keine Schriftprodukte, sondern Abbildungen, in denen die Darstellung direkt auf das Dargestellte referiert, und zwar ohne sprachliche Vermittlung.«

75 Gefunden wurden sie im 19. Jahrhundert bei Ausgrabungen an Kult- und Begräbnisstätten, doch erst in den 60er Jahren des 20. Jahrhunderts war man in der Lage, diese Funde exakt zu datieren.

Funktion. Sie standen »offensichtlich im Zusammenhang mit der Anbetung und Anrufung von Gottheiten, und sie spielten eine Rolle für das kultische Ritual von Bestattungszeremonien« (Haarmann 1991:73). Haarmann charakterisiert diese alteuropäische, vermutlich nur von Priestern verwendete Sakralschrift folgendermaßen:

> Es lassen sich etwas mehr als zweihundert individuelle Zeichen unterscheiden, einschließlich solcher Symbole, von denen man annehmen kann, daß sie Zahlenwerte und Maßeinheiten angeben. Eine Anzahl dieser Zeichen finden sich auf dem Boden von Tongefäßen als isolierte Symbole eingeritzt, so daß man sie auf den ersten Blick für Töpfermarken halten könnte [...]. Daß solche Symbole aber eigentliche Schriftzeichen sind, wird in mehrfacher Hinsicht deutlich   .   H. Haarmann (1991:74)

Die Schrift der Vinča-Kultur hatte, so Haarmann, nicht lange Bestand. Nachdem die Indogermanen aus dem Osten in die Gebiete der alteuropäischen Bevölkerung eingedrungen waren, brach die Tradition ab, Europa fiel »um 3500 v. Chr. in ein schriftloses Stadium, also in die Vorgeschichte zurück« (Haarmann 1991:80). Die frühesten Schriftfunde nach dieser Zeit datieren zwei Jahrtausende später.

3.5   Die Keilschrift

3.5.1   Die sumerischen Keilschriftzeichen

Von der alteuropäischen Schriftkultur kommen wir nun zum Beginn der Schriftentwicklung in Mesopotamien, zur Keilschrift. Dargelegt werden zunächst die Kennzeichen der **sumerischen Keilschrift** (ca. 3. Jahrtausend v. Chr.), im Anschluss daran wird gezeigt, wie die Übernahme der Keilschriftzeichen durch die Akkader (= zusammenfassende Bezeichnung für Babylonier und Assyrer) vonstatten ging.

Abb. (4) gibt ein Beispiel für die Entwicklung von Keilschriftzeichen. In der linken Spalte stehen die altsumerischen Bildzeichen; es folgen die daraus abgeleiteten Keilschriftzeichen der Sumerer und Akkader.

Wie die Abbildung zeigt, nimmt die **sumerische Schrift** ihren Anfang bei der bildhaften Darstellung von Objekten. Aus der Mitte des dritten Jahrtausends v. Chr. datieren die ältesten Keilschriftzeichen. Diese Zeichen wurden immer weiter stilisiert, so dass schließlich keine Abbildbeziehung mehr zwischen dem Zeichen und dem dargestellten Objekt zu erkennen war (vgl. Spalte 3). Die eigentümlichen Zeichenformen der Keilschrift erklären sich aus dem zum Schreiben verwendeten Material (vgl. Schmitt 1980:241f.): Die Zeichen wurden in feuchten Ton geritzt. Da der Ton beim Ritzen aufzureißen drohte, versuchte man, die Zeichen in den Ton einzudrücken. Man verwendete dazu einen dreikantigen Griffel, mit dem man allerdings nur eckige Zeichen darstellen konnte und immer wieder neu ansetzen musste. Die im Ton verbleibende Spur war nicht ein Strich von gleichmäßiger Stärke, sondern glich einem Keil – daher die Bezeichnung Keilschrift. Die Zeichen

(4) Die Entwicklung der Keilschriftzeichen (aus Schmitt 1980:372)

Ursprüngl. Bild	Bildstellung der späteren Keilschrift	Früh-babylonisch	Assyrisch	Ursprüngl. od. abgeleitete Bedeutung
				Vogel
				Fisch
				Esel
				Ochse
				Sonne Tag
				Korn Getreide
				Obstgarten
				pflügen ackern
				Bumerang werfen umwerfen
				stehen gehen

waren auf den Tontafeln in ›Fächern‹ (Kästchen) angeordnet. Die Reihenfolge in der Schreibung war festgelegt: von rechts nach links und innerhalb der Fächer von oben nach unten. Wie wir in Abb. (4) am Übergang von Spalte I zu Spalte II sehen, wurden die Zeichen um 90° nach links gedreht, eine Eigentümlichkeit der Keilschrift, die sich, wie auch die Zeichen selbst, aus der Technik des Schreibens ergab (vgl. hierzu Schmitt 1980:242f. und Ludwig 1994:32).

Wie gelangte man nun im Sumerischen von der semasiographischen Darstellung der Zeichen zur phonematischen, d. h. zu dem Versuch der Darstellung einer bestimmten Lautung? Einen Anstoß dazu gab zweifellos das Bedürfnis, Eigennamen aufzuschreiben. Diesen konnte ja keine Bedeutung zugeordnet werden. Im

Hinblick auf zeichnerisch nicht darstellbare Sachverhalte stellte sich ebenfalls die Frage, wie diese wiedergegeben werden konnten. Die Lösung bestand darin, piktographische Zeichen als Lautzeichen zu verwenden. Es ist dies das bereits erwähnte Rebusverfahren. Ein frühes Beispiel für dieses Verfahren ist die Schreibung des sumerischen Wortes ›zurückkommen‹. Dieses Wort ist gleich lautend mit dem sumerischen Wort für *Schilf* (sumerisch *gi*) (vgl. Haarmann 1991:153). Zur Schreibung des Wortes ›zurückkommen‹ verwendete man also ein piktographisches Zeichen, das für ein gleichlautendes Wort mit anderer Bedeutung stand: das Zeichen für Schilf. Da in der sumerischen Sprache die Wörter zum großen Teil aus einer einzigen, einfach gebauten Silbe bestanden, gab es viele, die einander lautähnlich oder lautgleich waren, die also für die Anwendung dieses Rebusverfahrens in Frage kamen (vgl. Schmitt 1980:245). Zu betonen ist, dass derart verwendete Zeichen bifunktional waren: Sie konnten weiterhin als Wortzeichen (Logogramm) mit eigener Bedeutung im Gebrauch sein, sie konnten aber in gegebenem Kontext auch als Lautzeichen (Phonogramm) verwendet werden. Dies führte dazu, dass viele der sumerischen Keilschriftzeichen mehrdeutig waren.

Weiter konnte ein Wortzeichen möglicherweise für mehrere, verwandte Wortbedeutungen im Gebrauch sein. So stand das Bild eines Pfluges sowohl für die Tätigkeit (*pflügen*) als auch für die handelnde Person (*Pflüger*) als auch für das Werkzeug (*Pflug*). Um kenntlich zu machen, welche Bedeutung jeweils gemeint war, wurde im Sumerischen ein **Determinativ** beigefügt. Dieses zeigte – ähnlich wie im Chinesischen – an, zu welcher semantischen Klasse das Zeichen gehörte. Setzte man beispielsweise »vor das Wortzeichen Pflug das nur geschriebene, nicht gesprochene Wortzeichen Holz als Determinativ (Bestimmungswort), so war damit eindeutig das Pfluggerät bestimmt, mit Mann + Pflug dagegen klärlich der Pflüger bezeichnet. Das Zeichen Holz ist also Determinativ für Holzgegenstände, das Zeichen Mann für Berufsbezeichnungen« (Friedrich 1966:48, zitiert nach Schmitt 1987:244).

Zurück zum Rebusverfahren: Das Sumerische lässt sich nicht eindeutig einer Sprachfamilie zuordnen; fest steht aber, dass es eine agglutinierende Sprache war. Die grammatischen Formen wurden über Affixe angezeigt, die in der Regel Silben entsprachen. Sie wurden im Sumerischen mit lautgleichen oder lautähnlichen Wortzeichen geschrieben – ein Verfahren, das bei morpheminternen Veränderungen nicht gut möglich gewesen wäre.[76] So wurde z. B. das logographische Keilschriftzeichen für Milch (*ga*) gebraucht, um den Auslaut der Verbform *duga* (›sagen‹) graphisch darzustellen (vgl. Krebernik/Nissen 1994:285). In dieser Funktion war das Keilschriftzeichen kein Logogramm mehr, sondern ein Silbenzeichen, ein

---

76 Eine morpheminterne Veränderung ist – um dies an einem deutschen Beispiel anschaulich zu machen – der Wechsel des Stammvokals beim Verb *schwimmen*: *schwamm*, (*ge-*) *schwommen*. Eine solche Abwandlung des Stammes lässt sich im Rebusverfahren nur bedingt darstellen. Insofern begünstigte die agglutinierende Struktur des Sumerischen den weiteren Ausbau des Rebusverfahrens.

Syllabogramm. Ein Inventar solcher Silbenzeichen diente dazu, grammatische Morpheme, aber auch logographisch nicht darstellbare Wörter zu verschriften.

Noch eine Anmerkung zum Terminus ›Silbenzeichen‹ (Syllabogramm): Schmitt (1980:248) stellt fest:»Zu wirklichen Silbenzeichen, d. h. zu Zeichen, die nur noch ein Schallstück andeuteten, aber mit keinem Sinninhalt mehr verbunden waren, wurden manche Zeichen der Keilschrift erst nach der Übertragung auf andere Sprachen, und zwar auch dann noch nicht sofort, sondern erst nach und nach, je weiter man sich von dem sumerischen Ursprung entfernte«. Es ist in der Tat nicht plausibel, dass die im Rebusverfahren verwendeten Zeichen sofort bedeutungsentleert waren; zu vermuten ist vielmehr, dass die Schreiber und Leser den dazugehörigen Bedeutungsinhalt zunächst weiter präsent hatten und diesen bei der Rebusschreibung lediglich ausklammerten.[77]

3.5.2   Weiterentwicklung

Weitergeführt wurde das Rebusverfahren durch die Übertragung der sumerischen Keilschriftzeichen auf das Akkadische, eine semitische Sprache, die als flektierend klassifiziert wird. Die Akkader übernahmen mit den sumerischen Schriftzeichen den Bedeutungsinhalt der Zeichen, nicht aber die fremdsprachigen Wörter selbst. Machen wir uns dies mit Schmitt (1980:249) an einem Beispiel klar: Das sumerische Wort *kur*, ›Bergland‹, war im Akkadischen auf zwei Wörter verteilt, auf *mātu*, ›Land‹ und auf *šadû*, ›Erde‹. Diese zwei Wörter wurden von den Akkadern mit dem Zeichen des sumerischen Wortes *kur* geschrieben. Mit diesem Zeichen wurde aber nicht das Wort selbst – etwa als Fremdwort – übernommen, sondern es wurden die akkadischen Bezeichnungen *mātu* und *šadû* zum Lesen des *kur*-Zeichens gebraucht. Gleichzeitig konnte dieses Zeichen auch im Rebusverfahren eingesetzt werden,»um die Silbe *kur* anzudeuten oder die, wenn auch nicht gleichen, so doch ähnlichen Silben *qur* und *gur*« (Schmitt 1980:249). Dabei bot es sich natürlich an, für dieselbe Lautkette immer wieder dasselbe Rebuswort zu gebrauchen. Auf diese Weise entstand ein rudimentäres Syllabogramm, ein Satz von Silbenzeichen. Durch die Übernahme dieser Zeichen in andere Sprachen wie Hethitisch ging die Bedeutung der Wortzeichen schließlich vollständig verloren: »Die Zeichen, die für die Lehrmeister noch Wortzeichen in Rebus-Verwendung gewesen waren, wurden für die Schüler, die nicht die nötigen Kenntnisse des Akkadischen und Sumerischen besaßen, durch ein unvermeidbar anderes Verständnis zu reinen Schallzeichen« (Schmitt 1980:253).

Fassen wir zusammen: Die Keilschrift war ein in Mesopotamien beheimatetes Schriftsystem, das aus Wortzeichen, Silbenzeichen und Determinativen bestand. Charakteristisch sind die kantigen Striche (anstelle durchgängiger Linien) sowie die Drehung der Zeichen um 90° nach links. Bedingt durch die Schreibtechnik, das Eindrücken der Zeichen in weichen Ton mit einem prismaähnlichen Griffel,

---

77   Vgl. auch die aus Sprachspielen und in der Internetkommunikation verwendete Rebusschreibung von Wörtern wie z. B. *Gute N8, 3st, ½-Zeit* oder engl. *4u, cu.*

trat der Abbildcharakter der piktographischen Zeichen immer weiter in den Hintergrund; letztendlich waren es nur noch weitgehend abstrakte Darstellungen. Die Schreibrichtung war von rechts nach links, die Schreibfläche bestand aus Ton.

Fast 3000 Jahre war die Keilschrift in Gebrauch: zunächst bei den Sumerern, dann bei den Akkadern und schließlich auch bei anderen Völkern des Vorderen Orients. Das Ende der Keilschriftperiode wird auf den Beginn der christlichen Zeitrechnung datiert. Nach Haarmann (1991:372) stammt das letzte bekannte Zeugnis der Keilschrift etwa aus dem Jahre 75 n. Chr. Entziffert wurde das Keilschriftsystem des Akkadischen durch die Analyse altpersischer Inschriften. Auf diesen waren die Namen von Königen in mehreren Sprachen zu lesen. Über den Vergleich der verschiedenen Schriften gelang es dem deutschen Gymnasiallehrer Georg Friedrich Grotefend (1775–1853), die wichtigsten Keilschriftzeichen zu entschlüsseln. Als Basis dienten ihm zwei altpersische Inschriften, die von den Perserkönigen Dareios und Xerxes stammten. Über diese Namen, die Grotefend aus anderen Quellen kannte, gelang es ihm, einzelne Zeichen zu entschlüsseln, ohne dass ihm ein zweisprachiger Text zur Verfügung stand.[78] Der Engländer Henry Rawlinson schließlich war es, der alle 39 Zeichen der altpersischen Keilschrift entzifferte (vgl. Segert 1994:418). Ausschlaggebend hierfür war die Entdeckung einer weiteren Inschrift, der sog. Behistum-Inschrift.

3.6   Die Hieroglyphenschrift

3.6.1   Die ägyptischen Hieroglyphenzeichen

In diesem Abschnitt steht die ägyptische Hieroglyphenschrift sowie ihre Weiterentwicklung, die hieratische und die demotische Schrift, im Mittelpunkt der Betrachtung. Das griechische Wort ›hieroglyphica‹ bedeutet ›heiliges Schnitzwerk‹. Solch kunstvoll gestaltete Zeichen, Hieroglyphen, dienten zum Ausdruck der Götter- und Jenseitsverehrung, aber auch als Inschriften auf Gräbern und Tempeln. Es waren Texte, mit denen der Verstorbene das Wort an die Nachwelt richtete

---

78 Grundsätzlich sind bei der Schriftentzifferung zwei Schwierigkeitsgrade zu unterscheiden (vgl. Friedrich 1954:123–128): 1. Sprache und Schrift sind unbekannt. 2. Nur die Schrift ist unbekannt, die Sprache bekannt. Als Anhaltspunkte für die Schriftentzifferung dienen die folgenden Fragen: Welche Schriftrichtung liegt vor? Gibt es eine Worttrennung? Wie groß ist die Zahl der Schriftzeichen? Die Schriftrichtung lässt sich meist an dem unausgefüllten Zeilenstück am Ende einer Inschrift erkennen, die Worttrennung an regelmäßig wiederkehrenden Zeichen (Striche, Punkte, Doppelpunkte). Die Zahl der Zeichen lässt evtl. Rückschlüsse auf den Schrifttyp zu. Zu warnen ist davor, zur Deutung unbekannter Schriften ähnlich aussehende Zeichen in anderen Schriften heranzuziehen. Hierzu Friedrich (1954:128): »Das ist dieselbe dilettantische Methode, wie wenn [...] der Laie russische Schrift vor sich sieht, dort eine ganze Anzahl bekannter und mit den entsprechenden Lateinbuchstaben völlig identischer Zeichen wie A, K, M, O usw. findet und sich nun für berechtigt hält, auch russisch P »r« falsch als *lateinisch* P [...] aufzufassen«.

(vgl. hierzu ausführlich Assmann 1992). Die ältesten Funde datieren vom Beginn des 3. Jahrtausends v. Chr. Dabei handelt es sich um Schiefertäfelchen, auf denen Bildmotive eingeritzt waren. Berühmt geworden ist die sog. **Narmer-Palette**, die sowohl Bildzeichen als auch bereits phonetisierte Zeichen aufweist. Letztere sind dadurch gekennzeichnet, dass die Bilder nicht mehr in einer Abbildbeziehung zum dargestellten Objekt stehen. Vielmehr repräsentieren sie einen bestimmten Lautwert, einen Konsonanten oder eine Konsonantenverbindung. So entsprach beispielsweise das piktographische Zeichen für Wasser dem Konsonantenzeichen <n>.

Kennzeichen der ägyptischen Hieroglyphenschrift war also, dass das Konsonantengerüst der Wörter mit piktographischen Zeichen dargestellt wurde. Die Vokale blieben im Schriftsystem unberücksichtigt; sie mussten im Kontext erschlossen werden. Der Grund hierfür ist wiederum im Sprachsystem zu suchen: Das Ägyptische ist eine Sprache mit reicher Flexion, wobei insbesondere die Vokalvariation eine große Rolle spielte. Zahlreiche Wortformen unterschieden sich nur hinsichtlich des Vokals. Wenn man nun – dem semasiographischen Prinzip folgend – einen Bedeutungsinhalt mit einem Bild darstellte, ergab sich ein Problem: Wie sollte man die verschiedenen, lediglich durch einen Vokal unterschiedenen Wortformen wiedergeben? Schmitt (1980:284) erläutert dieses Problem anschaulich an einem konstruierten Beispiel aus dem Deutschen, an dem Verb *winden*. Wollte man dieses Verb mit einem Bild darstellen, könnte man z. B. das Bild einer Winde, wie sie zum Hochziehen von Lasten gebraucht wird, wählen. Dieses Zeichen würde dann unterschiedslos für die verschiedenen Formen des Wortes *winden* gebraucht (*wand*, *gewunden* etc.), aber auch im Rebusverfahren für die Darstellung von Wörtern wie *Wind*, *Wunde* oder *Wand*.

Zurück zum Ägyptischen: Die Schriftzeichen waren also vokalisch vieldeutig – und zwar sowohl in ihrer Verwendung als Wortzeichen als auch als Lautzeichen. Dies wiederum hatte zur Folge, dass bei der Lektüre solcher Zeichen die Vokale aus dem Kontext erschlossen werden mussten. Dargestellt war ja nur das Konsonantengerüst. Bestand nun eine Silbe aus zwei oder drei Konsonanten, so reihte man nicht etwa die Einzelkonsonantenzeichen aneinander, sondern verwendete separate Zeichen, die mehrkonsonantige Wörter repräsentierten. Haarmann (1991:215) erläutert das Verfahren folgendermaßen: »So ist beispielsweise die Bezeichnung der Konsonantenkombination (*pr*) durch das Bildsymbol eines Hauses nicht zufällig, denn der Ausdruck ägypt. *pr* bedeutet ›Haus‹«. Es wurde also nicht ein Wortzeichen gewählt, das für die Lautung /p/+Vokal steht, und ein weiteres, das für /r/+Vokal steht, sondern es wurde ein sog. Zweikonsonantenzeichen, besser: ein Zeichen für ein zweikonsonantiges Wort gebraucht. Diese Zeichen wiederum konnten Verbindungen mit anderen Konsonantenzeichen eingehen; sie standen dann nur noch für Teile von Wörtern. So repräsentiert ein stilisierter Korb die Konsonantenzeichenkombination /nb/ in Wörtern wie *nbs* ›Baum‹ oder *nbw* ›Gold‹. Unabhängig davon konnte dieses Zeichen auch als Wortzeichen gebraucht werden. Es stand in dieser Funktion für das Wort *Korb*.

Halten wir fest: Über das Rebusverfahren etablierte sich ein fester Bestand von Einkonsonanten- und Mehrkonsonantenzeichen, also von Bildern für Objekte, die mit einem Wort benannt wurden, das aus einem oder mehreren Konsonanten bestand. Ob solche Zeichen tatsächlich Konsonantenzeichen darstellen und nicht vielmehr als Silbenzeichen zu klassifizieren sind, soll hier nicht diskutiert werden. Folgt man der in der Forschung weit verbreiteten Auffassung, es handle sich um Konsonantenzeichen, dann liegt der Schluss nahe, die Hieroglyphenschrift sei ein Vorläufer der Alphabetschrift. Ich schließe mich hier der Analyse von Schmitt (1980) an, der die Auffassung vertritt, dass die Hieroglyphenzeichen zwar Lautwerte repräsentierten, aber nicht notwendigerweise Silben. Es können auch kleinere Lautsegmente sein. Darin besteht ein wesentlicher Unterschied zur Keilschrift der Sumerer und Akkader, die eine Silbenschrift ist. Analog zur Keilschrift konnte auch in der Hieroglyphenschrift ein und dasselbe Zeichen für unterschiedliche Verschriftungstechniken genutzt werden. Und wie in der sumerisch-akkadischen Keilschrift bestand die Möglichkeit, Wortzeichen als semantische Komplemente (= Determinative) zu verwenden, also anzuzeigen, zu welcher semantischen Klasse das Wort gehörte. So weist das Bild einer hockenden Frau darauf hin, dass das mit diesem Determinativ verbundene Wort das semantische Merkmal [weiblich] erhält.

In Abb. (5) finden sich Beispiele für ägyptische Hieroglyphenschriftzeichen. Diese bestehen aus Konsonantenzeichen und Determinativen. Der Text ist, wie in Veröffentlichungen von Ägyptologen üblich, von links nach rechts zu lesen; die traditionelle Schriftrichtung war aber invers dazu, also linksläufig. Die Bilder sehen der Schriftrichtung entgegen. Am letzten Beispiel, an dem Wort *pt* ›Himmel‹, erläutert Schmitt (1980:291) exemplarisch den Aufbau eines Zeichens: Das Quadrat steht für das Konsonantenzeichen <p>, der Halbkreis für <t>. Darunter befindet sich das Determinativ.

Aus der Hieroglyphenschrift entwickelte sich im 2. Jahrtausend v. Chr. eine vereinfachte Schrift für den alltäglichen Gebrauch, **die hieratische Schrift**. Sowohl die Schreibtechnik als auch der Verwendungszweck dieser Schrift unterschieden sich von der Hieroglyphenschrift. Die hieratische Schrift war keine Inschrift, sie wurde nicht in Stein eingemeißelt, sondern vornehmlich mit einem Pinsel auf Papyrus, d. h. auf das Blatt einer Schilfpflanze, geschrieben. Die Zeichenfolgen wurden zu Ligaturen verbunden, wodurch die Einzelzeichen an Bildhaftigkeit verloren. Die hieratische Schrift diente – zumindest in ihren Anfängen – nicht religiösen, sondern administrativen und wirtschaftlichen Zwecken. Sie wurde von Berufsschreibern benutzt, um Listen, Urkunden, Gerichtsurteile und Ähnliches schriftlich zu fixieren. In diesem Punkt entsprach die ägyptische Schriftverwendung der sumerischen. Als im 7. Jahrhundert v. Chr. eine weitere, noch stärker kursivierte Schreibschrift in Gebrauch kam, **die demotische Schrift** (vom griechischen *demotika*, volksnah), wurde die hieratische Schrift zur Handschrift in

(5) Ägyptische Hieroglyphen (aus Földes-Papp 1987:96)

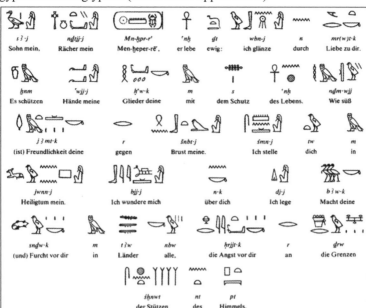

Kreisen der Priesterschaft (vgl. Haarmann 1991:105).[79] Die Hieroglyphen selbst waren aber noch weiter in Gebrauch; die jüngsten Inschriften stammen aus dem 4. Jahrhundert n. Chr. Die letzte datierbare demotische Inschrift ist noch jüngeren Datums; sie stammt aus dem Jahr 452 n. Chr. (vgl. Schenkel 1992).

Entziffert wurde die Hieroglyphenschrift mit Hilfe des **Steins von Rosette**, der 1799 im Nildelta ausgegraben wurde. Auf diesem Grabstein aus dem Jahr 196 v. Chr. findet sich eine dreisprachige Inschrift, eine **Trilinguis**, in altägyptischer Sprache und hieroglyphischer Schrift, in neuägyptischer Sprache und demotischer Schrift und in griechischer Sprache und Schrift.[80] Die Namen der ägyptischen Pharaonen, die in der griechischen Fassung bekannt waren, ließen sich auf diese Weise dem ägyptischen Text zuordnen. Allerdings war der hieroglyphische Teil stark beschädigt, so dass es vom Fund des Steins bis zur Entzifferung im Jahr 1822 noch ein langer Weg war. Dem Franzosen Jean François Champollion gelang es schließlich, die hieroglyphischen Schriftzeichen zu entziffern. Seine For-

---

79 Darauf geht auch die Bezeichnung ›hieratisch‹ zurück (›heilig‹, ›priesterlich‹).

80 Bei der Entzifferung ist ein zwei- oder gar dreisprachiger Text natürlich eine große Hilfe. Hierzu schreibt Friedrich (1954:125): »[D]er Entzifferer wird zunächst im bekannten Teile der Bilinguis nach Namen von Personen, Städten, Ländern usw. Ausschau halten und diese im unbekannten Teile festzustellen suchen. Voraussetzung dafür ist, daß die Namen in beiden Fassungen wirklich gleich oder ähnlich lauten, was meist der Fall ist.«

schungsarbeit wird in dem spannend zu lesenden Buch von Simon Singh mit dem Titel »Geheime Botschaften. Die Kunst der Verschlüsselung von der Antike bis ins Internet« ausführlich dargestellt (vgl. Singh 2001:259–265) und abschließend mit den folgenden Worten gewürdigt:

> Dann, im Jahr 1824, veröffentlichte er seine erfolgreichen Entzifferungen in einem Buch mit dem Titel *Précis du système hiéroglyphique*. Nach vierzehn Jahrhunderten war es nun wieder möglich, die Geschichte der Pharaonen so zu lesen, wie sie von den Schreibern des Altertums aufgezeichnet worden war. Die Linguisten hatten jetzt die Chance, die Entwicklung einer Sprache und einer Schrift über einen Zeitraum von über drei Jahrtausenden hinweg zu erforschen. Die Hieroglyphenschrift konnte vom 4. Jahrhundert v. Chr. bis auf das 3. Jahrtausend v. Chr. zurückverfolgt und verstanden werden. Zudem konnte man ihre Entwicklung mit derjenigen der hieratischen und demotischen Schrift vergleichen, die nun ebenfalls entziffert werden konnte.
>
> S. Singh (2001:264f.)

3.6.2   Hethitische Hieroglyphenschrift und Linear B

Nicht nur die Ägypter, wie vielfach angenommen, auch andere Kulturen verwendeten die Hieroglyphentechnik, benutzten also piktographische Zeichen zur Kennzeichnung phonetischer Einheiten. An dieser Stelle seien noch die Hethiter erwähnt, die im 2. Jahrtausend v. Chr. zwei Schriftsysteme kannten: die Keilschrift und die Hieroglyphenschrift. Die Versuche, die hethitischen Hieroglyphenzeichen zu entziffern, gestalteten sich als schwierig. Erst durch den Vergleich von Paralleltexten aus dem 8. Jahrhundert v. Chr., die in hethitischen Hieroglyphen und in phönizischer Alphabetschrift (s. u.) verfasst waren und im Jahr 1947 entdeckt wurden (vgl. Segert 1994:419), gelang dieses Unternehmen. Die hethitische Hieroglyphenschrift war in Anatolien von ca. 1500 v. Chr. bis 700 v. Chr. in Gebrauch (vgl. Földes-Papp 1987:55). Im Unterschied zu den ägyptischen Hieroglyphen kennzeichneten die hethitischen Hieroglyphen nicht Konsonanten und Konsonantengruppen, sondern – dies scheint unbestritten – Silben. Die Schreibung folgte insofern dem Prinzip der Keilschrift – aber eben unter Verwendung bildhafter Zeichen. Die zunächst naheliegende Annahme, dass die Hethiter die Hieroglyphenschreibweise von den Ägyptern übernahmen, wird in der Forschung mit Recht bezweifelt:

> Vergleicht man die Symbole der ägyptischen Schrift mit den hethitischen Hieroglyphenzeichen, so fällt auf den ersten Blick auf, daß es sich um zwei selbständige Systeme mit jeweils individueller Prägung handelt. Auch der Schriftduktus und die Gliederung von Texten in Bildhethitisch zeigen regionale, vom Ägyptischen unabhängige Züge.   H. Haarmann (1991:234f.)

Eine weitere Schrift, die auf dem Hieroglyphenprinzip aufbaut, ist das Linear B, eine Silbenschrift, die im 2. Jahrtausend v. Chr. auf Kreta und dem griechischen Festland verwendet wurde. Linear B ist, so Haarmann (1991:245), »das wichtigste einheimisch-europäische Schriftsystem, das vor der Einführung alphabetischer Schreibweisen aus Kleinasien in Gebrauch war.« Es ist zusammen mit dem kretischen Linear A die Schrift, mit der die alteuropäische Schrifttradition der Vinča-Kultur nach einer Unterbrechung von 2000 Jahren (s. o.) wieder aufgenommen wurde. Linear B ist vermutlich, wie auch Linear A, eine Sakralschrift. Linear A datiert aus der Zeit von 1750 bis 1450 v. Chr., Linear B aus der Zeit von 1450 bis 1375. Die ersten Linear-B-Tafeln wurden am 31. März 1900 von dem Archäologen Sir Arthur Evans entdeckt.

Der längste Hieroglyphentext, der bisher gefunden wurde, ist der **Diskos von Phaistos**. Dabei handelt es sich um eine Tonscheibe, die auf beiden Seiten spiralförmig beschriftet ist und vermutlich aus dem 18. oder 17. Jahrhundert v. Chr. stammt (vgl. Haarmann 1991:88f). Die 242 Zeichen auf dieser Scheibe sind nicht von Hand eingeritzt, sondern mit Stempeln aufgedruckt und durch senkrechte Striche in Gruppen eingeteilt. Sie konnten bis heute nicht entziffert werden.[81]

3.7 Das Alphabet

3.7.1 Das westsemitische Konsonantenalphabet

Wie bereits in Kap. 2 ausgeführt, ist das Kennzeichen einer Alphabetschrift, dass sie aus einfachen, nicht-motivierten Zeichen besteht, die Lauteinheiten darstellen. Eine voll ausgebaute Alphabetschrift leistet dies sowohl für konsonantische als auch für vokalische Lautsegmente. In der archaischen Alphabetschrift wurden nur die Konsonanten, nicht die Vokale als Lauteinheiten verschriftet. In dieser Hinsicht knüpft die Alphabetschrift an die ägyptische Hieroglyphenschrift an, die ebenfalls auf dem Konsonantenprinzip aufbaut. Während aber in Ägypten die Hieroglyphen bildhafte Zeichen waren und nicht nur Einzelkonsonanten, sondern systematisch auch Konsonantenverbindungen darstellten, werden in einer Alphabetschrift die Einzelkonsonanten mit einer begrenzten Anzahl von abstrakten Zeichen wiedergegeben.

Die ältesten Funde, die die Existenz einer Schrift dieses Typus belegen, stammen aus der Stadt Ugarit. Entdeckt wurden sie 1929 bei Ausgrabungen in Ras Shamra an der nordsyrischen Mittelmeerküste (vgl. Günther 1988:34). Die **ugaritische Schrift** enthielt nur ein begrenztes Inventar von Zeichen (ca. 30), die das Konsonantengerüst der Wörter darstellten. Die Schriftzeichen erinnern in ihrer Gestalt an Keilschriftzeichen, doch ist das konstitutive Prinzip dieser Schrift ein anderes: Die ugaritischen Keilschriftzeichen stellen weder Wortzeichen noch Rebusschreibungen dar. Nach welchem System diese Zeichen ausgewählt wurden, ist ungeklärt. Zu vermuten ist, dass in einer »willkürlichen Selektion nach dem ›Steinbruchprinzip‹« (Haarmann 1994:332) lineare Zeichenformen mit einfachen, gut voneinander zu unterscheidenden Strichfolgen gewählt wurden, die regional

---

81 Wie schwierig die Kunst des Entzifferns ist, wird in dem Buch von Simon Singh anschaulich am Beispiel von Linear A dargestellt (2001:266–294).

bekannt waren. Hinzu kam die Anwendung eines Verfahrens, das in der Forschung als **Akrophonie** bezeichnet wird. So wurde beispielsweise das Wortzeichen für das nordwestsemitische Wort *beth*, ein stilisiertes Haus, für den Konsonanten /b/ verwendet.[82]

Die ugaritische Schrift stellt zwar den Beginn der westsemitischen **Konsonantenschrift** dar, größere Bedeutung in der weiteren Entwicklung erlangte aber die phönizische Schrift, da sich aus dieser die erste voll ausgebaute Alphabetschrift entwickelte: das griechische Alphabet. Nach Haarmann (1994:335) wurde das Phönizische im Frühstadium seiner Schriftlichkeit in drei Schriftsystemen aufgezeichnet: in der Byblos-Schrift, einer Silbenschrift, in ugaritischer Keilschrift und »in der 22 Buchstabenzeichen umfassenden Variante des Alphabets, die als ›phönizisch‹ weltbekannt wurde.« Das phönizische Alphabet entstand vermutlich in der Hafenstadt Byblos und wurde von dort durch die Handelskontakte der Phönizier mit anderen Völkern des Mittelmeerraumes in die Ägäis ›exportiert‹. Haarmann (1994:337) betont in seinem Überblick zur Geschichte der Alphabetschriften, dass in diesem Prozess der europäischen Schriftadaption nicht das griechische Festland, sondern Kreta eine entscheidende Rolle spielte:

> Auch auf anderen Inseln der Ägäis haben Griechen mit der neuen phönizischen Schriftkultur experimentiert, der entscheidende Durchbruch dürfte aber auf Kreta erzielt worden sein. Hier finden sich jedenfalls die ältesten Zeugnisse einer vollständigen Alphabetschrift, in der auch die Vokale bezeichnet werden. […] Die Erweiterung des phönizischen Konsonantenalphabets auf die Schreibung auch der vokalischen Laute bot sich als Alternativlösung im schwierigen Anpassungsprozeß einer Schrift für eine lautlich ganz anders strukturierte Sprache als die an, für die sie ursprünglich geschaffen worden war.   H. Haarmann (1994:337)

3.7.2   Die griechische Schrift

Die Übernahme des phönizischen Alphabets durch die Griechen erfolgte vermutlich im 11. bis 10. Jahrhundert v. Chr. Die revolutionäre Leistung in der damaligen Zeit bestand weniger in der Übernahme des phönizischen Alphabets selbst, als vielmehr in der Tatsache, dass erstmals auch die Vokale systematisch verschriftet wurden. Im Altgriechischen waren die Vokale – anders als in den semitischen Sprachen – semantisch funktional, sie trugen wesentlich zur Bedeutungsunterscheidung bei. Dies war vermutlich Grund dafür, dass die Vokalkennzeichnung im Griechischen obligatorisch wurde. H. Günther macht die Notwendigkeit dieses Verfahrens an einem Beispiel aus dem Deutschen anschaulich:

---

82 Hierzu ein konstruiertes Beispiel aus dem Deutschen: Im deutschen Schriftsystem läge ein Fall von Akrophonie vor, wenn mit dem Bild ⊠ der Konsonant /b/ gekennzeichnet würde. Das Zeichen ⊠ wäre in diesem Fall bedeutungsentleert, es stünde nur für den Buchstaben mit dem Lautwert /b/, d. h. für den ersten Konsonanten des deutschen Wortes, das mit dem Zeichen ⊠ symbolisiert wird.

Systematisch möglich ist eine solche Schreibung [ohne Vokalzeichen, C.D.] in jeder
Sprache. Mn vrglch nr d ffnkndg Mglchkt, ch dsn Stz z lsn. Allerdings zeigt dieses
Beispiel auch die Problematik einer solchen Schrift für eine Sprache wie das Deutsche.
Die semitischen Sprachen eignen sich dazu wesentlich besser aufgrund ihrer Struktur,
in denen, grob gesprochen, die Bedeutung der Wörter an den Wurzelkonsonanten ori-
entiert ist und die Flexion und Ableitung durch Variation der Vokale erfolgt.

H. Günther (1988:37)

Die Griechen konnten also, pointiert gesagt, aufgrund ihrer Sprache gar nicht
an der phönizischen Konsonantenschrift festhalten. Sie mussten das vorhandene
Schriftsystem auf die Struktur ihrer Sprache übertragen und Mittel zur Vokalschreibung finden. Zur Kennzeichnung der Vokale verwendeten sie die Schriftzeichen aus dem phönizischen Alphabet, für die es im Griechischen ohnehin keinen
Lautwert gab. Haarmann (1991:288) gibt hierzu Beispiele:»Dies gilt für das semitische *Aleph* ('aleph), mit dem der griechische Vokal α geschrieben wurde, für
He (hē) zur Schreibung von griech. ε, für *Jodh* (jodh) zur Wiedergabe des griechischen Lautes ι und für *Ajin* ('ajin), mit dem man griech. o schreibt.« Anfänglich
waren die Vokalzeichen nur für die Anfangssilben der Wörter im Gebrauch. Im
Laufe der Zeit wurden sie auch zur Schreibung von Vokalen im Wortinnern benutzt.»Auf diese Weise wurde die Schreibung aller nach unseren Begriffen aus
Konsonant + Vokal bestehenden Silben zweigliedrig« (Schmitt 1980:313), und man
gewöhnte sich daran,»diese beiden Zeichen als die Darstellung zweier aufeinan-
derfolgender Teile des Schallstückes anzusehen« (Schmitt 1980:314). Der Übergang vom phönizischen Konsonantenalphabet zum ersten vollständigen Alphabet
war damit geschaffen, das phonographische Prinzip in der Schreibung war weiter
in den Vordergrund gerückt.

Wie sahen nun die altgriechischen Schriftzeichen aus? In (6) ist die Inschrift auf
der Dipylon-Kanne aus Athen dargestellt, die als das älteste griechische Schrift-
denkmal gilt (vgl. Földes-Papp 1987:144).[83] Sie wird auf die erste Hälfte des 8.
Jahrhunderts v. Chr. datiert. Dabei handelt es sich um eine große Tonvase, die in
einer antiken Begräbnisstätte gefunden wurde. Die Schrift verläuft, wie auch die
phönizische, von rechts nach links. Der griechische Text lautet in deutscher Übersetzung: *Wer nun von all den Tänzern am anmutigsten tanzt, der soll dies erhalten*
(vgl. Maas 1992:24).

(6) Die älteste griechische Inschrift (aus Földes-Papp 1987:144)

---

83 Haarmann (1991:284) weist allerdings darauf hin, dass nach neueren Forschungsergeb-
    nissen die ältesten kretischen Schriftzeugnisse vermutlich jünger seien als diese In-
    schrift.

Abschließend sollen noch zwei Aspekte angesprochen werden: 1. Wie gestaltete sich die weitere Entwicklung des griechischen Alphabets? 2. Welche Funktion hatte das Schreiben in der Antike? Was die erste Frage betrifft, so sei hier H. Haarmann zitiert, der die Ausbreitung des griechischen Alphabets mit den folgenden prägnanten Worten skizziert:

> Die *Ausbreitung des Alphabets* erfolgte in praktisch alle vier Himmelsrichtungen: nach Westen (Italien), nach Osten (Kleinasien), nach Süden (Ägypten) und – zeitlich viel später – nach Norden (Makedonien, Bulgarien, Rußland). Bereits in der ältesten Phase der griechischen Schriftkultur erfolgt die Vermittlung des Alphabets an die Etrusker in Italien [...] und an die Phryger in Kleinasien [...]. Die Kontakte der Griechen mit den Kulturen Afrikas gehen auf das 7. Jahrhundert v. Chr. zurück, aber erst im 6. Jahrhundert ist das Griechische nachweislich in Ägypten verbreitet, wo es maßgeblich an der Entstehung der koptischen Schrift beteiligt ist [...]. Ein großer zeitlicher Abstand liegt zwischen der vom Griechischen direkt beeinflußten Alphabetisierung in den genannten Gebieten und der Ausbildung der slavischen Schriften im 9. Jahrhundert n. Chr., von denen das kyrillische Alphabet das bekannteste und das verbreitetste ist.
>
> H. Haarmann (1991:289)

Zu den Funktionen des Schreibens in der griechischen Antike sei auf die Arbeiten von Otto Ludwig (1994) und (2005) verwiesen. So betont Ludwig (1994:56), dass das Schreiben »nicht das Privileg einer bestimmten sozialen Gruppe war, weder der Beamten noch der Priester. [...] Der Weg zum Schreiben stand grundsätzlich allen freien Bürgern offen.« Schreiben war Teil der demokratischen Gesellschaft: »Man schätzt, daß im 4. Jahrhundert fast jeder Bürger von Athen die neue Kunst beherrschte« (Ludwig 1994:56). Ludwig weist weiter darauf hin, dass das Schreiben schon sehr bald eine wichtige Rolle nicht nur in der Gesetzgebung und in der Wissenschaft, sondern auch in der griechischen Kultur spielte: »Texte brauchten nicht mehr von Mund zu Mund weitergegeben zu werden, es genügte, daß man sie aufschrieb« (Ludwig 1994:56).[84]

Die Griechen schrieben auf Stein, auf Marmor, Metall, Ton und Wachstafeln, später auch auf Pergament und auf Papyrus. Vom 4. Jahrhundert v. Chr. an verwendete man für größere Schriftstücke Papyrusrollen. Die größte Bibliothek des Altertums, die Bibliothek von Alexandria, im 3. Jahrhundert v. Chr. gegründet, verfügte über 500.000 bis 700.000 solcher Rollen. Papier kam erst sehr viel später in Gebrauch, im 12. Jahrhundert n. Chr. Geschrieben wurde zunächst furchenwendig (= **bustrophedon**), d. h. die Schriftrichtung wechselte von Zeile zu Zeile, in

---

84   Ob das allerdings schon für die Entstehung der homerischen Epen galt (Ilias, Odyssee), die im 7. Jahrhundert v. Chr. im griechischen Alphabet niedergeschrieben wurden, ist fraglich. Die Oralität dieser Texte, die sog. ›homerische Frage‹, wird ausführlich von Walter Ong (1987:24–33) diskutiert. Ong weist auf einschlägige Studien von Robert Wood und Milman Parry hin, die die These vertreten, dass Homer selbst nicht literalisiert gewesen sei. Seine Dichtkunst weise ein charakteristisches Merkmal von Oralität, die Verwendung standardisierter Formeln, auf.

scriptio continua, ohne Markierung der Wortgrenzen (vgl. Ludwig 2005:36–38). Der Text wurde laut gelesen. Für den Leser gab es dabei zunächst nur eine einzige Lesehilfe: Metrische Einheiten schrieb man nach Möglichkeit in eine Zeile.

Im Laufe der Jahrhunderte entwickelten sich weitere Strategien, die dazu dienten, den Text leichter lesbar zu machen (vgl. hierzu ausführlich Raible 1991a). Akzente, Apostrophe und Punkte wurden gesetzt, der Text in Abschnitte untergliedert, die Absatzmarkierung durch die Verwendung von Majuskeln angezeigt, größere syntaktische Einheiten durch Zwischenräume (= Spatia) abgetrennt. Wolfgang Raible (1991a:38) fasst in seinem Überblick zur Entwicklung von Alphabetschrift-Systemen diesen Aspekt prägnant zusammen: »Die innere Konsequenz, mit der sich Alphabetschrift-Systeme weiterentwickeln […], wird dabei leicht übersehen. Es ist eine Entwicklung, die von der unmittelbar phonetisch-auditiven Dekodierung wegführt und eine primäre Erfassung durch das Auge zum Ziel hat.« Mit anderen Worten: In der Phonographie der Alphabetschrift spielte das textgestalterische Moment eine immer wichtigere Rolle.

3.7.3 Die Runenschrift

Eine interessante Variante in der Geschichte des Alphabets ist die germanische Runenschrift (altisländisch *run*, Geheimnis). Ihre Abstammung ist bis heute ungeklärt. Runeninschriften wurden v. a. auf den Britischen Inseln, in Skandinavien und in Deutschland gefunden. Vermutlich dienten sie zu kultischen Zwecken, aber auch als Gedenkinschriften auf Steinmonumenten und als Besitzer-Inschriften auf Gegenständen. Die Runenschrift reicht vermutlich bis ins 2. Jahrhundert v. Chr. zurück. Nach den ersten sechs der ursprünglich 24 Schriftzeichen (F, U, TH, A, R und K) wird dieses Alphabet **Futhark** genannt. Das kürzere nordische Runenalphabet, das jüngere Futhark, umfasste nur 16 Buchstaben. Zwar war eine Weiterentwicklung in Skandinavien bis zum 12. Jahrhundert n. Chr. im Gebrauch, grundsätzlich aber gilt: Die Runenschrift war eine »Übergangserscheinung« (Haarmann 1991:465); sie wurde vom lateinischen Alphabet vollständig verdrängt.

Dass es sich bei den Runen um eine eigenständige germanische Entwicklung handelt, wird mit Recht bezweifelt. Möglicherweise geht die Runenschrift auf das nordetruskische Alphabet zurück. Die älteste Inschrift wurde auf einem Bronzehelm gefunden, der vermutlich aus dem 2. Jahrhundert v. Chr. stammt. Ein weiteres bedeutendes Schriftzeugnis aus dem 4. Jahrhundert n. Chr. wurde in Uppland (Schweden) entdeckt. Dabei handelte es sich um eine linksläufige Steininschrift mit altgermanischen Runenalphabetzeichen.

(7) Germanische Runenschrift (aus Haarmann 1991:458)

harigasti teiwai ›dem Gotte Harigast‹ (Wodan).

3.7.4   Die lateinische Alphabetschrift

Die 26 Zeichen des lateinischen Alphabets dienen heute als Grundlage für Schriftsysteme in der ganzen Welt. Auf allen fünf Kontinenten werden sie verwendet, in über 60 Ländern der Erde (vgl. Földes-Papp 1987:206). Erweitert wird das Alphabet in den verschiedenen, auf der Lateinschrift basierenden Schriftsystemen durch Sonderzeichen (z. B. <ß> im deutschen Schriftsystem) und Diakritika, d. h. graphische Zusätze, die auf der Basis der vorhandenen Buchstaben neue Buchstaben darstellen. Zu den diakritischen Zeichen gehören das Trema wie in <ä>, <ö> und <ü>, aber auch die Akzente im französischen oder der Háček im tschechischen Schriftsystem. Solche Diakritika treten nicht nur in der lateinischen, sondern auch in anderen Alphabetschriften auf (so z. B. im hebräischen oder im arabischen Schriftsystem).[85]

Die Römer übernahmen das lateinische Alphabet nicht, wie vielfach angenommen, direkt von den Griechen, sondern von den Etruskern, die in Italien siedelten. Die Etrusker ihrerseits hatten die griechische Alphabetschrift vermutlich bereits in ihrer ägäischen Heimat kennen gelernt und diese Kenntnis mit nach Italien gebracht (vgl. Haarmann 1991:291). Der älteste etruskische Schriftfund in Italien datiert aus dem 8. Jahrhundert v. Chr. Es handelt sich um die Schreibtafel von Marsiliana, eine Schultafel, die im Jahr 1915 gefunden wurde. Lediglich die Buchstaben, die im etruskischen Alphabet nicht vorhanden waren, übernahmen die Römer von den Griechen. Die älteste lateinische Inschrift findet sich auf der Manios-Spange (Anfang des 6. Jahrhunderts v. Chr.).

Der Text ist von rechts nach links läufig und steht in *scriptio continua*. Die Schriftzeichen weisen große Parallelen zu denen des etruskischen Alphabets auf. Zu lesen ist: MANIOS MED FHEFHAKED NUMASOII (im Klassischen Latein etwa MANIUS ME FECIT NUMERIO, »Manius machte mich dem (= für den) Numerius«, vgl. Maas 1992:25).

---

85   Einen informativen Überblick über die Verfahren der »Alphabetkonstruktion« gibt Glück (2001:104–112). Er unterscheidet im Wesentlichen fünf Möglichkeiten der Adaption eines Basisalphabets an eine andere Sprache: Ableitung (hierzu gehört die Verwendung von Diakritika), Umgraphematisierung, Entlehnung aus anderen Alphabeten, Buchstabenkombinationen und Neuschaffung von Schriftzeichen.

(8) Manios-Spange mit altlateinischer Inschrift (aus Haarmann 1991:296)

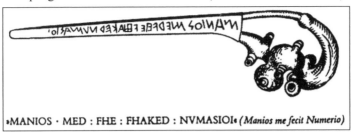

›MANIOS · MED : FHE : FHAKED : NVMASIOI‹ *(Manios me fecit Numerio)*

Das lateinische Alphabet umfasste zunächst nur 21 Buchstaben sowie drei griechische Zahlzeichen. Es fehlten die Buchstaben <G>, <U>, <W>, <Y> und <Z>. Dies erklärt sich wie folgt: Die Römer verwendeten sowohl für das Phonem /k/ als auch für das Phonem /g/ den etruskischen Buchstaben <C>. Erst später wurde durch die Hinzufügung eines Striches <G> gebildet, um die beiden Phoneme in der Schreibung unterscheiden zu können. Die Buchstaben <Y> und <Z> kamen im 2. Jahrhundert v. Chr. hinzu. Sie wurden direkt aus der griechischen Schrift übernommen und dienten zur Schreibung von griechischen Namen und Termini. Die Buchstaben <U> und <W> wurden erst später hinzugefügt. Die im Althochdeutschen damit verbundenen Lautwerte hatten im Lateinischen keine Entsprechung. In deutschen Texten hingegen war eine graphische Kennzeichnung zur Unterscheidung von vokalischem <u> und konsonantischem <v> erforderlich.

Bereits um 300 n. Chr. lagen die Buchstaben des Alphabets in ihren Grundformen fest, weitere Änderungen der Buchstabenform waren nur noch schreibtechnischer Art. Auf die Entwicklung der verschiedenen Schreibstile (Capitalis, Unziale, Minuskel, Majuskel, Antiqua, Fraktur, deutsche Schreibschrift, lateinische Schreibschrift etc.) kann an dieser Stelle nicht eingegangen werden (vgl. die anschaulichen Illustrationen in dem Buch des Graphikers Heinrich Hussmann 1977). Hingewiesen sei hier lediglich auf den Umstand, dass sich aus der Kapitalkursive, der Schreibung in Großbuchstaben, die Minuskelkursive, eine Schreibschrift mit Kleinbuchstaben, herausbildete. Földes-Papp (1987) erläutert den Prozess folgendermaßen:

> Die Eile des Schreibens vereinfacht allmählich die Buchstaben durch Weglassen mancher Züge. So wird aus einem großen B schließlich ein kleines b, aus einem großen H entsteht die Form eines kleinen h. Andererseits werden einzelne Züge der Kursivschrift verlängert, und so kommen diese Formen zustande: kleines d aus großem D, kleines q aus großem Q usw. Dabei hat neben der Tendenz zur Eile auch das Schreibmaterial, Papyrus und Pergament mit ›Feder‹ (lat. penna), eine beträchtliche Rolle gespielt.
>
> K. Földes-Papp (1987:183)

3.8   Zusammenfassung

In den vorangehenden Abschnitten wurden die wichtigsten Etappen der Schriftgeschichte vorgestellt.[86] Der folgende chronologische Überblick reiht diese Etappen
aneinander. Dabei kann die zeitliche Einordnung nur einen ungefähren Anhalts-
punkt geben.

(9)

Zeittafel	
ca. 6000 v. Chr.:	alteuropäische Schrift der Vinča-Kultur (nach Haarmann 1991)
ca. 3000 v. Chr.:	Keilschrift der Sumerer und Akkader
ca. 3000 v. Chr.:	ägyptische Hieroglyphenschrift
ca. 1500 v. Chr.:	phönizisches Alphabet
ca. 1000 v. Chr.:	griechisches Alphabet
ca. 1000 v. Chr.:	etruskisches Alphabet
ca. 900 v. Chr.:	lateinisches Alphabet

Eine Frage blieb bislang ausgeklammert: Handelt es sich bei der Entwicklung der
Schrift um eine Monogenese oder eine Polygenese? Mit anderen Worten: Hat sich
das Schreiben von einem (Zeit-)Punkt aus entwickelt (Monogenese)? Oder aber hat
es an mehreren Orten – jeweils unabhängig voneinander – seinen Anfang genommen (Polygenese)? Diese Frage stellt sich insbesondere in Bezug auf das Verhältnis von sumerisch-akkadischer Keilschrift und ägyptischer Hieroglyphenschrift:
Sind die Ägypter durch das Vorbild der Sumerer zum Schreiben angeregt worden?
Oder haben sie diese Kunst unabhängig von äußeren Einflüssen entwickelt? Ebenso unklar ist, wie die Geschichte des westsemitischen Konsonantenalphabets in
der ersten Hälfte des 2. Jahrtausends v. Chr. seinen Anfang nahm. So gibt es zweifellos Einflüsse des hieroglyphischen Schriftsystems sowie der Keilschrift und der
Silbenschrift des Linear B; umstritten aber ist, wie diese Einflüsse zu gewichten
sind und ob es sich letztendlich nicht doch um eine Neuschöpfung handelt (vgl.
dazu ausführlich Földes-Papp 1987:101–107).

Alfred Schmitt äußert sich zum Problem der Monogenese bzw. Polygenese wie
folgt:

> Daß ohne solche Anstrengung und Ermutigung von außen her eine Glottographie aus
> selbständiger Urerfindung geschaffen wird, ist also wohl nur möglich durch ein Zusam-
> mentreffen außergewöhnlich glücklicher Umstände. Ich bin daher überzeugt, daß dies
> nur ganz selten geschehen ist, wahrscheinlich überhaupt nur ein einziges Mal.
>
> A. Schmitt (1980:325)

---

86 Eine tabellarische Übersicht zu den wichtigsten Stationen der Schriftentwicklung im
    Vorderen Orient, in Europa und in Südasien findet sich bei Haarmann (2002).

Schmitt zitiert seinerseits Friedrich (1966), der die gegenteilige Meinung vertritt:

> Der Drang nach Mitteilung war im Altertum wie heute überall selbständig da, und so
> wie heute die primitiven Schriftvorstufen überall selbständig entstehen, so wird es auch
> in der Vorzeit gewesen sein.   Friedrich (1966:173), zitiert nach Schmitt (1980:322)

Schmitt merkt kritisch an, dass Menschen zweifellos überall selbständig zur Semasiographie gelangen konnten. Das bedeute aber nicht, dass dieser Drang nach
Mitteilung sie auch dazu führte, die sprachliche Formulierung graphisch festhalten zu wollen. Denn genau darin bestehe das Revolutionäre der Schrift: in der
Erkenntnis, dass mit visuellen Zeichen auch die lautliche Form wiedergegeben
werden kann.

Die Frage, ob sich der Übergang von der Semasiographie zur Glottographie
mehrfach oder nur einmalig vollzog, kann hier nicht beantwortet werden; fest
steht, dass es sich dabei um einen Prozess handelt, der sich über mehrere Stufen entwickelte: von der gegenständlichen Abbildung über die Wortschrift zur
Silbenschrift und Alphabetschrift. Kennzeichnend für die Entwicklung ist die
zunehmende Tendenz zur phonographischen Darstellung, die in einer Alphabetschrift mit Vokal- und Konsonantenzeichen ihren Endpunkt erreicht hat. Beim
Leser sollte nun aber nicht der Eindruck entstehen, das Alphabet stelle qualitativ
die höchste Stufe einer Entwicklung dar. Das Alphabet ist zwar der abstrakteste,
einfachste und leistungsfähigste Schrifttyp; all dies besagt aber nicht, dass es das
für alle Sprachen optimale ist (vgl. Coulmas 1981:34). Mit Recht weist H. Glück
(1987:146f.) darauf hin, dass es keine Veranlassung gebe, die Alphabetschrift als
den »höchstentwickelten Strukturtyp« zu betrachten (vgl. auch Glück 2001). Und
auch Alfred Schmitt schreibt:

> Wir, an unsere Buchstabenschrift gewöhnt, halten den Übergang von der Wortschrift
> zur Silbenschrift für eine im Wesen der Dinge liegende, also ziemlich einfache und na-
> heliegende Sache und für ziemlich ebenso einfach und naheliegend den weiteren Über-
> gang von der Silbenschrift zur Lautschrift.   A. Schmitt (1980:4)

Schmitt führt weiter aus, dass die Lautschrift (besser: die Alphabetschrift) nicht
das naturgemäße Endergebnis einer Entwicklung sei. Es habe vielmehr eine große
Ausnahme fast die ganze Welt erobert, »deshalb halten wir sie jetzt für das Nor-
male und Naturgemäße« (Schmitt 1980:6).

Zur Vertiefung

Földes-Papp 1987: reich illustrierte Darstellung zur Geschichte der Schrift (mit 242 Abbildungen)
Haarmann 1991: umfassende Dokumentation zur Schriftgeschichte im kultur- und sozialgeschichtlichen
    Kontext
Haarmann 2002: knapper, leicht lesbarer Überblick über die Geschichte der Schrift
Ludwig 1994: Überblick zur Geschichte des Schreibens von den Anfängen der Schrift bis zu ihrer Di-
    gitalisierung
Ludwig 2005: Darlegung der Geschichte des Schreibens (als produktive Tätigkeit) von der Antike bis
    zum Buchdruck
Schmitt 1980: Überblick über die Geschichte der Keilschrift, der ugaritischen Schrift, der altpersischen
    Keilschrift, der indischen, ägyptischen, phönikischen und griechischen Schrift

4   Graphematik

Schrift ist Sprachanalyse.   F. Coulmas (1981:25)

4.1   Zur Unterscheidung von Graphematik und Orthographie

Jede alphabetisch verschriftete Sprache weist auf der untersten Komplexitätsstufe
zwei Beschreibungsebenen auf: die Phonem- und die Graphemebene. Diese Grund-
ebenen werden in zwei Teildisziplinen der Sprachwissenschaft untersucht, in der
Phonologie und in der **Graphematik** (auch: Graphemik). An dieser Stelle sei zunächst eine vorläufige Definition beider Disziplinen gegeben:

(1)

Gegenstand der Phonologie sind die Grundeinheiten des Lautsystems und die Regeln
zu ihrer Verknüpfung, Gegenstand der Graphematik sind die Grundeinheiten des Schriftsystems und die Regeln zu ihrer Verknüpfung.

Eine Bedeutung kommt den Grundeinheiten der Phonem- und Graphemebene
nicht zu. Sie haben nur eine bedeutungsunterscheidende, keine bedeutungstragende Funktion. Darin liegt der Unterschied zu den sprachlichen Einheiten auf morphologischer, lexikalischer und syntaktischer Ebene. So weist der Anlaut des
Wortes *Haus*, das Phonem /h/, nur eine Ausdruckseite auf. Mit der Form ist eine
bestimmte Funktion verbunden, nicht aber ein Inhalt. Dies gilt ebenso für den
ersten Buchstaben des Wortes *Haus*, für das Graphem <h>. Wie in Kap. 2 gezeigt
wurde, ist dies in einer logographischen Schrift wie dem Chinesischen anders.
Die chinesischen Hanzi stellen eine Verbindung von Inhalts- und Ausdrucksseite
her. Sie sind bilateral (vgl. zur Unterscheidung von Unilateralität und Bilateralität
Nerius/Scharnhorst 1980 und Nerius et al. 2000).

Für ein alphabetbasiertes Schriftsystem wie das Deutsche liegt der Schluss nahe,
dass die Graphematik gewissermaßen das Gegenstück zur segmentalen Phonologie darstellt.[87] Eine Definition, die auf eben dieser Annahme beruht, findet sich im
»Lexikon der Sprachwissenschaft«, herausgegeben von Hadumod Bußmann:

Graphemik [Auch: Graphematik]. Wissenschaft von den distinktiven Einheiten des
Schriftsystems […]. Bei Alphabetschriften basiert G. auf Grund der Korrelationen zwi-

---

87 Die segmentale Phonologie geht in der Analyse von (Laut-)Segment zu Segment vor.
    Die suprasegmentale Phonologie beschreibt Regularitäten, die nicht einzelne Lautseg-
    mente, sondern Kombinationen von Lauten betreffen.

schen gesprochener und geschriebener Sprache weitgehend auf den Analysemethoden der Phonologie.   H. Bußmann (2002³:264)

Auch in einer neueren Arbeit mit dem Titel »Die Graphematik des Deutschen«, verfasst von Martin Neef, wird dieser Standpunkt vertreten. So ist im einführenden ersten Kapitel zu lesen, dass die Graphematik derjenige Teilbereich des Schriftsystems sei, »der die Beziehungen von schriftlichen Formen und phonologischen Repräsentationen betrachtet« (Neef 2005:8), und in den folgenden Abschnitten werden denn auch nur solche Phänomene diskutiert, die in den Bereich der Buchstaben-Laut-Korrespondenzen fallen.

Im vorliegenden Buch schließe ich mich dieser Auffassung nicht an. Ich werde die Graphematik nicht als Gegenstück zur segmentalen Phonologie betrachten, sondern als eine linguistische Disziplin, die sich auf die segmentalen *und* die suprasegmentalen Einheiten des Schriftsystems bezieht. Einbezogen werden also auch die Morphem-, die Wort-, die Satz- und die Textebene. Dass der Gegenstand der Graphematik so weit gefasst werden sollte, hat Peter Eisenberg bereits 1989 betont. Er schreibt:

> Als Heuristik bietet es sich an, eine Graphematik analog zur Phonologie aufzubauen. Es gäbe dann eine segmentale Graphematik analog zur segmentalen Phonologie, eine mit der Silbe befaßte Graphematik analog zur Silbenphonologie und eine lexikalische (Morphographemik) analog zur lexikalischen Phonologie, und natürlich reicht die Graphematik auch in die Syntax hinein.   P. Eisenberg (1989:59)

Worin nun unterscheiden sich Graphematik und Orthographie? Liest man das Vorwort von Manfred Kohrt zu seiner grundlegenden Arbeit »Theoretische Aspekte der deutschen Orthographie«, dann entsteht der Eindruck, es handle sich dabei um Synonyme. Kohrt beklagt hier, dass die linguistische Beschäftigung mit der Orthographie des Deutschen lange Zeit nicht als ›hoffähig‹ galt und »in neueren wissenschaftlichen Arbeiten lieber von ›Graphematik‹, ›Schriftsystem‹ usw. gesprochen wird als von ›Orthographie‹« (Kohrt 1987:XI). Kohrt ist inhaltlich zuzustimmen, irreführend ist aber die dem Leser nahe gelegte Gleichsetzung von Graphematik und Orthographie. Beide Disziplinen sind zwar mit der Formseite der geschriebenen Sprache befasst (i. e. mit der medialen Schriftlichkeit), doch unterscheiden sie sich in einem wesentlichen Punkt: In der Graphematik geht es um die Beschreibung des Schriftsystems, in der Orthographie um die Normierung des Schriftsystems. In einem Sammelband aus dem Jahr 1985, der den Titel »Graphematik und Orthographie« trägt, wird dieser Unterschied deutlich herausgestellt:

> Die Graphematik ist die Wissenschaft vom Schriftsystem einer Sprache [...]. Orthographie ist eines ihrer Teilgebiete, die Lehre von der (amtlich) normierten Schreibung der Standardsprache.   G. Augst (1985, letzte Umschlagseite)

Beziehen wir diese Aussage auf den hier zugrunde gelegten Begriff von Graphematik, dann können wir festhalten: Die Graphematik als die Wissenschaft vom Schriftsystem einer Sprache beschreibt die Regularitäten des Schriftsystems auf segmentaler und suprasegmentaler Ebene. Diese Regularitäten finden, wie Peter Eisenberg (2004:303) feststellt, »ihre empirische Basis im Schreibusus, d. h. darin, wie tatsächlich geschrieben wird«. Allerdings ist hier mit Neef (2005:10) kritisch anzumerken, dass sich die Menge der möglichen Schreibungen nicht aus den empirischen Beobachtungen des tatsächlichen Schreibgebrauchs ergibt, sondern aus theoretischen Überlegungen. So sind <Val> und <Vahl> theoretisch mögliche Schreibungen für das Meeressäugetier, das im Deutschen als *Wal* bezeichnet wird, auch wenn beide Schreibungen für dieses Wort nicht im Gebrauch sind. Zu unterscheiden ist nach Martin Neef also zwischen den theoretisch möglichen und den tatsächlich realisierten Schreibweisen eines Wortes. Neef führt weiter aus: »Die Graphematik definiert [...] einen Lösungsraum möglicher Schreibungen für Lautungen, die als Wort fungieren. Dieser Lösungsraum kann möglicherweise genau ein Element umfassen, zweifelsohne aber auch eine größere Menge von Schreibungen« (Neef 2005:11f.).

Im Falle von *Wal* umfasst dieser Lösungsraum, wie wir gesehen haben, mehrere mögliche Schreibungen, doch nur eine davon ist die orthographisch zulässige. Dies freilich schließt nicht aus, dass, wie Neef (2005:12) schreibt, »in gewissem Umfang Schreibvarianten möglich sind«. Dabei handelt es sich zum einen um in der Orthographie kodifizierte Schreibvarianten (vgl. <Thunfisch> und <Tunfisch>), zum anderen um Varianten einer orthographisch zulässigen Form (vgl. <Wal>, <WAL>). Dass diese Schreibvarianten unterschiedlichen Kategorien angehören, liegt auf der Hand; Neef betont auch zu Recht, dass Erstere relativ selten seien, Letztere dagegen sich prinzipiell für jedes Wort finden lassen.

Wie wir an diesen Überlegungen sehen, eignet sich Neefs Ansatz, um den Unterschied zwischen Graphematik und Orthographie deutlich zu machen. Aus diesem Grunde wurde er knapp referiert, auch wenn die Graphematikdefinition weiter gefasst ist. Halten wir abschließend – in Anlehnung an Neef (2005) – fest: Die Graphematik erfasst die für ein Wort theoretisch möglichen Schreibungen, die Orthographie legt fest, welche davon als korrekt zu gelten haben. Nur Letztere sind es, die dem Schreiber als externe Normen (vgl. dazu Kohrt 1987) vorgegeben werden. De jure bauen die normativen Festlegungen in der Orthographie also auf den in der Graphematik gewonnenen Erkenntnissen auf. De facto ist es aber nicht immer so, wie die wissenschaftliche Diskussion zur Rechtschreibreform zeigt (s. Kap. 5).

Noch ein Wort zum weiteren Aufbau des Kapitels: In Abschn. 4.2 werden Phonem- und Graphemebene in Beziehung gesetzt, und es wird dargelegt, wie die hier zu beobachtenden Regularitäten in Abhängigkeit zur Silbenstruktur stehen. In Abschn. 4.3 steht die Morphemschreibung im Mittelpunkt. Dabei geht es um solche Schreibweisen, die die Graphem-Phonem-Silbe-Ebene überlagern. In diesem Zusammenhang werden die beiden konstitutiven Prinzipien der Schreibung erläutert. Abschn. 4.4 ist Aspekten der Wort(gruppen)schreibung gewidmet. Zwei Bereiche werden hier behandelt: die Groß- und Kleinschreibung sowie die Getrennt- und Zusammenschreibung. Abschn. 4.5 legt den Schwerpunkt auf die Interpunktion, verweist also von der Satz- auf die Textebene. Ausgeklammert bleiben die sog. Hilfszeichen, da diese auf die Wortebene Bezug nehmen. Dazu gehören der Apostroph (vgl. *Carla's Blumenstube*), der Ergänzungsstrich (vgl. *be- und entladen*), der Abkürzungspunkt (vgl. *vgl.*), der Schrägstrich (vgl. *Lehrer/Lehrerinnen*), der Bindestrich (vgl. *die 68-er-Generation*) und der Trennstrich (vgl. *kom-men*).[88] Abschließend werden nach einer knappen Zusammenfassung Beispiele für graphematische Formen gegeben, deren augenfälliges Kennzeichen es ist, dass sie gerade nicht der orthographischen Norm entsprechen.

4.2   Definitionen

Einige wichtige Begriffe wurden im Vorangehenden schon verwendet (Phonem, Graphem), doch wurde dabei stets an das intuitive Begriffsverständnis angeknüpft. Nun sollen die hierfür in der Sprachwissenschaft gegebenen Definitionen nachgetragen werden. Erläutert werden die Begriffe a) Graphem (in Abgrenzung zu Phonem), b) Buchstabe (in Abgrenzung zu Graphem) und c) Allograph (in Abgrenzung zu Allophon). Es wird sich zeigen, dass mit den Definitionen verschiedene Forschungsperspektiven verbunden sind, die in der Literatur kontrovers diskutiert werden. Insofern geht es hier nicht nur um eine terminologische Klärung, sondern auch um einen Einblick in aktuelle Forschungsdebatten.

4.2.1   Graphem – Phonem

Die Definition von Graphem ist in der Forschung umstritten. Einigkeit besteht zwar darüber, dass wesentliche Gemeinsamkeiten zwischen Graphemen und Phonemen bestehen. So wird das **Phonem** definiert als die kleinste segmentale Einheit des Lautsystems, das **Graphem** analog dazu als die kleinste segmentale Einheit des Schriftsystems (vgl. Eisenberg 2005:66). Umstritten ist aber die Stellung der graphematischen Ebene im Sprachsystem. Sind Lautsystem und Schriftsystem relativ autonome Bereiche, die zwar interagieren, aber prinzipiell unabhängig voneinander sind? Oder hängt das Schriftsystem vom Lautsystem, das Graphem vom Phonem ab? Diese Frage knüpft an die bereits vorgetragene Gegenüberstellung von Autonomie- und Dependenzhypothese an. Während sich die Argumentation in Kap. 1 aber generell auf das Verhältnis von gesprochener und geschriebener Sprache bezog, geht es nun um das Verhältnis beider auf sprachsystematischer Ebene. Damit wird der Tatsache Rechnung getragen, dass die Diskussion um Autonomie und Dependenz nicht nur allgemeine Fragen rund um das Phänomen Schrift aufgreifen sollte, sondern, wie Jacobs (2005:163) es einfordert, auch »die für Schriftsysteme konstitutiven Gesetze« einbezieht.

---

88 Der interessierte Leser sei in diesem Zusammenhang auf die Arbeiten von Bernabei (2003) und Klein (2002) verwiesen, die exklusiv den Bindestrich (Bernabei) resp. Apostroph (Klein) zum Thema haben.

Kommen wir nun also zu der Frage, worin sich die beiden Ansätze auf schrift-
systematischer Ebene unterscheiden. Grundsätzlich ist festzuhalten: Die Dependenzhypothese besagt, dass die graphematische Form eines Wortes aus seiner
phonologischen Form ableitbar sei (vgl. Ossner 2001). Die Autonomiehypothese
stellt dem entgegen, dass die graphematische Form eigenen Gesetzmäßigkeiten
unterliege und ohne Bezug zur Phonologie definiert werden müsse. Dies schließe
nicht aus, dass es gleichwertige Korrespondenzen zwischen den beiden sprachlichen Ausdrucksformen gebe (vgl. die Replik von Neef/Primus 2001 auf Ossner
2001).[89] So schreibt Primus (2003:5): »Korrespondenzregeln zwischen der graphematischen und phonologischen Repräsentation werden in einem solchen Modell
berücksichtigt, ohne den phonologisch basierten Korrespondenzen einen Sonder-
status zuzuordnen.« Primus bezeichnet in ihren neueren Arbeiten diesen Ansatz
denn auch nicht mehr als Autononomie-, sondern als Korrespondenzhypothese.
Hingewiesen sei auch darauf, dass es in der Diskussion um den Status von Autonomie und Dependenz noch eine weitere Position gibt, die von Neef (2005) und
Neef/Primus (2001) als »Ableitbarkeitshypothese« bezeichnet wird. Diese Position
ist der Dependenzhypothese zuzuodnen (vgl. in kritischer Diskussion dazu Neef
2005:6f.).

Der Unterschied zwischen beiden Auffassungen zeigt sich u. a. in der Definition
von Graphem. Die dependenzielle Definition nimmt Bezug auf das Phonem (vgl.
2a). Die Definition der ›Autonomisten‹ (= Korrespondenztheoretiker) kommt ohne
Rückbezug auf das Lautsystem aus (vgl. 2b). Die beiden Definitionen werden im
Folgenden gegenübergestellt.

(2)

> **Graphemdefinitionen**
>
> a. Das Graphem stellt (in Alphabetschriften) die schriftliche Repräsentation des Pho-
> nems dar.
> b. Das Graphem ist »die kleinste bedeutungsunterscheidende Einheit des Schriftsys-
> tems einer Sprache« (Günther 1988:77).

Die Diskussion um eine adäquate Fassung des Graphembegriffs ist nicht neu. Sie
wurde bereits in den 80er Jahren zwischen der Forschungsgruppe Orthographie
(vgl. Nerius/Scharnhorst 1980, Nerius et al. 2000) und den Mitgliedern der Studiengruppe Geschriebene Sprache geführt (vgl. August 1985, August 1991, Eisenberg/

---

89 Primus führt an anderer Stelle psycholinguistische Evidenz an, um ihren Standpunkt zu
belegen: »Untersuchungen aus dem Bereich der Neurolinguistik bringen Hinweise, daß
die schriftbasierten visuellen und lautbasierten auditiven Verarbeitungsprozesse unabhängig voneinander gestört sein können« (Primus 2000:11, vgl. auch Primus 2003:5).
Außerdem werde beim Lesen nicht immer phonologisch rekodiert. Ossner (2001a:381)
argumentiert konträr dazu, dass »vor allem die Befunde aus der Psychologie, die der
phonologischen Bewusstheit die höchste Vorhersagekraft beim Rechtschreiberwerb zu-
messen […],« für einen phonographischen Ansatz sprechen.

Günther 1989, Stetter 1990). Hartmut Günther (1988) fasst die wichtigsten Argumente, die gegen eine phonembezogene Graphemdefinition sprechen, zusammen. Unter anderem schreibt er: »Was da als Graphem bezeichnet wird, ist doch nichts als die schriftliche Bezeichnungsweise eines Phonems. [...] Ich glaube nicht, daß es ein theoretisches Interesse an den so bezeichneten Einheiten gibt; immerhin wäre so aber zumindest die Struktur der im Bereich der Phonologie üblichen Bezeichnungen gewahrt« (Günther 1988:76). Günther bringt in diesem Zusammenhang die Hoffnung zum Ausdruck, dass die Diskussion um den theoretischen Status des Graphems nunmehr abgeschlossen sei. Dem ist nicht so. Auch was die gegenwärtige Situation betrifft, lässt sich feststellen, dass das Verhältnis von Graphematik und Phonologie, Graphem und Phonem umstritten ist (s. Neef/Primus 2001 vs. Ossner 2001 und 2001a).

Ohne die Argumente der Autonomisten im Einzelnen ausführen zu können, wird in den folgenden Ausführungen die autonomiebasierte Definition in (2b) zugrunde gelegt. Dies schließt nicht aus, dass Phonem und Graphem wie folgt miteinander in Beziehung gesetzt werden können: So, wie das Phonem die kleinste bedeutungsunterscheidende Einheit des Lautsystems ist, ist das Graphem die kleinste bedeutungsunterscheidende Einheit des Schriftsystems.

Eine solche Parallelisierung gilt freilich nur für Alphabetschriften, nicht für logographische und syllabische Schriften, deren Struktureinheit das Wort- bzw. Silbenzeichen ist. Hier sind die kleinsten bedeutungsunterscheidenden Einheiten des Schriftsystems (die Syllabogramme bzw. Logogramme) komplexer als die kleinsten bedeutungsunterscheidenden Einheiten des Lautsystems (die Phoneme). Alphabetschriften hingegen beruhen auf dem Prinzip einer direkten Korrespondenz von Lautstruktur und Schriftstruktur – was nichts daran ändert, dass beide unabhängig voneinander untersucht werden können. Denn, so formulieren es Butt/ Eisenberg (1990:35) in ihrem Plädoyer für die Autonomie der Graphematik, »Gemeinsamkeiten und die jeweiligen Besonderheiten der beiden Materialisierungen von Sprache sind auf diese Weise am ehesten genau und vollständig zu ermitteln und zu verstehen.«

4.2.2   Buchstabe – Graphem

Setzen wir die Begriffserläuterungen mit einem Beispiel fort: Die Sequenz <sch> besteht aus drei Buchstaben, sie stellt aber nur ein Graphem dar. Weitere solche Buchstabenverbindungen, die im Deutschen als Grapheme auftreten, sind <qu> und <ch>. Es sind so genannte **Mehrgraphen** (genauer: Digraphen). Mit dem Terminus **Graph** wird – analog zum Terminus **Phon** – die schriftliche (vs. lautliche) Realisierung eines Segments bezeichnet. Nur wenn es sich bei dieser Realisierung um eine bedeutungsunterscheidende Einheit handelt, spricht man von einem Graphem (resp. Phonem). Beispielsweise unterscheiden sich die Wörter *mein* und *dein* nur im ersten Segment. Bei diesen handelt es sich um Grapheme. An dieser Stelle sei darauf hingewiesen, dass die Unterscheidung von Buchstabe und Graphem nicht in allen Arbeiten zur Schriftlinguistik gemacht wird. So ist bei Nerius et al. (2000:103) zu lesen, dass das Wort *Schicht* »eine Folge von sieben Buchstaben (Graphemen)« sei. Nach der Analyse, der hier gefolgt wird, besteht das Wort *Schicht* zwar aus sieben Buchstaben, aber aus nur vier Graphemen, <sch>, <i>, <ch> und <t>.

Zu den Graphemen zählen Nerius et al. (2000:107) sowohl Buchstaben als auch »Nichtbuchstaben«, d. h. Satzzeichen, Zahlen und andere Logogramme (z. B. &, §, +). Folgt man hingegen Eisenberg, Günther u. a., dann gilt:

1. Nur Buchstaben gehören zur Klasse der Grapheme.
2. Nicht jeder Buchstabe stellt ein Graphem dar.
3. Nicht jedem Graphem entspricht genau ein Buchstabe.

Wie ermittelt werden kann, ob es sich bei einem Buchstaben bzw. einer Buchstabenkombination um ein Graphem handelt, wurde eben schon angedeutet. Man bildet Minimalpaare, sucht also bedeutungsverschiedene Wörter, die sich an gleicher Position unterscheiden. Hierzu gehören Wörter wie <fein>, <rein> und <sein>. Tauscht man den ersten Buchstaben aus, führt dies zu einem Bedeutungsunterschied, <f>, <r> und <s> sind also Grapheme. Nimmt man noch das Wort <Schein> hinzu, stellt man fest, dass zur Herstellung eines Bedeutungsunterschieds die Buchstabenkombination <sch>[90] nur als Ganzes ausgetauscht werden kann, nicht einer der drei Buchstaben. Auch bei <sch> handelt es sich also um ein Graphem. Analog dazu lässt sich ein solches Verfahren auch auf lautlicher Ebene durchführen: [bal] und [fal] bilden Minimalpaare, /b/ und /f/ sind folglich Phoneme. Die über die Minimalpaarmethode ermittelten Grapheme werden in spitze Klammern gesetzt, die Phoneme in Schrägstriche. Die konkrete lautliche Realisierung dieser Phoneme hängt von verschiedenen Faktoren ab (lautliche Umgebung, regionale Herkunft des Sprechers etc.). Sie wird in eckigen Klammern angezeigt.

4.2.3   Allograph – Allophon

Allophone stellen unterschiedliche lautliche Realisierungen eines Phonems dar. So unterscheidet sich die regionale Aussprache des Wortes *rot* mit Zungenspitzen- oder Zäpfchen-[r] erheblich, ein Bedeutungsunterschied entsteht dadurch aber nicht. Bei den beiden [r]-Lauten handelt sich also um zwei Varianten ein und desselben Phonems, um zwei Allophone. Eine solche Variation ist im Deutschen auch dann gegeben, wenn ein Konsonant im Anlaut aspiriert wird (vgl. [tʰaːl] versus [taːl]). Auch die komplementäre Verteilung des sog. *ich*-Lautes und *ach*-Lautes fällt hierunter (vgl. die Aussprache der Wörter *ich, Milch* und *Dach*: [ɪç], [mɪlç] und [dax]). In diesem Fall ist die Allophonie durch die lautliche Umgebung bedingt. Im Standarddeutschen wird nach Vordervokalen und Konsonanten der *ich*-Laut gesprochen, nach Hintervokalen der *ach*-Laut. Die Schreibung bildet diesen Kontrast nicht ab. Obwohl der Auslaut der Wörter *Dach* und *dich* unterschiedlich

---

90 Die Groß- und Kleinschreibung kann hier unberücksichtigt bleiben.

gesprochen wird, steht dasselbe Graphem. Mit anderen Worten: Nicht-bedeutungs-
unterscheidende lautliche Kontraste werden graphematisch nicht gekennzeichnet
(vgl. Primus 2000:12). Allerdings wäre es falsch, im Umkehrschluss anzunehmen,
dass distinkte lautliche Kontraste stets gekennzeichnet würden. So zeigt das Beispiel *Vase* vs. *Vater*, dass der hier bestehende Kontrast im Anlaut graphisch nicht
wiedergegeben wird.

Analog zu Allophonen spricht man von **Allographen**. Darunter fasst man die
schreibtechnischen Varianten eines Graphems (z. B. Druckbuchstaben-<a> vs.
Schreibschrift-<ɑ>), aber auch die Varianten einer graphematischen Form (z. B.
Orthographie vs. *Orthografie*). Auch die Groß- und Kleinschreibung wird dazu
gerechnet. So schreibt Günther (1988:86): »Jedes deutsche Graphem hat zwei Allographen, nämlich die Minuskel (der unmarkierte Fall [...]) und die Majuskel.«
Diese Form der Allographie ist im Gegenwartsdeutschen syntaktisch-funktional
bedingt. Bei Schreibungen wie *Orthographie/Orthografie* hingegen handelt es
sich um eine freie Variation. Auch wenn nach der Neuregelung eine der beiden
Varianten als die empfohlene Schreibweise gilt (vgl. Kap. 5), ist es dem Schreiber
frei gestellt, welche er verwendet. Im Folgenden wird auf den Begriff Allograph
verzichtet, weil darunter Phänomene subsumiert werden, die auf unterschiedlichen Ebenen liegen. Wie die Beispiele zeigen, werden sowohl schreibtechnische
als auch funktionale Varianten als Allographen bezeichnet.

4.3   Die Graphem-Phonem-Ebene

4.3.1   Graphem-Phonem-Korrespondenzen

In diesem Abschnitt geht es um die (Ir-)Regularitäten der Graphem-Phonem-
Beziehung. Wie bereits betont, sind es die Grapheme, nicht die Buchstaben, die
als distinktive Einheiten im Schriftsystem zu klassifizieren sind. Um das deutsche **Grapheminventar** zu bestimmen, reicht es also nicht aus, die Buchstaben
des lateinischen Alphabets zu benennen. Es muss festgestellt werden, welche dieser Buchstaben im deutschen Schriftsystem bedeutungsunterscheidend sind. Nur
diese gehören zum Grapheminventar. In (3) ist der Graphembestand des Deutschen
wiedergegeben (vgl. Eisenberg 2005:306). Dabei handelt es sich nur um solche
Grapheme, die regelmäßig zur Schreibung deutscher Wörter verwendet werden.
Die Fremdwort-Graphie bleibt ausgeklammert.

Das Graphem <y> fehlt in dieser Übersicht, da es nur in fremdsprachigen Wörtern (vgl. *Typologie*) und in Eigennamen (vgl. *Bayern*) auftritt. Dasselbe gilt für
<c>. Dieser Buchstabe kommt in deutschen Wörtern nur in Verbindung mit <k>
oder <h> vor, stellt also kein eigenständiges Graphem dar, das mit einem anderen
Graphem kontrastieren würde (vgl. Günther 1988:82f.).

Auch <x> und <v> werden in (3) nicht aufgeführt. Diese Grapheme sind, so
erläutert Eisenberg (2004:306f.), im Kernwortschatz markiert: <v> trete anstelle
von <f> in Wörtern wie *Vogel* auf, <x> anstelle von <chs> in Wörtern wie *Hexe*.

(3)

Das deutsche Grapheminventar	
Vokalgrapheme:	<a>, <e>, <i>, <ie>, <o>, <u>, <ä>, <ö>, <ü>
Konsonantengrapheme:	<p>, <t>, <k>, <b>, <d>, <g>, <f>, <w>, <s>, <ß>, <j>, <h>, <m>, <n>, <l>, <r>, <qu>, <ch>, <sch>, <z>

vgl. Eisenberg (2004:306)

Eisenberg ordnet <v> und <x> zwar nicht dem Grundbestand zu, weist aber darauf hin, dass diese Auffassung umstritten sei. Interessanterweise zählt er sie an anderer Stelle zu den Graphemen, mit denen der heimische Wortschatz erfasst wird (vgl. Eisenberg 2005:67). Es ist im Einzelfall also nicht evident, welche Buchstaben tatsächlich zum deutschen Grapheminventar gehören. Drei Kriterien sind zu berücksichtigen: a) Die grundsätzliche Frage lautet, ob sich durch den Austausch des Buchstabens ein Minimalpaar bilden lässt, denn nur dann handelt es sich überhaupt um ein Graphem (zu den problematischen Fällen siehe Günther 1988:82–85). b) Als nächstes ist zu überprüfen, ob das Graphem zur Schreibung deutscher Wörter oder zur Schreibung fremdsprachiger Wörter verwendet wird (vgl. <é> in *Résumé*). c) Und schließlich stellt sich die Frage, ob es sich dabei um eine markierte oder eine unmarkierte Schreibung handelt. Dies wiederum richtet sich nach der Vorkommenshäufigkeit.

Wie auch immer die Frage beantwortet wird, welche Grapheme zum Grundinventar gehören, eines steht fest: Den ca. 40 Phonemen im Deutschen stehen weniger als 40 Grapheme gegenüber. Schon aus diesem Grunde kann es keine Eins-zu-Eins-Entsprechung zwischen Graphem und Phonem geben. Nichtsdestotrotz lassen sich Graphem-Phonem-Korrespondenzregeln (GPK-Regeln) aufstellen. Solche GPK-Regeln geben an, »welches Segment des Geschriebenen einem bestimmten Phonem im Normalfall entspricht« (Eisenberg 2005:68). So entspricht dem stimmhaften Phonem /z/ das Graphem <s>, dem ungespannten Phonem /a/ das Graphem <a> (vgl. *Kamm*), dem gespannten /ɑ/ ebenfalls das Graphem <a> (vgl. *kam*).[91] Ein Ausschnitt aus den GPK-Regeln für das Deutsche wird im Folgenden gegeben:

(4)

Beispiele für Graphem-Phonem-Korrespondenzregeln	
Konsonanten	Vokale
/p/ → <p> /s/ → <ß> /z/ → <s>	/ɑ/ → <a> /a/ → <a> /i/ → <ie>

---

91 Ungespannte Vokale werden mit einer geringeren Anspannung der Zungenmuskulatur und weiter im Mundinnern artikuliert. Ungespannte Vokale sind immer kurz, gespannte sind meist lang.

GPK-Regeln dieser Art wurden bereits von Manfred Bierwisch in seinem Aufsatz »Schriftstruktur und Phonologie« aufgestellt (vgl. Bierwisch 1972) und von Manfred Kohrt in seiner Habilitationsschrift kritisch diskutiert (vgl. Kohrt 1987:27– 42).

Anders als Bierwisch (1972) und Kohrt (1987) versteht Peter Eisenberg die GPK-Regeln nicht als Ableitungsregeln, deren Aufgabe es ist, Phoneme in Grapheme zu überführen. Eisenbergs Regeln sind Korrespondenzregeln, keine »Graphemgenerierungsregeln« (Butt/Eisenberg 1990:47). Insofern stehen sie nicht im Widerspruch zu der Tatsache, dass die Zuordnungen nicht immer zutreffen. Zwar ergibt sich über GPK-Regeln in vielen Fällen die orthographisch korrekte Schreibung (vgl. *blau, Tisch*), doch hängt der »Normalfall« eben auch von solchen Faktoren ab, die nicht auf der Phonem-Graphem-Ebene liegen. Es sind dies die Eigenschaften, die sich auf die suprasegmentale phonologische Ebene beziehen. Diese sind Gegenstand des nächsten Abschnitts.

4.3.2   Die Silbenstruktur

Eine zentrale Rolle für die folgenden Überlegungen spielt das Konzept der **Schreibsilbe** (vgl. Eisenberg 1989, Butt/Eisenberg 1990, Eisenberg 2004, Eisenberg 2005). Schreibsilben sind graphematische »Struktureinheiten, die keine Morpheme sind und deren Umfang ungefähr dem der Silbe im Gesprochenen entspricht« (Eisenberg 1989:63). Allerdings sei hier schon angemerkt, dass die Annahme einer solchen eigenständigen graphematischen Form umstritten ist. So spricht sich Jakob Ossner (2001a) gegen dieses Konstrukt aus, da es auf graphematischer Ebene keine Evidenz für ein »suprasegmentales Clustern« gebe. In diese Richtung argumentieren auch Nerius et al. (2000:128f.): Bei Silben handle es sich ausschließlich um phonische Gebilde, »die als solche nicht in der Schreibung erscheinen können«. Die mit Silben korrespondierenden Graphemfolgen werden bei Nerius et al. (2000) denn auch nicht als ›Schreibsilben‹, sondern als ›graphische Silbenäquivalente‹ bezeichnet.

Welche Gründe sprechen dafür, dennoch eine solche strukturelle Einheit auf graphematischer Ebene anzunehmen? Eine Reihe von Argumenten werden von Neef/Primus (2001:371–375) sowie Primus (2003) vorgetragen. In diesen Aufsätzen finden sich auch Hinweise auf weiterführende Literatur. Ich beziehe mich im Folgenden auf die Arbeiten von Eisenberg (2005) und Butt/Eisenberg (1990). Danach unterliegt die Gestaltung der Schreibsilbe eigenen Regularitäten. Betrachten wir, um dies anschaulich zu machen, ein vereinfachtes Beispiel, die Schreibung von /ʃ/ im Silbenanfangsrand. Nach den GPK-Regeln müsste das Phonem /ʃ/ in Wörtern wie *Strich* oder *Splitter* mit <sch> geschrieben werden. Daraus allerdings würden sich komplexe Silbenanfangsränder vom Typ <schtr> oder <schpl> ergeben. Eine solche Überlänge wird im Schriftbild vermieden. Dies ist nach Eisenberg (2005:71) der Grund dafür, dass das Phonem /ʃ/ vor /t/ und /p/ durch das Graphem <s> wiedergegeben wird. Die Schreibung <str> und <sp> dient also als optisches

Ausgleichsmittel. Es erleichtert das Lesen: »Das Geschriebene strebt danach, die Silben gleich lang zu machen. [...] Das Auge lernt bald, solche festen Muster zu erkennen und damit die silbenstrukturelle Information zu erschließen« (Eisenberg 2005:71).

Dem freilich halten Nerius et al. (2000:128) entgegen, dass Lesen heute in der Regel ein stilles Lesen sei, beim geübten Leser also keine Rückführung von der Schreibung auf die Lautung, kein phonologisches Rekodieren erfolge. Insofern erweise sich Eisenbergs Auffassung, die graphische Gestaltung der Silbe erleichtere die Aufnahme geschriebener Sprache, »als wenig tragfähig«. Andererseits kann gerade die Tatsache, dass stilles Lesen beim geübten Leser unabhängig von der phonologischen Struktur des Wortes geschieht, als Argument für Eisenbergs Analyse angeführt werden. Es geht ja nicht darum, dass das laute Lesen durch die Silbengestalt erleichtert wird, sondern dass die Worterkennung dadurch schneller möglich ist.

Ein zweiter Fall, der deutlich macht, dass die Graphem-Phonem-Korrespondenzen von silbenstrukturellen Regularitäten überlagert werden, ist die Schreibung des **silbeninitialen <h>**. Dieses <h> tritt in Wörtern wie *dro-hen, se-hen* und *Mü-he* auf. Es ist, wie auch das Dehnungs-<h> in *Huhn, Stuhl*, ein sog. stummes <h>. Dem Graphem entspricht an dieser Position kein Phonem. Wie ist das Auftreten dieses <h> zu erklären? Nach Eisenberg steht es, um die Silbengrenze zu markieren. Außerdem trage es – und hier kommen wir wieder zu dem Argument, dass die Schreibung im Dienst des Lesers steht – »zur visuellen Prägnanz der graphematischen Wortform« bei (2005:76). Diese Überlegung findet sich auch in früheren Arbeiten Eisenbergs. Ossner (2001:341) merkt hierzu spitz an: »Dass <h> beim Lesen hilft, ist unbestritten – hoffentlich hilft jeder Buchstabe beim Lesen«. Ossner führt weiter aus, dass statistisch nicht belegt sei, dass <Weiher> gegenüber <Eier> nicht nur »die bessere Schreibung, sondern auch die signifikant häufigere ist« (2001:342). Neef/Primus (2001) kommentieren Ossners Bemerkungen kritisch und legen ihrerseits dar, dass es silbenstrukturbasierte Beschränkungen im Schriftsystem gebe, die keine Entsprechungen im mündlichen Sprachsystem haben (vgl. Neef/Primus 2001:368–375).

Ein dritter Punkt, der für die Annahme autonomer Beschränkungen spricht, ist die Schreibung von Wörtern wie *See, Fee, Tee, Haar, Boot*. Die Verdoppelung von Vokalgraphemen zeigt hier nicht die Vokallänge an, da ein betonter Vokal in dieser Position ohnehin lang gesprochen würde. Vielmehr diene sie, so Eisenberg (2005:74), »zum Ausgleich der optischen Silbenlänge.« Die Schreibsilbe erhalte dadurch ein höheres optisches Gewicht. Primus (2000:22) weist in diesem Zusammenhang darauf hin, dass in einem Wort wie *Vieh* die Schwere der Silbe gar um zwei Gewichtseinheiten erhöht wird: durch die Vokalbuchstabendoppelung und die Dehnungsgraphie mit <h>. Das »optische Gewicht« der Schreibsilbe hängt also von der Zahl der Buchstaben ab. Je mehr Buchstaben auftreten, desto schwerer ist die Schreibsilbe.

Wie ist vor diesem Hintergrund aber zu erklären, dass Wörter mit <ii> und <uu> im deutschen Schriftsystem silbenintern nicht vorkommen (vgl. *Schuh*, nicht *Schuu*) und auch die Umlautgrapheme nicht verdoppelt werden (vgl. die Inakzeptabilität von <ää>, <öö>, <üü>)? Dies kann verschiedene Ursachen haben. Bei <ii> könnte, v. a. in der Schreibschrift, die Gefahr einer Verwechslung mit <ü> bestehen, in den anderen Fällen entstehen schwer lesbare Viererfolgen von Graphemsegmenten (Reihung von Punkten, Reihung von Strichen). Wie auch die innerhalb eines Wortstammes unzulässige Reihung von <schsch>, <chch> und <ngng> zeigt, könnten solche Schreibungen zu »Irritationen für das Auge« (Eisenberg 2005:74) führen. Davon unbenommen ist die Schreibung an der Silbengrenze (vgl. *Tischschublade, Genugtuung*), denn hier kommen solche Graphemkombinationen vor.

Ob aber tatsächlich wahrnehmungspsychologische Gründe für das restingierte Auftreten solcher Doppelschreibungen angeführt werden können, ist die Frage. So weist Neef (2005:165) darauf hin, dass im Finnischen Doppelvokalschreibungen vom Typ <ii> und <uu> sehr wohl vorkommen (vgl. <tuuli> ›Wind‹) und dies beim Lesen keine Probleme bereite. Neef verweist seinerseits auf einen Erklärungsansatz von Primus (2003:42), die argumentiert, dass <i> und <u> bereits als Zweitbestandteile in Diphthongschreibungen fungieren (vgl. <mein>, <Haus>) und dies ihren Einsatz als Zweitbestandteile bei Doppelvokalschreibungen blockiere (vgl. *Fluut). Der Begründung kann man aber nur zustimmen, wenn man sich der Prämisse anschließt, dass ein Vokalbuchstabe nur eine der beiden Funktionen wahrnehmen kann.

4.3.3   Die Schärfungsschreibung

In diesem Abschnitt geht es um die Doppelung von Konsonantengraphemen in Wörtern wie *lallen, Mutter, Stimme*. Diese wird als **Schärfungsschreibung** bezeichnet (vgl. Maas 1989, Neef 2005). Zunächst eine grundsätzliche Bemerkung:

Wie wir bereits gesehen haben, ist die Vokallänge bzw. -kürze im Deutschen distinktiv (vgl. *Kamm/kam*; *muss/Mus*, d. h. /a/ vs. /ɑ/, /ʊ/ vs. /u/). Die Schreibung des Vokals bleibt in Wörtern wie <Kamm> und <kam> aber unverändert, geschrieben wird jeweils <a>. Für die Kennzeichnung der fünf langen und fünf kurzen Vokale stehen über die GPK-Regeln also nur fünf Vokalgrapheme zur Verfügung, der bedeutungsunterscheidende Kontrast muss auf der suprasegmentalen Ebene abgebildet werden. Wie diese ›Ausweichstrategie‹ systematisch zu beschreiben ist, ist umstritten. Zwei Ansätze sollen hier vorgestellt werden: der quantitätsbasierte und der silbenbasierte Ansatz.[92]

Im **quantitätsbasierten Ansatz** wird angenommen, dass die Zahl der folgenden Konsonantengrapheme die Vokallänge anzeigt (so Nerius et al. 2000): Folgt nur

---

92 An dieser Stelle kann auf die beiden Ansätze nur knapp eingegangen werden. Zur weiteren Information vgl. Ramers 1999, die Replik von Eisenberg 1999 auf Ramers 1999 und Neef, M. 2002. Zur Diskussion dieses Punktes im Kontext der Rechtschreibreform siehe Kap. 5.

ein Konsonantengraphem, wird der vorangehende betonte Vokal lang gesprochen (= geschärft), ansonsten ist er kurz. Diese Auffassung liegt auch der Neuregelung der deutschen Rechtschreibung zugrunde. Die Paragraphen 2 und 25 im Amtlichen Regelwerk (Ausgabe von 2005) nehmen explizit auf das Auftreten eines betonten kurzen Vokals Bezug. Neuschreibungen wie *Ass* und *Tipp* resultieren unmittelbar daraus. In diesen beiden Wörtern werden die Vokale kurz gesprochen, der folgende Konsonantenbuchstabe muss also verdoppelt werden. Allerdings führt diese Regelformulierung zu einer Zahl von Ausnahmen, die im Regelwerk auch angeführt werden. Dazu zählen einsilbige Wörter aus dem Englischen (*Job*). Wörter mit grammatischer Funktion (*ab, mit, das*), die fremdsprachigen Suffixe *-ik* und *-it* (*Kritik*), Wörter mit unklarem Wortaufbau oder Bestandteilen, die nicht selbstständig vorkommen (*Brombeere*), einer Reihe von Fremdwörtern (*Ananas*), Wörter mit den nicht mehr produktiven Suffixen *-d*, *-st* und *-t* (*Brand*) sowie die Wörter *bin* und *hat*, *Drittel*, *Mittag* und *dennoch*. Weitere Ausnahmen betreffen die Fälle, in denen der Konsonantenbuchstabe verdoppelt wird, obwohl der vorausgehende kurze Vokal nicht betont ist (§ 5). Es sind dies das stimmlose /s/ in Fremdwörtern (*Kassette, passieren*), die Suffixe *-in* (*Ärztinnen*), *-nis* (*Kenntnisse*), *-as* (*Ananasse*), *-is* (*Kürbisse*), *-os* (*Albatrosse*) und *-us* (*Globusse*), eine Reihe von Fremdwörtern (*Grammatik, Porzellan*) sowie einige wenige Wörter mit *-tz* (*Kiebitz*). Die Schreibung der Konjunktion *dass* hingegen ist regelkonform: Hier tritt ein kurzer Vokal auf, der folgende Konsonantenbuchstabe wird also verdoppelt.[93]

An dieser Stelle soll noch kurz ein Vorschlag zur Sprache kommen, der gewissermaßen die Umkehrung dieses Ansatzes darstellt. Auch hier steht das Verhältnis von Vokallänge und Doppelkonsonanzschreibung im Mittelpunkt, doch ist der Ausgangspunkt nicht die Lautung, sondern die Schreibung (vgl. Neef, M. 2002). So lässt sich feststellen, dass der erste Vokal in dem Wort [hɛndə] ungespannt ist. In der Schreibung wird dies dadurch angezeigt, dass dem Vokalbuchstaben zwei Konsonantenbuchstaben folgen. Vice versa gilt dies für das Wort *Opa* [oːpɑ], in dem nur ein Konsonantenbuchstabe auftritt. Der vorangehende Vokal ist hier gespannt. Neef formuliert auf der Basis dieser Beobachtungen die folgende Regel: Mit einem einfachen Vokalbuchstaben, dem weniger als zwei Konsonantenbuchstaben folgen, darf kein ungespannter Vokal korrespondieren. Mit dieser Schärfungsbeschränkung kann Neef den Umstand erfassen, dass <lachen> nicht mit zwei Mehrgraphen geschrieben wird: In <lachen> folgen dem Vokalbuchstaben ja bereits zwei Konsonantenbuchstaben, der Vokal muss also, Neef zufolge, ungespannt sein. Nicht erfasst sind damit alle Fälle, in denen der Vokal ungespannt ist, obwohl nur ein Konsonantenbuchstabe folgt (*ab, mit, das* etc., s. o.)

---

93 Freilich müsste man diese Regel auch auf den Artikel *das* und das Relativpronomen *das* anwenden, doch dann könnte man die beiden Wortarten nicht mehr von der Konjunktion unterscheiden. Es ist also wie bisher notwendig zu entscheiden, ob die Konjunktion *dass* oder das Relativpronomen *das* auftritt. Im Schulunterricht wird hier die Ersatzprobe durchgeführt: Ist *welches* einsetzbar, handelt es sich um das Pronomen *das*.

Kommen wir nun zum **silbenbasierten Ansatz** (vgl. Augst 1991, Eisenberg 1997, 2004 u. 2005). Hier wird die Erklärung der Konsonantenbuchstabendoppelung nicht an die Länge des vorangehenden Vokals, sondern an die Regularitäten zur Silbenstruktur gebunden. Das Anzeigen von Vokalkürze bzw. Vokallänge ist in diesem Sinne nur ein Nebeneffekt. Der Begriff des Silbengelenks spielt in dieser Analyse eine zentrale Rolle. Als **Silbengelenk** wird ein Konsonant bezeichnet, der gleichzeitig zur vorausgehenden und zur folgenden Silbe gehört. Ein solcher Konsonant ist **ambisyllabisch** (lat. *ambi*, von zwei Seiten). Dies kann man an einem Wort wie [klapə] demonstrieren. Zur zweiten Silbe gehört der Konsonant aufgrund der phonologischen Bedingung, dass ein Konsonant, der zwischen zwei Silbenkernen steht, der zweiten Silbe zugeordnet ist. Zur ersten Silbe gehört er aufgrund einer allgemeinen Beschränkung, die für den Aufbau von betonten Silben mit ungespanntem Vokal gilt: Sie besagt, dass solche Silben auf mindestens einen Konsonanten enden, d. h. nicht offen sein können. Vergleichen wir hiermit das Wort [hɛndə]. Hier bildet der ungespannte Vokal /ɛ/ den Kern der ersten Silbe. Die Silbe endet auf einen Konsonanten, auf den Nasal /n/. Sie ist geschlossen.[94] Ein Silbengelenk kommt in dem Wort nicht vor. Dem ungespannten Vokal folgen zwei Konsonanten, der erste Konsonant kann also die erste Silbe abschließen, der zweite Konsonant kann der zweiten Silbe zugeordnet werden.

Halten wir fest: Tritt ein Silbengelenk auf, gehört der Konsonant gleichzeitig zu beiden Silben. Dem wird durch die Verdoppelung des Buchstabens Rechnung getragen. Im Deutschen gibt es eine solche **Konsonantengemination** nur in der Schreibung, nicht in der Lautung (vgl. dazu Maas 1992:287).[95] Durch die Gemination im Geschriebenen kann die Trennung von Wörtern wie *Mutter* und *Klappe* analog zu den Wörtern mit zwei verschiedenen Konsonantengraphemen vonstatten gehen: Der erste Konsonantenbuchstabe schließt die erste Silbe ab, der zweite kommt auf die nächste Zeile (vgl. <Win-ter>, <Klap-pe>). Fast alle Konsonanten können im Deutschen auf diese Weise als Schreibgeminate im Silbengelenk auftreten:

(5)

Schreibgeminate im Silbengelenk
/mm/ (vgl. *kom-men*), /nn/ (vgl. *Won-ne*), /ss/ (vgl. *wis-sen*), /tt/ (vgl. *Lot-to*), /pp/ (vgl. *hop-peln*), /ff/ (vgl. *hof-fen*), /bb/ (vgl. *Rob-be*), /gg/ (vgl. *Rog-gen*), /rr/ (vgl. *mur-ren*)

---

94 In dem Wort *loben* hingegen, in dem der gespannte Vokal /o/ den Kern der ersten Silbe bildet, liegt die Silbengrenze hinter dem Vokal. Es handelt sich also um eine offene Silbe.

95 Lediglich an Morphemgrenzen kann im Deutschen ein Doppelkonsonant artikuliert werden (vgl. *wahllos*), doch selbst dies ist in der Umgangslautung nicht der Fall (vgl. Eisenberg 2005:79). In Sprachen wie dem Italienischen hingegen treten Doppelkonsonanten auch im Morpheminnern auf, die Konsonanten-Gemination ist also nicht nur an die Schreibung gebunden (vgl. Maas 1992).

Ausnahmen stellen lediglich die Konsonanten /x/ bzw. /ç/ und /ʃ/ dar. Treten diese Konsonanten als Silbengelenk auf, stehen die korrespondierenden Mehrgraphen <ch> und <sch> komplett auf der nächsten Zeile (vgl. *la-chen, Ma-sche*).

Kommen wir nun zu den Fällen, in denen das Silbengelenk nicht durch zwei gleiche, sondern durch zwei verschiedene Konsonantenbuchstaben dargestellt wird. Dies betrifft den Konsonanten /ŋ/, die Affrikata /ts/ und den Konsonanten /κ/.[96] In den ersten beiden Beispielen wird das Silbengelenk graphisch als <ng> und <tz> wiedergegeben und die Buchstabenfolge bei Silbengelenkschreibung getrennt (vgl. *lan-ge, wit-zig*). Anders ist es bei dem ambisyllabischen /k/. In der Silbentrennung stand hier bislang <k-k>. Dies wurde in der Neuregelung geändert, <ck> muss nunmehr geschlossen auf die nächste Zeile gesetzt werden (vgl. Kap. 5). Damit bleibt zwar das Schriftbild des Wortes erhalten, die Trennung entspricht aber nicht mehr analogen Silbengelenkschreibungen wie <m-m>, <p-p>, <l-l>.

Der silbenbasierte Ansatz kann einige der Fälle erfassen, die in dem quantitäts-basierten Ansatz als Ausnahmen gelten. So lässt sich die Tatsache, dass einsilbige Wörter mit grammatischer Funktion keine Doppelung der Konsonantenbuchstaben aufweisen (vgl. **abb, *ann, *biss*), damit erklären, dass es eben keine verwandten Formen gibt, in denen die Konsonanten als Silbengelenk auftreten. Dies gilt auch für eine Reihe von fremdsprachigen Wörtern wie *Chip, Gag, Grog* und *Kap*. Pro-blematisch sind hingegen Wörter wie *Bus, fit, Jet, Job, Mob, Pop, Tip, Slip*, zu denen es ja verwandte Formen mit Konsonantenbuchstabendoppelung gibt (*Busse, fitter, jetten, jobben, Mobbing, poppig, tippen, Slipper*). Sie werden bei Eisenberg in einer Zusatzregel als Ausnahmen angeführt. Zu den Ausnahmen zählen auch die Wörter, die den Konsonantenbuchstaben verdoppeln, obwohl keine Silbenge-lenkschreibung auftritt: *denn, wenn, dann, wann, statt, anstatt, bisschen* u. a. (vgl. Eisenberg 1997:333). Unproblematisch hingegen sind die Fälle, die in der Amt-lichen Regelung unter die Gruppe mit »unklarem Wortaufbau oder mit Bestand-teilen, die nicht selbständig vorkommen« (§ 4) gefasst werden. Eben weil es bei den unikalen Morphemen *Brom-* (*Brombeere*), *Dam-* (*Damwild*), *Him-* (*Himbee-re*) und anderen keinen Bezug auf eine zweisilbige Struktur gibt (z. B. **Bromme*), wird der Konsonantenbuchstabe hier nicht verdoppelt.

4.4   Von der silbischen zur morphologischen Schreibung

4.4.1   Beispiele für morphologische Schreibungen

Das Schriftsystem des Deutschen ist ein relativ **tiefes System**, d. h. ein System, in dem die Graphem-Phonem-Beziehungen nicht nur von silbenstrukturellen, sondern auch von morphologischen Regularitäten überlagert werden. Dies wird im Folgenden an vier Fällen gezeigt. Dabei beziehe ich mich nur auf den nativen Wortschatz des Deutschen. Die Fremdwortschreibung bleibt ausgeklammert (vgl.

---

96 Eine Affrikata (lat. affricare, ›anreiben‹) ist eine feste Konsonantenverbindung. Hierzu zählen im Deutschen [pf] und [ts] (vgl. zur genauen Definition Bußmann 2002³:53).

hierzu den Sammelband von Zabel 1987 sowie Eisenberg 2004:350–357). Als Ausgangspunkt der folgenden Darstellung dient der silbenbasierte Ansatz.

1) Beibehalten der Konsonantenbuchstabendoppelung: Auch in den Wortformen, in denen der Konsonant nicht als Silbengelenk auftritt, bleibt es bei der Doppelkonsonanzschreibung. Dies ist darauf zurückzuführen, dass es morphologisch verwandte Formen gibt, in denen der Konsonant als Silbengelenk vorkommt (vgl. *komm* (< *kommen*), *Schall* (< *schallen*)). Solche Schreibungen »gehören zu den auffälligsten Charakteristika der deutschen Orthographie« (Eisenberg 2005:82). Die Gelenkschreibung wird in der Flexion und in abgeleiteten Wortformen beibehalten, obwohl sie aus phonologischen Gründen nicht mehr erforderlich ist. Dies gilt auch dann, wenn Wörter in einen Wortbildungsprozess eingehen und der Konsonant aus diesem Grunde nicht mehr im Silbengelenk steht (vgl. *Schwimmbad*). Neef (Neef, M. 2002:175) wendet allerdings kritisch ein, dass mit dieser Analyse nicht alle Fälle erfasst werden. Bei Verben gebe es zwar immer eine Form, in der der Konsonant ambisyllabisch auftritt. Schreibungen wie *komm* könnten auf diese Weise erklärt werden. Für Substantive sehe dies aber anders aus. So gebe es Fälle, in denen das Substantiv eine Schärfungsschreibung aufweist, obwohl es keine zweigliedrige Form gibt (vgl. *Schiffe – Schiff*, aber **Hasse – Hass, *Schmucke – Schmuck*). Darunter fallen auch Substantive, bei denen der Konsonant im Plural nicht ins Silbengelenk tritt (vgl. *Schecks – Scheck*).

2) Aufeinandertreffen von Konsonanten an der Morphemgrenze: Auch wenn beim Aufeinandertreffen von Konsonanten an der Morphemgrenze nur ein Konsonant gesprochen wird (vgl. *Lauffeuer*), führt dies nicht zur Tilgung eines Konsonantenbuchstabens. Es fällt nach der Neuregelung der deutschen Rechtschreibung auch dann kein Konsonantenbuchstabe weg, wenn in der Komposition drei Konsonantenbuchstaben aufeinander treffen (vgl. *Schifffahrt*).[97] Eine Ausnahme stellt allerdings die Verbflexion dar. H. Günther (1988:88f.) weist darauf hin, dass einige Konsonantengeminaten in der Schreibung vereinfacht werden (vgl. *du lies-st > du liest, du reiz-st > du reizt, du haus-st > du haust*). Allerdings gehört der Buchstabe, der in diesen Beispielen ausgelassen wurde, jeweils zur Flexionsendung *-st*. Der Stamm bleibt also auch hier unverändert.

3) Schreibung von stimmlosen Konsonanten im Auslaut: Betrachten wir zunächst ein Beispiel: In dem Wortpaar *Rad/Räder* entspricht die Schreibung des Stammes (*Rad*) der zweigliedrigen Form (*Rä-der*), also der Form, in der der Konsonant /d/ im Silbenanlaut steht. Analoges gilt für Wörter wie *Lob, Tag* und *lieblich*, wo trotz der Tatsache, dass der letzte Konsonant des Stammmorphems stimmlos gesprochen wird (= Auslautverhärtung), die Schreibung unverändert bleibt. Die phonologische

---

97   Als Ausnahmen bleiben jedoch weiterhin *Mittag* und *dennoch* bestehen (nicht *Mitttag* und *dennnoch*), da hier, so die Begründung der Reformer, die Lexikalisierung schon so weit fortgeschritten ist, dass die Wörter nicht mehr als Zusammensetzungen angesehen werden.

Regularität wird im Schriftsystem also nicht nachvollzogen. Dies gilt auch für die Tilgung eines Phonems sowie für die Assimilation, d. h. für die Angleichung eines Phonems an das benachbarte. So fällt in dem Wort *haben*, das bühnensprachlich [haːbən] gesprochen wird, der Murmelvokal [ə] weg; und das folgende [m] wird, wie [b], als labialer Laut gesprochen (vgl. [haːbən] > [haːbm]). Auch in diesem Fall bleibt die Schreibung unverändert. Leiss/Leiss (1997:26-38) ist zuzustimmen, wenn sie aufgrund solcher Daten feststellen, dass die Variation in der Lautung die Variation in der Schreibung um ein Vielfaches übersteigt.

4) Umlautschreibung: Betrachten wir zunächst wieder ein Beispiel: Zwischen den Wortpaaren *kalt, Kälte* bzw. *Haus, Häuser* besteht eine morphologische Beziehung. Es liegt eine Derivation (*kalt – Kälte*) bzw. eine Substantivflexion (*Haus – Häuser*) vor. Dies ist ein Grund dafür, dass die im Schriftsystem bestehende Alternative, die Schreibung *Kelte* bzw. *Heuser*, nicht genutzt wird. Die Zusammengehörigkeit der Formen soll graphisch kenntlich gemacht werden. Durch die Neuregelung der deutschen Rechtschreibung wurde dem noch weiter Rechnung getragen, so dass nun selbst solche Wörter, die nicht auf einen gemeinsamen Stamm zurückgehen, gleich geschrieben werden (z. B. *Quantum/Quäntchen, Schnauze/schnäuzen*). Dies wird damit gerechtfertigt, dass von den Schreibern nicht verlangt werden kann, die Herkunft eines Morphems graphisch genau zu reflektieren (vgl. Nerius et al. 2000:148). Schreibvarianten sind aber zugelassen, wenn zwei mögliche Basisformen auftreten. Das ist z. B. bei *aufwendig/aufwändig* der Fall, das entweder auf *Aufwand* oder auf *aufwenden* rückführbar ist.

4.4.2 Das morphologische Prinzip in der Schreibung

Was ist der Grund für die Beibehaltung der Morphemgestalt in allen diesen Beispielen? Die Schreibung folgt dem morphologischen Prinzip. Das Morphem soll in seiner Form unverändert bleiben, damit es beim Lesen rascher identifiziert werden kann. Doch nicht nur für den Leser, wie vielfach betont, auch für den Schreiber stellt diese **Schemakonstanz** eine Erleichterung dar. Darauf weisen Nerius et al. (2000:147) zu Recht hin: »Der versierte Schreiber greift nämlich beim Produzieren von graphischen Morphemformen (auch in Wortbildungsprodukten) im Allgemeinen auf bereits gespeicherte Muster, auf die graphischen Erinnerungsbilder zurück«.

Das **morphologische Prinzip** ist konstitutiv für das deutsche Schriftsystem. Es stellt neben dem phonologischen Prinzip die Basis unseres Schreibens dar. Um den qualitativen Status der beiden Prinzipien deutlich zu machen, sollte allerdings streng genommen nicht von ›Prinzipien‹ die Rede sein. Zu Recht wird in der Forschung darauf hingewiesen, dass der Begriff des Prinzips nichts anderes als »Ausdruck einer nachträglichen Systematisierung dessen ist, was die Sprachteilhaber beim Schreiben mittels Alphabetschrift getan haben« (Kohrt 1987:516). Die Kritik bezieht sich v. a. auf die so genannten orthographischen Prinzipien (grammatisches

Prinzip, ästhetisches Prinzip, semantisches Prinzip, logisches Prinzip etc.).[98] Diese stellen, so schreiben Gallmann/Sitta (1996:32), eine »Art Rekonstruktion aus Rechtschreibnormen und Rechtschreibpraxis« dar.

Auch wenn es verdienstvoll ist, die Orthographie mit Hilfe solcher Prinzipien transparent zu machen, so besteht doch die Gefahr, dass dadurch der Eindruck entsteht, diese seien konstitutiv für das deutsche Schriftsystem. Dem freilich ist nicht so. Wenn beispielsweise in Bezug auf Wortgebilde wie *lachchen* und *mischschen* formuliert wird »Vermeide verwirrende Schriftbilder!« (vgl. Gallmann/Sitta 1996:42), dann besagt dieses ästhetische Prinzip nichts anderes, als dass es eine Handlungsanweisung gibt, die in der Orthographie eine Rolle spielt. Damit wird aber nichts ausgesagt über die grundlegende Struktur des deutschen Schriftsystems (vgl. zur Kritik am Prinzipienbegriff ausführlich Kohrt 1987:503–518).

Ich behalte den Terminus ›Prinzip‹ dennoch bei, da er in der Forschungsliteratur durchgängig verwendet wird – und zwar auch in den Arbeiten, in denen explizit darauf hingewiesen wird, dass der Terminus problematisch ist (so bei Günther 1988). Wie Günther (1988:86f.) beziehe ich den Ausdruck aber ausschließlich auf die »zwei grundsätzlichen Strukturmerkmale des deutschen Schriftsystems«. Es sind dies das morphologische und das phonologische Prinzip. Die graphematische Struktur wird durch das Zusammenspiel dieser beiden Prinzipien konstituiert. Sie stellen sozusagen den Input für alle weiteren Prinzipien dar. Im Folgenden sollen sie kurz erläutert werden:

Das **phonologische Prinzip** (alternativ dazu: das phonematische Prinzip, das phonographische Prinzip, das phonetisch-phonologische Prinzip, das Lautprinzip) ist – im doppelten Sinne des Wortes – das Prinzip jeder Alphabetschrift. Hartmut Günther spricht vom Prinzip der **Phonemkonstanz**:

> Das Prinzip besagt, daß in der deutschen Alphabetschrift lautlich minimal Gleiches schriftlich nicht beliebig dargestellt wird, sondern durch eine Menge gleichbleibender schriftlicher Formen, soweit nicht das Prinzip der Morphemkonstanz dagegensteht.
>
> H. Günther (1988:93)

Günther (1988:93) führt anschaulich aus, dass man eben »niemandem ein <x> für ein /uː/ vormachen« könne. Hier zeige sich das Prinzip der Phonemkonstanz. Mit anderen Worten: Selbst wenn eine enge morphologische Verwandtschaft zwischen zwei Wörtern besteht, ist es unter Umständen nicht möglich, diese graphisch wiederzugeben. Dies sehen wir auch an den Verben, die Ablautreihen aufweisen, vgl. *singen, sang, gesungen* (i>a>u), *schwimmen, schwamm, geschwommen* (i>a>o). Die Schreibung folgt hier der Lautung.

Im Kontrast dazu steht das **morphologische Prinzip**. Es besagt, dass »graphische Morphemformen – z. T. trotz Abweichungen in der phonischen Morphemform – weitgehend konstant oder zumindest ähnlich gehalten werden« (Nerius et

---

98 Nerius et al. (2000:87–97) geben einen informativen Überblick über die von verschiedenen Autoren angenommenen Prinzipien. Siehe auch Piirainen (1981) und Nerius (2004).

al. 2000:146). An anderer Stelle weist Nerius darauf hin, dass die Hauptaufgabe dieses Prinzips die »graphische[n] Kennzeichnung der Identität des Morphems« sei (Nerius 2004:26), es habe also eine morphemidentifizierende Funktion. Aus diesem Grund bleibt ja auch die Schreibung des Wortes *Lied* in allen Kontexten gleich – also unabhängig davon, ob der Konsonant <d> stimmlos (wie in <Lied>) oder stimmhaft (wie in <Lieder>) realisiert wird. Das morphologische Prinzip kommt aber nur dann zum Tragen, wenn die Abweichungen im Rahmen der zulässigen Graphem-Phonem-Korrespondenzen bleiben. Dies wäre z. B. bei der Schreibung eines <a> für den Laut [i] nicht der Fall.[99]

Auch für das morphologische Prinzip gibt es verschiedene Bezeichnungen: morphematisches Prinzip, morphemisches Prinzip, etymologisch-morphematisches Prinzip und Stammprinzip. Vor allem in den Arbeiten, die für den Schulgebrauch konzipiert sind, wird der Terminus ›Stammprinzip‹ bzw. ›Stammschreibung‹ verwendet. Gallmann/Sitta (1996:34) erklären die Verwendung dieses Terminus damit, dass vor allem der Wortstamm betroffen sei: »So schreibt man zum Beispiel *er schafft* mit zwei f wegen des Zusammenhangs dieser Wortform mit *schaffen*. Wenn man die Endungen -t und -en weglässt, ergibt sich *schaff-* als gemeinsamer Wortstamm.« Nerius et al. (2000:148) weisen allerdings zu Recht darauf hin, dass die Bezeichnung zu eng ist, da das, was unter »Stammschreibung« subsumiert wird, für alle Arten von Morphemen gelte. Dies erwähnen auch Gallmann/Sitta (1996:35) an späterer Stelle und stellen fest, dass man »meist allgemeiner vom Prinzip der Schemakonstanz spreche«. Darunter ließen sich terminologisch auch Schreibungen wie <das An-die-Decke-gehen> erfassen, wo die Setzung des Bindestrichs das Schema der Wortgruppe noch gut erkennen lässt (im Gegensatz zur Schreibung <das Andiedeckegehen>).

Das Gegenstück zur morphemidentifizierenden Funktion der Schreibung ist ihre morphemdifferenzierende Funktion (vgl. Nerius et al. 2000:148, Nerius 2004:28). Hier geht es um die vom Schriftsystem bereitgestellte Möglichkeit, gleichlautende Wörter (= Homophone) graphisch zu unterscheiden. Bekannte Beispiele sind *Lied – Lid, Leib – Laib, das – dass; malen – mahlen*. In vielen Fällen wird von dieser Möglichkeit nicht Gebrauch gemacht, vgl. *Kiefer, Ton*, wo die graphematischen Formen *Kifer* und *Tohn* zwar auch systemkonform wären, dennoch aber nicht vorkommen (vgl. Eisenberg 2005:84). Ohnehin ist die morphemdifferenzierende Funktion der Schreibung, wie Nerius et al. (2000:148) selbst feststellen, nur bedingt relevant, und sie betrifft auch nur eine begrenzte und nicht systematische Zahl von Fällen (vgl. Nerius 2004:28). Im Kontext ist eine Verwechslung meist ausgeschlossen; die Bedeutung kann auch dann problemlos erschlossen werden, wenn graphisch keine Differenzierung vorgenommen wird (z. B. Bank$_1$ = Geldinstitut, Bank$_2$ = Sitzmöbel). So ist ein Satz wie *Die Bank öffnet um 8 Uhr* ohne

---

99 Darin besteht ein Unterschied zur logographischen Schreibung. Hier könnten Wörter wie *schwimmen, schwamm, geschwommen* mit demselben Schriftzeichen dargestellt werden (vgl. Kap. 2).

weiteres verständlich. Dies gilt selbst für Beispiele vom Typ wie *Der Hahn läuft*, wo zwar nicht auf Satzebene, aber auf Textebene eine eindeutige Sinnzuweisung möglich ist. Allerdings ist zu vermuten, dass die Sinnkonstitution bei Homographien einige Bruchteile von Sekunden länger dauert.

4.5   Wort(gruppen)schreibung

4.5.1   Vorbemerkungen

Die Regularitäten, die nun behandelt werden, beziehen sich nicht mehr nur auf die phonologische und morphologische Ebene der Schreibung. Vielmehr geht es nun um die Schreibung von Wörtern innerhalb syntaktischer Einheiten (Phrasen, Sätze), um deren Groß- oder Kleinschreibung bzw. Getrennt- und Zusammenschreibung. Betrachten wir hierzu ein Beispiel, die Schreibung des Wortes *Lied*: Über Graphem-Phonem-Korrespondenzregeln und das morphologische Prinzip können wir erschließen, dass der phonologischen Form [liːt] die graphematische Form <Lied> entspricht. Damit wird aber noch nichts über die Schreibung des Wortes mit großem oder kleinem Anfangsbuchstaben ausgesagt. Woher wissen wir, dass das Wort *Lied* großgeschrieben wird? Und woher wissen wir, dass es in einem Fall getrennt vom folgenden Wort steht (vgl. *ein Lied singen*), in anderen Fällen aber mit dem folgenden Wort zusammengeschrieben wird (vgl. *der Liedtext*)? Mit solchen Fragen befinden wir uns am Übergang von der Wort- zur Satzebene.

4.5.2   Die Groß- und Kleinschreibung

Die Großschreibung im Deutschen dient zur Kennzeichnung von Überschriften, von Werktiteln, Satzanfängen, Substantiven, Eigennamen mit nichtsubstantivischen Bestandteilen (*der Alte Fritz*), bestimmten Wortgruppen mit nichtsubstantivischen Bestandteilen (*der Hundertjährige Krieg*) und Anredepronomina (*Haben Sie vielen Dank für Ihren Brief vom...*). Nicht zulässig ist die Großschreibung im Wortinnern (außer bei Abkürzungen wie *BaföG*), obwohl diese Schreibung in Produktnamen, in der Werbung und mittlerweile auch im allgemeinen Schreibgebrauch immer häufiger anzutreffen ist (*InterCity, DeutschlandRadio, KatzenSchmaus, StadtBibliothek*). Im Folgenden soll es nur um die Großschreibung von Substantiven gehen, d. h. um eine Regularität, die nur noch im deutschen Schriftsystem vorhanden ist. Die Dinge scheinen zunächst einfach: Substantive und Eigennamen werden großgeschrieben. Doch was ist ein Substantiv, was ist ein Eigenname? Aus den zahlreichen Definitionsversuchen soll hier eine Auswahl gegeben werden.

Das Substantiv ist
   a) deklinierbar
   b) im Genus festgelegt
   c) mit einem Artikel, Adjektiv oder Zahlwort kombinierbar
   d) auf Gegenständliches oder auf Gedachtes bezogen (vgl. Duden 2005:147)

e) polyfunktional. Es kann mit Ausnahme des Prädikats jede beliebige Satz-
gliedfunktion übernehmen (vgl. Nerius et al. 2000:199f.)

Diesen Kriterien liegt die Annahme zugrunde, dass der Substantivcharakter gewissermaßen an den Wörtern selbst abgelesen werden kann (z. B. der Art: »Ist das
Wort deklinierbar?« »Steht es in Verbindung mit einem Artikel?« »Bezieht es sich
auf einen Gegenstand?«). Diese Merkmale lernen die Schüler im Deutschunterricht,[100] und dies sind auch die Merkmale, die Erwachsene rekapitulieren, wenn sie
die Wortart bestimmen wollen. Das wollen sie zwar in der Regel nicht, das müssen
sie aber gelegentlich, denn nur dann können sie entscheiden, ob das fragliche Wort
groß- oder kleingeschrieben wird.

Den Überlegungen liegt aber ein kapitaler Fehlschluss zugrunde. Wie Utz Maas
(1992) eindrucksvoll gezeigt hat, geht es bei der satzinternen Großschreibung
überhaupt nicht darum, eine Wortart zu kennzeichnen. Gekennzeichnet wird vielmehr das Wort, das im Satz als Kern einer nominalen Gruppe fungiert.[101] Dies sei
im Folgenden kurz erläutert:

Ein einfacher Satz vom Typ *Oma schläft* setzt sich aus einer nominalen und
einer verbalen Gruppe zusammen. Die nominale Gruppe besteht hier nur aus dem
einen Wort *Oma*, die verbale Gruppe aus dem Wort *schläft*. Die Wörter *Oma* bzw.
schläft stellen also den Kern der Nominalgruppe (= Nominalphrase, NP) bzw. der
Verbalgruppe (= Verbalphrase, VP) dar. Jeder Kern ist expandierbar, kann also
um weitere Konstituenten ergänzt werden: *Meine Oma schläft lange*, *Meine liebe Oma schläft morgens lange* etc. Maas (1992:161) bezieht seine Grundregel zur
Großschreibung im Satzinnern auf diesen Begriff des Kerns. Er formuliert folgendermaßen:

(6)

> **Maas'sche Regel zur Groß- und Kleinschreibung**
>
> Der Kern jeder nominalen Gruppe im Satz wird mit einem initialen Großbuchstaben
> markiert (vgl. Maas 1992:161).

Allerdings ist (6) nur dann gültig, wenn die Regel auf Wörter bezogen wird, die in
expandierbaren Nominalgruppen stehen. So stellt das Pronomen *ihn* in dem Satz
Peter trifft ihn zwar eine Nominalgruppe dar (die aus nur einem Element besteht
und in die Verbalgruppe eingebettet ist), doch ist das Pronomen *ihn* nicht expandierbar (vgl. die Inakzeptabilität von **Peter trifft den netten ihn*). Maas weist selbst auf
diesen Fall hin und erfasst ihn mit folgender Definition:

---

100 In der Grundschule werden die Merkmale noch weiter operationalisiert, so z. B. als
»Kann man das anfassen?« Bekannt und bespöttelt sind die Schlussfolgerungen, die
daraus gezogen werden: Luft kann ich nicht anfassen, also schreibe ich *Luft* klein.

101 Eine solche syntaktische Sicht findet sich schon bei Eisenberg (1981) und Stetter (1990).
Siehe auch die Hinweise in Eisenberg (2004).

(7)

> **Definition von ›Kern‹**
>
> Ein nominales Element ist in syntaktischer Hinsicht nur dann Kern einer nominalen
> Gruppe, wenn es expandierbar ist (vgl. Maas 1992:164).

Definiert man das Wort ›Kern‹ auf diese Weise, dann sind fehlerhafte Großschrei-
bungen wie *Paul trifft Ihn, Er wohnt Nebenan* ausgeschlossen. Der Grund: Die
Proformen *ihn* und *nebenan* sind nicht expandierbar, sie stellen also nicht den Kern
einer nominalen Gruppe dar und werden folglich nicht großgeschrieben.

Formuliert man die Maas'sche Regel als Handlungsanweisung für den Schreiber, so lautet sie: ›Markiere den Kern einer Nominalgruppe mit einem Großbuchstaben‹. Nimmt man Bezug auf die Leserperspektive, dann bietet sich die folgende
Formulierung an: ›Wörter, die satzintern mit einem Großbuchstaben beginnen,
stellen in der Regel den Kern einer Nominalgruppe dar‹. Mit dem Zusatz »in der
Regel« wird der Tatsache Rechnung getragen, dass nicht alle Anfangsgroßschrei-
bungen im Satz auf den Kern einer Nominalgruppe hinweisen. So werden auch
die Pronomina der 3. Person Plural, die in der Höflichkeitsanrede stehen, großgeschrieben (vgl. *Kommen Sie heute? Ist das Ihr Buch?*). Ein anderer Fall ist die
Großschreibung in mehrgliedrigen Eigennamen (vgl. *der Schiefe Turm von Pisa,
der Nahe Osten*). Die Großschreibung der Adjektive kann hier nicht als Indikator
dafür dienen, dass es sich um den Kern einer nominalen Gruppe handelt. Sie folgt
vielmehr der Regel, dass in mehrteiligen Eigennamen alle Wörter außer Artikeln,
Präpositionen und Konjunktionen großgeschrieben werden (vgl. Amtliche Regelung, § 60).[102]
Was besagt nun die Maas'sche Regel im Unterschied zur klassischen Regel
»Substantive schreibt man groß«? Und inwiefern beschreibt Maas die Verhältnisse
mit seiner Regel genauer? Maas legt die Großschreibung im Satzinnern nicht auf
eine Wortart fest. Denn der Kern einer Nominalgruppe ist zwar typischerweise
das Substantiv, die Regel sagt aber nichts darüber aus, dass dies ausschließlich
gilt.[103] Es können auch andere Wortarten diese Position einnehmen. Betrachten
wir hierzu den Text in Beispiel (8).

Will man die Großschreibung von *Diskutieren, Gute, Zweites, Huchs und Achs,
Für und Wider* über das Wortartenprinzip erklären, dann benötigt man eine Zu-
satzregel, die den Bereich der Substantivierung erfasst. Eine solche findet sich im
Regelwerk zur neuen Rechtschreibung. Sie besagt: »Wörter anderer Wortarten

---

102 Wenn hier und im Folgenden als Quellenangabe »Amtliche Regelung« steht, dann bezieht sich diese Angabe auf die revidierte Fassung von 2004.

103 H. Günther (1998:22) formuliert es treffend: »Ein solcher Kern wird ein sprachlicher
Ausdruck nicht durch Geburt, sondern durch die syntaktische Struktur, in der er vorkommt [...].«Andererseits merkt Dieter Nerius (p. c.) kritisch an, dass die Entwicklung
der Großschreibung im Satzinnern semantisch-pragmatisch und nicht syntaktisch bestimmt sei (vgl. hierzu Bergmann/Nerius 1998).

(8)

> Das **Diskutieren** bereitete ihm ein großes Vergnügen. Er wusste, dass das **Gute** siegen würde. Ein **Zweites** hatte er allerdings vergessen. Über ihre vielen **Huchs** und **Achs** ärgerte er sich doch schon so lange. Mit seinem besten Freund besprach er daraufhin das **Für** und **Wider**. Dann fasste er einen Entschluss.

schreibt man groß, wenn sie als Substantive gebraucht werden« (vgl. Amtliche Regelung, § 57). Doch wann werden diese Wörter als Substantive gebraucht? Damit kommen wir zurück zu den Merkmalen zur Substantividentifizierung (s. o.). Auch im Regelwerk werden einige dieser Merkmale angeführt. So wird darauf hingewiesen, dass substantivierte Wörter an einem vorausgehenden Artikel, Pronomen oder unbestimmten Zahlwort zu erkennen seien. Das aber kann den Schreiber in die Irre führen: Kinder, die dieses ›Substantivmerkmal‹ gelernt haben, schreiben möglicherweise Sätze wie *Wir freuen uns über das Gute Essen* oder *Wir freuen uns über das Gute essen*. Das Wort *gute* steht ja in Kombination mit einem Artikel, es ist also, so schlussfolgern sie, ein Substantiv und muss großgeschrieben werden.[104] Zwar weist der Lehrer in der Regel darauf hin, dass zu prüfen ist, auf welches Wort sich der Artikel bezieht, doch zum einen beachten viele Schüler diesen Hinweis nicht, zum anderen hilft er ihnen nicht weiter, wenn sie den Artikel auf die ganze Nominalgruppe beziehen (vgl. *das* [*gute Essen*]).

Hartmut Günther (1998) führt in seinem Plädoyer für den Maas'schen Ansatz ein weiteres Beispiel an, das verdeutlicht, wie problematisch es ist, die satzinterne Großschreibung an die Wortart zu binden. Er konstruiert den Satz *Es wird dir mißfallen, daß die Preisgekrönte beim Reden über das Für und Wider immer so schrecklich hegelt* und stellt fest, dass die Wörter *Preisgekrönte, Für, Reden* etc. hier keine lexikalischen Kategorien signalisieren, sondern die grammatische Struktur des Satzes anzeigen würden. Darin liege der Sinn der satzinternen Großschreibung, »die dem Schreiber das Leben vielleicht etwas schwerer macht, dem Leser aber erleichtert« (Günther 1998:23).

Das zweite Problem, das sich im Bereich der Groß- und Kleinschreibung stellt, ist die Eigennamengroßschreibung. Weiter oben war schon gesagt worden, dass auch die nicht-substantivischen Bestandteile von Eigennamen großgeschrieben werden (vgl. *der Schiefe Turm*). Doch woher wissen wir, dass es sich bei den Nominalgruppen *der Schiefe Turm, das Schwarze Meer, der Nahe Osten* um Eigen-

---

104 Diese Fehlschreibung tritt insbesondere dann auf, wenn Schülern die folgende Regel vermittelt wird: ›Ein Substantiv erkennst du daran, dass ein Artikel davor steht‹ bzw. ›Nach einem Artikel schreibt man groß‹. Mit solchen Formulierungen wird nahe gelegt, dass das Wort, das unmittelbar rechts vom Artikel steht, immer ein Substantiv ist und folglich großgeschrieben werden muss. Hierzu Maas (1992:161): »Operiert der Lehrer in der Grundschule mit solchen ›kinderfreundlichen‹ Regel [sic], darf er sich über derartige Fehler nicht wundern.« Siehe auch Stetter (1990:210), der darlegt, dass der Artikelgebrauch nicht als Kriterium für die Substantivbestimmung ausreicht.

namen handelt?[105] Dieser Frage geht Stetter (1990) in seinem Artikel zur Groß- und Kleinschreibung nach. Er definiert einen Eigenname als einen »Ausdruck, der ein Individuum in einer gekennzeichneten Menge benennt« (1990:207). Einfacher scheint die Definition von Eisenberg (2004:350): »Ein Ausdruck ist genau dann ein Eigenname, wenn er als solcher verstanden wird.« Versteht der Schreiber einen Ausdruck als Eigennamen, dann kann er dies über die Großschreibung kenntlich machen. Es ist also die Möglichkeit vorgesehen, dass Wortgruppen sowohl als Eigenname (vgl. *das Schwarze Meer*) als auch als Nicht-Eigennamen (vgl. *der schöne Rhein*) auftreten können. Das Problem liegt hier auf einer anderen Ebene. Eine solche Freigabe der Eigennamenschreibung ist nicht konform mit der geltenden deutschen Orthographie. Diese legt fest, in welchen Fällen Wortgruppen als Eigennamen bzw. feste Wortverbindungen angesehen werden, in welchen Fällen nicht. Danach richtet sich die Groß- bzw. Kleinschreibung des Adjektivs (vgl. Kap. 5). Auch wenn einzelne Festlegungen nicht der Intuition des Schreibers entsprechen, muss er die Regelung befolgen, wenn er normgerecht schreiben will. Dies ist ein weiterer Beleg dafür, dass Orthographie und Graphematik nicht immer kompatibel sind.

4.5.3   Getrennt- und Zusammenschreibung

Die Getrennt- und Zusammenschreibung steht im Dienst der grammatischen Strukturierung des Satzes und damit vorrangig im Interesse des Lesers. Graphisch sichtbar gemacht wird die Getrenntschreibung durch Leerstellen, durch Spatien. Nicht von ungefähr bezeichnet Günther (1988:68) das Leerzeichen als »das vielleicht wichtigste aller Hilfs- und Sonderzeichen«. Dieses Zeichen spielt für unser Wortverständnis eine zentrale Rolle. Ein Wort ist das, so nehmen wir an, was zwischen zwei Leerräumen steht.[106] Doch muss davor gewarnt werden, die Unterscheidung von Wortgruppe und Wort an das Vorhandensein von Leerzeichen zu knüpfen und gleichzeitig die Getrennt- und Zusammenschreibung an die Unterscheidung von Wortgruppe und Wort. Hier besteht die Gefahr eines Zirkelschlusses (vgl. »Was zusammengeschrieben wird, ist ein Wort« und »Ein Wort erkennt man daran, dass es zusammengeschrieben ist«).

Eine neuere Studie, die ausschließlich der Getrennt- und Zusammenschreibung (GZS) gewidmet ist und auf der Optimalitätstheorie aufbaut, stammt von Joachim Jacobs.[107] Seine zentrale These ist, »daß die GZS unter dem Einfluß mehrerer Faktoren steht, die in Konflikt miteinander geraten können« (Jacobs 2005:1). Die Kon-

---

105 Vgl. zur Diskussion um den Status von Eigennamen auch die Beiträge in Neef/Gallmann (2005).

106 Vgl. Ágel/Kehrein (2002:6): »Unser Begriff von Wort basiert zumindest zum Teil auf den spatia.«

107 Einen knappen Überblick zum optimalitätstheoretischen Ansatz, der im Rahmen der Phonologie entwickelt wurde, inzwischen aber auch in anderen Bereichen der Linguistik an Bedeutung gewinnt, bietet Dürscheid (2005:158-162).

flikte resultierten im Wesentlichen aus der zentralen Aufgabe der Spatiensetzung, nämlich der Markierung von Wortgrenzen. Wo eine Wortgrenze liege, so Jacobs, sei nicht immer eindeutig zu bestimmen, dabei spielten syntaktische, semantische, aber auch phonologische Faktoren eine Rolle – und diese divergierten häufig. In seiner Arbeit entwickelt Jacobs auf der Grundlage der Optimalitätstheorie eine Reihe von hierarchisch geordneten Beschränkungen für die Spatiensetzung. Diese können hier nicht im Einzelnen diskutiert werden, wichtig ist aber festzuhalten, dass mit Jacobs Arbeit der Versuch gemacht wurde, das System der Getrennt- und Zusammenschreibung systemadäquat zu beschreiben.

Wo liegen nun aber genau die Probleme in diesem Regelbereich? Bekanntlich bestehen oft Unsicherheiten darüber, ob benachbarte Wörter getrennt oder zusammengeschrieben werden (*nahe legen* oder *nahelegen*, *zu Grunde* oder *zugrunde*, *auseinander setzen* oder *auseinandersetzen*?). Solche Unsicherheiten treten dann auf, wenn sich die Wörter in einem Univerbierungs- oder Inkorporationsprozess befindet. Unter **Univerbierung** (lat. *unus*, eins, *verbum*, Wort) versteht man den Prozess des Zusammenwachsens einer zwei- und mehrgliedrigen syntaktischen Konstruktion zu einem Wort (vgl. *so dass* > *sodass*, *an Stelle* > *anstelle*) (vgl. Eisenberg 2004:233). Eine **Inkorporation** liegt vor, wenn das Objekt eines transitiven Verbs zum Erstglied eines komplexen Verbs wird. Vergleichen wir hierzu die Konstruktion *Ich habe gestaubsaugt* mit *Ich habe gewalzertanzt*. Im ersten Fall ist eine solche Partizipbildung möglich, der Inkorporationsprozess ist also bereits abgeschlossen, das Substantiv in das Verb inkorporiert (vgl. *staubsaugen*). Im zweiten Fall ist die Partizipbildung (noch) ausgeschlossen; es gibt kein Verb *walzertanzen*.

Soweit zu den Vorüberlegungen. Sehen wir uns nun an, wie die Getrennt- und Zusammenschreibung in der Amtlichen Regelung (in der modifizierten Fassung von 2004) dargestellt wird. Die Regeln selbst sollen hier nicht erörtert werden; sie sind Gegenstand von Kap. 5. Interessant sind in unserem Zusammenhang die Vorbemerkungen zu diesem Regelbereich. Hier stößt man auf eine Feststellung, die auf den ersten Blick tautologisch scheint. Sie lautet, pointiert gesagt, Zusammensetzungen schreibt man zusammen, Nicht-Zusammensetzungen schreibt man getrennt. Im Folgenden der Wortlaut aus dem Regelwerk:

> Die Getrennt- und Zusammenschreibung betrifft die Schreibung von Elementen, die im Text unmittelbar benachbart und aufeinander bezogen sind. Handelt es sich um die Bestandteile von Wortgruppen, so schreibt man sie voneinander getrennt. Handelt es sich um die Bestandteile von Zusammensetzungen, so schreibt man sie zusammen.
>
> Amtliche Regelung, S. 33

Zwar mag diese Formulierung tautologisch scheinen, sie ist es aber nicht. Denn: Zusammensetzungen und Zusammenschreibungen liegen auf verschiedenen Ebenen. Zusammensetzungen sind grammatische, Zusammenschreibungen graphematische Einheiten. Diese beiden Ebenen sind zu trennen. Die für die weitere Untersuchung relevante Frage nimmt ihren Ausgangspunkt bei der grammatischen

Einheit: Woran erkennt man eine Zusammensetzung (= Wort), woran erkennt man eine syntaktische Fügung (= Wortgruppe)? Von der Beantwortung dieser Frage hängt die Getrennt- vs. Zusammenschreibung ab, nicht umgekehrt.

Sichtet man die einschlägige Literatur, um festzustellen, wie das Verhältnis von Wortgruppe/Wort und Getrennt-/Zusammenschreibung beschrieben wird, dann kann man mit Hartmut Günther feststellen,

> daß eigentlich nur auf der lexikalischen Ebene argumentiert wird. Wann ein Ausdruck zusammengeschrieben wird, bestimmt sich aus lexikalischen Verhältnissen, d. h. wenn ein Wort Bestandteil des Lexikons geworden ist. Die stützenden Argumente sind dann entweder semantisch (das Substantiv ist »verblaßt«, was immer das bedeuten mag) oder auch phonologisch (bei der Getrenntschreibung bestimmter Bildungen »liegt die Betonung deutlich auf beiden Wörtern«, Duden R 206).   H. Günther (1997:9)

Allerdings muss hier angemerkt werden, dass Günther sich mit dieser Feststellung nicht auf die Neuregelung, sondern auf die alte Dudenregelung bezieht. Wie wir im nächsten Kapitel noch sehen werden, spielt die Frage, ob es sich um »eine enge[n] bedeutungsmäßige[n] Verschmelzung zu einem einzigen Wort« (Nerius et al. 2000:168) handelt, in der Neuregelung eine untergeordnete Rolle (vgl. die Großschreibung von *im Dunkeln tappen* in beiden Lesarten). Hier dominiert die Auffassung, Wort und Wortgruppe seien auf lexikalischer Ebene zu unterscheiden. Dies sieht man daran, dass die Regelgliederung nach der Wortart des letzten Bestandteils des Wortes (z. B. Verbindungen mit Verb als Endglied, mit Substantiv als Endglied etc.) erfolgt.

An dieser Stelle möchte ich einen alternativen Ansatz zur Unterscheidung von Wortgruppe/Wort vorstellen. Dabei nehme ich auf Maas (1992) Bezug. Wie auch bei der Analyse der Großschreibung im Satzinnern rückt Maas die Tatsache in den Vordergrund, dass dem Leser mit der Getrennt- und Zusammenschreibung Instruktionen zur Strukturierung des Textes gegeben werden sollen. Der Text wird durch die Leerstellen untergliedert. Ein Spatium wird jeweils an einer syntaktischen »Sollbruchstelle« gesetzt (vgl. Maas 1992:177). Aus dem Umkehrschluss resultiert die Grundregel der Getrennt- und Zusammenschreibung (vgl. 9a). Ergänzt wird diese um eine Regel, die Günther (1997) im Anschluss an Maas (1992) aufstellt (vgl. 9b):

Nach Maas (1992:133) sind **syntaktische Sollbruchstellen** solche Stellen, an denen die Möglichkeit besteht, die Planung im Satz zu verändern, »im gleichen oder in einem anderen Muster fortzufahren«. An diesen Stellen sind a) Einschübe möglich (vgl. *Das – Haus – ist – rot* vs. *Das – Haus – dahinten – ist – rot*), kann b) eine Substitution vorgenommen werden (vgl. *Das – Haus – ist rot* vs. *Das – Auto – ist – rot*) und c) das Muster durch Umstellung revidiert werden (vgl. *Das – Haus – ist – rot* vs. *Ist – das – Haus – rot*). Sieht man von der Umstellung ab, werden die im Satz vorhandenen Wörter von diesen Operationen nicht tangiert. Betroffen ist die Leerstelle zwischen den Wörtern, nicht das Wort selbst.

(9)

> **Regeln zur Getrennt- und Zusammenschreibung**
>
> a) Wo keine syntaktische »Sollbruchstelle« vorliegt, wird zusammengeschrieben (vgl. Maas 1992:177).
>
> b) Innerhalb von syntaktischen Wörtern gibt es keine Leerzeichen (vgl. Günther 1997: 10).

Betrachten wir zur Illustration das folgende Beispiel in **scriptio continua**: ERNAHATEINNEUESARMBAND. Will man die Buchstabensequenz untergliedern, muss man Spatien setzen – und zwar an den Stellen, an denen sich im eben definierten Sinne syntaktische Sollbruchstellen befinden. Die Einheit, die mit Hilfe der Spatien aus dem Text ausgegliedert wird, ist das Wort (vgl. Maas 1992:143). Legt man diesen Ansatz zugrunde, dann stellt das Wort »keine Einheit der physikalischen Äußerung« (Maas 1992:133) dar, sondern »eine Einheit, die aus einer komplexen Äußerung hergestellt wird« (Maas 1992:134). Die Betonung liegt auf dem Prädikat »hergestellt wird«. Das Wort existiert also nicht per se, es erscheint nur im Text.[108] Damit ist der Wortbegriff an Leerzeichen gekoppelt, doch nicht über Leerzeichen definiert. Es resultiert aus den syntaktischen Operationen, die an bestimmten Stellen in der scriptio continua möglich sind.

Kommen wir nun abschließend zu der von Günther (1997) formulierten Regel (9b), nach der innerhalb von syntaktischen Wörtern keine Leerstellen auftreten. Formuliert man diese Regel als Schreibanweisung um, dann lautet sie: Da, wo »syntaktisch nichts passiert« (Günther 1997:10), schreiben wir zusammen.[109] Eben dies ist, so Günther, der Grund dafür, warum im Deutschen Wörter wie *Haustür, Fernsehdirektübertragung* etc. zusammengeschrieben werden. Zwischen den Teilen besteht keine syntaktisch definierte Beziehung, es ›passiert nichts‹. Wenn hingegen von *Tür des Hauses* die Rede ist oder von *porte de la maison*, dann liegen die Dinge anders. Hier gibt es Stellen, an denen syntaktische Operationen vorgenommen werden können. Dabei geht es nicht darum, ob eine solche durchgeführt wird; wichtig ist, ob sie durchgeführt werden kann. Vgl. Günther (1997:11): »Man schreibt nicht getrennt, wenn das Substantiv erweitert ist, sondern wenn es erweitert werden kann, und diese Entscheidung hängt davon ab, wie man einen Satz konstruiert.« So gebe es Fälle, in denen ein und derselbe Ausdruck in Abhängigkeit von der syntaktischen Analyse getrennt oder zusammengeschrieben werden kann, vgl. *Ich bin autogefahren*, aber *Ich bin 800 km Auto gefahren*. Nur im ersten Fall ist *autofahren* ein intern nicht strukturierter Ausdruck. Eisenberg

---

108 Es ist, um mit Ágel/Kehrein (2002) zu sprechen, ein »Schreibzeichen«.

109 In der Orthographie-Einführung von Nanna Fuhrhop findet sich diese Schreibregel in etwas anderer Formulierung wieder. Hier heißt es: »Einheiten, die syntaktisch nicht analysierbar sind, das heißt insbesondere, die nicht in syntaktischer Relation zu anderen Einheiten in einem Satz stehen, sind Bestandteile von Wörtern. Sie führen zur Zusammenschreibung« (2005:57).

(2004:335) weist in diesem Zusammenhang darauf hin, dass es Verbindungen aus Substantiv und Partizip I gibt, die homonym zu einem Syntagma aus direktem Objekt und partizipialem Adjektiv sind. So wird man je nach syntaktischem Kontext *Rat suchend* oder *ratsuchend* schreiben. Liegt keine Inkorporation vor, wird man getrennt schreiben (z. B. *Einen guten Rat suchend kam er auf mich zu*).[110]

4.6   Interpunktion

4.6.1   Vorbemerkungen

Der Terminus ›Interpunktion‹ (lat. *interpunctum*, durch Punkte abgetrennt) bezieht sich keineswegs nur auf die Setzung von Punkten. Die ersten Zeichen zur optischen Gliederung von geschriebener Sprache waren zwar Punkte (zur historischen Entwicklung der Zeichensetzung vgl. Nerius et al. 2000:229f.), heute umfasst die Interpunktion im deutschen Schriftsystem die Setzung von Punkt, Fragezeichen, Ausrufezeichen, Komma, Gedankenstrich, Klammer etc. In anderen Schriftsystemen kommen andere Interpunktionszeichen hinzu (z. B. im Chinesischen ein kleiner Kreis statt eines Punktes). Auch die Positionierung der Zeichen ist nicht in allen Schriftsystemen gleich. So wird im spanischen Schriftsystem das Fragezeichen sowohl nach- als auch (um 180° gedreht) vorangestellt.

Die Termini **Interpunktion** und **Zeichensetzung** werden im Folgenden synonym verwendet. Zu unterscheiden ist zwischen der Setzung von **Satzzeichen**, d. h. von Zeichen, die Sätze bzw. Satzteile voneinander abgrenzen, und der Setzung von **Hilfszeichen** (Gallmann/Sitta 1996:189), d. h. Zeichen, die »an oder in Wortformen stehen«. Die Satzzeichen des Deutschen sind Punkt, Ausrufezeichen, Fragezeichen, Komma, Semikolon, Doppelpunkt, Gedankenstrich, Klammern und Anführungszeichen. Als Hilfszeichen werden Apostroph, Ergänzungsstrich, Auslassungspunkte, Abkürzungspunkt und Schrägstrich angeführt. Wie Gallmann/ Sitta (1996:190) vermerken, gehören auch der Bindestrich und der Trennstrich zu diesen Hilfszeichen. Sie werden im Amtlichen Regelwerk in den separaten Kapiteln »Schreibung mit Bindestrich« und »Worttrennung am Zeilenende« behandelt.

In diesem Abschnitt gehe ich ausschließlich auf die Setzung von Satzzeichen ein. Im Unterschied zu den Hilfszeichen ist die relevante Analyseeinheit für Satzzeichen der Text, nicht das Wort. Dies mag zunächst erstaunen. Warum das Wort nicht die relevante Analyseeinheit ist, ist offensichtlich. Warum aber werden *Satz-*

---

110 An dieser Stelle ist – im Vorgriff auf Kap. 5 – anzumerken, dass die Schreibung von Substantiv-Partizip-Verbindungen in der Neuregelung zur deutschen Rechtschreibung heftig umstritten war. Zunächst war festgelegt worden, dass solche Verbindungen in allen Kontexten getrennt zu schreiben seien (s. Amtliche Regelung von 1996). Dies wird nun im Regelwerk von 2004 revidiert. § 36, E 2 wurde um einen entsprechenden Zusatz ergänzt, aus dem hervorgeht, dass Verbindungen wie z. B. *Zeit sparend* auch zusammengeschrieben werden können.

zeichen auf den Text und nicht auf den Satz bezogen? Darin folge ich der Analyse von Utz Maas, wonach für die Interpunktion wie auch für die Groß- und Klein-schreibung sowie die Getrennt- und Zusammenschreibung gilt, dass es ein Mittel ist, um Texte für den Leser zu strukturieren. Maas stellt fest:

> Nicht *Sätze* haben Interpunktionszeichen [...], sondern *Texte* (und seien sie noch so kurz!) werden für das Erlesen mit Interpunktionszeichen in Einheiten gegliedert (Schlußpunkte, Initialmarkierungen) und diese eventuell noch binnenstrukturiert (Kommata, Semikolon usw.). U. Maas (1992:54f.)

Welche Aufgabe kommt den einzelnen Satzzeichen in diesem Strukturierungs-prozess zu? Die Beantwortung dieser Frage ist Gegenstand der folgenden Aus-führungen. Zunächst werden die satzschließenden Zeichen (Punkt, Fragezeichen, Ausrufezeichen) behandelt, im Anschluss daran die sog. Satzmittezeichen. Dabei steht das Komma im Mittelpunkt der Betrachtung.

4.6.2   Die Satzschlusszeichen

Würde die Funktion der Satzschlusszeichen ausschließlich in der Textgliederung bestehen, dann benötigte man hierfür nicht drei verschiedene Zeichen. Im Fol-genden wird gezeigt, wo die funktionalen Unterschiede zwischen Punkt, Fragezei-chen und Ausrufezeichen liegen:

a) Der **Punkt** ist das am häufigsten gebrauchte Satzabschlusszeichen, aber auch dasjenige, das in bestimmten Kontexten regelhaft entfällt. In frei stehenden Zeilen (Überschriften, Schlagzeilen etc.) und bei Parenthesen (z. B. *Mein Bruder – er ist Lehrer – wohnt in Köln*) steht im Deutschen kein Punkt.[111] Auch bei der wörtlichen Wiedergabe einer Äußerung fällt der Schlusspunkt weg, sofern der angeführte Satz am Anfang oder im Innern des Ganzsatzes steht (vgl. *»Ich verstehe das nicht«, sagte sie*).

Nach Nerius et al. (2000:235) kennzeichnet der Punkt »den vorangehenden Ganzsatz als kommunikativ ›neutral‹«. Der in der Sprachwissenschaft eher un-gebräuchliche Terminus ›Ganzsatz‹ findet sich auch in der Amtlichen Regelung: »Mit dem Punkt kennzeichnet man den Schluss eines Ganzsatzes.« (Amtliche Re-gelung, § 67), doch wird nicht erläutert, was unter ›Ganzsatz‹ zu verstehen ist. Primus (1997:466) kommt in ihrer Diskussion der Regelformulierung zu dem Schluss, dass der Terminus ›Ganzsatz‹ mit den syntaktischen Termini ›Satzart‹ bzw. ›Satzmodus‹ deckungsgleich sei. In der Syntax werden fünf solcher Satzarten (= Satzmodi) unterschieden: Aussagesatz, Fragesatz, Aufforderungssatz, Wunsch-satz und Ausrufesatz. Sie sind über Formmerkmale zu identifizieren (Verbstellung, Verbmodus, Intonation, Satzzeichen) und nicht gleichzusetzen mit Sprechhand-lungen (vgl. Dürscheid 2005). So kann ein Fragesatz eine Aufforderungshand-

---

111 Ausrufe- und Fragezeichen werden hingegen gesetzt (vgl. *Medaillen ausgegangen?*, *Ro-naldo zum VfB!*).

lung sein (vgl. *Würdest du jetzt bitte kommen?*). Auch ein Aussagesatz kann als Aufforderung fungieren (vgl. *Ich bestehe darauf, dass du kommst*). Die relevante Bezugsgröße für den Punkt ist also der Satzmodus, nicht die Sprechhandlung. Mit anderen Worten: Der Punkt ist ein »Satzmodusindikator« (Primus 1997:472). Er dient zur Kennzeichnung von Aussagesätzen, nicht von Aussagehandlungen.

b) Auch das **Fragezeichen** nimmt auf den Satzmodus Bezug, nicht auf die Sprechhandlung. Diese Aussage steht allerdings in Widerspruch zu § 70 der Amtlichen Regelung. Hier lesen wir: »Mit dem Fragezeichen kennzeichnet man den Ganzsatz als Frage«. Primus (1997) weist darauf hin, dass mit einer solchen Formulierung fälschlich ein Bezug zur Sprechhandlung ›Frage‹ hergestellt wird, obwohl es eigentlich um den Satzmodus geht. Das sehen wir an Beispielen vom Typ *Ich frage mich, wann du endlich mit dem Rauchen aufhörst*. Der Satz gehört zur Klasse der Aussagesätze, was man an der für Aussagesätze typischen Verbzweitstellung und dem Fehlen eines Fragewortes im übergeordneten Satz erkennt (*Ich frage mich*). Und da sich das Satzschlusszeichen immer auf den übergeordneten Satz bezieht, steht auch ein Punkt. Nimmt man die Formulierung in § 70 im Wortsinn, dann müsste man ein Fragezeichen setzen, denn es handelt sich bei dem Satz nichtsdestotrotz um eine Frage(handlung). Dies ist sicher nicht intendiert. Korrekt wiedergegeben wird der Sachverhalt in der Formulierung von Nerius et al. (2000:236): »Die Hauptfunktion des Fragezeichens ist die Kennzeichnung des Abschlusses eines Fragesatzes«.

c) Die Funktion des **Ausrufezeichens** wird in Nerius et al. (2000:236) treffend charakterisiert. Es verleiht der Aussage eine »besondere Eindringlichkeit und Expressivität«. In syntaktischer Hinsicht gehören Sätze, die mit einem Ausrufezeichen schließen, zur Klasse der Ausrufesätze (vgl. *Das glaube ich dir nicht!*). Soll einem Fragesatz besonderer Nachdruck gegeben werden, dann kann dieser ebenfalls mit einem Ausrufezeichen versehen werden (vgl. *Wie konntest du so etwas tun!*). Dies ändert nichts daran, dass der Satz aufgrund seiner formalen Kennzeichen (Fragewort) als Fragesatz klassifiziert wird. Das Ausrufezeichen dient in diesem Sinne nur zur Anzeige des expressiven Charakters der Äußerung; es führt nicht zu einem Wechsel der Satzart. Dies gilt auch für den Aufforderungssatz, der mit einem Ausrufezeichen endet (vgl. *Komm nicht so spät!*). Die für den Aufforderungssatz kennzeichnenden Merkmale sind weiterhin vorhanden (Verberststellung, Imperativ als Verbmodus). Folgt man diesen Überlegungen, dann sollte man davon absehen, den Ausrufesatz als eigene Satzart anzusetzen. In der Tat wird er auch von einigen Grammatikern unter den anderen Satzarten subsumiert (vgl. Dürscheid 2005:62).

4.6.3   Das Komma

Nach diesen knappen Überlegungen zur Funktion der drei Satzschlusszeichen kommen wir nun zu den satzinternen Zeichen. Zu diesen zählen das Komma, das Semikolon, der Doppelpunkt und der Gedankenstrich. Hier soll nur das Komma im Mittelpunkt stehen, auf die anderen **Satzmittezeichen** (Terminus von Nerius et al.

2000) gehe ich aus Platzgründen nicht ein (siehe dazu ausführlich Baudusch 1989).
Nerius et al. (2000:240–254) unterscheiden drei Kommatypen: das Nullkomma,
das Einzelkomma und das paarige Komma. Von einem »Nullkomma« sprechen sie,
wenn das Nichtsetzen eines Kommas zu einem Bedeutungsunterschied führt (vgl.
der *dritte, kritische Tag* vs. der *dritte _ kritische Tag*). Hier werden nur zwei Typen
erläutert: das einfache Komma und das paarige Komma. Dabei soll es nicht nur darum gehen, unter welchen Bedingungen ein (paariges) Komma gesetzt wird; wichtig ist auch die Frage, unter welchen Bedingungen es **nicht** gesetzt wird.

a) **Das einfache Komma** hat im Deutschen die Funktion, hierarchisch nebenge-
ordnete syntaktische Einheiten (d. h. koordinierte Sätze, Satzglieder und Teile von
Satzgliedern) voneinander abzugrenzen. Machen wir uns dies an einem Beispiel
klar: In dem Satz *Peter trifft Paul, Erna und Luise* steht zwischen *Paul* und *Erna* ein
Komma, da es sich um zwei Satzgliedteile handelt, die koordiniert sind. Das trifft
zwar auch auf die folgenden beiden Konjunkte *Erna* und *Luise* zu, doch steht zwischen diesen beiden die Konjunktion *und*. Das Auftreten einer solchen Konjunktion
(ebenso: *oder, beziehungsweise, sowie, wie, entweder ... oder, nicht ... noch, sowohl
... als (auch), sowohl ... wie auch*) hebt die Notwendigkeit auf, ein Komma zwischen den koordinierten Elementen zu setzen.[112] Im Umkehrschluss lässt sich die
folgende Kommanichtsetzungsregel formulieren:

(10)

Kommanichtsetzungsregel 1
Ein Komma darf nicht gesetzt werden, wenn
a) Satzglieder oder Satzgliedteile auf gleicher Hierarchie-Ebene miteinander kombi- niert werden,
b) in einer koordinierten Struktur die Koordination lexikalisch durch *und, oder* etc. zum Ausdruck gebracht wird.

Nach Regel (10) wird in einem Satz wie *Peter fuhr mit seinem neuen Wagen an
einem Vormittag nach Abwägung aller in Frage kommenden Vor- und Nachteile
von Köln nach Paris* an keiner Stelle ein Komma gesetzt. Der Grund: In diesem
Satz treten drei Satzgliedtypen (Subjekt, Prädikat, Adverbial) auf einer Hierar-
chie-Ebene auf. Bedingung a) ist also erfüllt. Bedingung b) ist irrelevant, da keine
Koordinationsstruktur vorliegt.
     Viele Schreiber sind in solch umfangreichen Sätzen geneigt, an einer oder gar
mehreren Stellen ein Komma zu setzen. Sie haben zwar gelernt, wann ein Komma
steht, aber nicht, wann kein Komma steht. Daran üben Nerius et al. (2000:244)
Kritik: »Es genügt [...] nicht, im Regelapparat die Regeln für die Kommasetzung
aufzuführen und die Nichtsetzung des Kommas in allen nicht genannten Fällen

---

112 Anzumerken ist, dass dies nicht für adversative Konjunktionen (*aber, jedoch*) gilt, d. h.
   für solche, die einen Gegensatz ausdrücken. Hier steht ein Komma.

als selbstverständlich vorauszusetzen«. Dem Amtlichen Regelwerk kann dieser Vorwurf freilich nicht gemacht werden. Der Normalfall ist die Nichtsetzung, amtlich regelungsbedürftig ist also nur die Setzung von Satzzeichen. Was didaktisch aufbereitete Lehrwerke betrifft, so ist die Kritik von Nerius et al. aber durchaus berechtigt.

b) Die Hauptfunktionen des **paarigen Kommas** bestehen darin, a) einen Einschub zu kennzeichnen und b) eine satzwertige Konstituente ab- bzw. auszugrenzen. Einen Einschub erkennt man daran, dass die Konstituente nicht in den Satz integriert ist (vgl. *Peter, mein Freund, kommt heute später*). Während dieser Fall dem Schreiber meist wenig Probleme bereitet, gestaltet sich die zweite Funktion des paarigen Kommas als schwierig. Woran erkennt man eine satzwertige Konstituente? An dieser Stelle genügt der Hinweis, dass diese ein finites Verb enthält (vgl. *Er ging nach Hause, weil er seine Ruhe haben wollte*). Damit sind zwar nicht alle Konstruktionen erfasst (vgl. *Er ging nach Hause, um endlich seine Ruhe zu haben*). Da in der Neuregelung aber Infinitiv- und Partizipialsätze nicht mehr durch Komma abgetrennt werden müssen, soll diese Problematik hier nicht weiter erörtert werden (vgl. dazu Primus 1997:478–486). Für das Folgende relevant ist also nur § 74 der Amtlichen Regelung: »Nebensätze grenzt man mit Komma ab; sind sie eingeschoben, so schließt man sie mit paarigem Komma ein.« Legt man die Analyse von Maas (1992:91) zugrunde, so müsste diese Formulierung lauten: »Satzwertige Konstituenten grenzt man mit Komma ab.« Damit erfasst man sowohl Konstruktionen vom Typ *Er sagte, **dass er komme*** (Objektsatz), ***Wer kein Geld hat**, bleibt zu Hause* (Subjektsatz), *Der Mann, **der kommt**, ist mein Vater* (Attributsatz) als auch *Es regnete, **als er auf die Straße trat*** (Adverbialsatz). Auch hier können wir im Umkehrschluss eine Kommanichtsetzungsregel formulieren:

(11)

> **Kommanichtsetzungsregel 2**
>
> Ein Komma darf nicht gesetzt werden, wenn
>
> a) Satzglieder oder Satzgliedteile auf gleicher Hierarchie-Ebene miteinander kombiniert werden und
> b) diese nicht satzwertig sind.

So steht in dem Satz *Wer lügt, wird bestraft* ein Komma zwischen Subjekt und Prädikat, da das Subjekt als satzwertige Konstituente auftritt. Dies erkennt man an dem finiten Verb *lügt*. In dem wesentlich komplexeren Satz *Dieses immer wieder vor allem von Lehrern im Zusammenhang mit der Arbeitszeitregelung vorgetragene Argument ist wenig überzeugend* hingegen steht kein Komma zwischen Subjekt und Prädikat, weil das Subjekt nicht satzwertig ist. Nota bene: Der Umfang allein berechtigt nicht dazu, ein Satzglied durch Komma abzugrenzen. Ausschlaggebend ist die kategoriale Realisierung (als satzwertige oder nicht-satzwertige Konstituente).

Kommen wir nun noch zu der Frage, warum Sätze vom Typ *Es regnete, als er auf die Straße trat* unter dem Stichwort ›paariges Komma‹ behandelt werden, obwohl hier – wie auch in allen anderen oben genannten Beispielen – kein zweites Komma auftritt. Dass das zweite Komma fehlt, hängt damit zusammen, dass die satzwertige Konstituente am Ende des Satzes steht.[113] Der satzschließende Punkt übernimmt in diesem Fall die Funktion des schließenden Kommas. Würde der Satz fortgesetzt, müsste ein zweites Komma stehen, um das Ende der satzwertigen Konstituente anzuzeigen (vgl. *Hans weiß, dass Peter unschuldig ist, und sagt dies allen Leuten*).

Viele Schreiber übersehen allerdings den Umstand, dass eine satzwertige Konstituente von beiden Seiten abgegrenzt werden muss. Sie lassen das zweite Komma wegfallen (vgl. *Hans weiß, dass Peter unschuldig ist und sagt dies allen Leuten*). Maas (1992:95) nennt ein Beispielpaar, in dem eine solche Zeichensetzung zu Mehrdeutigkeiten führen kann: *Hans sah, dass Emma aß, und ging* vs. *Hans sah, dass Emma aß und ging*. Steht kein Komma, so besteht das Prädikat des abhängigen Satzes aus zwei koordinierten Verben (*dass Emma aß und ging*). Wird ein Komma gesetzt, so ist es das Prädikat des übergeordneten Satzes, das koordiniert ist (*Hans sah [...] und ging*). An die Kommasetzung sind hier also zwei syntaktische Strukturen und zwei Lesarten geknüpft.

Solche Fälle von syntaktischer Ambiguität, die durch die Zeichensetzung hervorgerufen wird, sind nicht selten. Gelegentlich werden sie auch konstruiert. Ein Beispiel hierfür ist das Minimalpaar a) *Der Mensch denkt: Gott lenkt* und b) *Der Mensch denkt. Gott lenkt*. Mit dem Doppelpunkt kündigt man im a)-Satz an, dass etwas Weiterführendes folgt. Setzt man zwischen den beiden Teilsätzen hingegen einen Punkt, dann handelt es sich um die Reihung zweier Sachverhalte. Der semantische Unterschied zwischen den Sätzen wird hier allein durch den Doppelpunkt bzw. Punkt zum Ausdruck gebracht. Ein anderes Beispiel dieser Art stammt aus dem Englischen: *Woman without her man is nothing.* und *Woman! Without her, man is nothing.* In der gesprochenen Sprache wird die Ambiguität durch die Intonation und die Pausensetzung aufgelöst.

Halten wir fest: Eine satzwertige Konstituente wird durch ein paariges Komma abgegrenzt. Steht die Konstituente am Anfang bzw. Ende des Satzes (genauer: im Vorfeld oder im Nachfeld), dann fällt das eröffnende bzw. das schließende Komma weg. In diesem Fall hat, so schreiben Nerius et al. (2000:245) zutreffend, »das paarige Komma die Erscheinungsform K1, ist aber der Funktion nach K2.«

---

113 Dies gilt vice versa für die Positionierung am Satzanfang, vgl. *Dass du kommst, freut mich.*

4.7   Zusammenfassung und Exkurs

Es werden nun die wichtigsten graphematischen Regularitäten anhand eines Textbeispiels rekapituliert. In einem anschließenden Exkurs sollen Beispiele für Schreibungen angeführt werden, die diesen Regularitäten gerade nicht entsprechen.

Beginnen wir mit dem regelkonformen Textbeispiel. Der folgende Text stammt von der Titelseite einer Tageszeitung. Es handelt sich um eine Anreißermeldung:

(12)

Strom soll teurer werden

Econ, Deutschlands größter Stromkonzern, will eine Anhebung der Tarife um fünf bis zehn Prozent durchsetzen.

Wirtschaft **Seite 29**

Kölner Stadt-Anzeiger, 22.03.02, S. 1

Die meisten graphematischen Wortformen in diesem Text resultieren aus GPK-Regeln, es gilt also das phonologische Prinzip. Eine Ausnahme stellt das Wort <Strom> dar. Die GPK-Regeln würden hier eine Zuordnung von /ʃ/ zu <sch> vorsehen. Dass das Wort *Strom* dennoch nicht <Schtrom> geschrieben wird, hängt mit der Silbenstruktur zusammen. Die Buchstabensequenz <schtr> gäbe der Schreibsilbe am linken Silbenrand ein zu großes optisches Gewicht. Wie im Vorangehenden gesagt, interagiert das phonologische Prinzip mit dem morphologischen Prinzip. Letzteres führt dazu, dass z. B. das Wort *Deutschlands* nicht *Deutschlants* geschrieben wird. Hier dominiert die morphologische über die phonologische Schreibung: Die Schreibung mit <d> bleibt erhalten, obwohl als Folge der Auslautverhärtung statt des stimmhaften /d/ der stimmlose Partner /t/ gesprochen wird.

Auf der Ebene der Wortschreibung erscheinen in (12) nur unstrittige Fälle. Der erste Buchstabe der Überschrift wird großgeschrieben, ebenso der erste Buchstabe des folgenden Satzes. Die Großschreibung an dieser Stelle hat noch eine zweite Ursache: Das erste Wort des Satzes ist ein Substantiv (*Strom*) bzw. ein Eigenname (*Econ*). Beide werden großgeschrieben. Im Satzinnern folgt die Großschreibung den Maas'schen Regeln: Die Wörter *Strom, Deutschland, Stromkonzern, Anhebung, Tarife* und *Prozent* stellen jeweils den Kern einer potentiell expandierbaren (z. B. *Strom*) bzw. bereits expandierten Nominalgruppe (z. B. *Deutschlands größter Stromkonzern*) dar. Andere Gründe für eine satzinterne Großschreibung (z. B. die Höflichkeitsanrede) liegen hier nicht vor. Was die Getrennt- und Zusammenschreibung betrifft, so ist auch diese hier unstrittig. Die Zusammenschreibung von *Deutschlands, Stromkonzern* und *durchsetzen* folgt aus dem Umstand, dass die von Maas (1992) so bezeichneten syntaktischen Sollbruchstellen fehlen. Zwischen den Wortbestandteilen in diesen Komposita können keine syntaktischen Operationen vorgenommen werden.

Schließlich noch ein Wort zur Interpunktion und Textgestaltung: Die Überschrift stellt einen Aussagesatz dar, müsste also mit einem Punkt abschließen. Dieser fehlt, da es sich um eine frei stehende Zeile handelt. Im Text selbst wird der Aussagesatz mit einem Punkt abgegrenzt. Des Weiteren tritt ein paariges Komma auf, da ein Einschub vorgenommen wird (vgl. *Econ, Deutschlands größter Stromkonzern, will* [...]). Was die Textgestaltung betrifft, so findet man in (12) charakteristische Merkmale, auf die in Kapitel 6 ausführlich eingegangen wird: Überschrift, Leerzeile und Absatz. In der graphematischen Terminologie werden sie als »flächige Suprasegmente« (Günther 1988:65) bezeichnet (vgl. Abschn. 6.3.5). Dabei handelt es sich um typographische Phänomene, die – wie Günther (1988:79f.) schreibt – »mit funktionalen Mitteln in mündlicher Sprache nur bedingt in Verbindung zu bringen sind«. Auch sog. »lineare Suprasegmente« kommen vor. Dies sind »graphische Mittel, die die segmentalen Mittel überlagern« (Günther 1988:66). Die Kursive und der Fettdruck gehören hierzu (vgl. »Wirtschaft Seite 29«). Sie dienen der Strukturierung des Textbildes, der Hervorhebung, der Kontrastierung, der Aufmerksamkeitslenkung. Diese Funktion übernehmen sie aber nur dann, wenn die umgebenden Zeichen anders oder gar nicht markiert sind (vgl. Abschn. 6.4.2).

Ein weiteres Suprasegment, das nur im Kontrast wirkt, ist die **BinnenGroß-schreibung** (vgl. *InterCity, BundesElternRat, GebäudeManagement, RehaClinic, KurzFilmTage*). Dabei handelt es um eine Schreibweise, die nicht mit den bekannten Regularitäten kompatibel ist: Großbuchstaben erscheinen in der Regel am Wortanfang. Im Wortinnern können sie nur dann stehen, wenn das ganze Wort in Majuskeln erscheint oder wenn es sich um eine Abkürzung (vgl. *BAföG*) bzw. um eine Zusammensetzung mit Bindestrich (vgl. *Tee-Ei*) handelt. Dass nun auch Bestandteile von Wörtern durch Großbuchstaben abgesetzt werden, ist eine Tendenz, die immer mehr zunimmt (vgl. Dürscheid 2000a). Diese Großschreibung ist funktional. Sie dient der Gliederung unübersichtlicher Zusammensetzungen, aber auch der Aufmerksamkeitslenkung. Ein weiterer Grund mag sein, dass auf diese Weise eine Korrespondenz zwischen der Wortschreibung und einer möglichen Abkürzungsschreibung hergestellt werden kann (vgl. *IC = InterCity*). Mittlerweile tritt die BinnenGroßschreibung aber nicht mehr nur in Produktnamen auf, es gibt schon zahlreiche Analogschreibungen (vgl. *KurzFilmTage*). Auch ist es bereits möglich, ganze Wortreihen auf diese Weise zu bilden (vgl. *BahnCard, PayCard, BankCard, TelefonCard, VersicherungsCard*). Vor diesem Hintergrund stellt sich die Frage, ob diese Schreibweise gar in den allgemeinen Schreibgebrauch übergehen wird.

Den Punkt abschließend noch eine Anmerkung zur »Vollgroßschreibung« (Terminus von Nerius et al. 2000:271), zur Großschreibung des gesamten Wortes: Diese Schreibweise kann z. B. gewählt werden, um Merkmale der gesprochenen Sprache zu kompensieren (vgl. *WANN kommst du denn endlich?*), um also auf graphischer Ebene eine intonatorische Hervorhebung anzuzeigen. Anders liegen die Dinge, wenn in Überschriften, Buchtiteln, auf Firmenschildern etc. Großbuchstaben aneinander gereiht werden (vgl. *REISEBÜRO MARS, SCHWARZ-WEISS GmbH*, Beispiele übernommen von Nerius et al. 2000:271). Hier geht es nicht darum, die Wortgruppe als intonatorische Einheit zu markieren, sondern darum, sie optisch hervorzuheben. Dies gilt auch für die – von Nerius et al. (2000:271) so bezeichnete – »Vollkleinschreibung« (vgl. *norisbank, tagesschau*). Zwei weitere Varianten, die der Aufmerksamkeitslenkung dienen, sind die Binnenkleinschreibung (vgl. *KAUFhOF*) und die Großschreibung von Buchstabensequenzen (vgl. *gePISAckte Kindergärten*).

Kommen wir nun von der Wortschreibung zu den (Ir-)Regularitäten im Bereich der Interpunktion: Der Punkt dient mittlerweile nicht mehr nur zur Textgliederung und zur Abkürzungsschreibung, sondern auch zur Untergliederung von Wörtern und Wortsequenzen (sog. **Binnen.interpunktion**). Eine solche Schreibweise ist angelehnt an die Kennzeichnung von Dateinamen und Internetadressen. So wählt die deutsche Bahn für ihr neues Serviceangebot die Schreibung *bahn. comfort*, eine Gewerkschaft gibt sich den Namen *ver.di*, das internationale Literaturfestival in Köln firmiert unter *lit.COLOGNE*, eine Fernsehsendung trägt den Titel *ZDF.reporter*. Dem Punkt kommt dabei eine neue Aufgabe zu. Er trennt nicht mehr Sätze, sondern Wörter bzw. Wortbestandteile. Kombiniert wird eine solche Punktsetzung häufig mit der Kleinschreibung der Substantive. Der Grund für diese Schreibungen liegt auf der Hand: Man möchte sich den Anstrich des Modernen und Fortschrittlichen geben.

Dass die Interpunktion zahlreiche Möglichkeiten der kreativen Gestaltung zulässt, zeigen auch die folgenden Beispiele, die aus dem Buch »Werbesprache« von Nina Janich entnommen sind.[114] Die Satzzeichen – Punkt, Doppelpunkt und Gedankenstrich – haben hier eine wichtige kommunikativ-pragmatische Funktion (vgl. Janich 2001:182–184): Sie verkürzen und verdichten die Aussage (vgl. 13b), sie richten die Erwartung auf das Folgende (vgl. 13d), sie setzen Produktname und Werbeaussage gleich (vgl. 13g) oder grenzen echte oder scheinbare Gegensätze voneinander ab (vgl. 13h).

Bereits auf der graphischen Ebene lassen sich also kommunikative Effekte erzielen. Dies haben wir am Beispiel der Groß- und Kleinschreibung und der Interpunktion gesehen, dies gilt aber auch für die Umsetzung der Phonem-Graphem-Korrespondenzen. So kann der Schreiber durch die Iteration von Buchstaben seiner Äußerung Nachdruck verleihen (vgl. *Wie schaaade!*) oder durch das Setzen eines Bindestriches Wortbestandteile hervorheben (vgl. *das Vor-Urteil*). Solch normabweichende Schreibungen können also durchaus ein Mittel zum Zweck sein

---

114 Vgl. auch den folgenden Werbetext: *Liebe. Ausflügler. Wir. Halten. In. Kurzen. Abständen. In. Der. Nähe. Der. Schönsten. Ausflugziele. Des. Forchgebiets.* In dieser Anzeige wird die Werbebotschaft (»Fahren Sie mit unserer Bahn, sie hält an vielen interessanten Punkten«) durch die Häufung der Satzzeichen graphisch umgesetzt.

(13)

a) ALFA SPIDER. AUF. UND DAVON.
b) Audi. Vorsprung durch Technik.
c) Der neue Seat Toledo. Aufregend gut gebaut.

d) Neu: hohes C plus Gutes aus Milch
e) Riecht gut und schmeckt gut: MOODS
f) Typisch Kaffeetante: Immer Zeit für KRÖNUNG light.

g) Kléber-Reifen – die richtige Wahl.
h) Halbes Koffein – Volles Verwöhnaroma.
i) Die gute alte Zeit: kein Streß, keine Sorgen – und keine schönen Kinderfotos

(vgl. hierzu Dürscheid 2005a). Auch auf der Wort- und Satzebene finden sich graphische Stilelemente. Darauf weisen Nerius et al. hin: »Soll z. B. die schnelle, sich überstürzende Aussprache eines Satzes oder einer Wortgruppe graphisch angedeutet werden, so können [...] die normalerweise vorgesehenen Spatien fortgelassen werden« (2000:273). Als Beispiel führen sie die Schreibung *Kollegekommtgleich* an.

Halten wir abschließend fest: In der Graphematik werden diejenigen Regularitäten herausgearbeitet, die dem ›normalen‹ Schreiben zugrunde liegen. Was unter ›normalem Schreiben‹ zu verstehen ist, zeigt sich dann, wenn diese Systematik durchbrochen wird. Dabei kann es sich um zufällige Fehlschreibungen handeln, aber auch um zielgerichtet eingesetzte graphostilistische Mittel.[115]

Zur Vertiefung

Augst et al. (Hrsg.) 1997, S. 323–495: Darlegung von alternativen Konzepten zur Fundierung orthographischer Regeln
Eisenberg 2004: grundlegende Hinweise zur Buchstabenschreibung, morphologischen Schreibung, Silbentrennung, Getrennt- und Zusammenschreibung, Groß- und Kleinschreibung und Fremdwortschreibung
Fuhrhop 2005: graphematische Analyse des deutschen Schriftsystems (fälschlich unter dem Buchtitel »Orthographie«)
Maas 1992: Darstellung der Orthographie als wissensbasiertes System, »Einladung zu einer intellektuellen Abenteuerreise in den Rechtschreiburwald« (S. VII)
Neef et al. (Hrsg.) (2002): Sammlung von Aufsätzen zu den theoretischen Problemen des deutschen Schriftsystems
Neef 2005: theoretische Modellierung zur Graphematik des Deutschen (ausschließlich bezogen auf das Verhältnis von schriftlichen Formen und phonologischen Repräsentationen)
Nerius et al. 2000, S. 73–276: systematische Darstellung zur Graphematik des Deutschen, bezogen auf alle Ebenen des Sprachsystems
Stetter 1997, 1999²: philosophische Reflexion über das Verhältnis von Sprache und Schrift

---

115 Vgl. zur Graphostilistik Abschn. 6.3.5.

5 Orthographie

Die Hauptaufgabe unserer Schrift ist eine praktische. Sie hat dem Volke zu dienen.

Rudolf von Raumer

5.1 Vorbemerkungen

Der Terminus **Rechtschreibung**, eine Lehnübersetzung aus dem griechischen *orthós* (›recht, richtig‹) *gráphein* (›schreiben‹), bezeichnet sowohl das ›rechte Schreiben‹ von Wörtern als auch die Wissenschaft, die mit dem rechten Schreiben befasst ist.[116] Definiert man ›Rechtschreibung‹ in diesem Sinne, dann klammert man streng genommen die Setzung von Satzzeichen aus, da sich diese auf die Satz-, nicht auf die Wortebene bezieht. Eine solche Definition wird im Folgenden nicht zugrunde gelegt. Vielmehr werden, dem allgemeinen Usus entsprechend, die Termini ›Rechtschreibung‹ bzw. – synonym dazu – ›Orthographie‹ sowohl für den Bereich der Wortschreibung als auch für den der Zeichensetzung verwendet.

Zunächst wird es um die grundsätzliche Frage gehen, in welchem Verhältnis Rechtschreibung, Normierung und Schreibusus stehen (Abschn. 5.2). Im Anschluss daran werden die wichtigsten Etappen der Orthographiegeschichte bis ins Jahr 2006 skizziert (Abschn. 5.3). Die in der Öffentlichkeit vehement geführte Diskussion um das Reformpaket wird nachgezeichnet, und einige der kontrovers diskutierten Punkte werden vorgetragen. In Abschn. 5.4 kommen die Inhalte der Neuregelung zur Sprache, die 1996 beschlossen und 1998 in Kraft gesetzt wurde. Dabei wird auch auf die Revision der Amtlichen Regelung aus dem Jahr 2004 eingegangen; außerdem werden die Empfehlungen des Rats für deutsche Rechtschreibung, denen die Kultusministerkonferenz auf ihrer Plenarsitzung am 2./3. März 2006 zugestimmt hat, vorgestellt. Eine kritische Diskussion der Neuregelung erfolgt in Abschn. 5.5. Hier werden einige der Argumente, die von wissenschaftlicher Seite für und gegen die Neuregelung vorgebracht wurden, zusammengestellt.

---

116 Eine solche Doppeldeutigkeit tritt in der sprachwissenschaftlichen Terminologie häufig auf. So bezieht sich der Terminus ›Grammatik‹ sowohl auf die Regularitäten selbst als auch auf die theoretische Beschreibung dieser Regularitäten.

5.2   Orthographie zwischen Norm und Usus

Die Rechtschreibung umfasst die durch eine Norm festgelegten Schreibweisen, die
Schreibung hingegen alle möglichen Schreibweisen. So gibt es für die Lautkette
[fʊks] mehrere Schreibungen: <Fuchs>, <Phuks>, <Vugs> usw., aber nur eine dieser graphischen Repräsentationen entspricht der Norm. Jede Rechtschreibung ist
also eine Schreibung, aber nicht jede Schreibung eine Rechtschreibung. Die Norm
legt fest, welche der prinzipiell möglichen Schreibungen zu einer gewissen Zeit
Gültigkeit haben (vgl. Kohrt 1987:285–375, Neef 2005). Nehmen wir mit Nerius
et al. (2000) als grundlegende Funktionen des Geschriebenen die Aufzeichnungs-
funktion (aus der Perspektive des Schreibers) und die Erfassungsfunktion (aus der
Perspektive des Lesers) an, dann gilt, dass die Norm im Dienst der Erfassungsfunktion steht. Sie ist es, die (von einigen zugelassenen Ausnahmen abgesehen) für
Invarianz in der Schreibung sorgt und so dem Leser das optische Chaos erspart.

   In ihrem kritischen Essay mit dem Titel: »Die regulierte Schrift. Plädoyer für
die Freigabe der Rechtschreibung« stellen Elisabeth Leiss und Johann Leiss eben
diesen Zweck einer Normierung in Frage (vgl. Leiss/Leiss 1997:26–38). Sie stellen
fest, dass ein Hörer mit einer Vielfalt von Lautvorkommen konfrontiert werde,
die von verschiedenen Faktoren abhingen (Verfassung des Sprechers, Alter, Dialekt usw.). Diesen Lautvorkommen ordne er in einem komplexen Klassifikations-
und Abstraktionsprozess scheinbar mühelos eine endliche Zahl von Phonemen
zu. Das Hören sei es, das eine mentale Hochleistung erfordere, nicht das Lesen.
Eine Normierung der Schreibung sei also nicht notwendig. Hinter der Forderung
nach einer normierten Schreibung stehe eine falsche Homogenitätssüchtigkeit, ein
Ablehnen von Varianz, ein gehorsames Anpassen an ein unzulängliches orthographisches System. Denn: »Durch Verordnung entsteht Unordnung. Unordnung
läßt sich in Listen inventarisieren. Die Nachschlagbarkeit von Graphien wird zum
Ordnungssurrogat. Wer stattdessen die Ordnung der Sprache bevorzugt, wird ein
Verschriftungssystem wählen, das Variation transkribiert statt ausradiert« (Leiss/
Leiss 1997:93). Keine fixierte Norm, so argumentieren die Autoren weiter, könne
mit dem Sprachwandel Schritt halten. Bei jeder Normierung müsse es zu Abweichungen (d.h. zu Einzelfallfestlegungen) kommen, die nicht über Regeln erfasst
würden und den Schreiber dazu zwingen, im Wörterbuch nachzuschlagen. Im Fazit sprechen sie sich für eine »Reoralisierung der Schrift« (Leiss/Leiss 1997:103)
aus, für eine Stärkung des Prinzips ›Schreib, wie du sprichst‹.

   Wie sieht hingegen die Realität im deutschsprachigen Raum aus? Unsere Schreibung ist durch staatliche Verordnungen, in einem amtlichen Regelwerk festgelegt.
Die Verordnung gilt in allen Bereichen, in denen der Staat Regelungskompetenz
hat, d.h. in den Schulen und den Behörden. Dennoch wäre es falsch zu behaupten,
dass es über diese beiden Bereiche hinaus keine Verbindlichkeit habe. Denn auch
da, wo es den Schreibern prinzipiell freigestellt ist, dem Regelwerk zu folgen, d.h.
im nicht behördlich geregelten Bereich, existiert ein hohes Normbewusstsein. Dies
zeigt sich u.a. darin, dass die Nichtbeachtung orthographischer Regeln von vielen

missbilligt, in bestimmten Schreibsituationen gar sanktioniert wird. Dieter Nerius charakterisiert die Situation in seinem Beitrag »Orthographieentwicklung und Orthographiereform« mit den folgenden Worten:

> Die in Regelwerken und Wörterbüchern kodifizierte Orthographie hat so den Charakter einer verbindlichen Richtschnur gewonnen und alles Schreiben ist, von wenigen Ausnahmefällen abgesehen, zum Rechtschreiben geworden bzw. wird nur dann ernst genommen und ohne Mißbilligung akzeptiert, wenn es orthographisch korrekt ist. Usus und Norm entsprechen somit einander in relativ hohem Maße. Die externe, kodifizierte Norm wird dominierend für die interne Schreibnorm des einzelnen, und es entsteht auf diese Weise in der Gemeinschaft gerade in bezug auf diese Norm ein starkes Normbewußtsein, das seinerseits wieder zur Stabilität der Orthographie beiträgt.
>
> D. Nerius (1994:722)

Wie groß das Normbewusstsein ist, zeigt sich u. a. in der Klage von Arbeitgebern über die mangelnde Rechtschreibleistung der Schulabgänger, im Lamento der Medien über den allmählichen Kulturverfall, der sich in der Schreibung dokumentiere. Die Beherrschung der Orthographie gilt, wie August (2004:648) feststellt, »als Ausweis für Intelligenz [...], als Gradmesser der schulischen Sozialisation«. Diese Auffassung kommt auch in folgendem Plakattext zum Ausdruck, in dem die Ironie der Aussage durch Rechtschreibfehler deutlich gemacht wird. Der Verfasser will mit den Fehlschreibungen anschaulich machen, wohin es führt, wenn ein Land »auf seine Uniwersitäten« verzichtet. Damit aber setzt er Rechtschreibfehler mit mangelnder Bildung gleich.

(1)

> Ein Land das solche
> Boxer
> Fußballer
> Tennisspieler
> Rennfahrer hat
> kann auf seine Uniwersitäten
> ruhig verzichten.

Wie solche Rechtschreibfehler beurteilt werden, hängt von vielen Faktoren ab. So spielt es eine Rolle, in welcher Textsorte die Fehler auftreten (z.B. Privatbrief oder wissenschaftliche Abhandlung), welche Beziehung zwischen Schreiber und Empfänger besteht, in welchem institutionellen Rahmen geschrieben wird. Auch scheint es eine Korrelation zwischen der Bewertung von Rechtschreibfehlern und dem Medium, in dem der Text geschrieben wurde, zu geben: Empfänger von elektronischen Briefen, von Kurznachrichten, die über das Handy verschickt wurden, sowie Teilnehmer im Computer-Chat sehen offensichtlich bereitwilliger über Fehler hinweg, als sie das bei herkömmlichen Schreiben täten (vgl. Dürscheid 1999). Fehlerhafte Schreibweisen werden hier oft als Nachlässigkeiten akzeptiert, die durch das schnelle Schreiben, die Unmittelbarkeit der Kommunikation oder die technische Begrenztheit des Schreibmediums, wie beim Handy der Fall, bedingt sind. Dies freilich ist ein medienspezifisches Phänomen. Generell gilt, dass die Rechtschreibung nach wie vor einen hohen Verbindlichkeitsanspruch hat und Normabweichungen im Printmedium – sofern sie nicht wie in der Werbung kreativ eingesetzt werden (vgl. *IBIS – PreisWERT übernachten*) – negativ bewertet werden.

Wovon hängt es nun ab, welche der möglichen Schreibweisen eines Wortes zur Norm erhoben werden? Die Normierung stützt sich, soweit möglich, auf den historisch gewachsenen Schreibgebrauch. Dass dem Schreibusus Rechnung getragen wird, zeigen beispielsweise die neuen Regeln zur Verwendung des Apostrophs (vgl. Klein 2002). Bekanntlich setzen viele Schreiber einen Apostroph auch dann, wenn gar kein Genitiv-*s* ausgelassen wurde, wenn der Apostroph also nicht, wie in dem Nominalgefüge *Aristoteles' Schriften* der Fall, als Auslassungszeichen fungiert (vgl. *Petra's Blumenstube*). Diese Schreibung ist neuerdings zugelassen, sofern sie der Verdeutlichung der Grundform eines Personennamens dient (vgl. § 97 der Amtlichen Regelung).[117] In vielen Fällen trägt die Norm dem Usus also Rechnung und kodifiziert Schreibweisen, die sich zur Optimierung des Systems entwickelt haben.

Mit einer Normierung müssen aber auch Interessen verfolgt werden, die möglicherweise nicht mit dem Schreibusus kompatibel sind. Welche dies sind, wird im Vorwort zur Amtlichen Regelung deutlich. Dabei zitiere ich aus der revidierten Fassung von 2004, die im Jahr 2005 im Narr-Verlag veröffentlicht wurde:

Die neue Regelung ist folgenden Grundsätzen verpflichtet:

– Sie bemüht sich um eine behutsame inhaltliche Vereinfachung der Rechtschreibung mit dem Ziel, eine Reihe von Ausnahmen und Besonderheiten abzuschaffen, so dass der Geltungsbereich der Grundregeln ausgedehnt wird.

– Sie verfolgt eine Neuformulierung der Regeln nach einem einheitlichen Konzept.   Amtliche Regelung (2005:7)

Eine Möglichkeit, diesen divergierenden Zielsetzungen gerecht zu werden, ist, im Regelwerk Varianten vorzusehen. Dies ist denn auch in der Neuregelung geschehen. So hat der Schreiber im Bereich der Fremdwortschreibung und der Kommasetzung in bestimmten Fällen die Wahl zwischen Alternativen. Allerdings kann dies zu Verunsicherung führen. Darauf weist der Sprachwissenschaftler Theodor Ickler, vehementer Gegner der Neuregelung, hin. Er schreibt: »In Wirklichkeit steht hinter diesen Varianten nur die Unfähigkeit der Reformer, eindeutige Unterscheidungskriterien herauszufinden. Beliebigkeit schafft neuen Regelungsbedarf bei den Sprachteilhabern selbst« (1997a:129). Durch die Liberalisierung stellten

---

117 In älteren Auflagen des Dudens wurde hingegen festgeschrieben, dass kein Apostroph »vor dem Genitiv-*s* von Namen [gesetzt werden dürfe], auch nicht, wenn sie abgekürzt werden« (vgl. Duden 1986:23).

sich neue Unsicherheiten ein: Zum einen gebe es oft kein Kriterium, wonach eine Variante der anderen vorzuziehen ist, zum anderen könne der Schreiber nicht wissen, in welchen Bereichen Varianten existierten und in welchen nicht. Der Leser seinerseits werde mit einem völlig uneinheitlichen Schriftbild konfrontiert.

Peter Gallmann und Horst Sitta, die beide an dem Regelwerk mitgearbeitet haben, sprechen demgegenüber von einer »gezielten Variantenführung« (1996:81). Damit werde einerseits dem Schreibusus Rechnung getragen, andererseits werden Neuschreibungen aufgenommen, die vielleicht einmal in den Schreibusus übergehen. So wurde die Schreibung *Thunfisch* im Wörterbuch als Hauptvariante, die Schreibung *Tunfisch* als Nebenvariante angegeben. Sollte die Nebenvariante langfristig von den Schreibern akzeptiert werden, dann war geplant, die Zuordnung umzukehren und die alternative Schreibung zur Hauptvariante zu erklären. Wie Gallmann/Sitta (1996:82) feststellen, könnten auf diese Weise »Neuschreibungen eingeführt werden, ohne dass eine alte Schreibung von einem Tag auf den anderen falsch wird.« Allerdings sei hier angemerkt, dass diese Variantenführung mittlerweile aufgegeben wurde: In der Wörterliste zur revidierten Fassung von 2004 stehen alle Varianten gleichberechtigt nebeneinander.

5.3   Geschichte der deutschen Orthographie

5.3.1   Von der Schreibung zur Rechtschreibung

Die Geschichte der deutschen Orthographie beginnt mit der Geschichte des Schreibens in deutscher Sprache, also vor über 1200 Jahren. Geschrieben wurde zu dieser Zeit fast ausschließlich in den Schreibstuben der Klöster.[118] Bücher wurden abgeschrieben, Predigten mitgeschrieben, erste Texte in deutscher Sprache verfasst. Ludwig charakterisiert in seiner »Geschichte des Schreibens« die Funktionen des Schreibens in althochdeutscher Zeit folgendermaßen:

> Die Mönche haben in erster Linie für geistliche Zwecke geschrieben: zur Versorgung der Kirchen mit liturgischen Büchern, zur Tradierung vor allem des christlich-antiken Erbes, aber auch heidnischer Schriftsteller, zumindest soweit sie für das Verständnis der heiligen Schrift als nützlich erachtet wurden. Vor allem aber diente ihr Schreiben dem Lobe Gottes.   O. Ludwig (1994:58)

Die Mönche nahmen sich beim Schreiben viel Zeit. Das Geschriebene wurde mit kunstvollen Verzierungen ausgeschmückt. Es entstand die sog. **karolingische Minuskel**, die die Grundlage der heutigen Schreib- und Druckschriften bildet. Kennzeichen dieser Schriftart ist, dass bestimmte Buchstaben unterschiedliche Längen, Ober- und Unterlängen, aufweisen. Buchstaben mit Oberlängen sind beispielsweise <b>, <d> und <f>, solche mit Unterlängen <g>, <p> und <q>. Im ersten

---

118 Zu den bedeutendsten Schreibstätten zählten die Klöster St. Gallen und Reichenau, Weißenburg und Fulda und die Bischofssitze Freising, Regensburg und Salzburg (vgl. Gewehr 1997:468).

Fall erstreckt sich der Buchstabenschaft – ein Vierlinienschema mit Unterlinie, Grundlinie, Mittellinie und Oberlinie vorausgesetzt – bis zur obersten Linie, im zweiten Fall bis zu untersten Linie. Zu den Buchstaben, deren Ausdehnung auf den Bereich zwischen Grundlinie und Mittellinie beschränkt sind, gehören <a>, <e> und <o>. Davon zu unterscheiden ist die **Majuskel**. Ihr Kennzeichen ist, dass alle Buchstaben die gleiche Höhe haben, d.h. weder Ober- noch Unterlängen aufweisen (vgl. <A>, <B>, <C>). Für Text- und Satzanfänge und zur Kennzeichnung von Respektpersonen wurde in der Regel die Minuskel verwendet. Sie diente im Satzinnern also nicht zur Auszeichnung einer bestimmten Wortart, sondern zum Anzeigen von Ehrerbietung.

Bei ihren Schreibarbeiten standen die Mönche vor der schwierigen Aufgabe, mit dem zur Verfügung stehenden Zeicheninventar des lateinischen Schriftsystems die Wörter der deutschen Sprache darzustellen. Die dabei auftretenden Probleme waren beträchtlich. Da einzelne Laute des Althochdeutschen keine Entsprechungen im Lateinischen hatten, musste festgelegt werden, welche Buchstaben für diese Laute verwendet werden sollten. Dieses Problem stellte sich beispielsweise für die althochdeutschen Phoneme /j/ und /v/, die im Phonemsystem des Lateinischen nicht vorhanden und daher auch nicht mit einem Schriftzeichen belegt waren (vgl. Gewehr 1997:468). Auf der anderen Seite standen für das Phonem /k/ mehrere Schriftzeichen zur Verfügung, <k>, <c> und <q>. Es musste also entschieden werden, welcher Buchstabe jeweils zur Verwendung kam. Und schließlich existierte im lateinischen Schriftsystem keine graphische Kennzeichnung der Vokallänge.

Verbindliche Anweisungen zum Umgang mit diesen Problemen gab es nicht, die Auswahl aus dem Inventar an Schriftzeichen war weitgehend dem Schreiber überlassen. Hinzu kam, dass die Mönche jeweils in ihrer Mundart, im Alemannischen, Fränkischen, Bairischen usw. schrieben. So bildeten sich erst allmählich regionale Schreibkonventionen heraus – begünstigt dadurch, dass zunehmend auch außerhalb der Klöster, an neu gegründeten Universitäten, am Hofe, in der Verwaltung, im kaufmännischen und im juristischen Bereich in deutscher Sprache geschrieben wurde. Die Zahl der Lese- und Schreibkundigen nahm zu, Texte wurden nicht länger diktiert, die Verfasser schrieben sie selbst nieder. Noch musste aber jeder Text, so er vervielfältigt werden sollte, von Hand abgeschrieben werden. Dies änderte sich erst mit der Erfindung des Buchdrucks in der Mitte des 15. Jahrhunderts (vgl. hierzu Giesecke 1990, 1990a). Da die Texte dadurch überregional schnellere Verbreitung fanden, wurde es notwendig, die Schreibung einheitlich zu gestalten. So entstanden Wortlisten und Schreibanweisungen. Sie galten freilich nur regional, oft nur in der jeweiligen Druckerei. Vom 16. Jahrhundert an wurden Schreibempfehlungen aber auch in Grammatiken und Orthographielehren niedergeschrieben.[119] Die rechtschreiblichen Hinweise orientierten sich dabei meist am bestehenden Schreibusus, gaben also keine neuen Schreibungen vor. Als wichtiges

---

119 Die erste Schrift dieser Art, der »schryfftspiegel«, eine Anleitung für den Lese- und Schreibunterricht, stammt aus dem Jahre 1527.

orthographisches Lehrwerk aus dem 18. Jahrhundert ist Johann Ch. Adelungs Werk zu nennen, das den Titel »Vollständige Anweisung zur Deutschen Orthographie, nebst einem kleinen Wörterbuche für die Aussprache, Orthographie, Biegung und Ableitung« trägt. Vielen galt dieses Werk als verbindlich. So schreibt Goethe an seinen Verleger: »Im Ganzen ist die Absicht: der Adelungischen Rechtschreibung vollkommen zu folgen, ein sorgfältiger Korrektor wird also bei jedem zweifelhaften Fall sich nach derselben zu richten haben« (zitiert nach Gewehr 1997:482).

5.3.2 Die I. und II. Orthographische Konferenz

Auch nach Einführung der allgemeinen Schulpflicht zu Beginn des 19. Jahrhunderts lag noch keine allgemein-verbindliche Rechtschreibung vor. Die Schulbuchverlage verwendeten ihre bevorzugten Schreibweisen, viele Lehrer unterrichteten nach eigenem Gutdünken, die Regelhefte der einzelnen deutschen Länder zeigten nicht wenige Abweichungen. In der Sprachwissenschaft bestimmten zwei widerstreitende Positionen die Diskussion um die deutsche Rechtschreibung. Die **historische Position** wurde vertreten durch Karl Weinhold und Jacob Grimm. Beide setzten sich dafür ein, dass Schreibungen, die sprachgeschichtlich nicht zu begründen waren, abgeschafft werden sollten. Dies betraf v. a. die Kennzeichnung der Vokallänge durch das Dehnungszeichen <h> (vgl. *Mühle*) und durch die Verdopplung des Vokalzeichens (vgl. *Boot*). Grimm sprach sich außerdem nachdrücklich für die im Mittelhochdeutschen noch gebräuchliche Substantivkleinschreibung aus, was er in seinen Schriften auch konsequent umsetzte. Die Gegenposition wurde u. a. vertreten durch den Erlanger Germanisten Rudolf von Raumer, der forderte, dass sich die Schreibung an der Aussprache zu orientieren habe (= **phonetische Position**). Von Raumer selbst nahm einen eher gemäßigten Standpunkt ein. Veränderungen sollten, so formulierte er, »maßvoll und behutsam vorgenommen« werden (von Raumer 1863:138). Andere, die seinen Ansatz radikalisierten, forderten, dass für jedes Phonem ein und nur ein Graphem verwendet werden sollte. Dies hätte bedeutet, dass ohne Rücksicht auf bereits bestehende Schreibgewohnheiten neue, ausschließlich an der Lautung orientierte Schreibweisen eingeführt worden wären (wie z. B. *fi* statt *Vieh*).

Die Bestrebungen, zu einer einheitlichen deutschen Rechtschreibung zu gelangen, erhielten 1871 durch die Reichsgründung neuen Auftrieb. Rudolf von Raumer wurde von der preußischen Regierung beauftragt, ein orthographisches Regelwerk auszuarbeiten, das als Grundlage für die geplanten Beratungen dienen sollte. Die »Verhandlungen der zur Herstellung größerer Einigung in der deutschen Rechtschreibung berufenen Konferenz«, die als **I. Orthographische Konferenz** in die Geschichte eingingen, fanden vom 4. bis 15. Januar 1876 in Berlin statt. Eingeladen waren Vertreter der Schulbehörden, der Druckereien, der Verleger, der Buchhändler sowie einige Experten. Zu diesen zählten Rudolf von Raumer und Konrad Duden. Duden war zu dieser Zeit Direktor einer Schule in Thüringen und hatte

1872 das Regelwerk »Die deutsche Rechtschreibung« verfasst. In der Einleitung zu seinem Werk hatte sich Duden gegen die historische Richtung ausgesprochen.

Die Konferenz scheiterte. Zwar einigten sich die Teilnehmer über Mehrheitsbeschlüsse auf ein Regelwerk, dieses wurden in der Öffentlichkeit aber heftig kritisiert. Kritik kam auch von den Konferenzteilnehmern selbst. Als Streitpunkt galt insbesondere die Frage, ob und wie die Länge des Vokals graphisch zu kennzeichnen sei. So sollte das Dehnungs-<h> in bestimmten Kontexten wegfallen (*Bone, Höle, Gefül*). Diese Regelung erschien vielen als zu weit gehend. Nur einige wenige Änderungsvorschläge wurden allgemein akzeptiert: <t> statt <th> (vgl. *tun* vs. *thun*), <k> statt <c> in eingedeutschten Fremdwörtern (vgl. *Kasse* vs. *Casse*), <t> statt <dt> (vgl. *Tod* vs. *Todt*), <ieren> statt <iren> (vgl. *studieren* vs. *studiren*).

Da die Beschlüsse der I. Orthographischen Konferenz von der Mehrheit der Länder nicht anerkannt wurden, standen die Schulverwaltungen vor dem alten Problem. Es gab weiterhin keine einheitliche Rechtschreibung. Um diesem Missstand zu begegnen, erließen einzelne Länder eigene Vorschriften für den Schulgebrauch, die an die Beschlüsse der I. Orthographischen Konferenz angelehnt waren. So erschien 1879 in Bayern eine Schulorthographie, 1880 in Preußen. Im selben Jahr folgte Konrad Dudens »Vollständiges Orthographisches Wörterbuch der deutschen Sprache. Nach den neuen preußischen und bayerischen Regeln«, das mit seinen ca. 27.000 Einträgen rasch Verbreitung fand. Es diente als Grundlage für die Schulorthographien in allen deutschen Ländern und wurde 1892 auch in der Schweiz für den Schulunterricht verbindlich gemacht. Während in den Schulen die neue Schreibung also doch eingeführt wurde, wurde sie auf politischer Ebene nicht umgesetzt. Reichskanzler Otto von Bismarck hatte den Behörden gar bei Strafandrohung untersagt, die neuen Regeln in ihrem Schriftverkehr anzuwenden.

Im Jahre 1901 trafen sich die Vertreter der Länder, der Reichsregierung und des Buchhandels ein zweites Mal in Berlin. Auch Vertreter aus Österreich waren zugegen. Die Schweiz hatte schon vorab wissen lassen, dass sie die Beschlüsse voraussichtlich akzeptieren werde. Bei den nur dreitägigen Beratungen (17.–19. Juni 1901) war das Hauptanliegen der Teilnehmer, nun endlich eine einheitliche Rechtschreibung für das ganze deutsche Sprachgebiet zu beschließen. Als Vorlage diente die preußische Schulorthographie, auf deren Basis schließlich auch eine Einigung erzielt werden konnte: 1902 erschienen die »Regeln für die deutsche Rechtschreibung nebst Wörterverzeichnis«, die auf dem Beschluss der **II. Orthographischen Konferenz** basierten. Am 1. Januar 1903 wurde das Regelwerk in den Behörden, zu Beginn des Schuljahr 1903/1904 in den Schulen verbindlich eingeführt. Damit war die erste staatliche Kodifizierung der deutschen Orthographie abgeschlossen.[120]

---

120 Das Protokoll der II. Orthographischen Konferenz ist im Sammelband von Nerius/ Scharnhorst (1980:330–350) abgedruckt. Hier ist u. a. zu lesen, dass die Frage, ob »eine Interpunktionslehre in das Regelbuch aufzunehmen« sei, von den Konferenzteilneh-

Zwar war damit die lang ersehnte Einheitlichkeit im ganzen deutschen Sprachraum erreicht, was aber fehlte, war die von vielen gewünschte Vereinfachung. Außerdem ließ die neue Regelung zahlreiche Schreibvarianten zu. Da dies insbesondere die Buchdrucker vor große Probleme stellte, erarbeitete Konrad Duden im Auftrag des Druckgewerbes ein Nachschlagewerk, in dem weiterführende Kommentare, z. B. zur Zeichensetzung, verzeichnet waren. Die Inhalte dieses Buchdruckerdudens wurden im Jahr 1915, nach Dudens Tod, in die 15. Auflage des Duden-Rechtschreibwörterbuchs übernommen. Damit gingen die für eine spezielle Berufsgruppe erarbeiteten Ausführungen in ein Gebrauchswörterbuch ein. Dies erklärt zum einen, warum einzelne Regeln, wie z. B. die der Groß- und Kleinschreibung, derart komplex gestaltet sind, aber auch, warum es zu Inkonsequenzen in der Schreibung verwandter Wörter kam. Wolfgang Gewehr gibt hierzu ein Beispiel:

> Die Tatsache, daß sich bis heute solche unverständliche Diskrepanzen wie »in bezug auf« und »mit Bezug auf« erhalten haben, geht darauf zurück, daß sich die favorisierte Kleinschreibung im »Buchdruckerduden« fand; die Wendung mit der Großschreibung jedoch in der allgemeinen Ausgabe »Deutsche Rechtschreibung« (8. Auflage 1912) aufgeführt wurde. Der »Buchdruckerduden« wurde letztlich zum eigentlichen Korrektiv.
>
> W. Gewehr (1997:487)

In weiteren Dudenauflagen wurde das Rechtschreibwörterbuch immer wieder überarbeitet. Ergänzungen wurden hinzugefügt, Ausnahmen angeführt, neue Schreibungen aufgenommen, so dass letztendlich die Zahl der Regeln immer weiter anstieg und einzelne Regelformulierungen durch die Zahl der Ausnahmen undurchschaubar wurden.[121] Auch aus diesem Grunde wurde der Ruf nach einer Überarbeitung der alten Regeln immer lauter. Im Jahre 1954 war endlich, nach zahlreichen gescheiterten Reformvorschlägen, die Umsetzung einer Neuregelung auf der Basis der sog. »Stuttgarter Empfehlungen« in Sicht. Diese waren hervorgegangen aus Beratungen der »Arbeitsgemeinschaft für Sprachpflege«, der Lehrer, Sprachwissenschaftler und Vertreter des Druckgewerbes aus der BRD, der DDR, der Schweiz und Österreich angehörten. Die Änderungsvorschläge bezogen sich auf die Einführung der sog. gemäßigten Kleinschreibung (Beschränkung der Großschreibung auf Satzanfänge, Eigennamen und Anredepronomina), die Getrennt- und Zusammenschreibung und die Zeichensetzung. In Erwartung der Reform kam ein vom Bertelsmann-Verlag herausgegebenes Rechtschreibwörterbuch auf den Markt, das beträchtliche Unterschiede zum Duden-Wörterbuch aufwies.

---

mern angesprochen wurde, es aber bei der Feststellung blieb, dass dies »in der That wünschenswert sei, aber zur Zeit nicht Gegenstand der Beratung sein könne« (zitiert nach Nerius/Scharnhorst 1980:343). Auch der Regeltext kann bei Nerius/Scharnhorst (1980:351–371) nachgelesen werden.

121 Hinzu kam, dass sich 1945 der Dudenverlag spaltete – mit der Folge, dass orthographische Zweifelsfälle im Dudenverlag Mannheim anders gelöst wurden als im Dudenverlag Leipzig.

Dies führte dazu, dass sich die Kultusministerkonferenz zum Handeln gezwun-
gen sah. Bis zu einer etwaigen Neuregelung würden, so lautete ihr Beschluss im
Jahre 1955, die im Duden gebrauchten Schreibweisen und Regeln gelten. Dieser
Beschluss wurde in der Meinung gefasst, die geplante Reform stehe kurz bevor.
Zu einer solchen kam es aber nicht, das halbamtliche Duden-Monopol sollte noch
über 40 Jahre bestehen bleiben.[122]

5.3.3   Die Rechtschreibreform von 1996

Eine wichtige Etappe auf dem Weg zu einer Neuregelung stellt das Jahr 1977 dar.
In diesem Jahr wurde die »Kommission für Rechtschreibfragen« mit Sitz am Institut für Deutsche Sprache (IDS) in Mannheim gegründet. Diese Kommission
führte 1979 eine wissenschaftliche Tagung zum Thema »Rechtschreibreform in
der Diskussion« durch. Ein Jahr später, anlässlich eines Germanistenkongresses
in Basel, fand die erste übereinzelstaatliche Tagung statt. In der Folgezeit wurden solche Tagungen regelmäßig durchgeführt mit dem Ziel, eine Vorlage für eine
neue amtliche Regelung zu erarbeiten. 1980 wurde der Internationale Arbeitskreis
für Orthographie gegründet, dem Germanisten aus der Bundesrepublik, der DDR,
der Schweiz und Österreich angehörten. Von 1986 an wurde die Arbeit dieser Ex-
pertenkommission auf politischer Ebene unterstützt, 1997 erteilten die Kultusministerkonferenz (KMK) und das Bundesinnenministerium dem IDS den Auftrag,
zusammen mit der Gesellschaft für deutsche Sprache ein neues Regelwerk zu erarbeiten. Dies geschah in Wien, anlässlich der sog. III. Orthographischen Konferenz. Die ersten »Wiener Gespräche« fanden 1986 statt, die zweite Sitzung folgte
1990, die dritte 1994. An den Sitzungen nahmen Vertreter aus den Staaten mit
deutscher Staatssprache und mit Deutsch als Minderheitensprache teil (Deutschland, Österreich, Schweiz, Frankreich, Dänemark, Italien/Südtirol, Liechtenstein,
Luxemburg, Rumänien, Ungarn).

Bei ihrer letzten Konferenz, im Jahr 1994, einigten sich die Teilnehmer schließlich auf die vom Internationalen Arbeitskreis für Orthographie vorgelegten Vorschläge. Die Neuregelung wurde zur abschließenden redaktionellen Überarbeitung freigegeben, der Inhalt in einer Extraausgabe des *Sprachreport*, der Zeitschrift des IDS, und in anderen Broschüren bekannt gemacht. Die vollständige
Veröffentlichung erfolgte im Juni 1995 unter dem Titel *Deutsche Rechtschreibung
– Regeln und Wörterverzeichnis. Vorlage für die amtliche Regelung* im Tübin-
ger Narr-Verlag. Der fertig gestellte Reformvorschlag wurde den zuständigen
Stellen in Deutschland, Österreich und der Schweiz zur Abstimmung übergeben.
Der Unterzeichnung des Reformpakets schien nichts mehr im Wege zu stehen.
Die Schweiz und Österreich stimmten der Vorlage auch ohne weitere Einwände
zu, doch von deutscher Seite wurden neuerliche Bedenken angemeldet. Der baye-
rische Kultusminister Hans Zehetmair stellte sich im August 1995 gegen einzelne

---

122 Das Anliegen der »Stuttgarter Empfehlungen« wurde fortgesetzt durch die »Wiesbade-
ner Empfehlungen« von 1958, die aber ebenfalls nicht zu einer Neuregelung führten.

Neuregelungen. Dies führte schließlich dazu, dass eine Revision des Reformpakets vorgenommen werden musste. 45 eingedeutschte Schreibvarianten wurden wieder gestrichen (z. B. *Rytmus, Katastrofe*), die Schreibungen *Packet, Karrosse, Zigarrette* wurden zurückgenommen, ebenso die vorgesehene Kleinschreibung des Adjektivs in den Wortgruppen *Heiliger Vater, Letzte Ölung* und *Dritte Welt*.

Am 1.12.1995 schließlich stimmte die KMK der Neuregelung zu und beschloss, diese in den Schulen am 1.8.1998 einzuführen – unter der Voraussetzung, dass auch die Ministerpräsidenten, der Bund und die anderen deutschsprachigen Staaten zustimmen würden. Auf der Basis dieses Beschlusses erschien im Jahr 1996 die »Amtliche Regelung« (gem. Beschluss der Kultuskonferenz vom 1.12.1995), die die Grundlage für alle weiteren Reformdebatten wurde. Am 1.7.1996 unterzeichneten alle an der Reform beteiligten Länder die »Gemeinsame Absichtserklärung zur Neuregelung der deutschen Rechtschreibung« (im Wortlaut abgedruckt in Augst et al. 1997:69-70). In dieser Erklärung wurde festgeschrieben, dass das auf der Grundlage der dritten Wiener Gespräche entstandene Regelwerk am 1.8.1998 in Kraft treten sollte, dass eine Übergangszeit, in der die bisherigen Schreibungen nicht als falsch gelten, bis zum 30.7.2005 vorgesehen sei und eine Zwischenstaatliche Kommission für deutsche Rechtschreibung mit Sitz am IDS in Mannheim die Aufgabe habe, die Einführung der Neuregelung zu beobachten und ggf. Vorschläge zur Anpassung des Regelwerks zu erarbeiten. Die Kommission, der sechs Wissenschaftler aus Deutschland und je drei aus Österreich und der Schweiz angehörten, nahm im März 1997 ihre Arbeit auf. Damit war nach einer Vielzahl von Kompromissen ein Reformpaket auf den Weg gebracht worden, das erstmals alle Teilbereiche der deutschen Rechtschreibung berücksichtigt, d. h. anders als das Regelwerk von 1902 auch die Zeichensetzung und die Getrennt- und Zusammenschreibung einbezieht.

Bereits im Schuljahr 1996/1997 führten zehn Bundesländer die Neuregelung in den Grundschulen ein. Begründet wurde dies damit, dass die Schreibanfänger direkt die ohnehin bald gültige Schreibung lernen sollten. Rechtzeitig zu Schuljahrsbeginn brachte der Bertelsmann-Verlag das erste neue Rechtschreibwörterbuch auf den Markt, das Duden-Wörterbuch erschien wenige Wochen später. Auch andere Verlage erhofften sich eine Absatzchance, da der Duden nun nicht mehr länger das Rechtschreibmonopol inne hatte. Die Folge: In Supermärkten, an Bahnhofskiosken, beim Kauf von gemahlenem Kaffee – überall wurden neue Wörterbücher angeboten.[123] Doch schon bald erhielt der Widerstand gegen die nunmehr beschlossene Rechtschreibreform neuen Auftrieb. Im Oktober 1996 sammelte

---

123 Prinzipiell sind alle diese Wörterbücher gleichberechtigt – und damit gleichermaßen brauchbar bzw. unbrauchbar. Wer eine verbindliche Auskunft sucht, muss das Amtliche Regelwerk konsultieren, das als selbständige Veröffentlichung vorliegt, aber auch im Anhang der Wörterbücher abgedruckt ist. Allerdings ist dabei darauf zu achten, dass es mittlerweile zwei Modifikationen der Amtlichen Regelung gab (s. u.). Das Regelwerk, das in den Wörterbuch-Auflagen vor 2006 abgedruckt ist, stellt also nicht die aktuelle Version dar.

der Weilheimer Studiendirektor Friedrich Denk auf der Frankfurter Buchmesse Unterschriften gegen die Reform und konnte namhafte Schriftsteller wie Günter Grass, Siegfried Lenz, Walter Kempowski, Martin Walser und andere Prominente für sein Anliegen gewinnen. Als Antwort auf diese »Frankfurter Erklärung« verfassten die Kultusminister in Dresden ihrerseits eine »Dresdner Erklärung«, in der sie die Argumente der Reformgegner zurückwiesen und hervorhoben, dass die Diskussion schon längst abgeschlossen sei. Die Gegner der Reform hielten dem entgegen, dass erst durch die Abweichungen in den Wörterbüchern das ganze Ausmaß der Reform und die damit verbundenen Widersprüche deutlich geworden seien und man nunmehr handeln müsse. Die Reform sei, so wurde außerdem geltend gemacht, nicht verfassungskonform, die Kultusminister hätten keine Entscheidungskompetenz. Eltern forderten, dass ihre Kinder nicht nach den neuen Regeln unterrichtet werden sollten, dass der Staat nicht in ihr Erziehungsrecht eingreifen dürfe.

Im Jahr 1997 kam es zu zahlreichen Gerichtsurteilen, in denen die Verwaltungsgerichte Stellung zu diesen Vorwürfen bezogen. Allein in den Monaten Januar bis August 1997 ergingen 30 Urteile, von denen 18 für und 12 gegen die Reform waren (vgl. Kranz 1998:56). Schließlich musste das Bundesverfassungsgericht über die Rechtmäßigkeit der Rechtschreibreform entscheiden. Mit Spruch vom 14.7.1998, also gut zwei Wochen vor dem offiziellen Inkrafttreten der Neuregelung, wies der Erste Senat des Bundesverfassungsgerichts die Verfassungsbeschwerde eines Lübecker Ehepaars gegen das Unterrichten ihrer Kinder nach den Regeln der neuen Rechtschreibung zurück. Zur Begründung hieß es, dass das elterliche Erziehungsrecht nicht verletzt sei, die Grundrechte somit also nicht, wie von den Klägern behauptet, tangiert würden. Auch wenn ein Bundesland aus dieser Regelung ausscheren würde, habe dies keine Auswirkungen auf das Inkrafttreten der Reform. Und so geschah es: Die Reform trat wie vorgesehen am 1.8.1998 in Kraft. Daran änderte auch der Volksentscheid in Schleswig-Holstein nichts, der im September 1998 dazu führte, dass in diesem Bundesland weiterhin nach den bisherigen Regeln unterrichtet werden durfte.

Doch nicht nur in der Öffentlichkeit, auch unter den Reformern selbst hatte es immer wieder Bestrebungen gegeben, einzelne Punkte des Regelpakets zu ändern. Dies sei im Folgenden kurz skizziert, wobei hier nur der Diskussionsverlauf bis ins Jahr 1998 dargestellt wird. Auf die neueren Entwicklungen, die nach dem Inkrafttreten der Refom im Jahr 1998 einsetzten, gehe ich weiter unten ein (vgl. Kap. 5.3.5).

Im Dezember 1997 legte die Zwischenstaatliche Kommission für deutsche Rechtschreibung einen Bericht vor, in dem die ersten Erfahrungen mit der Umsetzung der Reform diskutiert und zu den vorgetragenen kritischen Argumenten Stellung genommen wurde. Das bereits beschlossene Regelwerk sollte, so das Ergebnis des Expertenberichts, an einzelnen Stellen modifiziert werden. Der Umstand, dass es zwischen den neuen Rechtschreibwörterbüchern zu zahlreichen Abweichungen gekommen war, hatte zu diesen Überlegungen Anlass gegeben. So empfahl die

Zwischenstaatliche Kommission im Falle einzelner Neuschreibungen, Schreibvarianten zuzulassen (z. B. *Quentchen/Quäntchen, Leid tun/leid tun*). Außerdem sollten zwei Paragraphen zur Getrennt- und Zusammenschreibung neu formuliert werden. Auf der Basis dieses Berichts fand am 23.1.1998 am Institut für Deutsche Sprache in Mannheim eine Anhörung statt, zu der Vertreter verschiedener Verbände aus Deutschland, Liechtenstein, Österreich und der Schweiz geladen waren (u. a. Deutsche Akademie für Sprache und Dichtung, Wissenschaftlicher Dienst des Bundestages u. a.). Die bei dieser ›Mannheimer Anhörung‹ diskutierten Änderungsvorschläge wurden von der Amtschef-Konferenz der Kultusministerien am 6.2.1998 beraten. Die Konferenz kam zu dem einvernehmlichen Beschluss, den Kultusministern die Empfehlung zu geben, die Neuregelung nicht zu ändern und sie wie vorgesehen am 1.8.1998 in Kraft treten zu lassen.[124] Dieser Empfehlung schloss sich die Kultusministerkonferenz an. In einer Pressemitteilung vom 12.2.1998 rechtfertigte sie ihren Schritt mit der Begründung, dass das Regelwerk einer kritischen Überprüfung standhalte. Damit war den Bedenken, die die Reformer selbst angemeldet hatten, zunächst nicht Rechnung getragen worden. Daran sollte sich in der Folgezeit aber einiges ändern (vgl. Kap. 5.3.5).

5.3.4 Die öffentliche Diskussion um die Rechtschreibreform

Im Zusammenhang mit den Vorschlägen zur Neuregelung kam es, wie bereits angedeutet, in der Öffentlichkeit immer wieder zu Protesten. Hartmut Günther charakterisierte in einem Artikel von 1996 die Situation folgendermaßen:

> Literaturverleger fürchten um ihre Klassikerausgaben, Untergangsphilosophen predigen das Ende der deutschen Sprache, Poeten sehen ihre Intimsphäre verletzt, Lehrer mögen das alles nicht ausbaden müssen, Beamte sehen den finanziellen Ruin, Radikale vermissen die Revolution, eine bekannte Wochenzeitschrift verweigert sich, und in Kleinstadtzeitungen wird Unfug wie »*Der Inscheniör gibt der Schemickerin einen Kuss*« als neue deutsche *Otto Graf i* verkündet.   H. Günther (1996:1f.)

Im Folgenden werden einige der Äußerungen zusammengetragen, die im Zusammenhang mit der Diskussion um die Rechtschreibreform immer wieder vorgetragen wurden. Sie sind entnommen aus dem Buch von Florian Kranz mit dem Titel: »Eine Schifffahrt mit drei f. Positives zur Rechtschreibreform«.

> Auf so eine Idee können auch nur wir Deutsche kommen! Das Volk wurde mal wieder nicht gefragt! Statt Klarheit zu schaffen, hat die Reform zu Chaos geführt! Ich seh' nicht ein, dass ich noch mal umlernen soll! Dann müssen ja alle Bücher neu gedruckt werden! Das teuerste Experiment des Jahrhunderts! Falsch wird richtig und richtig wird falsch! Demnächst kann wohl jeder schreiben, wie er will! Das ist der amtlich verordnete Kulturverfall! Soll man denn genau so schreiben, wie man spricht? Die Eindeutschung von Fremdwörtern ist unzeitgemäß! *Einbläuen* kommt aber gar nicht von *blau*.

---

124 Der genaue Wortlaut des Beratungsergebnisses ist abgedruckt in Ickler (1999:276–278).

Kranz (1998) widerlegt diese Einwände Schritt für Schritt. Hier werden einige seiner Gegenargumente wiedergegeben. Diesen Argumenten werden in einem zweiten Schritt die Argumente der Reformgegner gegenübergestellt.

(2)

Argumente für die Rechtschreibreform (nach Kranz 1998)

1. Viele europäische Länder führten in diesem Jahrhundert ebenfalls Rechtschreibreformen durch: Niederlande 1934, 1954/55 und 1994, Norwegen 1907, 1917 und 1938, Dänemark 1948, Schweden 1906, Spanien 1910 und 1952/55, Bulgarien 1946, Griechenland 1982.

2. Es gab Umfragen zur Notwendigkeit einer Rechtschreibreform, so vom Allensbach-Institut 1973 und eine Forsa-Umfrage von 1994. Das Interesse der Bevölkerung an dem Thema erwachte aber erst, als die Reform schon beschlossen war.

3. Chaotisch verlief allerdings die Diskussion um die Rechtschreibreform, das heißt aber nicht, dass die Inhalte der Reform das Chaos verursacht hätten.

4. Umlernen sollten tatsächlich alle die, die einen schreibenden Beruf ausüben, obwohl die amtliche Rechtschreibung nur für Schulen und Behörden verbindlich gilt. Doch zum einen gehört der Erwerb neuen Wissens und neuer Arbeitspraktiken heute zum Berufsalltag (man denke nur an den Umgang mit dem Computer), zum andern gibt es eine Übergangsfrist und zum dritten lassen sich die neuen Regeln schnell lernen.

5. Sieht man von den Sprachbüchern ab, müssen Schulbücher erst bis zum Ende der Übergangszeit ersetzt werden, und bis dahin werden ohnehin viele Bücher ausgetauscht. Belletristische Verlage können frei entscheiden, welche Schreibung sie wählen. Bei steigender Akzeptanz wird dies aber immer öfter die neue Rechtschreibung sein.

6. Die Rechtschreibung beruht auf einer Festlegung, sie ist nicht von Natur aus richtig oder falsch. Festlegungen können neu überdacht werden, wenn sich Schreibgewohnheiten verändert haben. Und genau dies ist bei der Rechtschreibung geschehen. Veränderungen ergeben sich aber nur in einem Bruchteil aller Schreibungen.

7. Wenn Normänderungen vorgenommen werden, heißt dies nicht, dass die Norm selbst aufgegeben wird. Sie lässt nun nur mehr Freiräume, so z.B. bei der Kommasetzung und der Fremdwortschreibung. Und dass für eine gewisse Zeit zwei Rechtschreibungen gelten, ist notwendig, um den Übergang zu erleichtern.

8. Warum sollte die alte Rechtschreibung eine höhere Kulturstufe darstellen? Nicht alles, was einfacher und logischer ist, ist schlechter, stellt einen Kulturverfall dar.

9. Die Fremdwortschreibung wurde immer wieder diskutiert, sodass in der Öffentlichkeit der Eindruck entstand, es gebe nur noch Schreibungen wie *Kautsch* und *Asfalt*. Tatsache ist, dass in allen Fällen auch die Herkunftsschreibung erhalten bleibt, entweder als Hauptvariante (wenn die deutsche Schreibung noch nicht gebräuchlich ist) oder als Nebenvariante. Und gerade in heftig umstrittenen Fällen wie z.B. *Kautsch* wurde ganz auf eine deutsche Schreibvariante verzichtet.

Es folgen nun Argumente gegen diese Gegenargumente. Als Grundlage dient die Streitschrift von Theodor Ickler mit dem Titel »Die sogenannte Rechtschreibreform. Ein Schildbürgerstreich« von 1997 (vgl. auch Ickler 2001). Kranz geht in seinem Buch auf diese Argumente nicht ein, obwohl er die Arbeit im Literaturverzeichnis anführt.

(3)

Argumente gegen die Rechtschreibreform (nach Ickler 1997a)

1. Die Reform vollzog sich »hinter verschlossenen Türen«. Die erste Veröffentlichung des Regelwerks erschien 1995 »in einem sprachwissenschaftlichen Spezialverlag« (im Narr-Verlag), »mitten in den Sommerferien«, »wenige Wochen vor den avisierten endgültigen Beschlüssen der Kultusminister« (Ickler 1997a:19).[125] Der schwer verständliche Text war nur wenigen zugänglich und im Sommer 1996 praktisch unbekannt. Erst durch die Unterzeichnung des zwischenstaatlichen Abkommens am 1.7.1996 in Wien wurden die Inhalte der Reform ins Bewusstsein der Öffentlichkeit gerückt.

2. Dass weniger Fehler gemacht werden, trifft nicht zu. Neue Fehler kommen hinzu (z.B. Getrenntschreibung in Fällen, wo diese nicht zulässig ist, vgl. das *Spazieren Gehen*), an den bekannten Schwierigkeiten (z.B. an Schreibungen wie *verwandt, Verlies, Gebaren, dass vs. das* usw.) ändert sich nichts. Überhaupt ist die Reform einseitig auf das Ziel der Fehlervermeidung gerichtet: »Statt die Rechtschreibdidaktik auf eine andere Bewertung gewisser Fehler einzuschwören, manipuliert man die Rechtschreibordnung selbst und verdirbt sie damit auch für denjenigen, der die betreffenden Fehler nicht zu fürchten braucht« (Ickler 1997a:130).

3. Eine Rechtschreibreform muss sich vorrangig an den Bedürfnissen der Leser, nicht an denen der Schreiber orientieren. Dem wird durch die Neuregelung nicht Rechnung getragen. Sie stellt sich »gegen die seit Jahrhunderten feststellbare Tendenz unserer Rechtschreibung, dem Leser und nicht dem Schreiber entgegenzukommen« (Ickler 1997a:130).

4. Es gab seit 1902 keine gravierenden Veränderungen in der Sprache, die eine Reform notwendig gemacht hätten.

5. Die deutsche Einheitsschreibung ist durch die Reform aufgegeben worden. Dies zeigen zum einen die vielen gleichberechtigt nebeneinander stehenden Wörterbücher, zum anderen die verschiedenen Verlagsorthographien. Außerdem muss eine ganze Generation von Schülern mit zwei verschiedenen Orthographien zurecht kommen.

6. Die jetzt durchgeführte Reform macht jede weitere Reform auf Jahrzehnte unmöglich. »Denn angesichts der ungeheuren Kosten und des gesamten Aufwandes, den wir gegenwärtig beobachten, nimmt doch wohl niemand an, daß in absehbarer Zeit

Eine Sammlung von Argumenten gegen die Rechtschreibreform – u. a. kritische Zeitungsartikel zum Thema sowie Fehlerstatistiken, die dokumentieren sollen,

---

125 Die Beschlussfassung der Kultusministerkonferenz datiert vom 1.12.1995.

dass in Texten mit neuer Rechtschreibung nicht weniger, sondern mehr Fehler auftreten – findet sich im Internet unter der Adresse *www.rechtschreibreform.com*.
Hinter dieser Adresse verbirgt sich die Initiative »WIR gegen die Rechtschreibreform«, die mit Theodor Ickler einen der wichtigsten Streiter in eigener Sache
gewonnen hat.

5.3.5   Nach dem Inkrafttreten der Rechtschreibreform

Nach dem Inkrafttreten der Reform vollzog sich die Umstellung in großen Schrit-
ten: Die Behörden verfassen ihre Texte nun in der neuen Rechtschreibung, viele
Firmen haben ihren Schriftverkehr umgestellt, beträchtliche Summen wurden in-
vestiert, um die Mitarbeiter in Fortbildungsmaßnahmen mit den neuen Schreibre-
geln vertraut zu machen. Bücher, v. a. Kinder- und Jugendbücher, werden, sofern
die Autoren ihr Einverständnis geben, in neuer Rechtschreibung gedruckt; Schulbücher müssen generell der Neuregelung folgen. Ickler (1997a:146) beschreibt die
Situation plakativ: »Ungezählte bereits gedruckte Bände mußten unter Millionen-
verlusten eingestampft werden, eine Fibel zum Beispiel nur deshalb, weil ein einziges Wort (*naß*) nicht den neuen Regeln entsprach. Gerade dieser Umstand wurde
bereits kurze Zeit später als weiterer Grund angeführt, warum die Reform nicht
mehr gestoppt werden könne«.

   In der Tat mussten nun alle neu erscheinenden Schulbücher in neuer Rechtschreibung verfasst und alle Schüler nach den neuen Regeln unterrichtet werden.
Allerdings durften solche Fehler, die daraus resultierten, dass die Schüler noch der
alten Rechtschreibung folgten, bis zum Ende der Übergangsfrist nicht gewertet
werden. Diese Frist endete aber nicht, wie eigentlich geplant, am 1.8.2005. Vielmehr gab die Kultusministerkonferenz an diesem Tag in einer Pressemitteilung
bekannt, dass im Bereich der Getrennt- und Zusammenschreibung, der Worttrennung am Zeilenende und der Zeichensetzung »die alte Schreibweise weiterhin
nicht als Fehler gezählt [wird], weil seitens des von der Kultusministerkonferenz
eingesetzten Rats für deutsche Rechtschreibung in diesen Bereichen Änderungen
zu erwarten sind.«[126] Zudem beschlossen zwei Bundesländer, Nordrhein-Westfalen und Bayern, sowie die Schweizer Bundesverwaltung und der Kanton Bern,
vorläufig an der alten Übergangsregelung festzuhalten und die alten Schreibweisen weiterhin nicht als Fehler zu werten. Wie es zu einer solchen, für Schüler und
Lehrer gleichermaßen verwirrenden Situation kommen konnte, soll im nächsten
Abschnitt erläutert werden. Ich nehme also den Bericht über die Chronologie der
Ereignisse mit dem ersten Jahr nach dem Inkrafttreten der Refom wieder auf:

   Am 1.8.1999 stellten die Nachrichtenagenturen und damit ein Großteil aller
deutschsprachigen Zeitungen und Zeitschriften auf die Neuregelung um. Einige
Verlage setzten aber eigene Orthographien fest und legten dar, in welchen Punkten sie der Neuregelung nicht folgen würden (so die ZEIT in einer Sonderbeilage
am 10.6.1999, die ›Neue Zürcher Zeitung‹ am 15.5.2000). Dennoch hatte es den

---

126 Vgl. *http://www.kmk.org/aktuell/pm050801.htm*, Zugriff am 6.1.2006.

Anschein, als sei die große Hürde genommen, als akzeptierten nun viele das neue Schriftbild. Doch der Schein trog. Am 1.8.2000 kehrte die Frankfurter Allgemeine Zeitung (FAZ) mit der Begründung, die neue Schreibung habe sich nicht bewährt, zur alten Rechtschreibung zurück. Am 25.8.2000 erschien die 22. Auflage des Duden-Rechtschreibwörterbuchs (vgl. Duden 2000). In der FAZ vom 11.8.2000, also bereits zwei Wochen zuvor, war zu lesen, dass diese Auflage nicht nur von der vorhergehenden Auflage von 1996, sondern auch von der Amtlichen Regelung abweiche und dadurch die Verwirrung vollkommen sei. Die FAZ berief sich auf eine Rezension des Sprachwissenschaftlers Theodor Ickler, der in derselben Ausgabe unter dem Titel »Ein Fiasko« eine Stellungnahme zur neuen Duden-Auflage gegeben hatte. Nach Ickler vollziehe der Duden einige der dringend notwendigen, aber von den Kultusministern bisher nicht zugelassenen Korrekturen. Diese Korrekturen seien bereits im »Bericht der Zwischenstaatlichen Kommission für deutsche Rechtschreibung« von 1997 vorgeschlagen worden, waren aber nach der Mannheimer Anhörung, in der dieser Bericht diskutiert wurde, von der Kultusministerkonferenz abgelehnt worden (s. o.).

In Anbetracht dieser Kritik sah sich die Zwischenstaatliche Kommission für deutsche Rechtschreibung zu einer Stellungnahme veranlasst. Sie wies in einer Presseerklärung darauf hin, dass die Neuauflage des Dudens weiterhin voll und ganz auf der Grundlage der amtlichen Regeln von 1996 stehe und Meldungen, wonach eine ›Reform der Reform‹ geplant sei, den zielgerichteten Versuch darstellten, die Umsetzung der neuen Schreibung zu behindern und Unsicherheiten hervorzurufen. Auch der damalige Direktor des Instituts für Deutsche Sprache, Prof. Gerhard Stickel, äußerte sich auf den Webseiten des IDS zu der neuerlichen Debatte um die Rechtschreibreform. Er stellte fest: »Das Institut für Deutsche Sprache (IDS) appelliert an Schulen und Medien, die sich für die neue Rechtschreibung entschieden haben, sich von dem aktuellen orthographischen Sommertheater nicht beirren zu lassen. Ausgelöst durch die Fehlmeldung über den vermuteten Inhalt der neuen Duden-Rechtschreibung hat die neuerliche Debatte nicht zu neuen Sachargumenten gegen die Rechtschreibreform geführt«. Eventuell notwendige Korrekturen sollten nicht in »kurzatmiger Erregung«, sondern mit Bedacht nach Ende der Übergangsfrist durchgeführt werden. Die Kritik an Details der neuen Rechtschreibung dürfe die Unzulänglichkeiten der alten nicht vergessen lassen. Außerdem habe die FAZ durch ihre Rückkehr zur alten Schreibung die Verwirrung verstärkt, die sie zu heilen vorgebe. In der Tat hätte die FAZ-Redaktion mit ihrem Schritt bis zum Ende der Übergangszeit warten und in der Zwischenzeit versuchen können, auf die Überarbeitung der neuen Regeln Einfluss zu nehmen. Dies gilt auch für den Deutschen Hochschulverband, der seinen gesamten Schriftverkehr am 1.10.2000 wieder auf die alte Rechtschreibung umstellte. Zu Recht wurde diese Vorgehensweise kritisiert und in Leserbriefen der hochschulverbandeigenen Zeitschrift »Forschung & Lehre« darauf hingewiesen, dass die Mitglieder selbst nicht gefragt worden waren. Beide Initiativen haben inzwischen Nachahmer gefunden. So kündigten am 6.8.2004 die Axel Springer AG und der Spiegel-Verlag

an, dass auch sie wieder zur alten Rechtschreibung zurückkehren würden. In den
Publikationen des Verlagshauses Springer wurde dies auch tätsächlich umgesetzt,
der Spiegel-Verlag dagegen gab am 11.10.2004 bekannt, dass er weiter abwarten
wolle.

Schon bei der Mannheimer Anhörung im Januar 1998 war beschlossen worden,
»dass die Arbeit der Kommission durch einen Beirat begleitet werden sollte, in
dem z. B. Schriftsteller, Journalisten, Publizisten u. ä. vertreten sein könnten« (vgl.
Pressemitteilung der KMK vom 12.2.1998, abgedruckt in Ickler 1999:278). Am
7.2.2001 wurde der bundesdeutsche Beirat von der Kultusministerkonferenz eingesetzt. Ihm gehörten Vertreter aus verschiedenen Verbänden (Journalisten, Lehrer, Zeitungsverleger, Mitarbeiter von Wörterbuchredaktionen, Eltern, Buchhändler u. a.) an. Der Beirat sollte zu den im Turnus von zwei Jahren erscheinenden
Berichten der Zwischenstaatlichen Rechtschreibkommission Stellung nehmen
und deren Vorschläge unter dem Gesichtspunkt der Praktikabilität und Akzeptanz prüfen. Eine erste Stellungnahme des bundesdeutschen wie auch des österreichischen Beirats findet sich im Anhang des dritten Berichts der Zwischenstaatlichen Kommission für deutsche Rechtschreibung, der Anfang 2002 vorgelegt wurde. Änderungsvorschläge wurden im dritten Bericht allerdings nicht präsentiert,
diese finden sich erst im vierten und letzten Bericht, den die Zwischenstaatliche
Kommission Ende 2003 erstellte. In diesem Bericht bezieht die Kommission ab-
lehnend Stellung zu einem »Kompromißvorschlag« der Deutschen Akademie für
Sprache und Dichtung, der im März 2003 bei der Leipziger Buchmesse vorgestellt
worden war. Dieser Vorschlag, der unter der Leitung von Peter Eisenberg ausgearbeitet wurde, enthält eine knappe Darlegung der eigenen Position sowie eine 111
Seiten umfassende Wörterliste, in der die Schreibungen a) gemäß alter Regelung,
b) gemäß der 21. Auflage des Dudens von 1996 sowie der Neubearbeitung des
Bertelsmanns von 1996, c) gemäß der 22. Auflage des Dudens von 2000 und d)
die Vorschläge der Akademie gegenübergestellt werden.[127] Die Gegenüberstellung
soll deutlich machen, »was sich gegenüber der alten Orthographie tatsächlich geändert hat und wie nach Auffassung der Akademie mit den Änderungen umgegangen werden soll« (vgl. Deutsche Akademie für Sprache und Dichtung 2003:21).
Dass es sich tatsächlich um einen Kompromissvorschlag handelt, sieht man u. a.
daran, dass die Doppel-<s>-Schreibung anstelle der <ß>-Schreibung »zugunsten
einer Wiederherstellung des ›Rechtschreibfriedens‹« (S. 13) übernommen wird.[128]
Andererseits wird z. B. die Verdreifachung der Konsonantenbuchstaben anstel-

---

127 Synoptische Listen könnten, wie Theodor Ickler in seiner Rezension in der Süddeutschen
    Zeitung vom 28.05.2003 schreibt, »nützlich sein, wenn sie nicht so ungemein fehlerhaft
    wären. Dem alten Duden werden zum Beispiel folgende Schreibweisen unterstellt: *leid-
    tun; aus schwarz Weiß machen; das nächstbeste, was sich ihm bietet; am ersten des Mo-
    nats; Halt rufen; ein völlig neubearbeites Werk.*« Zur Kritik an der Rechtschreibreform
    siehe auch einzelne Beiträge in der Zeitschrift *Schweizer Monatshefte* von November
    2003.
128 Angemerkt sei, dass dieser Vorschlag im Text selbst nicht umgesetzt wurde. Dies sieht

le der Beschränkung auf zwei Buchstaben abgelehnt. Sie sei nicht nur überflüssig, sondern führe »zu teilweise grotesken, die Lesbarkeit störenden Wortbildern (*Schlammmasse, Schwimmmeister*)« (S. 13f.).

In ihrer Kritik an diesem Kompromissvorschlag stellt die Zwischenstaatliche Kommission fest, dass der Vorschlag der Akademie im Wesentlichen nur aus Listen bevorzugter Einzelwortschreibungen bestehe. Dies widerspreche der Grundkonzeption des amtlichen Regelwerks, dessen erklärtes Ziel es sei, den Schreibenden die Möglichkeit zu geben, allein aufgrund der Anwendung der Rechtschreibregeln zu richtigen Wortschreibungen zu gelangen (Vierter Bericht, S. 6). Dieser Standpunkt wurde in der Folgezeit allerdings modifiziert, nachdem Vertreter der Kultusministerkonferenz Gespräche mit den Kontrahenten geführt hatten. Die Gespräche führten zu weiteren Änderungsvorschlägen im Bereich der Getrennt- und Zusammenschreibung, die die Kritik von Mitgliedern der Akademie berücksichtigen. Die zusätzlichen Änderungen wurden in einem ergänzenden Bericht vom 18. Mai 2004 festgehalten. In der Folge stimmte die Kultusministerkonferenz auf ihrer 306. Plenarsitzung am 4. Juni 2004 dem vierten Bericht sowie der dazugehörigen Ergänzung zu und gab damit grünes Licht für die verbindliche Einführung der Neuregelung (mit den gebilligten Änderungen) zum 1.8.2005. Das führte allerdings zu neuerlichen Protesten in der Öffentlickeit, die schließlich darin mündeten, dass im August 2004 der Springer- und der Spiegel-Verlag ankündigten, zur alten Rechtschreibung zurückkehren zu wollen (s. o.), und dies ein großes Medienecho fand. Auf der anderen Seite erschien im selben Monat die neue Auflage des Rechtschreibdudens, in der die Änderungen bereits umgesetzt waren und im Anhang eine neue Fassung des Textes der Neuregelung präsentiert wurde.[129] Dabei handelte es sich aber noch nicht um die offizielle Endfassung. Diese wurde von der Zwischenstaatlichen Kommission für deutsche Rechtschreibung im November 2004 vorgelegt und im Jahr 2005 im Narr-Verlag veröffentlicht. Damit schloss die Kommission ihre Arbeit offiziell ab.[130]

Als Nachfolge-Institution nahm im Dezember 2004, wie im Vorfeld von der Kultusministerkonferenz beschlossen, der »Rat für deutsche Rechtschreibung« seine Arbeit auf. Dieser Rat, der für sechs Jahre eingesetzt wurde, setzt sich zusammen aus Sprachwissenschaftlern, Vertretern von Verlagen, Schriftsteller- und

---

man schon an der Schreibung des Titels. Hier folgt die Akademie der alten Rechtschreibung (*Kompromiß*), statt – dem eigenen Vorschlag folgend – *Kompromiss* zu schreiben.

129 Wenn Joachim Jacobs (2005:203) seine Verwunderung darüber zum Ausdruck bringt, dass der Wortlaut des Dudentextes nicht mit dem Originaltext des vierten Berichts übereinstimmt, dann ist dies damit zu erklären, dass im Duden die Änderungsvorschläge vom 18.5.2004 bereits berücksichtigt wurden.

130 In ihrer Vorbemerkung bedankt sich die Kommission für konstruktive Kritik und stellt fest: »Auftragsgemäß hat nun die Zwischenstaatliche Kommission für deutsche Rechtschreibung den amtlichen Text ›Deutsche Rechtschreibung. Regeln und Wörterverzeichnis‹ entsprechend diesen beschlossenen Änderungen modifiziert und die vorliegende Fassung erstellt.«

Journalistenverbänden, Lehrerorganisationen sowie Vertretern des Bundeseltern-
rates und weiterer Institutionen. Von den Mitgliedern stammen 18 aus Deutschland, je 9 aus Österreich und der Schweiz und je eines aus Liechtenstein und der
Autonomen Provinz Bozen-Südtirol. Wichtiger noch aber ist, dass dem Rat Re-
formbefürworter und Reformkritiker angehören, also sowohl Mitglieder der ehe-
maligen Rechtschreibkommission (u. a. Peter Gallmann, Karl Blüml) als auch Vertreter der Deutschen Akademie für Sprache und Dichtung (Peter Eisenberg, Uwe
Pörksen) und – als einer der schärfsten Reformkritiker – Theodor Ickler.[131] Mit
dieser Zusammensetzung wurde die notwendige Voraussetzung geschaffen, um
zu einer für alle Seiten tragbaren Weiterentwicklung des Regelwerks zu gelangen.
Eine Chronik der bisher stattgefundenen Sitzungen findet sich im Internet unter
der Adresse *http://www.rechtschreibrat.com/*. Auf diesen Seiten ist auch zu lesen,
worin die Aufgabe des Rats besteht: »Der Rat soll im Auftrage der deutschen Kultusministerkonferenz und den zuständigen schweizerischen und österreichischen
Behörden Regelungs-Empfehlungen zu besonders strittigen Bereichen der Rechtschreibung geben.«

Da abzusehen war, dass der Rat zum Ende der Übergangsfrist seine Arbeiten
noch nicht abgeschlossen haben würde, beschlossen die Kultusminister auf ihrer
Plenarsitzung am 2./3. Juni 2005 eine Toleranzklausel. Diese besagte, dass für drei
Regelbereiche – die Getrennt- und Zusammenschreibung, die Worttrennung und
die Zeichensetzung – die Übergangsfrist erst dann enden sollte, wenn der Rat für
deutsche Rechtschreibung seine Beratungen abgeschlossen haben würde.[132] Was
dagegen die Laut-Buchstaben-Zuordnungen, die Schreibung mit Bindestrich und
die Groß- und Kleinschreibung betraf, so sollte die Übergangsfrist, wie geplant,
am 1.8.2005 enden und ›alte‹ Schreibweisen sollten dann als Fehler markiert werden. Dadurch ergab sich eine konfuse Situation, denn für einen Teil des Regelwerks galten nun die neuen, für den anderen Teil neben den neuen auch noch die
alten Regeln. Inzwischen hat zudem der Rat für deutsche Rechtschreibung auch
im Bereich der Groß- und Kleinschreibung weitere Änderungen empfohlen. Diese
beziehen sich nicht nur auf Regeln, die in Verbindung zur Getrennt- und Zusammenschreibung stehen, für die also ohnehin die Toleranzklausel galt, sondern auch
auf solche, die nicht darunter fielen (z. B. die nunmehr wieder zulässige Großschreibung des Anredepronomen *Du*). Das hat zur Folge, dass Regeln, für die die
Übergangzeit bereits geendet hatte, nun noch einmal revidiert wurden und Wörterbücher entsprechend modifiziert werden müssen. So hat die Duden-Redaktion
für Juli 2006 eine neue Auflage des Rechtschreib-Wörterbuchs angekündigt, also
bereits zwei Jahre nach Erscheinen der letzten Auflage.

---

131 Allerdings ist Theodor Ickler inzwischen wieder aus dem Rat ausgetreten. Seine Gründe
    legte er am 25.2.2006 in der FAZ unter dem Titel »Ja, da kann man nur noch gehen«
    dar.

132 Aus dieser Vereinbarung scherten, wie bereits erwähnt, Bayern, Nordrhein-Westfalen,
    der Kanton Bern und die Schweizer Bundesverwaltung aus.

An dieser Stelle muss noch betont werden, dass der Rat für deutsche Rechtschreibung nur Empfehlungen geben konnte, weiter ging seine Kompetenz nicht. Darauf wird auf den Internetseiten des Rats auch eigens hingewiesen. So legte der Rat am 3. Juni 2005 einen Beschluss zur Schreibung von Verbindungen mit Verben vor, und es wurde gleichzeitig betont: »Dieser Beschluss hat den Charakter einer Empfehlung. Änderungen am amtlichen Regelwerk können nur von den zuständigen staatlichen Stellen in Deutschland, Österreich und der Schweiz vorgenommen werden. Bevor diese darüber befinden, sieht das Statut noch eine Anhörung von Verbänden (insbesondere aus den Bereichen Schule und Verwaltung) vor« (*www.rechtschreibrat.com*, Zugriff am 5.3.2006). Eine solche Anhörung hat inzwischen stattgefunden, die Ergebnisse sind in den Erläuterungen zu den Empfehlungen des Rats nachzulesen (Empfehlungen, Teil 2, S. 25–30). Wenn also beispielsweise in den Medien im Sommer 2005 berichtet wurde, man dürfe wieder *sitzenbleiben* schreiben, dann war dies voreilig, eine Beschlussfassung war noch nicht erfolgt. Das ist aber inzwischen geschehen, bei ihrer 313. Plenarsitzung am 2./3. März 2006 stimmten die Kultusminister den Empfehlungen zu. Dies geschah vorbehaltlich der Zustimmung der Ministerpräsidentenkonferenz. Am 30. März 2006 hat denn auch die Ministerpräsidentenkonferenz die Empfehlungen des Rats zustimmend zur Kenntnis genommen und damit einen Schlusspunkt unter die Beratungen gesetzt. Im Folgenden werden die wichtigten Beschlüsse wiedergeben, zugrunde liegt eine Pressemitteilung der Kultusministerkonferenz vom 2. März 2006:

(4)

Auszug aus der KMK-Pressemitteilung vom 2. März 2006

Für den Umgang mit der deutschen Rechtschreibung gelten mit Beginn des Schuljahres 2006/2007 – also ab dem 01.08.2006 – die folgenden Bestimmungen:

(1) Die Amtliche Regelung der deutschen Rechtschreibung in der Fassung von 2006 ist die verbindliche Grundlage des Unterrichts an allen Schulen.

(2) Die gültige Fassung von Regeln und Wörterverzeichnis (Stand 2006) ist im Internet zugänglich.

(3) Bis zum 31.07.2007 werden Schreibweisen, die durch die Amtliche Regelung (Stand 2006) überholt sind, nicht als Fehler markiert und bewertet.

(4) In Zweifelsfällen werden Wörterbücher zugrunde gelegt, die nach den Erklärungen des Verlages der Amtlichen Regelung (Stand 2006) vollständig entsprechen.

siehe unter *http://www.kmk.org/aktuell/home1.htm* <Zugriff am 4.3.2006>

Wie aus der Pressemitteilung zu entnehmen, gibt es also eine neue Übergangsfrist, die am 31.7.2007 endet. Nach Ablauf dieser Übergangsfrist gilt die Amtliche Regelung in der Fassung von 2006. Diese ist zum jetzigen Zeitpunkt nur über das Internet zugänglich. Sie findet sich auf den Seiten des Rats für deutsche Rechtschreibung. Dabei handelt es sich um einen insgesamt 283 Seiten langen Text, der die Überschrift »Empfehlungen des Rats für deutsche Rechtschreibung«, Teil 1, Regeln und Wörterverzeichnis« trägt. Der Text ist seinerseits aufgeteilt in zwei Teildokumente: »Teil I: Regeln« und »Teil II: Wörterverzeichnis« (vgl. Empfehlungen, Teil 1). Einleitend wird dort darauf hingewiesen, dass man von der Darstellung und der Struktur des amtlichen Regelwerks von 2004 ausgehe und die Änderungsvorschläge des Rats an entsprechender Stelle eingearbeitet habe (vgl. Empfehlungen, Teil 1, S. 3). In der Tat hat man sich bemüht, die Neuerungen so eng wie möglich in das Regelwerk von 2004 einzupassen. Selbst die Zahl der Paragraphen entspricht, wie in den Erläuterungen zu den Empfehlungen vermerkt (vgl. Empfehlungen, Teil 2, S. 2), dem Regeltext von 2004.

Zum jetzigen Zeitpunkt bleibt abzuwarten, ob die Schweiz und Österreich den KMK-Beschlüssen vom 2.3.2006 zustimmen werden; es ist aber davon auszugehen, dass sie dies tun. So titelte der Zürcher *Tages-Anzeiger* auf seiner Frontseite am 4.3.2006 »Rechtschreibreform. Schweiz wagt kaum einen Alleingang«, und im Text wird darauf hingewiesen, dass die Schweizer Konferenz der kantonalen Erziehungsdirektoren (EDK) noch darüber beschließen müsste, man nach Meinung des EDK-Präsidenten aber wohl kaum von den KMK-Beschlüssen abweichen werde. Auch die großen Presse-Agenturen haben bereits angekündigt, man wolle die Beschlüsse sorgfältig prüfen. Es bleibt also zu hoffen, dass die nunmehr gefassten Beschlüsse tatsächlich Bestand haben werden – auch wenn dies bedeutet, dass nun abermals neue Regeln gelernt werden müssen.

5.3.6   Zusammenfassung

Abschließend werden die wichtigsten Daten zur Chronologie der deutschen (Recht-)Schreibung tabellarisch aufgelistet:

ca. 8. Jh. n. Chr.: erste Texte in deutscher Schreibung
15. Jh.: Erfindung des Buchdrucks, Schreibanweisungen für Drucker
ab 16. Jh.: Rechtschreibempfehlungen in Grammatiken und Orthographiewerken
1876:   I. Orthographische Konferenz
1880:   Orthographisches Wörterbuch von Konrad Duden
1901:   II. Orthographische Konferenz
1902:   Inkrafttreten der Neuregelung
1954:   Stuttgarter Empfehlungen zur Erneuerung der deutschen Rechtschreibung
1955:   Duden wird durch Kultusministerbeschluss zur Normierungsinstanz
1980:   Konstitution des Internationalen Arbeitskreises für Orthographie
1986:   1. Wiener Gespräche (Beginn der Arbeit auf politischer Ebene)
1990:   2. Wiener Gespräche
1994:   3. Wiener Gespräche (Beschlussfassung)
1996:   Unterzeichnung der gemeinsamen Absichtserklärung
1998:   Inkrafttreten der Neuregelung
1999:   Nachrichtenagenturen stellen auf die neue Schreibung um
2000:   Rückkehr der FAZ zur alten Rechtschreibung

2001: Konstitution des Beirats für deutsche Rechtschreibung
2003: Kompromissvorschlag der Akademie für Deutsche Sprache und Dichtung
2004: Vorlage einer modifizierten Fassung des amtlichen Regelwerks; Konstitution des Rats für deutsche Rechtschreibung
2005: Ende der Übergangszeit (3 Regelbereiche bleiben aber vorläufig ausgeklammert)
2006: Kultusministerkonferenz stimmt den Empfehlungen des Rats für deutsche Rechtschreibung zu

5.4 Die Neuregelung der deutschen Rechtschreibung

5.4.1 Aufbau und Inhalt der Amtlichen Regelung

Die Amtliche Regelung ist abgedruckt in zahlreichen Rechtschreibwörterbüchern, aber auch an verschiedenen Orten als selbständige Veröffentlichung erschienen und über das Internet erhältlich. Dabei handelt es sich aber meist um die ältere Fassung von 1996, die von der Kultusministerkonferenz am 1.12.1995 beschlossen wurde. Im Folgenden wird die modifizierte Fassung des amtlichen Regelwerks von 2004 zugrunde gelegt (zitiert als ›Amtliche Regelung‹). Kommen in dieser Fassung Änderungen dazu, die sich aus den Empfehlungen des Rats für deutsche Rechtschreibung ergeben, wird auf diese eigens verwiesen. Die Seitenzahlen beziehen sich in diesem Fall auf den aktuellen Regeltext, der im Internet abrufbar ist (vgl. Empfehlungen, Teil 1), und auf die Ergänzungen hierzu (vgl. Empfehlungen, Teil 2).

Die Amtliche Regelung besteht aus einem Vorwort, einem allgemeinen Regelteil mit 112 Paragraphen (Teil I) und einem Wörterverzeichnis (Teil II). Der Regelteil ist untergliedert in die sechs Bereiche Laut-Buchstaben-Zuordnungen (A), Getrennt- und Zusammenschreibung (B), Schreibung mit Bindestrich (C), Groß- und Kleinschreibung (D), Zeichensetzung (E) und Worttrennung am Zeilenende (F). Jedem dieser Regelbereiche sind Vorbemerkungen vorangestellt, die über Inhalt und Aufbau des Folgetextes informieren. Auf Änderungen im Vergleich zur alten Schreibung wird nicht hingewiesen. Dies entspräche auch nicht der Textsorte ›Amtlicher Erlass‹. Es geht hier darum, die Rechtschreibung zu kodifizieren, sie soll nicht, wie in den zahlreichen seither erschienenen Handreichungen, didaktisch aufbereitet werden.

Alle sechs Regelbereiche sind gleich konzipiert: Sie bestehen aus Vorbemerkungen, allgemeinen Erläuterungen und einer Anzahl von Paragraphen. Ausnahmen werden in offenen oder – sofern möglich – geschlossenen Listen angeführt. Ein Beispiel für eine geschlossene Liste findet sich in § 34, E 2 (3). Hier werden Substantive angeführt, die entgegen der Hauptregel mit dem Verb zusammenzuschreiben sind. Diese Liste ist auf neun Fälle begrenzt. Eine offene Liste stellt hingegen die Zahl der Ausnahmen dar, die zu § 18 angeführt sind. In diesem Paragraphen wird angegeben, dass man in wenigen Wörtern den Diphthong /aɪ/ <ai>

schreibt. Es folgt als Zusatz: »Dies betrifft Wörter wie: *Hai, Kaiser, Mai*« (Amtliche Regelung, S. 23). Solch offene Listen haben zur Folge, dass der Schreiber im Zweifelsfall im Wörterbuch nachschlagen muss; allein über das Regelwerk kann er die Schreibung nicht ableiten.

Das Wörterverzeichnis schließlich umfasst ca. 12.500 Einträge.[133] Es handle sich dabei, so wird im Vorwort ausgeführt, um den »zentralen rechtschreiblichen Wortschatz« (Amtliche Regelung, S. 11). Neben den Beispielwörtern, die bereits im Regelwerk genannt wurden, finden sich Wörter, deren Neuschreibung nicht über die Regeln herleitbar ist (z. B. *Ketschup*). An einigen Stellen wird der Benutzer durch die Angabe des relevanten Paragraphen auf den Regelteil zurückverwiesen (z. B. »vertrauensbildend § 36(1)«). Wenn eine Änderung gegenüber der alten Schreibung vorliegt, wird dies angezeigt. Was fehlt, ist die Angabe der Trennmöglichkeiten. Wie der Reformgegner Theodor Ickler (1999:211) bereits in Bezug auf das Regelwerk von 1996 kritisch anmerkte, sind auch hier Wörter angeführt, die äußerst selten gebraucht werden, so dass ihre Aufnahme in das Wörterverzeichnis nicht unmittelbar einsichtig ist (z. B. *Nerfling, Woiwod, Zineraria*).[134] In der Literatur wird die Auswahl damit begründet, dass das Verzeichnis »a) alle dem Zentrum der gegenwärtigen deutschen Standardsprache zuzurechnenden Morpheme in wenigstens einem Wortbeispiel enthält und b) darüber hinaus typische Wortbeispiele aus verschiedenen Sektionen der Peripherie anbietet« (Heller/Scharnhorst 1997:278).

5.4.2 Die Teilbereiche der Amtlichen Regelung

5.4.2.1 Laut-Buchstaben-Zuordnungen

In den 32 Paragraphen werden, getrennt nach Vokalen und Konsonanten, zunächst die Regeln angeführt, die die Laut-Buchstaben-Zuordnungen in deutschen Wörtern betreffen, dann jene in Fremdwörtern. De facto finden sich hier relativ wenige Änderungen im Vergleich zur alten Rechtschreibung. Nur auf diese wird im Folgenden eingegangen. Die Paragraphen 2 und 25 beziehen sich auf die Verdoppelung des Konsonantenbuchstabens nach betontem kurzen Vokal. Die Regelung führt zu einer Änderung, die besonders augenfällig in Texten ist. Nach kurz gesprochenen, betonten Vokalen, so ist hier zu lesen, steht <ss>, nach lang gesprochenen Vokalen und nach Diphthongen <ß>. Das deutsche Sonderzeichen <ß> bleibt also bei *Gruß* und *Strauß* bestehen, <ss> hingegen wird nun geschrieben in Wörtern wie *Fluss, Ross, bisschen, wässrig*. Steht <ß> als Buchstabe nicht zur Verfügung, schreibt man <ss> (vgl. STRASSE). Weitere Neuschreibungen ergeben sich aus § 13 und § 16. Diese legen fest, dass <ä> bzw. <äu> geschrieben wird, wenn es eine Grundform mit <a> bzw. <au> gibt, stellen also das morphologische Prinzip

---

133 Zum Vergleich: Die aktuelle Auflage des Duden-Rechtschreibwörterbuchs (Duden 2004) enthält 125.000 Stichwörter.

134 Selbst die Rechtschreibkontrolle von Word 2000 kennt diese Wörter nicht.

in den Vordergrund. Daraus folgen Neuschreibungen wie *Bändel* (wegen *Band*), *behände* (wegen *Hand*), *sich schnäuzen* (wegen *Schnauze*), *überschwänglich* (wegen *Überschwang*). Eine neue Regel, die ebenfalls aus der Einhaltung des morphologischen Prinzips resultiert, ist, dass in Zusammensetzungen, in denen drei Konsonantenbuchstaben zusammentreffen, nun alle drei Buchstaben geschrieben werden (vgl. *Schifffahrt*).

Erwähnt sei noch die Neuregelung der **Fremdwortschreibung** (§ 20, 21, 32). Die Schreiber haben nun in weitaus mehr Fällen als bisher die Möglichkeit, eine integrierte Schreibung zu wählen. In einem Unterpunkt zu § 20 wird festgehalten: »Im Prozess der Integration entlehnter Wörter können fremdsprachige und integrierte Schreibung nebeneinander stehen« (Amtliche Regelung, S. 25). Was jeweils als Haupt-, was als Nebenvariante zu gelten habe, ist im Wörterverzeichnis – entgegen der früheren Version von 1996 – nicht mehr gekennzeichnet. Damit reagiert die Kommission auf die Kritik an der Kennzeichnung von Haupt- und Nebenformen, auch wenn sie, wie im vierten Bericht in ihrer Stellungnahme zu diesem Kritikpunkt zu lesen (S. 14), grundsätzlich am Prinzip der Variantenführung festhalten möchte.

Zu beachten ist außerdem: Bei vielen Wörtern gilt weiterhin nur die Herkunftsschreibung.[135] Insbesondere fachsprachliche Ausdrücke wie *Philosophie, Physik, Metapher, Rhetorik, Phlegmone* und international gebräuchliche Wörter wie *City* bleiben unverändert. Manchmal wird auch nur ein Teil des Wortes der deutschen Schreibung angeglichen. So lautet die zulässige Variante von *Ketchup* in der neuen Regelung *Ketschup*, nicht aber *Ketschap*. Auch bei *Orthografie* ist man, nach heftigen Protesten, auf halbem Wege stehen geblieben. *Ortografie* als eingedeutschte Variante neben dem weiterhin gültigen *Orthographie* ließ sich nicht durchsetzen. Was die Schreibung des Plurals betrifft, gilt für Fremdwörter aus dem Englischen, die auf *-y* enden, dass diese im Plural lediglich ein *-s* erhalten (vgl. § 21). Schreibvarianten sind nicht mehr zugelassen, es gibt also nicht mehr ein Nebeneinander von *Parties* und *Partys*. Lediglich dann, wenn es sich um Zitatwörter handelt, gelten die Regeln der englischen Pluralbildung. Als Beispiel wird angeführt *Grand Old Ladies*. Allerdings stellt sich hier das Problem, dass im Einzelfall schwer zu bestimmen ist, wann ein englisches Wort als Zitat, wann es als Lehnwort gebraucht wird.

5.4.2.2 Getrennt- und Zusammenschreibung

In der Amtlichen Regelung wird davon ausgegangen, dass die getrennte Schreibung der Normalfall und allein die Zusammenschreibung regelungsbedürftig ist. Aus diesem Grunde heißt der Regelbereich nun ›Getrennt- und Zusammenschreibung‹, nicht ›Zusammen- und Getrenntschreibung‹. Als Faustregel gilt: Getrenntschreibung ist dann ausgeschlossen, wenn ein Bestandteil gar nicht selbständig vorkommt

---

135 Da man nie sicher sein kann, ob es eine integrierte Schreibung gibt, sollte man im Zweifelsfall bei der fremdsprachigen Schreibung bleiben.

(wie z. B. *wissbegierig,* nicht *wiss begierig*). Andererseits wird, so ist in der Amtlichen Regelung (S. 33) zu lesen, »stets getrennt geschrieben, wenn der erste oder zweite Bestandteil erweitert ist (wie bei *viele Kilometer weit,* aber *kilometerweit; irgend so ein,* aber *irgendein*).« Schwierigkeiten treten dann auf, wenn der Bestandteil zwar nicht erweitert ist, aber potentiell erweiterbar wäre. Auch dann gilt die Getrenntschreibung (s. u.).

Der Regelbereich Getrennt- und Zusammenschreibung ist in die vier Abschnitte »Verb«, »Adjektiv und Partizip«, »Substantiv« und »Andere Wortarten« untergliedert, wobei jeweils auf die Wortart des zweiten bzw. letzten Bestandteils der Wortgruppe Bezug genommen wird. Im Folgenden wird diese Gliederung übernommen, einige Änderungen werden vorgestellt. Allerdings wird dies hier nur in Auszügen erfolgen, da gerade in diesem Bereich gegenüber der modifizierten Fassung von 2004 wieder Modifikationen vorgenommen wurden. Der interessierte Leser sei deshalb auf die synoptische Gegenüberstellung der Regeln (in den Erläuterungen zu den Empfehlungen, Teil 2, S. 6-24) verwiesen.

Verb: Musste man vor der Rechtschreibreform noch überprüfen, ob in der Verb-Verb-Verbindung eine wörtliche oder eine übertragene Bedeutung vorliegt (vgl. *sitzen bleiben*), so fällt dieses Kriterium nun weg. Es wird in der Regel getrennt geschrieben.[136] Die Getrenntschreibung gilt auch für Verbindungen aus Partizip und Verb (*gefangen nehmen, verloren gehen, getrennt schreiben*). Auch Substantiv-Verb-Verbindungen werden im Normalfall getrennt geschrieben.[137] Dadurch ergeben sich zahlreiche umstrittene Neuschreibungen (vgl. *Eis laufen, Rad fahren, Kopf stehen*). Ausgenommen sind lediglich Substantiv-Verb-Verbindungen, die untrennbare Zusammensetzungen bilden (vgl.: *schlafwandeln* > **Peter wandelt heute wieder Schlaf, sich langweilen* > **Ich weile mich lang*), sowie Zusammensetzungen, bei denen der Substantivstatus des Erstglieds nicht mehr erkennbar ist (z. B. *heimkehren, irreführen*). Die Liste enthält neun solcher Fälle (*heim-, irre-, leid-, preis-, stand-, statt-, teil-, wett-, wunder-*); in der modifizierten Regelfassung von 2004 hinzugekommen ist das Wort *leid-*, wo nunmehr sowohl Zusammen- als auch Getrenntschreibung möglich ist (*leidtun/Leid tun*). Damit trägt die Kommission den Kritikern Rechnung, die vorgetragen hatten, dass es sich bei *Leid* nicht um ein Sub-

---

136 Allerdings wurden auch in diesem Bereich wieder Änderungen vorgenommen. Der Rat für deutsche Rechtschreibung hatte auf seiner Sitzung vom 3.6.2005 empfohlen, dass bei Verbindungen mit *bleiben* und *lassen* als zweitem Bestandteil bei übertragener Bedeutung auch Zusammenschreibung möglich sein solle und das auch für die Verbverbindung *kennen lernen* gelte. Diesen Empfehlungen hat die Kultusministerkonferenz am 2.3.2006 zugestimmt.

137 Das gilt nicht für die substantivierten Formen (vgl. *das Autofahren, das Beisammensein, das Sitzenbleiben*). Wie hierzu die Rechtschreibkommission in ihrem dritten Bericht feststellt, ist zwischen substantivierten Infinitiven bzw. Infinitivgruppen einerseits sowie substantivierten Adjektiven und Partizipien andererseits zu unterscheiden: »Univerbierung und damit Zusammenschreibung tritt nur bei Infinitivgruppen auf« (S. 60). Man schreibe also *das Kaffeetrinken,* aber (ohne Univerbierung) *die Kaffee Trinkenden*.

stantive handle und man es analog zu *wehtun* und *kundtun* schreiben solle. Zwar wird die Schreibung *Leid tun* weiter als Option beibehalten, es ist nun aber auch die Zusammenschreibung vorgesehen. Dies gilt aber nicht mehr für die Version von 2006. Hier ist nunmehr, wie auch für *nottun*, nur noch die Zusammenschreibung zulässig (vgl. Empfehlungen, Teil 1, S. 36).

Doch nicht nur die Substantiv-Verb-Schreibung, auch die neue Regel zur Getrennt- resp. Zusammenschreibung von Wortverbindungen, in denen ein Verb in Verbindung mit einer Partikel auftritt, wurde von verschiedenen Seiten in Frage gestellt. Die Rechtschreibkommission hat diesen Passus daraufhin geändert, § 34 präsentiert im Regelwerk von 2004 eine Liste mit ca. 100 Partikeln, die bei Kontaktstellung mit dem Verb zusammengeschrieben werden. Dabei handelt es sich, anders als in der ursprünglichen Fassung von 1996, um eine offene Liste. Im Einzelfall muss also im Wörterbuch nachgeschlagen werden, ob eine Verbindung zusammen oder getrennt zu schreiben ist (zur Kritik daran s. Jacobs 2005:205). In der Erläuterung E 1 werden die Bedingungen genannt, von denen eine Getrennt- resp. Zusammenschreibung abhängt. Hier findet sich, anders als in der alten Fassung, auch ein Hinweis darauf, dass die Schreibung davon abhänge, ob es sich um ein Adverbial handelt (*dabei sitzen*) oder um einen Verbzusatz (*dabeisitzen*), und dass dies wiederum in Verbindung mit der Betonung stehe. In der Fassung von 2006 wurde auch dieser Punkt nochmals modifiziert, es gilt nun ausnahmlos die Zusammenschreibung von Partikel und Verb (vgl. Empfehlungen, Teil 1, S. 35).

Damit kommen wir zu einem nächsten Punkt, zur Getrenntschreibung von Verbindungen aus Adjektiv und Verb. Hier lautet in der Version von 2004 die Grundregel: Wenn der erste Bestandteil einer Wortverbindung ein Adjektiv ist, steht dieses getrennt vom Verb (vgl. *klein hacken, gar kochen*). Ist der adjektivische Bestandteil aber nicht steigerbar oder zumindest durch *sehr* oder *ganz* erweiterbar, ist Getrenntschreibung nicht zugelassen. Dies ist z. B. bei *fernsehen* der Fall: *fern* ist im gegebenen Kontext weder steiger- noch erweiterbar (vgl. die Ungrammatikalität von **sehr fern sehen, ziemlich fern sehen*). Der Unterschied zur Rechtschreibung vor 1996 ist der, dass nicht die tatsächliche Erweiterung und Steigerung des Adjektivs den Ausschlag für die Getrenntschreibung gibt, sondern die potentielle Erweiterbarkeit und Steigerbarkeit. In der Version von 2006 wurde dieser Paragraph geändert (vgl. Empfehlungen, Teil 1, S. 36), hinzugekommen ist nun, dass, wie vor der Rechtschreibreform, die Zusammenschreibung obligatorisch ist, wenn sich eine neue, idiomatisierte Gesamtbedeutung ergibt (vgl. *jdn. fertigmachen*). Weiter wurde die von Ickler u. a. heftig kritisierte Neuregel, die besagte, dass Adjektive auf *-ig, -isch* oder *-lich* immer getrennt vom Verb stehen, wieder gestrichen.

Adjektiv und Partizip: Die Schreibung von Verbindungen, deren letzter Bestandteil ein Adjektiv oder ein Partizip ist, ist in § 36 geregelt. In der Erläuterung zu diesem Paragraphen werden die Fälle festgelegt, in denen getrennt geschrieben werden muss. In einem Punkt ergaben sich hier Neuschreibungen, die im Schriftbild ungewohnt und in der wissenschaftlichen Diskussion umstritten waren (z. B. *Laub* *tragende Bäume, Zeit sparende Arbeit, Aufsehen erregendes Ereignis*). Die Kritikpunkte führten zu einer Modifikation im Regeltext, in der modifizierten Fassung wird nun deutlich herausgestellt, dass auch die Zusammenschreibung möglich ist (vgl. § 36, E2). Auf die Argumente, die in der Diskussion zu diesem Punkt vorgetragen wurden, gehe ich in Kap. 5.5 ein.

Substantiv: Substantive, Adjektive, Verbstämme, Pronomen oder Partikeln können mit Substantiven Zusammensetzungen bilden (vgl. § 37). Diese werden ebenso wie mehrteilige Substantivierungen zusammengeschrieben (vgl. *der Wochenlohn, das Beisammensein*). In diesem Punkt ergeben sich, was deutsche Wörter betrifft, durch die Reform keine Änderungen. Neu ist die Schreibung englischer Wörter, die aus mehreren Gliedern bestehen: Diese werden nach der Neuregelung zusammen- oder mit Bindestrich geschrieben. Eine Getrenntschreibung ist dann zulässig, wenn es sich um Verbindungen aus Adjektiv und Substantiv handelt. So ist neben *Bigband, Blackbox* und *Softdrink* auch die Schreibung *Big Band, Black Box, Soft Drink* möglich (vgl. § 37, E1). Doch auch hier haben die Empfehlungen des Rats für deutsche Rechtschreibung eine Änderung erbracht. Neu hinzugekommen ist nun das Kriterium der Betonung: Aus dem Englischen übernommene Adjektiv-Substantiv-Verbindungen können nur dann zusammengeschrieben werden, wenn sie nur einen Hauptakzent tragen (vgl. Empfehlungen, Teil 1, S. 40). Damit will man Zusammenschreibungen vom Typ *Neweconomy* und *Electronicbanking* verhindern, die nach der Amtlichen Regelung von 2004 zulässig waren.

Im Abschnitt »**Andere Wortarten**« sind mehrteilige Adverbien, Konjunktionen, Präpositionen und Pronomen angeführt, deren Gemeinsamkeit darin besteht, dass »die Wortart, die Wortform oder die Bedeutung der einzelnen Bestandteile nicht mehr deutlich erkennbar sind« (§ 39). Sie werden mit dem vorangehenden bzw. folgenden Wort zusammengeschrieben. Dies betrifft u. a. Adverbien mit der Endung *-dings, -falls, -halber, -zeit* (*allerdings, notfalls, umständehalber, zurzeit*), aber auch solche mit dem ersten Bestandteil *der-, nichts-* und *zu-* (*derzeit, nichtsdestoweniger, zumindest*). Die Regelung ist mit der bisherigen weitgehend identisch, nur in Einzelfällen ergeben sich neue Schreibweisen (z. B. *zurzeit*). Die größte Zahl von Änderungen tritt bei Konjunktionen, Präpositionen und Pronomen auf. So werden nun alle Verbindungen mit dem Indefinitpronomen *irgend-* zusammengeschrieben (*irgendwer, irgendwas, irgendwo*), bislang galt das nicht für *irgendetwas* und *irgendjemand*. Weiter waren vor der Reform nur die Schreibungen *mit Hilfe, so dass, zumute sein* möglich. In der Amtlichen Regelung ist nun festgehalten, dass es dem Schreibenden überlassen bleibt, ob er diese Fälle als Zusammensetzung oder als Wortgruppe verstanden wissen will (d. h. *mit Hilfe/mithilfe; so dass/so dass; zumute sein/zu Mute sein*). Durch die Freigabe der Getrenntschreibung treten hier mehr Varianten auf.

5.4.2.3 Schreibung mit Bindestrich

Die Frage, ob ein Bindestrich gesetzt werden muss, gehört zur Getrennt- und Zusammenschreibung, ihr wird aber in der Amtlichen Regelung ein eigenes Kapitel gewidmet. Bereits vor der Rechtschreibreform wurden Verbindungen mit Buchstaben und Abkürzungen mit Bindestrich geschrieben (vgl. *A-Dur, KFZ-Schlosser*). Neu ist, dass man nun auch in der Verbindung mit Ziffern (vgl. *100-prozentig, 6-monatlich, 14-tägig, 12-jährig*) einen Bindestrich setzen muss (§ 40). Gerade in Zeitungstexten kommen diese Neuschreibungen häufig vor (vgl. *Der 18-Jährige missachtete die Vorfahrt*) und führen zu einer beträchtlichen Veränderung des Schriftbildes. Wie bisher steht aber kein Bindestrich, wenn die Ziffer mit einem Suffix kombiniert ist (vgl. *100%ig, 100stel*). Dies gilt aber nicht für Verbindungen aus Ziffern und dem Wortbestandteil *-fach,* die auch mit Bindestrich geschrieben werden können (vgl. *8-fach, 8fach*). In diesem Punkt hat sich durch die Revision von 2004 eine Änderung ergeben, nach der Regelung von 1996 war nur die Schreibung ohne Bindestrich (*8fach*) zugelassen. Wird das Suffix mit einem Einzelbuchstaben verbunden, ist der Bindestrich dagegen obligatorisch (vgl. *zum x-ten Male*). Bilden Verbindungen aus Ziffer und Suffix den ersten Teil eines Kompositums, steht auch nach dem Suffix ein Bindestrich. Dieser Fall tritt auf, wenn zu einer Wortverbindung wie z.B. *68er* ein Substantiv hinzugefügt wird (vgl. *die 68-er-Generation*).

Im Bereich der Wortzusammensetzung gilt, dass ein Bindestrich zwischen alle Bestandteile gesetzt werden muss, wenn ein Teil der Zusammensetzung mit Bindestrich auftritt. Man schreibt also *A-Dur-Tonleiter* bzw. *Vitamin-B-haltig,* da bereits *A-Dur* bzw. *Vitamin-B* mit Bindestrich stehen. Davon abgesehen hat der Schreiber einen größeren Entscheidungsspielraum als bisher. Wenn es ihm sinnvoll erscheint, kann er eine Zusammensetzung mit Bindestrich untergliedern, so z.B. um klar zu stellen, ob von *Druck-Erzeugnis* oder *Drucker-Zeugnis* die Rede ist, um Wörter wie *Ultraschallmessgerät* zu strukturieren oder um die Aneinanderreihung desselben Buchstabens an der Kompositionsfuge (*Bett-Tuch, Tee-Ei*) zu vermeiden. Diese Kann-Regel betrifft sowohl Zusammensetzungen deutscher Herkunft als auch Wortverbindungen aus dem Englischen (z.B. *Job-Sharing*). Umgekehrt liegt der Fall, wenn ein geographischer Eigenname von einem nachgestellten Substantiv näher bestimmt wird (vgl. *Frankfurt Hauptbahnhof/Frankfurt-Hauptbahnhof*). Bislang war nur die Getrenntschreibung (vgl. *Frankfurt Hauptbahnhof*) zulässig. Hier kann man nun einen Bindestrich setzen (§ 52).

5.4.2.4 Groß- und Kleinschreibung

Generell kommt es in der Neuregelung zu einer leichten Zunahme der Großschreibung, da die Fälle, in denen Wörter je nach Bedeutung groß- oder kleingeschrieben wurden, zugunsten der Großschreibung aufgegeben wurden. Man schreibt jetzt also *im Dunkeln tappen, auf dem Trockenen sitzen, im Trüben fischen,* unabhängig davon, ob die eigentliche oder die übertragene Bedeutung zugrunde liegt. Neu ist außerdem, dass Sätze, die nach einem Doppelpunkt stehen, nun immer mit einem großen Anfangsbuchstaben beginnen. Bislang musste geprüft werden, in welcher semantischen Beziehung der Satz zum vorangehenden steht. Umgekehrt gilt aber auch: Folgt nach dem Doppelpunkt kein ganzer Satz, richtet sich die Groß- bzw. Kleinschreibung des ersten Buchstabens nach der jeweiligen Wortart (vgl. *Vorsicht: frisch gestrichen!*). Die Bestimmung dessen, was ein ganzer Satz ist, wird im Zweifelsfall dem Schreiber überlassen. Das zeigt die Formulierung in § 54 (1): »Wird die nach dem Doppelpunkt folgende Ausführung als Ganzsatz verstanden [...].«

Der weitaus wichtigere Punkt in diesem Regelbereich betrifft die Groß- oder Kleinschreibung von Wörtern und Wortgruppen. Die Regel, die hier als Ausgangspunkt dient, ist so trivial wie schwierig: »Substantive schreibt man groß« (§ 55). Das Problem ist bekannt. Woran erkennt man, ob ein Wort ein Substantiv ist oder substantivisch gebraucht wird (vgl. hierzu Kap. 4)? In der Amtlichen Regelung wird die Wortart Substantiv, wie traditionell üblich, lediglich semantisch definiert: »Substantive dienen der Bezeichnung von Gegenständen, Lebewesen und abstrakten Begriffen« (S. 55). Neu ist, dass die Großschreibung nun auch für substantivische Bestandteile im Innern mehrteiliger Fügungen gilt, die aus anderen Sprachen übernommen werden (vgl. *Alma Mater, Soft Drink*). Bislang wurde hier nur das erste Wort groß-, alle weiteren Bestandteile der Wortgruppe kleingeschrieben. Die nichtsubstantivischen Bestandteile in fremdsprachigen Wortgruppen werden weiterhin kleingeschrieben (vgl. *Make-up, Know-how, Cordon bleu, Terra incognita*). Allerdings stellt sich hier die Frage, ob der Schreiber auf der Basis seiner Fremdsprachenkenntnisse in der Lage ist, die jeweilige Wortart zu bestimmen.

Eine weitere, knapp formulierte Regel scheint ebenfalls trivial: »Eigennamen schreibt man groß« (§ 59). Das Problem, das sich hier stellt, ist die Abgrenzung der Eigennamen von Wortgruppen, die zu festen Verbindungen geworden sind (vgl. hierzu Kap. 4). Nach der Neuregelung schreibt man die Adjektive in diesen Wortverbindungen klein (vgl. *die gelbe Karte, die goldene Hochzeit, das schwarze Schaf, die goetheschen Dramen, die grimmschen Märchen*).[138] Eine Großschreibung des Adjektivs in Wortverbindungen tritt nur dann ein, wenn es sich zweifelsfrei um Eigennamen handelt (z. B. *der Stille Ozean, das Chinesische Meer*). Wünschenswert wäre gewesen, wenn die Neuregelung hier dem Usus Rechnung getragen hätte. Stattdessen macht sie die Kleinschreibung des Adjektivs verbindlich. Ausnahmen sind nur dann zulässig, wenn die fragliche Verbindung zu einer der vier folgenden Gruppen gehört: Titel und Ehrenbezeichnungen (z. B. *der Heilige Vater, der Re-*

---

138 Die Beispiele *goethesche Dramen* und *grimmsche Märchen* zeigen, dass Adjektive auf -*sch,* die aus Eigennamen abgeleitet sind, neuerdings ebenfalls kleingeschrieben werden. Will man die Großschreibung des Eigennamens beibehalten, muss man einen Apostroph setzen: *die Goethe'schen Gedichte, die Grimm'schen Märchen* (§ 97 E). Anders ist es bei den Ableitungen von Eigennamen auf -*er* (vgl. *Berliner Bevölkerung*). Diese schreibt man wie bisher groß.

gierende Bürgermeister), fachsprachliche Bezeichnungen (*der Rote Milan, die Gemeine Stubenfliege*), Bezeichnungen für besondere Kalendertage (der Heilige Abend, der Erste Mai) oder Bezeichnungen für historische Ereignisse und Epochen (*der Zweite Weltkrieg, die Goldenen Zwanziger*). Allerdings ist in § 64 gegenüber der ursprünglichen Fassung von 1996 eine Ergänzung hinzugetreten, die besagt, dass in manchen Fachsprachen Adjektive in diesen Verbindungen großgeschrieben werden, in anderen Fachsprachen aber die Kleinschreibung bevorzugt werde. Mit diesem Zusatz ist es demnach möglich, Adjektive in Verbindungen vom Typ *Gelbe Karte* (wieder) großzuschreiben; es könnte ja die fachsprachliche Schreibung sein. Die Regelung von 2006 geht hier noch einen Schritt weiter. Sie hält nun explizit fest, dass in Verbindungen mit einer neuen, idiomatisierten Bedeutung das Adjektiv großgeschrieben werden kann. Damit sind auch solche Schreibungen wie *das Schwarze Brett* wieder zulässig (vgl. Empfehlungen, Teil 1, S. 71).

Kommen wir abschließend noch zu den Anredepronomina: Während in der Vertrautheitsform in bestimmten Kontexten die Großschreibung bisher üblich war (feierliche Aufrufe, Widmungen, Mitteilungen des Lehrers an die Schüler, Briefe etc.), gilt nun die Kleinschreibung (vgl. § 66). Als Grund für die Beibehaltung der Großschreibung in der höflichen Anrede wird von Gallmann/Sitta (1996:149) angegeben, sie ermögliche die Unterscheidung von gleich lautenden Pronomen (vgl. *Kennen Sie sie schon?*), diene also der Homonymenvermeidung. Dies gilt nicht für die vertraute Anrede, hier wurde die Kleinschreibung festgeschrieben. Doch auch in diesem Bereich hat sich nun eine Änderung ergeben: Der Rat für deutsche Rechtschreibung hat an seiner Sitzung vom 3.2.2006 beschlossen, dass in Briefen neben der Kleinschreibung der Anredepronomen *du* und *ihr* (und der Possessivpronomen *dein* und *euer*) auch die Großschreibung zulässig sein soll. Auch dieser Beschluss ist in die Empfehlungen eingegangen, § 66 wurde um einen entsprechenden Passus erweitert (vgl. Empfehlungen, Teil 1, S. 72).

5.4.2.5 Zeichensetzung

Das Kapitel zur Zeichensetzung ist das umfangreichste der Amtlichen Regelung. Es umfasst fünf Einzelabschnitte mit insgesamt 39 Paragraphen. Erinnert sei daran, dass die Zeichensetzung im Regelwerk von 1902 gar nicht berücksichtigt worden war, sondern erst durch das Duden-Wörterbuch zur orthographischen Norm erhoben wurde. Mit der Regelung von 1996 lag also erstmals eine Kodifizierung der Zeichensetzung vor. Wie wir im Folgenden sehen, änderte sich in diesem Bereich gegenüber der alten Praxis nur wenig. Neu ist vor allem, dass dem Schreiber in bestimmten Fällen mehr Freiheiten in der Kommasetzung gelassen werden. Dies betrifft zwar nur zwei Konstruktionstypen, dadurch kann es in längeren Texten aber zu einer auffallenden Veränderung im Schriftbild kommen. Bislang musste ein Komma stehen, wenn Hauptsätze durch eine Konjunktion verbunden wurden. Dies ist nun dem Schreiber frei gestellt (vgl. *Wir warten auf euch*(,) *oder die Kinder gehen schon voraus*). Doch sollte man, so die Empfehlung, dann ein

Komma setzen, wenn es notwendig scheint, den Satz übersichtlicher zu gestalten (vgl. § 73).

Neu ist auch, dass kein Komma gesetzt werden muss, wenn im Satz eine Infinitiv-, Partizip- oder Adjektivgruppe auftritt. Es ist also möglich zu schreiben *Er bat, heute nicht zu spät kommen* oder *Er bat heute nicht zu spät zu kommen* bzw. *Er sank zu Tode getroffen auf den Boden* oder *Er sank, zu Tode getroffen, auf den Boden.* Immer dann, wenn mit der Kommasetzung ein Missverständnis vermieden werden kann, sollte aber ein Komma gesetzt werden. So ist bei der Schreibung *Sie versprach ihm zu folgen* nicht klar, ob das Pronomen *ihm* als Objekt zum Verb *versprechen* oder zum Verb *folgen* zu interpretieren ist. Wird die Infinitiv-, Partizip- oder Adjektivgruppe durch ein hinweisendes Wort angekündigt, muss ein Komma stehen (vgl. *Sein größter Wunsch war es, eine Familie zu gründen; Aus vollem Halse lachend, so kam sie auf mich zu*). Diese Zusatzregelung ist vielen Schreibern nicht bekannt. Im Regelwerk von 2004 findet sie sich – etwas versteckt – in dem Paragraphen, der die Kommasetzung bei Zusätzen oder Nachträgen regelt (§ 77), in der Fassung von 2006 dagegen an exponierter Stelle in § 75. Hier ist weiter zu lesen, dass ein Komma dann gesetzt werden muss, wenn die Infinitivgruppe mit *um, ohne, statt, anstatt, außer* oder *als* eingeleitet wird oder von einem Substantiv abhängt (vgl. Empfehlungen, Teil 1, S. 82). Auch in diesem Punkt hat der Rat für deutsche Rechtschreibung der Kritik also Rechnung getragen.

Eine letzte, marginale Neuerung gegenüber der Rechtschreibung vor 1996 ist die folgende: Bei der wörtlichen Wiedergabe einer Äußerung wird der Begleitsatz nach dem abschließenden Anführungszeichen durch ein Komma abgetrennt (vgl. *»Verstehst du das?«, fragte sie. »Komm endlich!«, rief sie mir zu*). Neu ist, dass man auch dann ein Komma setzt, wenn der angeführte Satz mit einem Frage- und Ausrufezeichen abschließt. Bislang war das Komma an dieser Stelle nicht zulässig (vgl. *»Verstehst du das?« fragte sie*). Es wird jetzt also in Kauf genommen, dass drei Satzzeichen nebeneinander stehen können (vgl. *»Verstehst du das?«, fragte sie*) – eine Schreibweise, die bisher vermieden wurde.

5.4.2.6 Worttrennung am Zeilenende

Wörter werden am Zeilenende so getrennt, wie sie sich beim langsamen Sprechen in Silben zerlegen lassen. Diese alte Grundregel steht am Anfang des Regelbereichs zur Worttrennung (§ 107) und wird im Folgenden durch weitere Trennregeln eingeschränkt. Das mag der Grund dafür sein, dass der Regelbereich nicht mehr, wie früher üblich, »Silbentrennung«, sondern »Worttrennung« lautet.

Das Problematische an der Silbentrennung ist, dass es in bestimmten Fällen mehrere Möglichkeiten gibt, ein Wort in Silben zu zerlegen. So ist in dem Wort *Klappe* der für den Plosivlaut /p/ charakteristische Verschluss Teil der ersten Silbe, die plötzliche Öffnung, die der Verschlussphase folgt, Teil der zweiten Silbe. Es liegt ein Silbengelenk vor (vgl. Kap. 4). Ein weiteres Problem stellen Wörter mit Konsonantenbuchstabenhäufungen wie in *widrig, knusprig* und *impfen* dar. Der

Schreiber kann hier nach § 108 verfahren, der festlegt, dass der letzte Konsonantenbuchstabe auf die nächste Zeile kommt. Diese Regelung betrifft Wörter mit zwei und mehr Konsonantenbuchstaben (vgl. *Mut-ter, El-tern, Hop-fen, imp-fen, Karp-fen, knusp-rig*). Ist man im Zweifel über die Syllabierung eines Wortes, kann man mechanisch nach dieser ›Konsonantenbuchstabenregel‹ trennen. Sowohl aus § 108 als auch aus § 107 folgt, dass die Konsonantenverbindung <st> getrennt werden darf. Damit ist ein altes, heute nicht mehr motiviertes Trennverbot aufgehoben.[139] Auch neue Schriftbilder wie *Abend, Esel*, in denen nur der Vokalbuchstabe in der Zeile zurückbleibt (*A-bend, E-sel*), resultierten aus den beiden Paragraphen, doch gelten solche Trennungen in der Version von 2006 wieder als unzulässig, wie in einer Ergänzung zu § 107 vermerkt ist (vgl. Empfehlungen, Teil 1, S. 103).

Auf die Trennung von Fremdwörtern bezieht sich § 110: Verbindungen aus Konsonantenbuchstabe und <l>, <n> oder <r>, so ist hier zu lesen, können ungetrennt in die neue Zeile gesetzt werden, sie können aber auch nach der Konsonantenbuchstabenregel in § 108 getrennt werden (vgl. *Ma-gnet* oder *Mag-net*, *Fe-bruar* oder *Feb-ruar*). Die **<l/n/r>-Regel** war in der alten Dudenregelung die einzig zulässige, in Fremdwörtern durften Buchstabenverbindungen mit <l>, <n> und <r> nicht getrennt werden. Hier bestehen nun mehr Trennmöglichkeiten. Zusammensetzungen und Wörter mit Präfix hingegen müssen zwischen ihren Bestandteilen (§ 111), also ihrer Morphemstruktur gemäß getrennt werden (vgl. *kom-plett, Heim-weg*). Die Trennung nach der Morphemstruktur gilt aber wie bisher nicht für solche Bestandteile, die als Suffixe realisiert werden. So fehlt für das Wort *Lehrerin*, das mit dem Suffix *-in* auftritt, die Trennvariante *Lehrer-in*. Hier kann nur nach der Silbentrenn- bzw. der Konsonantenbuchstabenregel getrennt werden: *Lehre-rin*.

Angemerkt sei, dass die Trennprogramme der Textverarbeitungssysteme häufig nach der Konsonantenbuchstabenregel trennen, nicht nach der Morphemstruktur (vgl. *Ver-bendsatz*). Dies ist falsch. Die genannten Trennalternativen sind nur dann zulässig, wenn eine Zusammensetzung nicht mehr als solche erkannt wird (vgl. *Klein-od/Klei-nod*). Ein Wort wie *Pädagogik* kann also nach der Konsonantenbuchstabenregel (*Pä-da-go-gik*) oder nach der Morphemstruktur (*Päd-a-go-gik*) getrennt werden, ein Wortteil wie *Verbend-* nur nach der Morphemstruktur. Das Wort *Industrie* weist gleich vier Trennmöglichkeiten auf: *In-du-s-trie*.

5.5   Die wissenschaftliche Diskussion um die Neuregelung

5.5.1   Vorbemerkung

In diesem Abschnitt wird die Kritik an der Neuregelung, wie sie von linguistischer Seite vorgetragen wurde, zusammengefasst. Als Ausgangspunkt dienen die Arbeiten des Reformgegners Theodor Ickler. Außerdem sei auf einzelne Kritikpunkte verwiesen, die bereits in Kap. 4 zur Graphematik erwähnt wurden. Hier ging es

---

139 Schon findet sich in rechtschreibdidaktischen Texten ein neuer ›st-Merkspruch‹: »Trenne nun st, es tut ihm nicht mehr weh.«

um die theoretische Beschreibung des deutschen Schriftsystems. Diese ist Grundlage der deutschen Orthographie. Insofern überrascht es nicht, dass die Analysevorschläge von P. Eisenberg, H. Günther u. a. auch im Kontext der Rechtschreibreform eine wichtige Rolle spielten.

Noch ein Wort zum weiteren Vorgehen: Die Teilbereiche der Amtlichen Regelung werden als Gliederungspunkte für die folgenden Abschnitte dienen. Auf die Paragraphen selbst wird nur noch an den Stellen eingegangen, an denen es für die Argumentation erforderlich ist. Da der Regelbereich ›Schreibung mit Bindestrich‹ kaum kritisch diskutiert wird, bleibt dieser Punkt ausgeklammert (vgl. hierzu Bredel 2002, Bernabei 2003). Außerdem werden nur noch solche Argumente genannt, die nicht bereits Berücksichtigung fanden. So wurden im Bereich der Getrennt- und Zusammenschreibung, der besonders umstritten war, bereits grundlegende Revisionen vorgenommen, die Diskussion erübrigt sich als weitgehend. Andererseits hat der Bereich der Laut-Buchstaben-Zuordnung nur wenige Änderungen erfahren; dieser Teil wird also im Folgenden etwas ausführlicher zur Sprache kommen.

5.5.2 Laut-Buchstaben-Zuordnungen

Zwei Neuregelungen in diesem Bereich stehen im Kreuzfeuer der wissenschaftlichen Kritik: die Kennzeichnung der Konsonantenbuchstabendoppelung und die morphologischen Schreibungen *behände*, *schnäuzen* etc. Im ersten Fall wird die Art und Weise der Normformulierung in Frage gestellt, im zweiten Fall die Normänderung selbst. Zu Ersterem:

Wie bereits in Kap. 4 dargelegt, plädiert Eisenberg (1997) dafür, die Regel zur Konsonantenbuchstabendoppelung nicht auf die Länge des vorangehenden Vokals, sondern auf die Regularitäten zur Silbenstruktur zu beziehen. Seinen Alternativvorschlag, den er zusammen mit Gerhard Augst (vgl. Augst 1991) ausgearbeitet hat, fasst er in folgende Regelformulierung:

> R 1: Ist ein Konsonant ein Silbengelenk, so wird er durch Verdoppelung des Buchstabens für den Konsonanten dargestellt.   P. Eisenberg (1997:332)

Der Text der Amtlichen Regelung lautet demgegenüber:

> Folgt im Wortstamm auf einen betonten kurzen Vokal nur ein einzelner Konsonant, so kennzeichnet man die Kürze des Vokals durch Verdopplung des Konsonantenbuchstabens.   (§ 2)

An dieser Stelle sollen nicht die Argumente diskutiert werden, die für die eine oder andere Regelformulierung sprechen (s. hierzu Kap. 4). Vielmehr steht die Frage nach der praktischen Anwendbarkeit der beiden Regeln im Vordergrund. Eisenberg (1997:328) geht davon aus, dass sein Regelwerk, das neben R 1 noch zwei weitere Regeln umfasst, »im produktiven Bereich des Wortschatzes praktisch ohne Ausnahme« gilt. Diese Einschätzung kann hier nicht überprüft werden. Allerdings sei angemerkt, dass seine Regeldarstellung fremdsprachigen Deutschlernern sicher weniger Probleme bereitet hätte. Dafür spricht der folgende Umstand: Die Vokalquantität ist in vielen Sprachen kein distinktives Merkmal. Das führt dazu, dass der Sprecher diesen Unterschied nicht spontan wahrnimmt und nur mit Mühe entscheiden kann, ob der betonte Vokal im Deutschen kurz oder lang ist, der Konsonantenbuchstabe also verdoppelt werden muss oder nicht. Außerdem werden Deutschlerner im nichtdeutschsprachigen Raum häufig zunächst mit dem Schriftbild konfrontiert (vgl. Földes 2000:203), sie kennen die Aussprache des deutschen Wortes zunächst also gar nicht.[140]

Der zweite Kritikpunkt betrifft Neuregelungen, die im Zusammenhang mit einer größeren Gewichtung des morphologischen Prinzips stehen. Diese führen zwar zu durchaus konsequenten Neuschreibungen wie *Schifffahrt*, aber auch zu Schreibungen wie *Gämse, behände, Stängel* und *schnäuzen*. Ickler (1997a:39) kritisiert die Inkonsequenz dieser morphologischen Schreibungen: »Man hat ganz wenige Wörter herausgepickt und sie mit anderen in einem mehr oder weniger künstlichen Zusammenhang gebracht.« Warum schreibe man *Gämse* (wegen *Gams*), warum *Schänke* (wegen *Schank*), aber nicht *einwänden* (wegen *Einwand*)? Was habe *schnäuzen* mit *Schnauze, behände* mit *Hand* zu tun? Synchron betrachtet lasse sich zwischen einigen Wörtern kein Zusammenhang mehr herstellen. Einige seien außerdem etymologisch gar nicht miteinander verwandt, würden also zu Unrecht angeglichen (z. B. *Quäntchen/Quantum, belämmert/Lamm, verbläuen/blau, Tollpatsch/toll*).[141] Andere seien zwar in der Tat verwandt, der Zusammenhang sei aber nicht mehr transparent (*behände/Hand*).

Durch die Neuschreibungen soll natürlich dem Umstand Rechnung getragen werden, dass der Laie hier eine Verbindung sieht. Dies wird auch im vierten Bericht betont, in dem sich die Rechtschreibkommission mit der hier vorgetragenen Kritik auseinander setzt, aber an einer Beibehaltung der Regelung festhält. So heißt es: »Die Etablierung von Neumotivierungen ermöglicht ein richtiges Schreiben auch für all jene, die nicht über sprachhistorische Kenntnisse verfügen, und liegt also im Interesse einer breiten Öffentlichkeit« (Vierter Bericht, S. 11). Ob es aber Aufgabe der Sprachwissenschaft ist, Schreibern, die nicht über solche Kenntnisse verfügen, entgegenzukommen, bezweifelt Ickler (1997a:42): »Soll der Sprachwissenschaftler, der es besser weiß, dem nachgeben oder gar bewußt das Falsche zur Ehre der Wörterbücher erheben?« Andererseits argumentiert Földes (2000:203)

---

140 Földes (2000:204) weist darauf hin, dass umgekehrt die Schreibung zum richtigen Ausspracheerwerb beitragen kann. Wenn ein Deutschlerner nämlich wisse, dass das Wort mit <ss> geschrieben wird, könne er verlässlich auf die Vokalquantität schließen. Zum Erwerb der neuen Rechtschreibung siehe auch Földes (2003).

141 Die Rechtschreibkommission hatte in einem Änderungsvorschlag von Januar 1998 einige der Altschreibungen als Schreibvarianten wieder zugelassen (z. B. *Quäntchen/Quentchen; Tollpatsch/Tolpatsch; belämmert/belemmert; einbläuen/einbleuen*), diese wurden aber von der Kultusministerkonferenz (KMK) nicht angenommen (vgl. Pressemitteilung der KMK vom 12.2.1998, abgedruckt in Ickler 1999). In den modifizierten Fassungen des Regelwerks von 2004 und 2006 kommen diese Varianten denn auch nicht vor.

aus der Perspektive des Auslandsgermanisten, dass die neuen Stammschreibungen einfacher lernbar und besser im Gedächtnis einprägbar seien. Dem kann man entgegen halten, dass der Schreiber in jedem einzelnen Fall wissen muss, welches Wort die Basis für die Angleichung bildet. Und selbst wenn er die Ableitungsrichtung kennt, kann er nicht sicher sein, dass im Regelwerk eine morphologische Schreibung vorgesehen ist. So blieb für das Wort *Eltern* die Schreibung unangetastet. Hierzu ist in der Amtlichen Regelung zu lesen: »In wenigen Wörtern schreibt man ausnahmsweise *e*. Das betrifft Wörter wie: *Eltern* (trotz *alt*); *schwenken* (trotz *schwanken*)« (§ 15). Ickler (1999:43) merkt dazu an: »Überraschenderweise ist darin von nur ›wenigen Wörtern‹ die Rede, die trotz *a*-haltiger Grundform ausnahmsweise mit *e* geschrieben werden. In Wirklichkeit gibt es unzählige: *heften* (wegen *haften*), *prellen* (*prallen*), *schellen* (*schallen*), *wecken* (*wachen*) und andere Kausative.«

5.5.3   Getrennt- und Zusammenschreibung

An der Neuregelung der Getrennt- und Zusammenschreibung wurde von fachlicher Seite die meiste Kritik geübt. Gegenstand der Diskussion war v. a. die Getrenntschreibung von Substantiv und Verb (z. B. *Auto fahren, Eis laufen, Schlange stehen*). So stellt Hartmut Günther (1997:12) mit Blick auf Schreibungen wie *Eis laufen* fest: »Das neue Schriftbild, in dem immer getrennt wird, signalisiert durch das Spatium syntaktische (!) Analysierbarkeit, wo keine vorhanden ist; dies wird verschärft durch die Vorschrift, den nominalen Teil stets groß zu schreiben.« In der Tat sind die beiden Syntagmen *Eis laufen* und *Eis essen* nur an der Oberfläche parallel. Das Substantiv *Eis* stellt in der Konstruktion *Eis laufen* keine selbständige Ergänzung dar, es rückt in die Nähe einer Verbpartikel. Dies sieht man daran, dass es nicht in den Plural gesetzt werden und weder einen Artikel noch ein Adjektiv zu sich nehmen kann (vgl. *das Eis laufen* vs. *das Eis essen*). Andererseits weist Eisenberg (2004:341) darauf hin, dass eine echte Verbpartikel nicht ins Vorfeld treten könne (vgl. *vor lese ich dir das Buch*); wie es sich bei *eislaufen* (und analog dazu *achtgeben, haltmachen, hohnlachen, kopfstehen, notlanden* u. a.) verhalte, sei dagegen unklar (vgl. *?eis laufen wir immer gern*).[142]

In der neuen Fassung der Amtlichen Regelung fand die Diskussion um den Status solcher Formen keine Berücksichtigung, hier werden unter dem Passus zur Getrenntschreibung weiterhin Beispiele wie *Eis laufen* und *Pleite gehen* angeführt (vgl. § 34, E 3, (5)); und auch im vierten Bericht wird betont, dass die 1996 festgesetzten Schreibungen weiter gelten sollen (S. 22). Dennoch haben die Argumente nun Gehör gefunden. Das entnimmt man den Empfehlungen des Rats für deutsche Rechtschreibung. Es gibt nun ein Passus, der besagt, dass *eislaufen* und *kopfstehen* zusammengeschrieben werden, da es sich dabei um Fälle handle, »bei denen die ersten Bestandteile die Eigenschaften selbstständiger Substantive weitgehend verloren haben« (Empfehlungen, Teil 1, S. 36). Dasselbe gilt auch für *leidtun*. Die

---

142 Ich übernehme hier die von Eisenberg (2004:304) verwendete Schreibung.

Regel zur Schreibung variiert bei dieser Form von Regelwerk zu Regelwerk: 1996 war nur die Schreibung *Leid tun* zulässig, 2004 sollte neben der Schreibung *Leid tun* auch die Schreibung *leidtun* möglich sein und 2006 ist nur noch die Schreibung *leidtun* vorgesehen (Empfehlungen, Teil 1, S. 36). Dass sich hier nochmals eine Änderung ergab, hängt vermutlich damit zusammen, dass auch an der Neuregelung von 2004 Kritik geübt worden war. So schreibt Jacobs (2005:204): »Aber gerade wenn sich die Wortart des Erstglieds nicht bestimmen ließe, sollte man es im Regeltext nicht als – wenn auch vielleicht verblaßtes – Substantiv klassifizieren, und erst recht sollte man dann nicht alternativ die für Substantive charakteristische Großschreibung <Leid tun> zulassen.« Dem wurde nun Rechnung getragen, die Form steht nicht mehr unter der Auflistung von Verbindungen mit verblassten Substantiven, sondern als *leidtun* in einer Reihe mit *eislaufen* und *Kopf stehen*. Zudem ist die Alternativschreibung *Leid tun* nicht mehr zugelassen. Mit der umstrittenen Frage nach der Zusammen- oder Getrenntschreibung dieser Form hängt natürlich zusammen, ob leid tatsächlich als Adjektiv oder nicht doch als Substantiv zu analysieren ist. Die Diskussion dazu wird im Abschnitt zur Groß- und Kleinschreibung behandelt.

Damit kommen wir, den Punkt abschließend, zur Kritik an § 36, der die Zusammenschreibung von Substantiven, Adjektiven, Verbstämmen, Adverbien oder Pronomen mit Adjektiven oder Partizipien festlegt. Die Grundregel lautet hier: Steht der erste Bestandteil für eine Wortgruppe, schreibt man zusammen (vgl. *freudestrahlend*), ansonsten getrennt. Zwei Probleme treten dabei auf:

1) Ob der erste Bestandteil eine ganze Wortgruppe ersetzt, lässt sich, so kritisiert Ickler (1997a:272) zu Recht, nicht immer zweifelsfrei ermitteln. Hinzu komme, dass grammatisch parallele Strukturen aufgrund dieses Kriteriums unterschiedlich geschrieben werden (vgl. *Wohnung suchend,* aber *arbeitsuchend*). Im einen Fall schreibe man zusammen, denn es wird kein Artikel eingespart (*Arbeit suchen*), im anderen Fall getrennt (*eine Wohnung suchen*). Hierzu Ickler (1997a:70): »Dass der Artikelgebrauch einen bestimmten Einfluß auf die Wortbildung und -schreibung haben sollte, ist nicht besonders einleuchtend [...].« In den Empfehlungen des Rechtschreibrats werden die Kriterien explizit genannt, die darüber Auskunft geben, ob es sich um eine Wortgruppe resp. Zusammensetzung handelt, die Regel selbst wurde aber nicht geändert.

2) Verbindungen, die in prädikativer Verwendung mit *sein* auftreten, können gesteigert und erweitert werden, erfüllen damit aus linguistischer Sicht ein wichtiges Kriterium für Zusammensetzungen. Die Fassung der Amtlichen Regelung von 2004 weist explizit darauf hin, dass in diesem Fall sowohl die Zusammenschreibung als auch die Getrenntschreibung zulässig ist (vgl. § 36, E 2 (1)). Als Beispiel wird angegeben: *ein Zeit sparendes Verfahren* (nach dem Infinitiv: *Dieses Verfahren kann Zeit sparen*), *ein zeitsparendes Verfahren* (nach den Steigerungsformen). In der Positivform sind also beide Schreibungen möglich. Dies hatte die Rechtschreibkommission auch schon in ihrem dritten Bericht betont (S. 59), damals aber auch

eingestanden, dass die beiden Möglichkeiten im Regelwerk von 1996 nicht explizit vorgeführt werden. Das ist nun geschehen. Nach § 36, E 2 (2) gilt außerdem selbst für Verbindungen, die nicht steigerbar sind, dass sie zusammengeschrieben werden können, »wenn die Verbindung der beiden Wörter als Einheit aufgefasst werden soll« (vgl. *die ratsuchenden Bürger, die alleinerziehende Mutter*). Aber auch an dieser Regelung wurde Kritik geübt. So stellt Jacobs (2005:210) mit Blick auf Beispiele wie <allein stehend> und <alleinstehend> fest, dass nun ein Fall freier Variation vorliege, also nicht mehr deutlich werde, dass aus der Getrennt- resp. Zusammenschreibung ein Interpretationsunterschied resultiere. So ist es zwar wieder möglich, solche Verbindungen zusammenzuschreiben, die Schreibung steht aber, wie Jacobs richtig feststellt, nicht mehr im Dienst der Disambiguierung. Damit fehlt dem Leser eine wichtige Information, andererseits hat der Schreiber einen größeren Entscheidungsspielraum.

5.5.4   Groß- und Kleinschreibung

An dieser Stelle sollen nicht die Argumente wiederholt werden, die die Befürworter der gemäßigten Kleinschreibung seit Jahren gegen die Substantivgroßschreibung vortragen. Dazu sei auf den Beitrag von Ewald/Nerius (1997) verwiesen, in dem die Argumente zusammengefasst werden und für die gemäßigte Kleinschreibung plädiert wird. Es interessieren hier also nur die Kritikpunkte, die – die Substantivgroßschreibung als gegeben vorausgesetzt – in Bezug auf die Neuregelung vorgebracht wurden und keinen Eingang in die modifizierte Fassung der Amtlichen Regelung gefunden haben. Diskutiert werden vier Fälle:

1. die Groß- bzw. Kleinschreibung von *Leid, Not* und *Recht*,
2. die Schreibung von englischen Wortgruppen,
3. die Schreibung von Substantivierungen und
4. die Schreibung von Ausdrücken, die als Bezeichnungen für Tageszeiten dienen.

Zu 1): *Leid* und *Not* waren von der Kommission für deutsche Rechtschreibung in Verbindung mit *tun* zunächst als Substantive klassifiziert worden. In Bezug auf *Leid* wurde diese Einschätzung in der Fassung von 2004 revidiert – zu Recht, wie ich meine: Betrachtet man nämlich Schreibungen wie *Es tut mir so Leid*, dann stellt man fest, dass sich aus dieser Klassifikation ein Problem ergab. Es ist grammatikalisch nämlich nicht möglich, ein Substantiv mit einer Gradpartikel wie *noch, sehr* oder *ziemlich* zu verbinden. Gradpartikeln modifizieren Adjektive, nicht Substantive. Ickler (1999:75) schreibt hierzu: »Das Fragwürdigste sind jedoch die Neuschreibungen *Leid tun* und *Not tun*. Wendungen wie *sehr Leid tun, gar nicht Leid tun* sind grammatisch falsch und legen außerdem ein Verständnis nahe, das am jeweils Gemeinten vorbeigeht.« Analoges gelte für die irreführende Großschreibung *Recht haben* (vgl. *wie Recht du doch hast*). Auch die Großschreibung in der Konstruktion *Pleite gehen* wird von Ickler (1999:125) kritisiert: Eine Konstruktion vom Typ

[Substantiv + *gehen*] gebe es gar nicht, man hätte es bei der analogen Schreibung zu *kaputt gehen* oder *entzwei gehen* belassen können.

Dem hält die Rechtschreibkommission in ihrem dritten Bericht entgegen, dass der Wortartenstatus von *leid/Leid* in der Verbindung mit tun weder synchron noch diachron eindeutig zu bestimmen sei (vgl. S. 64). *Not* dagegen ließe sich eindeutig dem Substantiv *die Not* zuordnen. Auch bei *Pleite* gehen sei eine Verbindung zum substantivischen Lexem *Pleite* nahe liegend, wenn man die Konstruktion als Verkürzung von *in die Pleite gehen* ansehe, andererseits müsse man auch Konstruktionen wie *pleite sein* in Betracht ziehen. Für *Recht haben* gelte, dass die französische Entsprechung *avoir raison* nahe lege, dass »in dieser Verbindung das Substantiv (*das*) (*Recht*) und nicht das Adjektiv *recht* vorliegt« (S. 67).[143] Andererseits sei die Wortart nicht ohne weiteres zu bestimmen, eben weil sich *haben* sowohl mit Substantiven (z. B. *Hunger haben*) als auch mit Adjektiven (z. B. *leicht haben*) verbinden könne. Die von der Kommission im dritten Bericht vorgetragenen Erwägungen führten dazu, dass im vierten Bericht tatsächlich die Klein- und Zusammenschreibung (z. B. *leidtun*) als zulässige Variante vorgesehen und nun auch in die Neufassung der Amtlichen Regelung aufgenommen wurde. Zur Schreibung von *Not tun* findet sich im vierten Bericht allerdings keine weitere Diskussion, es bleibt bei der Großschreibung. In der Regelung von 2006 wurde dies, wie bereits erwähnt, geändert. Eine Modifikation hat sich nun auch bei der der Schreibung von Recht in der Verbindung mit Verben wie *behalten, bekommen, geben, haben, tun* ergeben. Hierzu ist in den Empfehlungen des Rats für deutsche Rechtschreibung zu lesen (S. 58), dass sowohl die Groß- wie auch die Kleinschreibung möglich sei – was in der Revision von 2004 noch nicht vorgesehen war .

Zu 2): Ein weiterer Kritikpunkt betrifft die Schreibung von fremdsprachigen Wortverbindungen. Die Bestandteile im Innern dieser Verbindungen werden, so lautet eine Erläuterung zu § 55, dann großgeschrieben, wenn die ganze Einheit substantivisch verwendet wird (vgl. *die Alma Mater*, *die Ultima Ratio*). Wie aber weiß man, ob es sich um substantivische Bestandteile handelt? Und müsste man dann konsequenterweise nicht für die Kleinschreibung eintreten, wenn die fremdsprachige Wortverbindung mit einem Adjektiv beginnt (also *big Band, black Box*)? Hier liegt eine Inkonsequenz vor: Wenn sich die Groß- bzw. Kleinschreibung nach der Wortart in der Herkunftssprache richtet, dann sollte dies unabhängig von der Position des Wortes in der Wortverbindung gelten.

Zu 3): Der dritte Kritikpunkt bezieht sich auf § 57, in dem zu lesen ist, dass Wörter anderer Wortarten großgeschrieben werden, wenn sie als Substantive gebraucht werden. Das führt zu Schriftbildern wie *im Dunkeln tappen, im Trüben fischen,* wo die Unterscheidungsschreibung nach wörtlicher und übertragener Bedeutung

---

143 Hierzu wieder Ickler (2002:13): »Wozu dieser Ausflug ins Französische, wo doch das Deutsche selbst klar zeigt, daß es sich nicht mehr um das Substantiv handeln kann: *wie recht du damit hast* usw.?«

aufgegeben ist. Doch gibt es nicht weniger als sechs Fälle, in denen Adjektive, Partizipien und Pronomen weiterhin kleingeschrieben werden, obwohl sie formale Merkmale der Substantivierung aufweisen. Dies betrifft Verbindungen aus Präposition und Adjektiv ohne vorangehenden Artikel (z. B. *von weitem, bis auf weiteres*), Pronomen, »auch wenn sie als Stellvertreter von Substantiven gebraucht werden« (§ 58, E 2 (4)) (z. B. *mancher, mit den beiden*) und die Zahladjektive *viel, wenig;* (*der, die, das*) *eine* bzw. (*der, die, das*) *andere.* Auch hier kann angemerkt werden, dass die Kommission in ihrem vierten Bericht die Kritik aufgenommen hat und für solche Fälle die Möglichkeit der Großschreibung einräumt (S. 34–36). Dies hat Eingang in die Fassssung des Regelwerks von 2004 gefunden, wo zwar weiterhin die Kleinschreibung als der Normalfall ausgewiesen wird, aber immerhin an drei Stellen vermerkt ist, dass auch die Großschreibung zulässig sei. So heißt es z. B. in § 58, E(4): »Wenn der Schreibende zum Ausdruck bringen will, dass das Zahladjektiv substantivisch gebraucht ist, kann er es […] auch großschreiben«. Es ist jetzt also in drei Fällen neben der Kleinschreibung solcher Formen auch die Großschreibung möglich (vgl. folgende Beispiele aus dem Regelwerk: *bis auf Weiteres, etwas ganz Anderes* oder *angesichts Dutzender von Augenzeugen*).

Zu 4): Der letzte Punkt betrifft die Verbindung von Adverbien wie *gestern* und *heute* mit der Bezeichnung von Tageszeiten. Hier sieht die Reform die Großschreibung vor (z. B. *heute Abend*), und daran hat sich seit der Version von 1996, also auch im Regelwerk von 2004 und in den Empfehlungen von 2006 nichts geändert. So lässt sich argumentieren, es handle sich bei diesen Bezeichnungen um Substantive (vgl. *der Abend, der Morgen* etc.) und deshalb sei Großschreibung erforderlich. Andererseits lassen sich auch syntaktische Tests ins Feld führen, die für die Kleinschreibung sprechen. Nanna Fuhrhop (2005:44) begründet diesen Standpunkt folgendermaßen: »Syntaktisch verhält sich abend hier nicht wie ein Substantiv. Es ist weder attributfähig (**heute schöner Abend*), was Substantive im allgemeinen sind, noch ist es artikelfähig (**der heute Abend – heute der Abend*) noch ist es pluralfähig **heute Abende.*« Wie bei der Diskussion um *leid* vs. *Leid* auch, liegt das Problem hier also darin, dass man über den Wortartenstatus der fraglichen Formen geteilter Meinung sein kann.

5.5.5   Zeichensetzung

Beurteilt man die Neuregelung der Kommasetzung (vgl. § 72, § 73, § 76) ausschließlich aus der Schreiberperspektive, so mag man die Liberalisierung begrüßen. Einwände kommen vor allem aus zwei Richtungen. Zum einen wird argumentiert, der Nutzen einer orthographischen Regel müsse aus der Leser-, nicht aus der Schreiberperspektive gesehen werden – und aus dieser Perspektive ist die Freigabe des Kommas in bestimmten syntaktischen Konstruktionen ein Rückschritt. Ickler (1997a:170) weist darauf hin, dass es durch das Weglassen des Kommas zu »lesehemmenden Mißverständnissen« kommen könne. Generell würde durch die Reform die grammatische Kommasetzung wieder durch die altertümliche rhetorische Kommasetzung verdrängt. Sie wird, stellen Gallmann/Sitta (1996:219) fest, »mehr dem Stilwillen überlassen.«

Dies führt uns zum zweiten Einwand gegen die Freigabe des Kommas. Sprachliche Regeln, die im Zentrum des Sprachsystems stehen, sind, so Primus (1997) in ihrer Kritik an der Neuregelung, deterministisch, sie entscheiden über jeden Einzelfall. Kommaregeln, die einerseits dem Schreiber individuelle Wahlmöglichkeit lassen, andererseits einen zentralen Bereich der Orthographie ausmachen, schaffen hier einen Konflikt:

> Der in weiten Teilen der Öffentlichkeit bekundeten Begeisterung für die Liberalisierung der Kommasetzung, als handle es sich hier um eine schwer errungene politische oder soziale Freiheit, soll hier die Skepsis von Sprachwissenschaftlern gegenüber einem neuen, im Sprachsystem nicht verankerten Typ von Regel bzw. Norm gegenübergestellt werden. [...] Es bleibt zu hoffen, daß die Schreibenden von der Liberalisierung nicht Gebrauch machen werden und somit die Norm vereinfachen und deterministisch auslegen werden. B. Primus (1997:483)

Wie schon erwähnt, wurde die Kommafreigabe ansatzweise wieder zurückgenommen. Zwar ist es unter bestimmten Umständen immer noch möglich, in Infinitivgruppen kein Komma zu setzen, es werden nun aber nicht weniger als drei Fälle unterschieden, in denen die Kommasetzung doch obligatorisch ist (Empfehlungen, Teil 1, S. 82f.). Daran schließt sich eine weitere kritische Anmerkungen zur Zeichensetzung bei Infinitivgruppen an:

Was verhindert, dass Kommas gesetzt werden, die durch die Neuregelung zwar zugelassen, aber aus grammatischen Gründen vollkommen ausgeschlossen sind? Ein solcher Fall liegt vor in dem von Gallmann/Sitta (1996:219) angeführten und von Ickler (1997a:107) aufgegriffenen Beispiel *Der Bagger drohte in den Graben zu stürzen*. Setzt man hier ein Komma (vgl. *Der Bagger drohte, in den Graben zu stürzen*), so wird der Subjektreferent (*Bagger*) zum intentional Handelnden. Im vierten Bericht wird die Kritik zur Kenntnis genommen, es wird aber argumentiert, dass der Normalfall der sei, dass bei Infinitivgruppen kein Komma stehe und nur dann ein Komma gesetzt werde, wenn die Gliederung des Ganzsatzes deutlich gemacht oder Missverständnisse vermieden werden sollen. Sind diese Bedingungen nicht erfüllt, dürfe kein Komma gesetzt werden. Deshalb brauche man das Komma auch nicht eigens durch eine Regel zu verbieten (S. 41). In den Fassungen von 2004 und 2006 wurde dieser Fall denn auch nicht mehr thematisiert.

Abschließend sei noch ein Kritikpunkt genannt, der sich auf die Zeichensetzung bei direkter Rede bezieht: Die Reihung von drei Satzzeichen nach der direkten Rede, wie sie in der Neuregelung zugelassen ist, sei, so wird argumentiert, nicht nur ästhetisch unbefriedigend (vgl. *»So?«, gibt Maria Sybilla zurück*). Das neue Komma sei auch »überflüssig und pedantisch« (Ickler 1999:194) und stelle im Rechtschreibunterricht »eine beträchtliche Fehlerquelle« (Baudusch 1997:494) dar. Baudusch (1997:494) zitiert eine Lehrerin, die darauf hinweist, »daß es für die Schüler ohnehin schon schwierig genug ist, hier zwei Satzzeichen zu setzen; eine

Häufung von drei verschiedenen Satzzeichen hielt sie für nicht lehrbar.« Und dies
scheint nicht nur Schülern, sondern auch Schulbuchautoren Probleme zu bereiten:
»Während die neue *ss*-Regelung sofort verstanden worden ist, fehlt in einigen Bänden regelmäßig das neue Komma« (Ickler 1999:194).

5.5.6   Worttrennung am Zeilenende

Die Kritik im Bereich der Worttrennung richtet sich u. a. auf den Umstand, dass
das Graphem <ck> nach der Neuregelung komplett auf die nächste Zeile tritt (*backen, Zu-cker*). Zu Recht weist Ickler darauf hin, dass <ck> nicht, wie im Regelwerk geschehen (vgl. § 109), mit <sch> oder <ch> gleichzusetzen ist. Nur die
Tatsache, dass eine Buchstabenkombination vorliegt, hat <ck> mit den Trigraphen
<sch>, <ch> und den fremdsprachigen Bigraphen <ph>, <rh>, <sh> oder <th> ge-
mein. Funktional äquivalent sind die Schreibungen nicht: Bei <ck> handelt es sich
um eine Silbengelenkschreibung (vgl. Kap. 4). Mit anderen Worten: Der Konsonant /k/ in dem Wort *Zucker* stellt – wie der Konsonant /m/ in kommen oder /t/
in bitte – ein Silbengelenk dar, die Schreibung von <ck> in Zucker ist funktional
also analog zu <mm> in *kommen* oder <tt> in *bitte*. Bei der Verschriftung dieses
Silbengelenks wird lediglich ein anderes Verfahren gewählt, statt der Doppelung
des Konsonantenbuchstabens wie in <mm> tritt eine Kombination aus den zwei
Konsonantenbuchstaben <c> und <k> auf.

Ickler kritisiert die neue Trennregel zu <ck> mit den folgenden Worten: »Diese
Trennung widerspricht aber nun der Grundregel, da es in echten deutschen Wörtern keine offenen Silben mit kurzem Vokal gibt« (Ickler 1997a:110). Ickler bezieht
sich mit dieser Äußerung auf die Sprechsilbe. Nun kann man einwenden, dass es
bei den Trennregeln um die Schreibsilbe (vgl. Eisenberg 2004, 2005) gehe und für
diese autonome graphematische Beschränkungen gelten (siehe hierzu Kap. 4). In
der alten Rechtschreibung war eine solche Beschränkung beispielsweise für Wörter mit <st> vorgesehen. Die beiden Buchstaben durften nicht getrennt werden,
auch wenn im Gesprochenen eine Silbengrenze vorlag. Umgekehrt war die Ab-
trennung eines einzelnen Vokalbuchstabens (vgl. *A-bend*) nicht zulässig, obwohl
eine solche Trennung den Regularitäten der Sprechsilbe entsprochen hätte. In der
Neuregelung wurde dem Rechnung getragen. Hätte man dies nun nicht auch bei
der <ck>-Schreibung tun können, wäre es also nicht besser gewesen, »die Schreibung *ck* von vornherein durch *kk* zu ersetzen, wie im Niederländischen, wo man
bakken schreibt« (Ickler 1997a:110)?

Damit wäre die Silbengelenkschreibung von /k/ in der Tat analog zur Silbe-
gelenkschreibung anderer Konsonanten. Eine solche Änderung hätte aber einen
erheblichen Eingriff in den bisherigen Schreibgebrauch dargestellt, da sie nicht
nur die Worttrennung, sondern die Wortschreibung betrifft. Vermutlich ist das
einer der Gründe, weswegen die Reformer darauf verzichtet haben. Außerdem
hätte sich der Schreiber bei jedem Wort, das bislang mit <ck> geschrieben wurde,
fragen müssen, ob die Buchstabenkombination <ck> auf eine Silbengelenkschrei-

bung zurückgeht oder nicht (vgl. *Dreck* oder *Drekk*, *Stock* oder *Stokk*?). Eisenberg (2005) nennt einen weiteren Grund, der gegen einen solchen Vorschlag spricht: Die Schreibung <ck> leistet den visuellen Bezug zwischen <k> auf der einen und <ch> auf der anderen Seite. Doch stellt sich die Frage, wozu überhaupt die Schreibung <ck> an <ch> angelehnt werden sollte. In den Fällen, in denen der Konsonant /k/ als <ch> verschriftet wird (*Büchse*, *wachsen*, *Lachs* etc.), tritt er ohnehin nicht als Silbengelenk auf, sondern im Endrand einer Silbe.

Ein alternativer Vorschlag wäre, <ck> als *<c-k>* zu trennen (vgl. *bac-ken*). Dies geschieht ja auch bei *lan-ge*, wo der Bigraph <ng> analog zu <ch> und <sch> im Silbengelenk nicht verdoppelt wird, aber dennoch nicht als Ganzes auf die nächste Silbe geht, sondern gesplittet wird.[144] Man könnte einwenden, dass dies den Lesefluss behindert, denn ohne einen Blick auf die nächste Zeile bliebe unklar, ob <c> als /k/ oder /s/ zu lesen ist. Zwar besteht diese Unsicherheit nur bei Fremdwörtern (vgl. *Centrum* vs. *Café*), doch müsste der Leser in jedem einzelnen Fall (vgl. *Hoc-*, *bac-*, *erblic-*) entscheiden, ob ein Fremdwort oder ein natives Wort mit Silbengelenkschreibung (*Hocker*, *backen*, *erblicken*) vorliegt.

Ein letzter Kritikpunkt in diesem Zusammenhang betrifft die Zunahme der Trennmöglichkeiten, wie sie sich bei Fremdwörtern zeigt. Da sowohl nach dem Silbenprinzip, nach der Morphemstruktur, nach der <l, n, r>-Regel als auch nach der Konsonantenbuchstabenregel getrennt werden darf, kann »ein und dasselbe Wort innerhalb eines Textes nun ständig in unterschiedlicher Gestalt auftreten« (Ickler 1997a:113). Die ZEIT stellt in ihrer Sonderbeilage zu diesem Punkt denn auch kategorisch fest: »Um das Durcheinander zweier Trennarten zu vermeiden, werden Fremdwörter in der ZEIT in der Regel weiterhin morphologisch getrennt.«[145] Es wird also das morphologische über das phonologische Prinzip gesetzt, obwohl beide in Bezug auf die Fremdworttrennung als gleichrangig gelten. Die Frage stellt sich außerdem, wie in Wörterbüchern mit den zahlreichen Trennmöglichkeiten umgegangen werden soll. Ist es legitim, lediglich, wie in den 1996-er-Auflagen des Duden- und Bertelsmann-Wörterbuches geschehen, eine Auswahl an Trennungen anzugeben?[146] Und ist es überhaupt die Aufgabe eines Wörterbuches, die Trennstellen kenntlich zu machen? Solche Angaben sind im Prinzip nicht nötig, da

---

144 Ein wichtiger Unterschied zwischen <ng> und <ck> ist aber der folgende: Während die Schreibung <ck> aus der Funktion als Silbengelenk resultiert, ist dies bei <ng> nicht der Fall. Hier handelt es sich – analog zu <sch>, <ch> – um einen Mehrgraphen.

145 Und weiter ist zu lesen: »Von der Möglichkeit, einzelne Vokalbuchstaben am Wortanfang abzutrennen (*A-bend, I-gel*), wird die ZEIT keinen Gebrauch machen« (ZEIT 10.6.1999, S. 42).

146 In diesem Zusammenhang ist kritisch anzumerken, dass nur im Duden-Wörterbuch auf diese Eigenmächtigkeit hingewiesen wurde; im Bertelsmann-Wörterbuch fehlte jeder Hinweis darauf. Vergleicht man diese Praxis mit der neuen, 23. Auflage des Dudens, dann fällt auf, dass hier alle auf die Rechtschreibreform zurückgehenden Trennungen kenntlich gemacht werden.

anders als bei der Wortschreibung alle Trennungen über das Regelwerk herleitbar sein müssten.

Bei allen Punkten ergaben sich in der Amtlichen Regelung von 2004 keine Modifikationen; die Trennregeln wurden beibehalten. Allerdings hat der Rechtschreibrat nun empfohlen, dass einzelne Vokalbuchstaben am Wortanfang oder am Wortende nicht abgetrennt werden dürfen, dass also Trennungen wie *A-bend, Klei-e, Bi-omüll* unzulässig sind. Die Trennprogramme der Textverarbeitungssysteme müssen also neu geschrieben werden.

5.5.7   Fazit

Beurteilt man die Rechtschreibreform aus linguistischer Sicht, dann muss man den Kritikern zugestehen, dass sie einige Probleme aufwarf. Es gab Paragraphen, die nicht alle Fälle erfassten (z. B. in Bezug auf morphologische Schreibungen). Andere führten zu grammatisch falschen Analysen (z. B. die Getrenntschreibung von Substantiv und Verb resp. Partizip) oder standen nicht in Einklang mit der linguistischen Theoriebildung (z. B. die volksetymologischen Neuschreibungen *Quäntchen* und *belämmert*). Auch Widersprüche traten auf (z. B. *übrig bleiben*, was nach der *-ig,-isch,-lich*-Regel getrennt, nach der Steigerbar- und Erweiterbarkeitsregel zusammengeschrieben werden musste). In den modifizierten Regelwerken von 2004 und 2006 blieben einige dieser umstrittenen Schreibweisen unverändert (z. B. die volksetymologischen Schreibungen), anderen Kritikpunkten wurde aber Rechnung getragen. Insofern stellt sich die Situation heute, im Mai 2006, anders dar als noch vor zwei Jahren. Nun bleibt zu hoffen, dass die Empfehlungen des Rats für deutsche Rechtschreibung auch akzeptiert werden. Natürlich mag man einwenden, dass dies zu Lasten der Schüler und all derjenigen gehe, die bereits die neuen Regeln gelernt haben und anwenden. Doch wenn wir jetzt ein Regelwerk haben, das für die Mehrheit tragfähig ist, dann war die neuerliche Modifikation des Regelwerks die beste Lösung.

Zur Vertiefung

Augst et al. (Hrsg.) 1997: kritische Diskussion einzelner Regelbereiche (auf dem Stand der Amtlichen Regelung von 1996)

Eisenberg 2005: Überblick über grundlegende Regularitäten des deutschen Schriftsystems

Johnson 2005: Darstellung der Reformdiskussion im Kontext sprachideologischer Debatten

Nerius et al. 2000: Überblick über die deutsche Orthographiegeschichte (277–340), Überlegungen zur Konzeption eines Orthographiewörterbuchs (341–363)

Scheuringer/Stang 2004: Geschichte der Rechtschreibung (bis zum Jahr 2004)

6 Typographie

Von Jürgen Spitzmüller

> Jede Gestaltung interpretiert, neutrale Typografie gibt es nicht, so wenig wie es
> neutrales Sprechen geben kann.
>
> (H. P. Willberg 2000:51)

6.1 Grundsätzliche Bemerkungen

Schriftliche Kommunikation ist primär visuelle Kommunikation (vgl. Kap. 1). Sie
erfolgt in Form von **Texten**, die uns in ganz verschiedenartigen visuellen (aber
auch haptischen und olfaktorischen) Gestalten vor Augen treten können: Eine
Nachricht lässt sich in Stein meißeln, in Holz ritzen, auf Notizzettel kritzeln, auf
Hochglanzpapier drucken, auf Transparente malen, in einer Newsgroup posten,
an eine Hauswand sprayen und noch vieles mehr. Die Wahl des **Mediums** (z. B.
Stein, Papier, Computer) prägt die Erscheinungsform eines Textes ganz wesentlich. Darüber hinaus lässt jedes Medium seinerseits verschiedene **Kommunikationsformen** (z. B. Brief, Zeitung, Chat) zu, und es eröffnet spezifische Gestaltungsmöglichkeiten. Dazu gehören die Wahl des Trägermaterials (z. B. Hochglanzpapier, Marmor), des Zeichenmaterials (z. B. Tinte, Metalllettern), der Hintergrundfarben, der Zeichenfarben und nicht zuletzt der Schrift, deren konkrete
Erscheinungsform allein schon im Bereich der Druckschriften sehr variabel ist.
So gibt es beispielsweise an Handschriften angelehnte Schreibschriften, Schriften
mit und ohne **Serifen**[147], Schriften mit geschwungenen und mit geraden Serifen
(= Egyptienne-Schriften), gebrochene Schriften (z. B. Fraktur) und Schmuck-
schriften (= Displayschriften). Konkrete Beispiele für diese Varianten, die anhand
der genannten formalen Gemeinsamkeiten zu **Schriftarten** gruppiert werden[148],
werden im Folgenden gegeben:

---

147 Als **Serifen** werden die Endstriche der sog. **Antiquaschriften** (die Schrift, in der dies geschrieben ist, ist eine Antiquaschrift) bezeichnet. Die serifenlosen Schriften (wie diese)
werden **Groteskschriften** genannt.

148 Darüber hinaus unterscheidet man u. a. **Schriftgattungen** (Klassen von Schriftarten
mit bestimmten gemeinsamen Merkmalen, z. B. Antiqua, gebrochene Schriften) sowie
Schriftsippen (stilistisch zusammengehörige Schriftfamilien in verschiedenen Ausprä-
gungen, bspw. mit und ohne Serifen). Die Bezeichnungen werden aber nicht einheitlich
verwendet. Zwar existiert eine Industrienorm zur Schriftklassifikation aus dem Jahr 1964
(DIN 16518), die sich stark an der historischen Entwicklung der Schriften orientiert.
Diese gilt aber als veraltet und insbesondere für die Klassifikation neuerer Schriften wenig brauchbar. Vgl. für Alternativen die sog. »Matrix Beinert« (*http://www.typolexikon.
de/s/schriftklassifikation-matrix-beinert.html*) sowie Willberg (2001:48–79), die sich
beide stärker an formalen und funktionalen Kriterien orientieren.

(1)

Beispiele verschiedener Schriftarten

(a) Serifenschrift/Antiqua (Garamond)

(b) Serifenlose Schrift/Groteskschrift (Frutiger)

(c) Egyptienne (PT Barnum)

(d) *Schreibschrift* (Elegant-Script)

(e) unziale (American Uncial)

(f) Gebrochene Schrift (Fraktur BT)

(g) DISPLAYSCHRIFT (Ouch)

Innerhalb einer Schrift (bzw. eines **Fonts**, wie der englische Fachbegriff hierfür lautet) wiederum stehen uns in der Regel verschiedene **Schriftschnitte**[149] (= magere, halbfette, fette, kursive Varianten einer Schrift) und Schriftgrößen zur Verfügung. Dadurch lässt sich der Text in vielfältiger Weise auf der Lesefläche anordnen: Wir können einzelne Passagen durch Unterstreichung, Fettdruck, Schriftgrößen und -farben hervorheben (= **auszeichnen**) oder auch in den Hintergrund treten lassen, außerdem können wir Schrift mit anderen **Zeichenmodalitäten** (etwa mit Bildern) kombinieren und in Beziehung setzen. Ob wir uns dieser Möglichkeiten bewusst sind oder nicht, ob wir in einer gegebenen Situation wählen können oder nicht: Das konkrete Resultat schriftlicher Kommunikation tritt in einer konkreten Textgestalt auf, die bestimmte dieser Möglichkeiten nutzt und andere nicht. Ohne die Verwendung einer bestimmten Form können wir nicht kommunizieren.

Welche Rolle spielt aber nun diese »Materialität der Kommunikation« (Gumbrecht/Pfeiffer 1995) für die Kommunikation? Ist es gleichgültig, in welchem »Gewand« (Stöckl 2004) ein Text uns vor Augen tritt? Sehen wir durch dieses hindurch auf den »nackten« Inhalt? Oder nimmt die Textgestalt Einfluss auf die Art und Weise, wie wir Texte lesen? Dazu gibt es unterschiedliche Meinungen. Die Linguistik neigt traditionell eher ersterer Auffassung zu, in vielen neueren Arbeiten jedoch deutet sich ein Meinungsumschwung an (vgl. Abschn. 6.2). Ganz dezidiert der Auffassung, dass die Textgestalt auf die Textrezeption einwirkt, sind dagegen in aller Regel professionelle Textgestalter wie Hans Peter Willberg, von dem das einleitende Zitat stammt. Die Wirkung der Textgestalt ist ein zentraler Gegenstand ihrer Ausbildung, der bewusste und wirkungsorientierte Einsatz bestimmter typographischer Mittel ist Teil ihres Berufs.

Als Mitglieder einer massenmedial geprägten Kultur sind wir von Texten umgeben, die von professionellen Textgestaltern und damit auf der Basis solcher Wirkungsannahmen geformt worden sind: In Werbeanzeigen werden gezielt Schriftarten, -größen, -farben und -formen eingesetzt, die unsere Aufmerksamkeit erregen und verkaufsfördernde Emotionen wecken sollen (vgl. Schierl 2001:133–159);

---

149 Verschiedene Schnitte einer Schrift bilden **Schriftfamilien**.

Firmen lassen sich als Teil der *Corporate Identity* eigene, rechtlich geschützte Hausschriften entwerfen, die uns an die Firma denken lassen sollen, sobald wir die Schrift sehen; in Büchern wie dem vorliegenden werden unterschiedliche Schriftarten, Schriftgrößen, Einzüge und **Textauszeichnungen** eingesetzt, um bestimmte Informationen zu kennzeichnen und uns damit die Orientierung zu erleichtern. Dasselbe gilt für Zeitungen und Magazine, deren visuelle Strukturierung allerdings in der Regel noch sehr viel komplexer ist, da hier Texte mit Bildern und verschiedene Texte zueinander in Beziehung gesetzt werden.

Welche Rolle spielt all dies also in unserer schriftbasierten Kommunikation? Dieses Kapitel versucht, Antworten auf diese Frage zu geben, und stellt linguistische Zugriffsweisen auf die typographische Gestalt von Texten vor. Damit verbunden ist die Überzeugung, dass die Typographie ein wichtiger Faktor schriftlicher Kommunikation und daher auch ein wichtiger Bestandteil der Schriftlinguistik ist. Dass dies keine selbstverständliche Auffassung ist, zeigt der folgende Abschnitt.

6.2 Typographie und (Schrift-)Linguistik

Bis vor wenigen Jahren galt Typographie weder in der Linguistik noch in der Semiotik als relevanter Forschungsgegenstand. Mehr noch: Es wurde ihr mehrfach explizit die kommunikative Relevanz abgesprochen. So postulierte etwa der Semiotiker Roland Posner in den 1970er-Jahren:

> [...] die Wahl des Schrifttyps ist irrelevant für den Inhalt, und die Wahl des Inhalts irrelevant für die Gestaltung der Lettern und des Satzes; aus dem Inhalt lassen sich keine Informationen ableiten, die nicht wiederum den Inhalt betreffen, auch der Schrifttyp lässt keine Rückschlüsse zu, die mehr als nur die Gestaltung der Lettern und des Satzes betreffen.   (R. Posner 1971:229)

Diese Einschätzung steht in einer langen und wirkmächtigen Tradition, die eng mit dem **Logozentrismus**, dem theoretischen Primat der gesprochenen Sprache (vgl. Abschn. 0.2), verbunden ist. Ein Text, der diese Tradition nachhaltig geprägt hat, ist, wie bereits erwähnt, der Ferdinand de Saussure zugeschriebene *Cours de Linguistique Générale*. Bereits dort findet sich eine explizite Absage an eine zeichentheoretische Auseinandersetzung mit der Textgestalt:

> Das Material, mit dem die Zeichen hervorgebracht werden, ist gänzlich gleichgültig, denn es berührt das System nicht [...]; ob ich die Buchstaben weiß oder schwarz schreibe, vertieft oder erhöht, mit einer Feder oder einem Meißel, das ist für ihre Bedeutung gleichgültig.   (F. de Saussure 1916:143)

Dass die Autoren des *Cours* die »Materialität« der Zeichen für irrelevant halten, ist aber nicht nur ihrem logozentristischen Denken geschuldet. Es ist auch die Konsequenz einer ihrer wichtigsten (teilweise bis heute wirksamen) Grundentscheidungen: der Gegenüberstellung von Sprachsystem (*langue*) und Sprachgebrauch (*parole*), die mit einer faktischen Ausgrenzung des Sprachgebrauchs aus dem Gegenstandsbereich der Sprachwissenschaft verbunden ist (vgl. de Saussure 1916:21–24).[150] Aus Sicht des Saussure'schen Strukturalismus ist die Textgestalt (wie auch das **Medium**[151]) ein *Parole*-Phänomen und schon deshalb für die Linguistik nicht von Interesse.

Neben diesen wissenschaftstheoretischen Vorannahmen war es vor allem die Einstellung zu Schrift und Text, die die Einschätzung von Typographie geprägt hat. Schrift wurde in der Linguistik lange Zeit als rein *lineares* Phänomen verstanden, als Aneinanderreihung von Buchstaben – eine Auffassung, die Sybille Krämer (2003:159) als »Linearitätsdogma« bezeichnet hat. Die klassische linguistische Perspektive von kleineren zu größeren, zusammengesetzten Bausteinen (also vom Phonem/Graphem über das Morphem und das Wort zum Satz und zum Text) mag dem Vorschub geleistet haben. Erst in den letzten Jahren und unter Berücksichtigung empirischer Untersuchungen zum Leseverhalten wurde verstärkt darauf hingewiesen, dass Texte keineswegs nur lineare Verkettungen, sondern räumliche, mindestens zweidimensionale, in der Regel aber hierarchisch vielfach strukturierte Gebilde sind (vgl. Groß 1994, Krämer 2003). Erst durch diese Erkenntnis wurde der Blick auf die Typographie frei, denn wie Hartmut Stöckl in einem grundlegenden Aufsatz zur linguistischen Relevanz von Typographie zu Recht bemerkt: Typographie kommt erst in der Räumlichkeit des Textes zum Tragen.

> Typographische und schriftbildorientierte Überlegungen können also nur gedeihen, wenn man den Blick auf die materielle Oberfläche des Textes, die Struktur der graphischen Formen und die Organisation der bedruckten Fläche richtet. (H. Stöckl 2004:10)

Vor diesem Hintergrund ist es kaum verwunderlich, dass sich bisher in kaum einem schriftlinguistischen Werk systematische Ausführungen zur Textgestalt finden. Zu den Ausnahmen gehören die Bemühungen Peter Gallmanns (1985) und Hartmut Günthers (1988, 1990), den Gegenstandsbereich der Graphematik auf typographische Phänomene auszuweiten (vgl. dazu Abschn. 6.3.4), sowie das Buch von Helmut Glück (1987), der das Thema in einem Abschnitt mit dem bezeichnenden Titel »Spiel, Poesie, Kunst und Trivialitäten« (vgl. Glück 1987, 229–248) knapp behandelt, es aber im Fazit für nötig hält, darauf hinzuweisen, dass die »sekundäre[n] Funktion[en] der geschriebenen Sprachform« (so die Überschrift

---

150 Die Autoren des *Cours* sind vorrangig an den systematischen Zusammenhängen sprachlicher Zeichen in einem abstrakten »System« interessiert, welches ihrer Meinung nach den konkreten Sprachgebrauch bestimmt. »In dieser Beziehung«, schreiben sie, »kann man die Sprache mit einer Symphonie vergleichen, deren Realität unabhängig ist von der Art und Weise, wie sie aufgeführt wird; die Fehler, welche die Musiker machen können, betreffen die Realität in keiner Weise« (de Saussure 1916:21). Das »einzige[...] Objekt« der Sprachwissenschaft, so die daraus resultierende Schlussfolgerung, sei daher die *langue* (vgl. de Saussure 1916:24).

151 Dies hat der Linguistik den Vorwurf der »Medienindifferenz« (Bittner 2003:53) bzw. »Medialitätsvergessenheit« (Jäger 2000:26) eingebracht.

des entsprechenden Kapitels) zwar »unabdingbar ›zum Thema‹« gehören, dennoch aber »billigerweise nicht zum Gegenstand der Linguistik erklärt werden können, wenn man akzeptiert, daß ihr Gegenstand die Formen und Bedeutungen *sprachlicher* Äußerungen sind« (Glück 1987:249). Auch im Handbuch »Schrift und Schriftlichkeit« finden sich kaum Informationen zu diesem Thema. Zwar gibt es einen Aufsatz mit dem Titel »Typographie« (vgl. Brekle 1994), dieser behandelt jedoch ausschließlich technische und druckhistorische Aspekte.

Allerdings ist in den letzten Jahren ein deutlicher Umschwung zu erkennen. Weniger in schriftlinguistischen als in zahlreichen Arbeiten aus anderen linguistischen Disziplinen erlangte die Typographie, neben anderen visuellen Faktoren der Kommunikation (wie etwa Bildern und Text-Bild-Konglomeraten), zunehmend sprachwissenschaftliche Aufmerksamkeit. Diese Entwicklung hat sowohl innerfachliche als auch mediengeschichtliche Gründe. Vor dem Hintergrund der allgemeinen Entwicklung des Faches in den letzten Jahren und Jahrzehnten ist die »Entdeckung« der Textgestalt durchaus konsequent, denn die beschriebenen Selbstbeschränkungen der Linguistik sind zunehmend in die Kritik geraten. In diesem Zusammenhang werden viele methodische Entscheidungen und damit auch die Eingrenzung des Gegenstandsbereichs neu diskutiert. Damit verbunden ist die zunehmende Gewichtung kontextueller Faktoren und die Hinwendung zu neuen oder bisher wenig beachteten Kommunikationsformen (etwa der computervermittelten Kommunikation). In vielen dieser Kommunikationsformen sind das Medium und die Textgestalt von so zentraler Bedeutung, dass sie ohne Berücksichtigung dieser Faktoren nicht hinreichend erfasst werden können. Umgekehrt hat die Entwicklung neuer Kommunikationsformen zu einer verstärkten Aufmerksamkeit für typographische Fragen geführt. Dies sei im Folgenden noch kurz erläutert:

Bis in die 1980er-Jahre hinein war die Typographie in erster Linie Sache ausgebildeter Experten – die Laien waren vor allem Konsumenten typographischer Produkte. Für die Textproduktion stand ihnen neben der **chirographischen** (handschriftlichen) Gestaltung von Texten höchstens eine Schreibmaschine zur Verfügung, die in der Regel nur eine Schrifttype und nur sehr beschränkte Möglichkeiten der Auszeichnung von Textpassagen (nämlich Großschreibung, Unterstreichung und Sperrung) bot. Als Produzenten von Texten beschäftigten sich Nichttypographen daher kaum mit typographischen Fragen. Mit der Verbreitung des *Personal Computers* in den 1980er- und 1990er-Jahren änderte sich dies radikal. Beinahe mit einem Schlag stand den Schreibern eine Fülle von Schriftarten, Schriftschnitten, Auszeichnungs- und Gestaltungsmöglichkeiten zur Verfügung (vgl. Brand 1999:111–121). Die neuen Möglichkeiten zur Textgestaltung wurden immer weiter ausgebaut, so dass spätestens Ende der 1990er-Jahre jeder Besitzer eines mit aktueller Software ausgestatteten Computers zumindest technisch dafür ausgerüstet war, Texte zu erstellen, die sich kaum mehr von professionellen Druckerzeugnissen unterschieden. Typographische Laien wurden auf diese Weise nolens volens zu »Laientypographen« und, da sie nun selbst Entscheidungen treffen konnten und auch mussten, die zuvor gar nicht relevant waren, für typographische Fragestellungen sensibilisiert (vgl. Stöckl 2004:6–7). Das wiederum hatte Einfluss auf die Textgestaltung, da die Schreiber die ihnen zur Verfügung stehenden Ressourcen nun auch ausgiebig zu nutzen begannen: Auf Visitenkarten, Flyern (vgl. Androutsopoulos 2000) und in Bewerbungsanschreiben (vgl. Hausendorf 2000) beispielsweise offenbarte sich ein spielerischer Umgang mit typographischen Mitteln, der durch die Ausbreitung des Internets und die zusätzlichen Möglichkeiten der Textgestaltung, die auf Webseiten möglich war, noch zunahm (vgl. dazu vor allem Danet 2001:289–344).[152] Auch diese Entwicklung mag ein Grund dafür sein, warum die Typographie zunehmend in das Blickfeld der Linguistik gelangte.

Im nächsten Abschnitt soll nun gezeigt werden, wie sich die Typographie aus linguistischer Sicht bestimmen lässt. Dabei gehen wir von grundlegenden Definitionen aus und von diesen über zu spezifisch linguistischen Begriffsbestimmungen und Zugriffsweisen.

6.3   Definitionen

6.3.1   Typographie

Der Ausdruck **Typographie** (von griechisch *typos* ›Buchstabe‹ und *graphein* ›schreiben‹) hat mehrere Bedeutungen. Er bezeichnet (1.) ein technisches Verfahren zur Herstellung eines Druckwerkes, (2.) die Gestaltung eines Druckwerkes, (3.) die visuelle Darstellung eines Druckwerkes und (4.) die Lehre von der visuellen Gestaltung eines Druckwerkes. Diese Mehrdeutigkeit ist das Resultat eines Wandels, den der Begriff in den letzten Jahrzehnten durchlaufen hat.[153] In älteren Definitionen war der Ausdruck in der Regel auf die erste Lesart beschränkt: die Herstellung eines Druckwerkes mittels einer spezifischen Technik, nämlich des *Hochdruckverfahrens* mit wiederverwendbaren, beweglichen Lettern, das in Europa um 1450 von Johann Gensfleisch zur Laden (genannt Gutenberg) eingeführt wurde, in China und Korea jedoch bereits seit Mitte des 11. Jahrhunderts bzw. Ende des 14. Jahrhunderts bekannt war (vgl. Brekle 1994:205–207).[154] Dieses Ver-

---

152 Allerdings zeigt eine Untersuchung von Kaspar Brand (vgl. Brand 1999), dass sich die typographische Experimentierfreude nicht in allen Textsorten manifestierte. Brand hat 100 Berner Abschlussarbeiten aus verschiedenen Fächern im Zeitraum von 1982 bis 1996 analysiert und festgestellt, dass die meisten Verfasser nur sehr wenig Gebrauch von den typographischen Möglichkeiten ihrer Software machen. Auch nach dem »Schwellenjahr« 1988, in dem die Verwendung des Computers gegenüber der Handschrift und der Schreibmaschine in Brands Untersuchungskorpus erstmals dominiert, haben die Schreiber die Textverarbeitung im Wesentlichen so verwendet, als sei der Computer eine klassische Schreibmaschine.

153 Vgl. zum Begriffswandel Wehde 2000:3–5, Ernst 2005:7–16.

154 Brekle 1997 schlägt eine Definition für *Typographie* in diesem technischen Sinne vor, die vereinfacht lautet: Typographie ist ein Druckverfahren, bei dem (1.) eindeutige Kopien von Einzelzeichen (Buchstaben, Ziffern etc.) hergestellt werden, (2.) deren ein-

fahren bestimmte bis in die 1970er-Jahre den Buchdruck. Es wurde zwar technisch verfeinert (vor allem gegen Ende des 19. Jahrhunderts, als durch die automatisierte Anordnung der Lettern die Produktionsgeschwindigkeit drastisch gesteigert werden konnte), blieb in den Grundzügen aber über 400 Jahre unverändert. Erst seit den 1970er-Jahren wurde es durch ein neues Verfahren, den *Offsetdruck*, und die anschließende Digitalisierung des Textsatzes abgelöst.[155]

Im Zuge dieser technischen Veränderungen rückten die Aspekte der Gestaltung und der Darstellung mehr und mehr ins Zentrum des Typographiebegriffs. Dies kommt auch in einer neueren Definition zum Ausdruck: Typographie ist, so Rautenberg (2003:496), »die visuelle Darstellung von Schriftsprache im Druck«[156], wobei »Druck« spätestens seit der Verbreitung des Internets und elektronischer Publikationsformen (für die sich eine eigenständige Bildschirmtypographie entwickelt hat) nicht mehr nur wörtlich zu verstehen ist. Diese neuere Lesart von Typographie steht auch im Mittelpunkt des vorliegenden Kapitels. Dabei beschränkt sich »visuelle Darstellung« (bzw. aus Sicht der Produzenten: visuelle Gestaltung) nicht nur – wie häufig in alltagssprachlicher Verwendung und teilweise auch in linguistischen Arbeiten der Fall[157] – auf Schriftwahl und **Textauszeichnung**. Vielmehr umfasst der fachsprachliche Typographiebegriff, auf dem die folgenden Überlegungen basieren, auch die Anordnung der Schriftzeichen auf der Fläche, die Einbindung von Abbildungen, die Strukturierung eines Textes bis hin zur visuellen Gesamtstruktur eines Buches, die Einbandgestaltung und, in einer weiten Definition, auch die Wahl des Zeichenträgers, also bspw. des Papiers, sowie bei elektronischen Dokumenten des Hintergrunds (vgl. Rautenberg/Wetzel 2001:22).

6.3.2 Typographische Gestaltungsebenen

Für die verschiedenen Ebenen der Gestaltung bzw. Darstellung haben sich in der Schrift- und Textgestaltungslehre (die häufig ebenfalls als *Typographie* bezeichnet wird[158]) spezifische Bezeichnungen durchgesetzt. Verbreitet ist vor allem die Un-

---

zelne Exemplare (d.h. die *tokens* eines spezifischen Buchstabens in einer gegebenen Schriftart) sich nicht voneinander unterscheiden (jedes *A* sieht gleich aus) und die (3.) materiell als Einzelzeichen (und bspw. nicht als Ganzwortstempel) repräsentiert sind (Prinzip der »beweglichen Lettern«). Das Schriftsystem, das diese Einzelzeichen repräsentiert, muss (4.) ein »graphemisches« (logographisches, syllabographisches oder alphabetisches) sein. Diese Definition schließt, wie Brekle ausführt, auch den Digitaldruck ein (da auch dort die Einzelbuchstaben »beweglich« sind), jedoch nicht Reproduktionen von Handschriften oder in Holz geschnitzte Blockbuchplatten (da dort die Zeichen nicht verschiebbar und außerdem keine echten Kopien sind).

155 Vgl. zur Geschichte der Drucktechnik ausführlich Brekle 1994.

156 Vgl. ähnlich auch Wehde 2000:3.

157 Vgl. etwa Almind/Bergenholtz 2000:261, Androutsopoulos 2000:357; Schröder 1993: 206.

158 In dieser Lesart sind die Titel typographischer Lehrwerke wie »Lesetypographie« (Willberg/Forssman 2005) oder »Detailtypographie« (Forssman/de Jong 2002) zu verstehen.

terscheidung zwischen **Mikrotypographie** und **Makrotypographie**. **Makroty-pographie** umfasst den Gesamtentwurf einer Drucksache und die Anordnung der Zeichen auf der Fläche, also die Auswahl des Trägermaterials und der Schriften, die visuelle Konzeption der Seite (**Layout**[159], **Satzspiegel**[160]), die Festlegung von Schriftgrößen und Abständen bestimmter Textelemente (Überschriften, Fußnoten, Kolumnentitel, Fließtext), den Seitenumbruch und die visuelle Konzeption des Gesamtdokuments. **Mikrotypographie** (bzw. neuerdings auch **Detailtypo-graphie**[161]) bezeichnet die Anordnung und Gestaltung der Schrift in der Zeile, umfasst also die Zusammenfügung von Buchstaben zu Wörtern, die **Auszeich-nung** (= Hervorhebung durch Fettdruck, Kursiven, Kapitälchen, Unterstreichung, Sperrung, Schriftmischung etc.), den Buchstabenabstand (**Laufweite** und **Ker-ning**[162]), den Wortabstand (**Ausschluss**), die Trennung am Zeilenende, den **Zeilen-fall** (= Verhältnis der Zeilenlängen zueinander) und den Zeilenabstand (= **Durch-schuss**), in einer erweiterten Definition auch den Entwurf von Schriften (vgl. Willberg/Forssman 2001:9–10, Walker 2001:18).

Aus einer linguistischen Perspektive hat Hartmut Stöckl (2004:22–23) eine weitere Differenzierung vorgeschlagen. Diese erscheint für die linguistische Auseinandersetzung mit Typographie sinnvoll, da sie nicht so sehr aus der Perspektive des Gestaltungsprozesses erfolgt, aus der die Zweiteilung vorgenommen wurde[163], sondern sich eher daran orientiert, welche Funktion die einzelnen Elemente im Text übernehmen. Daher sind die vier Ebenen, die Stöckl vorschlägt – **Mikroty-pographie**, **Mesotypographie**, **Makrotypographie** und **Paratypographie**[164] –, auch nicht einfach weitere Untergliederungen der beiden klassischen Gestaltungsebenen. So rechnet Stöckl die **Textauszeichnung** nicht zur Mikro-, sondern zur

---

159 Im alltäglichen Sprachgebrauch wird *Layout* häufig mit *Makrotypographie* gleichgesetzt und der Typographie (die dann in der Regel nur den mikrotypographischen Bereich umfasst) gegenübergestellt. Fachsprachlich meint **Layout** vor allem »die Grundkonzeption […], nach der jede einzelne Seite eines Druckerzeugnisses gestaltet ist« (Rautenberg 2003:322) und ist somit ein Teilbereich der Makrotypographie.

160 Als **Satzspiegel** bezeichnet man das Verhältnis der bedruckten Fläche zur Gesamtseite bzw. den Seitenrändern.

161 Vgl. Willberg/Forssman 2005:9, Forssman/de Jong 2002.

162 Die **Laufweite** bezeichnet den allgemeinen Buchstabenabstand, das **Kerning** den Ausgleich zwischen bestimmten Buchstabenpaaren, der aufgrund der Buchstabenformen häufig nötig ist (so müssen etwa die Buchstaben <V> und <A> enger zusammengerückt werden als andere Buchstaben, damit ein ausgeglichenes Wortbild entsteht. Vgl. den ausgeglichenen Buchstabenabstand in VATER gegenüber VATER, bei dem kein Kerning vorgenommen wurde).

163 Die klassische Unterteilung, so argumentiert Stöckl (2004:23), ergebe sich primär »aus der inneren Logik praktischer typographischer Arbeit […] – d. h. erst die grobe Konzeption der Textgestalt und Auswahl der graphischen Mittel und darauf folgend die Feinjustierung und Ausformung des Zeichenmaterials auf der graphischen Oberfläche«.

164 Eine Dreiteilung in *Mikro-*, *Meso-* und *Paratypographie* hat bereits Wehde (2000:108) vorgeschlagen.

Makrotypographie, da sie primär die Funktion der Strukturierung verschiedener Informationsebenen übernimmt (vgl. Abschn. 6.4.2) und daher auf einer funktionalen Ebene mit der Gestaltung von Überschriften, Kolumnentiteln und Verzeichnissen steht. Im Einzelnen ergibt sich daraus die folgende Klassifikation:

(2) Typographische Gestaltungsebenen (nach Stöckl 2004:22–23)

Bezeichnung	Definition Stöckl	Elemente (»Submodalitäten«)
Mikrotypographie	»Schriftgestaltung, Formausstattungsmerkmale von Schrift«	– Schriftart – Schriftgröße – Schriftschnitt – Schriftfarbe
Mesotypographie	»Gestaltung des Schriftbilds in der Fläche, Gebrauch von Schrift im Text«	– Zeichenabstand – Wortabstand – Zeilenabstand – Textmenge auf der Seite – Ausrichtung des Textes (Satz) – Schriftmischungen
Makrotypographie	»Organisation von Text und Textteilen – Gliederung, Infoverteilung, visuelle Akzentsetzung«	– Absätze, Einrückungen, Versalien, verzierte Inhalte – typographische Hervorhebungen (Auszeichnungen) – Orientierungshilfen (Überschriftenhierarchien, Aufzählungen, Tabellen, Charts, Verzeichnisse, Fußnoten, Marginalien etc.) – Montage Text und Grafik (Bild)
Paratypographie	»Materialität der Dokumentgestaltung«	– Papierqualität – Praktik des Signierens (Herstellungsverfahren)

6.3.3   Textdesign

Funktionale Aspekte der Textgestaltung betont auch der Ausdruck **Textdesign**, der von Hans-Jürgen Bucher in die Linguistik eingeführt wurde und mittlerweile, teilweise in Konkurrenz zu **Typographie**, häufig verwendet wird (vgl. Bucher 1996, Roth/Spitzmüller im Druck). Mit Blick auf die Gestaltung journalistischer Textsorten und deren aktuellen gestalterischen Wandel hat Bucher diesen Terminus vorgeschlagen, um die Verbindung von Form und Inhalt eines Textes und deren bewusste, wirkungsorientierte Verknüpfung durch die Mediengestalter hervorzuheben:

Der Begriff Textdesign soll sowohl die Präsentationsformen als auch die Informationsziele umfassen. Textdesign ist eine Strategie, um die Lücke zwischen Layout und Text, zwischen Seitengestaltung und Beitragsgestaltung, zwischen Inhalt und Form zu schließen. Textdesign ist eine Verbindung von Optik und Stilistik.«

(H.-J. Bucher 1996:33)

Der Unterschied zwischen *Textdesign* und *Typographie* im oben beschriebenen Sinne ist also weniger inhaltlich als vielmehr in der unterschiedlichen Akzentsetzung zu sehen. Inhaltlich umfasst *Textdesign* all jene gestalterischen Elemente, die auch unter die Bezeichnung *Typographie* gefasst werden können. Allerdings betont der Terminus stärker als *Typographie* die Wirkungs*absicht* (und diese stärker als die tatsächliche Wirkung), die sich mit einer bestimmten Gestaltung verbindet.

6.3.4   Graphetik

Die bisher vorgestellte Terminologie wurde aus der gestalterischen Praxis entlehnt. Parallel dazu wurden aber auch genuin linguistische Termini vorgeschlagen, um die beschriebenen Phänomene zu fassen. Die Terminologie orientiert sich dabei an schriftlinguistischen und stilistischen Kategorien und stellt den Versuch dar, typographische Fragestellungen in das etablierte terminologische und methodische Gerüst der (Schrift-)Linguistik einzubauen. Daraus ergeben sich allerdings, wie im Folgenden deutlich wird, teilweise andere Zuordnungen.

In Abschn. 4.1 wurde **Graphemik** eingeführt als synonyme Bezeichnung für **Graphematik**, die »Wissenschaft von den distinktiven Einheiten des Schriftsystems« (so die bereits zitierte Definition aus Bußmann 2002:264). In Ergänzung zu *Graphemik* und in Analogie zum Begriffspaar *Phonemik/Phonetik*[165] wurde von Hans Peter Althaus (1980) in einem Lexikonartikel der Terminus **Graphetik** vorgeschlagen. Darunter fasst Althaus »die Bedingungen und materiellen Elemente, die visuelle Sprachkommunikation konstituieren« (Althaus 1980:138). Der Gegenstand der Graphetik ist nach Althaus also die konkrete Erscheinungsform schriftlicher Kommunikation. Diese liefert, so Althaus, das Material, aus der die Graphemik abstrakte Regularitäten ableiten kann. Allerdings stellt für Althaus die Graphetik lediglich eine Hilfswissenschaft der Graphematik dar. Diese Auffassung kritisiert Hartmut Günther (1990). Günther entwirft in Abgrenzung zu Althaus das Modell einer Graphetik als einer voll ausgebauten Teildisziplin der Schriftlinguistik:

---

165 Als **Phonemik** wird die Teildisziplin bezeichnet, die die kleinsten bedeutungsunterscheidenden Einheiten (**Phoneme**) und deren Systematik zum Gegenstand hat (*Phonemik* ist damit synonym mit **Phonologie**), als **Phonetik** die Teildisziplin, die die Produktion und Rezeption von Lauten (**Phone**) untersucht. Daneben gibt es, je nach Wissenschaftsschule, noch andere Bezeichnungstraditionen. So wird *Phonemik* (bzw. *Phonematik*) auch als Oberbegriff zu *Phonetik* und *Phonologie* verstanden (vgl. zu den unterschiedlichen Definitionen die Einträge in Bußmann 2002).

In einer ernsthaften Graphetik geht es nicht um eine Art Hilfswissenschaft, die den Rohstoff für die Graphematik zu liefern hat, parallel zur Prager Tradition des Verhältnisses von Phonetik und Phonologie. Vielmehr sind sämtliche »Erscheinungen, die im Kommunikationprozeß entweder als *schriftliches* Sprachsignal verwendet werden oder an der sender- und/oder empfängerseitigen Signalverarbeitung beteiligt sind,« Gegenstand dieser Disziplin.   (H. Günther 1990:98)[166]

Die Graphetik, so Günther weiter, beschäftigt sich »damit, wie Schriftzeichen beim Schreiben oder Drucken produziert werden, wie sie aussehen, und wie sie beim Lesen wahrgenommen werden« (Günther 1990:99), die Graphematik dagegen mit den dahinter stehenden systematischen Beziehungen. Damit ist die Graphetik im Sinne Günthers nicht einfach eine Ergänzung zur bereits bestehenden Graphematik. Vielmehr hat eine solche Definition zur Folge, dass das gesamte Beschreibungssystem neu geordnet werden müsste. Denn einerseits wären bisherige Untersuchungsbereiche der Graphematik zur Graphetik zu rechnen (etwa die **Allographie**), andererseits würde die Untersuchung typographischer Phänomene teilweise in den Bereich der Graphematik fallen, da ja auch zwischen typographischen Elementen systematische Beziehungen bestehen.

Konsequent weiter gedacht fehlt bei dieser Begriffsbestimmung jedoch noch ein Oberbegriff, der die Disziplin zusammenfasst, zu der die Teildisziplinen Graphetik und Graphematik gehören. Folgt man der Analogie zur Phonetik/Phonologie, bietet es sich an, die Gesamtdisziplin **Graphemik** bzw. **Graphematik** (in Analogie zu *Phonemik/Phonematik*) zu nennen und die beiden Teildisziplinen **Graphetik** und (wie auch Günther vorschlägt) **Graphologie**. Eine solche Neubenennung dürfte allerdings wenig Aussicht auf Erfolg haben – der Ausdruck **Graphologie** ist bereits anderweitig besetzt.[167] Außerdem ist die Bezeichnung **Graphematik** in ihrer derzeitigen Bedeutung so fest etabliert, dass eine solche Neubestimmung wohl nicht durchsetzbar wäre.

Am Ende seines Aufsatzes gibt Günther der Hoffnung Ausdruck, »daß es irgendwann auch an einer Universität die Fachdisziplin *Graphetik* geben wird« (Günther 1990:100). Davon allerdings ist man in der Realität noch weit entfernt. Auch in den aktuellen Fachlexika wird die Graphetik in Anlehnung an Althaus noch als »Hilfsdisziplin der Graphematik« definiert[168], und Arbeiten zu einer Graphetik, wie sie Günther vorschlägt, gibt es kaum.[169] Umgekehrt wurde der Versuch, typographische Phänomene unter graphematischer bzw. zeichensystematischer

---

166 Das eingebettete Zitat ist eine abgewandelte Passage aus einer Lexikondefinition zu *Phonetik*.

167 Als **Graphologie** bezeichnet man (nicht linguistische und wissenschaftlich umstrittene) Versuche, die Handschrift bestimmter Individuen psychologisch zu deuten, also von der Handschrift auf den Charakter des Schreibers zu schließen.

168 Vgl. Bußmann 2002:264 und Glück 2005:242.

169 Eine Arbeit, die in diesen Bereich fällt, ist Wiebelt 2004. Sie vergleicht verschiedene Schriftarten daraufhin, inwieweit sie Symmetrien zwischen einzelnen Buchstaben vermeiden, da dies als Lesbarkeitshindernis gilt.

Perspektive zu beschreiben, nur selten unternommen. Der wohl am weitesten ge-
hende Vorstoß in diese Richtung stammt von Peter Gallmann (1985). Gallmann
versucht, das Inventar der »graphischen Elemente der Schriftsprache« strikt nach
formalen und funktionalen Gesichtspunkten zu klassifizieren.[170] Zu den »formal
definierte[n] Graphemklassen« (Gallmann 1985:§ 28), die er vorsichtig als »graphische Mittel« bezeichnet, um den Graphembegriff nicht zu sehr aufzuweichen
(vgl. Gallmann 1985:§ 27), zählt Gallmann neben den »Grapheme[n] (im engeren
Sinn)« auch die sog. **Supragrapheme**. Dabei unterscheidet er »lineare« von »flä-
chigen« Supragraphemen. Zu Ersteren gehören **Textauszeichnungen** (Unter-
streichen, Hervorheben, Sperren), Groß- und Kleinschreibung, Schriftgröße, Ligaturen und Hoch-/Tiefstellung, zu Letzteren Umrandungen, Hintergrundfarben
und Absatzmerkmale. Innerhalb dieser Klassen unterscheidet er weiter danach, ob
die Grapheme als eigenständige graphische Elemente (wie Buchstaben, Unterstrei-
chungs- oder Rahmenlinien) vorkommen oder in andere graphischen Zeichen, mit
denen sie kombiniert werden, integriert sind (wie diakritische Zeichen, Fettdruck
oder Zeilenabstand).[171] In funktionaler Hinsicht unterscheidet Gallmann die Graphemklassen nach den folgenden Kriterien:

1. bedeutungsunterscheidende Grapheme (»Grundgrapheme«); diese entsprechen
   weitgehend den Graphemen im herkömmlichen Sinne[172],
2. bedeutungstragende Grapheme (etwa Ideogramme),
3. Klassifikatoren (= graphische Elemente, die syntaktische, semantische oder
   pragmatische Zusatzinformationen liefern), etwa die Substantivgroßschreibung
   als Indikator einer Wortart oder die Anredegroßschreibung als Höflichkeitsin-
   dikator,
4. Grenzsignale (= graphische Elemente, die syntaktische, semantische oder pragmatische Ebenen bzw. Einheiten markieren), bspw. Spatien, Interpunktionszeichen, Anführungszeichen, Textauszeichnungen oder Großschreibung am Satzanfang
5. Satzintentionssignale (= graphische Elemente, die die Intention eines Satzes anzeigen), etwa Fragezeichen und Ausrufezeichen,
6. Auslassungssignale wie Apostrophe, Auslassungspunkte, Bindestriche und die
   Großschreibung in Abkürzungen (vgl. Gallmann 1985:§§ 57–96).

---

170 Das von Gallmann bevorzugte Verfahren, zunächst formale Klassen zu bilden und diese
    funktional weiter zu differenzieren, ist aus der von Hans Glinz geprägten Wortarten- und
    Satzgliedbestimmung entlehnt, die Gallmann selbst vertritt (vgl. Gallmann/Sitta 2001).
171 Gallmann nennt diese Unterscheidung *konkret* vs. *abstrakt* bzw. (bei den »Graphemen
    im eigentlichen Sinn«) *selbständig* vs. *unselbständig* (vgl. Gallmann 1985:§ 28). Gün-
    ther (1988:65) schlägt dafür die intuitiv einleuchtendere, einheitliche Unterscheidung
    integrativ vs. *additiv* vor.
172 Als problematisch erscheint allerdings, dass Gallmann Buchstaben und Grapheme gleich-
    setzt (vgl. dazu Abschn. 4.2.2 und weiter unten).

Gallmann räumt selbst ein, dass diese funktionalen Klassifizierungen im Einzelnen anfechtbar sind (vgl. Gallmann 1985:§ 57). Worauf es ihm aber ankommt, ist, deutlich zu machen, dass sich formale und funktionale Klassifizierungen nicht unbedingt decken. So hat, wie an den obigen Beispielen zu sehen, das graphische Mittel der Großschreibung ganz verschiedene Funktionen. Auch typographische Merkmale wie die Textauszeichnung können sehr unterschiedlich eingesetzt werden.

Das Verdienst von Gallmann ist es, gezeigt zu haben, dass auch typographische Elemente systematisch klassifiziert werden können. Insofern stützt sein Ansatz Günthers Forderung nach einer Neustrukturierung von Graphematik/Graphetik. Allerdings wurde Gallmanns Ansatz, der nun immerhin schon über zwei Jahrzehnte alt ist, bislang kaum weiterverfolgt. Hartmut Günther selbst jedoch hat ihn in seinem Buch »Schriftliche Sprache« von 1988 aufgegriffen und für seine Darstellung einer »Graphetik des Deutschen« übernommen (vgl. Günther 1988:64–68). Dabei nimmt er jedoch eine entscheidende terminologische Veränderung vor: Statt von **Supragraphemen** spricht er von **Suprasegmenten** (die Klassifikation selbst stammt weitgehend unverändert von Gallmann). Begründet wird dies mit einer grundlegenden methodischen Kritik an Gallmanns Ansatz:

Gallmann, so argumentiert Günther (1988:64), vermische die beiden Ebenen, die in der Linguistik als **emische** Ebene (vgl. *Graphem*[ik], *Phonem*[ik], *Morphem*[ik]) und als **etische** Ebene (vgl. *Graph*[etik], *Phon*[etik], *Morph*[etik][173]) bezeichnet werden. Als *etische Phänomene* bezeichnet man physikalisch beobachtbare Gemeinsamkeiten und Zusammenhänge (Phone, Morphe, Graphen), als *emische Phänomene* Abstraktionsklassen, die unter Berücksichtigung funktionaler Gemeinsamkeiten gebildet wurden (Phoneme, Morpheme, Grapheme).[174] Formale Elemente wie Buchstaben, Sonderzeichen, Schriftarten oder Auszeichnungen seien, so Günther, etische Phänomene, eben weil sie noch nicht funktional bestimmt worden seien. Deswegen könne man auch nicht von *Graphemen* sprechen. Tatsächlich schränkt Günther den Graphembegriff noch weiter ein und behält ihn (in Analogie zur Definition von *Phonem*) bedeutungsunterscheidenden graphischen Einheiten vor. Damit bleiben weitere funktionale Klassen graphischer Elemente, wie sie in der obigen Aufzählung genannt wurden, aus dem Graphembegriff ausgeklammert. Dass Günther die funktional klassifizierten Suprasegmente dennoch zum Gegenstandsbereich der Graphe*matik* zählt, verdeutlicht er dadurch, dass er die funktionalen Eigenschaften der Suprasegmente gemeinsam mit den Graphemen in einem Abschnitt mit dem Titel »Graphematik des Deutschen« behandelt (vgl. Günther 1988:79–86).

---

173 Eine Disziplin mit dem Namen *Morphetik* gibt es nicht, vgl. aber die Unterscheidung *Morph/Morphem*.

174 Zur Illustration sei das folgende Beispiel angeführt: In den Wörtern *Unwort, Untugend* und *Unmenge* lässt sich das Morph *Un-* segmentieren, das in diesen drei Wörtern formal identisch ist. Funktional betrachtet handelt es sich aber um zwei verschiedene Elemente (grammatische Morpheme), denn in *Unwort* und *Untugend* hat *Un-* Negationsfunktion, in *Unmenge* hingegen drückt es eine Verstärkung aus.

Halten wir fest: Auf der Basis des Beschreibungsmodells, auf dem die Graphematik fußt, ist es möglich, auch typographische Phänomene – als »suprasegmentale« graphische Elemente – zu erfassen und systematisch zu beschreiben. Durch die Unterscheidung von **graphetischer** und **graphematischer** Ebene lassen sich, wie es Gallmann und Günther gezeigt haben, formale und funktionale Merkmale der Typographie in die Schriftlinguistik integrieren. Dass entsprechende Versuche bisher noch sehr selten unternommen wurden, hat zum einen mit der in Abschn. 6.2 beschriebenen Ausblendung der Typographie aus dem Fokus des Faches zu tun. Andererseits jedoch mag es auch im Gegenstand selbst begründet sein. Denn im Gegensatz zu den Graphemen sind die Funktionen typographischer Elemente hochgradig situations- und kontextabhängig, wie die weiteren Ausführungen zeigen werden (vgl. dazu Abschn. 6.4). Es stellt sich also die Frage, ob ein situations- und kontextunabhängiger Beschreibungsansatz, wie es die auf der *Langue-parole*-Dichtomie fußende Zuordnung zu emischen Abstraktionsklassen ist, dem Gegenstand überhaupt angemessen ist.

6.3.5 Graphostilistik

Ein weiterer linguistischer Terminus, der zur Beschreibung typographischer Phänomene verwendet wird, ist der bereits in anderen Zusammenhängen eingeführte Ausdruck **Graphostilistik**. Die Graphostilistik ist eine Teildisziplin der linguistischen **Stilistik**. Ihr Ziel ist die systematische Beschreibung der stilistischen Funktionen spezifischer graphischer Elemente (vgl. Pfeiffer-Rupp 1984, Fleischer/Michel/Starke 1993:234–247). Dazu gehören neben typographischen Elementen auch andere stilistisch relevante graphische Variationen wie die **BinnenGroßschreibung** und die **Binnen.interpunktion** (vgl. Abschn. 4.7).[175] Typographie ist also nur ein Teilgegenstand der Graphostilistik. Umgekehrt stellt der Untersuchungsbereich der Graphostilistik nur einen Teilbereich dessen dar, was aus linguistischer Sicht an Typographie zu untersuchen wäre, nämlich ihr stilistischer Einsatz. Zwar kann der Stilbegriff sehr weit gefasst werden, so dass auch Aspekte wie Lesbarkeit und Textstrukturierung (vgl. Abschn. 6.4.2) zur Graphostilistik gehören (so etwa bei Pfeiffer-Rupp 1984:101), es stellt sich jedoch die Frage, ob der Stilbegriff dadurch nicht überdehnt wird. Zweifellos jedoch ist die stilistische Perspektive bei der linguistischen Beschäftigung mit Typographie sehr wichtig, wie auch neuere, von einem soziopragmatischen und interaktionalen Stilbegriff ausgehende Arbeiten zu diesem Phänomen zeigen (vgl. dazu ausführlich Abschn. 6.4.4).

---

175 Fleischer/Michel/Starke (1993:234–247) unterscheiden zwischen *intralingualen* und *interlingualen Mitteln*. Zu Ersterem rechnen sie stilistische Variationen der Normen und Schreibkonventionen einer Einzelsprache (bspw. **BinnenGroßschreibung**), zu Letzterem Variationen typographischer Normen und Konventionen. Die Grenze ist allerdings fließend, wie die Binnen.interpunktion einerseits und die einzelsprachlich typographischen Konventionen etwa von Anführungszeichen zeigen (vgl. auch Spillner 1995:78).

6.4   Wirkungsebenen der Textgestaltung

6.4.1   Typographie und Ko(n)text

Kommen wir nun von diesen allgemeinen terminologischen und methodischen Überlegungen zu der Frage, was Typographie konkret leistet und wie man sie aus linguistischer Sicht analysieren kann. Diese Frage lässt sich nicht pauschal beantworten, da Typographie je nach Textsorte, kommunikativem Zweck, Rezipientenkreis usw. sehr unterschiedlich eingesetzt und auch wahrgenommen wird. So dürfte unmittelbar einleuchten, dass die Typographie in einem Lexikon andere Funktionen zu erfüllen hat als etwa in einem Roman, einer Werbeanzeige oder auf einer Internetseite. Ein wichtiges Kriterium ist natürlich auch, ob es sich bei den Produzenten um ausgebildete Typographen handelt, die in der Regel sehr reflektiert und auf der Grundlage tradierter Gestaltungsprinzipien vorgehen, oder um Laien, bei denen zumeist andere Faktoren eine Rolle spielen.[176]

In der typographischen Ratgeberliteratur sind der konkrete kommunikative Zweck und die dafür geeigneten typographischen Mittel ein zentrales Thema. Entsprechend gibt es spezifische Ratgeber für unterschiedliche kommunikative Zwecke (Buchtypographie, Werbetypographie, Internettypographie etc.). Aus Sicht der Produzenten, der Typographen, lassen sich verschiedene Einsatzszenarien skizzieren, für die dann jeweils ein spezifisches Gestaltungsprinzip favorisiert wird. So heißt es in einem einschlägigen Nachschlagewerk für Textgestalter, das auf gedruckte Gebrauchstexte (Buchtypographie) spezialisiert ist:

> »Die Typographie« gibt es nicht. Es gibt verschiedene Anforderungen an die Typographie. [...] Jede Aufgabe verlangt andere Lösungsmethoden. Allgemeingültige Regeln kann es nicht geben.   (H. P. Willberg/F. Forssman 2005:14)

Die Gestaltungsprinzipien, die die Autoren im Anschluss daran vorschlagen, orientieren sich an der Art und Weise, wie Texte typischerweise gelesen werden. Willberg und Forssman unterscheiden dabei: (1.) Texte, die linear gelesen werden (bspw. Romane); (2.) Texte, die diagonal gelesen werden (etwa Zeitungen); (3.) Texte, die gezielt konsultiert werden (bspw. Lexika); (4.) Texte, in denen der Leser zwischen mehreren terminologischen und argumentativen Ebenen unterscheiden muss (wissenschaftliche Literatur), und (5.) Texte, die in der Masse auffallen und den Leser »einfangen« sollen (etwa Magazine, Werbeanzeigen). Des Weiteren orientieren sich ihre Gestaltungsprinzipien an den verschiedenen Lesertypen (wissenschaftliche Berufsleser, Feierabendleser, Leseanfänger) (vgl. Willberg/Forssman 2005:16–66).

Mit einer ähnlichen Blickrichtung, aber von einem sprachwissenschaftlichen Standpunkt aus, hat Gerd Antos (2001) eine Unterscheidung zwischen fünf Funktionen typographischer Gestaltung vorgeschlagen:

---

176 Vgl. für diese »ordinary language typography« ausführlich Walker 2001.

1. die *ästhetische Funktion* (Formwirkung der Typographie);
2. die *epistemische Funktion* (»Visualisierung der Wissensarchitektur eines Textes« (Antos 2001:60), also die Kennzeichnung verschiedener Hierarchieebenen im Text z. B. durch Überschriften, Gliederungen und Textauszeichnungen);
3. die *motivationelle Funktion* (mit dem Ziel, »den Blick auf den Text zu lenken, durch eine entsprechende Typographie das Lesen zu erleichtern, durch Hervorhebung den Lese- und Verstehensfokus zu lenken und den Leser an den Text zu fesseln, kurz: Aufmerksamkeit auf die Lektüre zu erzeugen und den Leser beim Lesen zu halten« (Antos 2001:60));
4. die *synoptische Funktion* (die Funktion, verschiedene Textelemente und Text-Bild-Elemente auf einer Seite zu verknüpfen);
5. die *rekontextualisierende Funktion* (die Einbettung von Elementen aus anderen Kontexten, so etwa die Platzierung von Gedichten auf T-Shirts).

Diese Liste lässt sich erweitern bzw. weiter untergliedern.[177] So kann man die *motivationelle Funktion* danach differenzieren, ob die Aufmerksamkeit für einen Text (etwa eine Werbeanzeige, ein Magazin) erlangt werden soll oder ob ein Leser gezielt durch den Text geführt und ›bei der Stange‹ gehalten werden soll (was je nach Textsorte und Rezipientenkreis sehr unterschiedliche Gestaltungsmittel verlangt). Auch fehlen Funktionen, die die Möglichkeit beschreiben, mit typographischen Mitteln Assoziationen hervorzurufen (man könnte sie, in Anlehnung an die lexikalische Semantik, *konnotative Funktion* nennen) oder die Einstellungen und Gruppenzugehörigkeiten des Schreibers auszudrücken (dies könnte man *expressive Funktion* nennen). Weiter wäre eine Funktion hinzuzufügen, die verdeutlicht, dass Typographie auch Hinweise auf die Entstehungszusammenhänge des Textes oder auf die Textsorte geben kann (*indizierende Funktion*), und eine Funktion, die die Möglichkeit beschreibt, Phänomene aus anderen medialen Repräsentationsformen (etwa prosodische Merkmale der gesprochenen Sprache durch Textauszeichnung bzw. Schriftgröße oder auch visuelle Phänomene durch Schriftbildlichkeit) nachzubilden (eine mögliche Bezeichnung wäre *emulative Funktion*).

Wichtig ist, dass diese Funktionen, wie immer man sie im Einzelnen bestimmen mag, je nach Verwendungszusammenhang unterschiedlich stark im Vordergrund stehen, dass sie sich in der Praxis unterschiedlich materialisieren und dass sie sich häufig nicht so klar trennen lassen, wie es diese analytische Aufstellung suggerieren mag (so hat etwa die epistemische Funktion in wissenschaftlichen Texten sehr stark motivationellen Charakter, ebenso wie die ästhetische Funktion in anderen Textsorten). Die Konsequenz für die wissenschaftliche Beschäftigung mit Typographie ist, dass sehr genau reflektiert werden muss, mit welcher Art Text und mit welchen Interaktionspartnern man es zu tun hat und welche Funktionen (aus Sicht des Produzenten und der Rezipienten) dominieren.

---

177 Vgl. für eine differenzierte Klassifikation typographischer »Wirkungsdimensionen« auch Stöckl (2004:40).

Im Folgenden werden wir uns darauf beschränken, drei zentrale Funktionen genauer darzustellen, die auch im Zentrum der bisherigen linguistischen Forschung standen: die Visualisierung der Textstruktur und der verschiedenen Textebenen (Abschn. 6.4.2), die Evokation bestimmter Assoziationen und Lesarten (Abschn. 6.4.3) und der Ausdruck bestimmter Einstellungen und Gruppenzugehörigkeiten (Abschn. 6.4.4). Zuvor sei jedoch noch eine grundsätzliche Anmerkung zur Entfaltung der Wirkungsdimensionen gestattet:

So sehr sich die Funktionen der typographischen Mittel unterscheiden, eine Gemeinsamkeit haben sie: Sie entfalten ihre Wirkung erst auf Textebene und in Abhängigkeit zum typographischen und medialen Umfeld, teilweise auch zum Textinhalt. Ein fettgedrucktes Wort funktioniert also nur dann als Auszeichnung, wenn der umgebende Text (**Kotext**) nicht fett gedruckt ist. Auch eine bestimmte **Schriftart** wie etwa eine Fraktur kann ihre Assoziationen nur im Kontrast zu anderen Schriftarten, zur Textsortenerwartung und zum Inhalt entfalten (vgl. dazu Abschn. 6.4.3), und flächentypographische Phänomene setzen den Text geradezu voraus.[178] Die Untersuchungsebene, auf der wir uns bewegen, ist also (mindestens) der Text. Dieser wird im Sinne der sog. *Social Semiotics* (vgl. van Leeuwen 2005) verstanden als **multimodales** Phänomen, als Kombination verschiedener semiotischer Ressourcen (**Zeichenmodalitäten**), in dem die Typographie zusammen mit anderen Zeichenmodalitäten (etwa Bildern) eine komplexe Einheit bildet (vgl. Stöckl 2004:16–21 sowie unten Abschn. 6.4.3). Zwar gibt es auch Überlegungen, die sich auf der Buchstaben- oder Wortebene bewegen. So wurde in einigen Arbeiten die Frage diskutiert, wie man mit dem **Allographie**-Begriff angesichts der unterschiedlichen Buchstabenformen und ihrer unterschiedlichen Wirkungen umgehen soll.[179] Diese Fragen sind aber, solange sie sich unterhalb der Textebene bewegen, aus den genannten Gründen sekundär.

6.4.2 Typographie und Textverständnis

Als wichtigstes Ziel der Textgestaltung wird in der typographischen Literatur in aller Regel »Lesbarkeit« genannt.[180] Die Ausführungen im vorangegangenen Abschnitt haben jedoch gezeigt, dass die Frage, was darunter zu verstehen ist, davon

---

178 Vgl. dazu auch Gallmann 1985:§ 48, Wehde 2000:177–183.

179 Vgl. Stjernfeld 1993, Wehde 2000:70–77, Schopp 2002:98–100. Diese Frage lässt sich relativ gut beantworten, wenn man eine konkrete graphische Manifestation mit Gallmann (1985) als Kombination verschiedener Grapheme und Suprasegmente versteht, also etwa **A** als Kombination des Graphems <a> mit den Suprasegmenten Großschreibung, Fettdruck und Schriftwahl (hier: Myriad). A, *a*, **A** und *a* wären danach nur hinsichtlich der Kategorie »Graphem im engeren Sinn« Allographen, nicht hinsichtlich suprasegmentaler Eigenschaften. Zu erwähnen ist in diesem Zusammenhang auch die Notationstheorie von Nelson Goodman (1968), der die Frage des Status verschiedener Materialisierungen (»Marken«) einzelner Zeichen ausführlich diskutiert (vgl. für neuere Adaptionen von Goodmans Theorie Krämer 2003 und Stetter 2005).

180 Vgl. etwa Willberg/Forssman 2005:67; Tschichold 1960:16; Spiekermann 1986.

abhängt, wie und von wem ein Text überhaupt gelesen werden soll. Unabhängig davon jedoch sind Textgestalter überzeugt, dass »gute Typographie« die Lesbarkeit eines Textes und damit auch den Rezeptions- und Verständnisvorgang deutlich verbessern kann. Tatsächlich liegen Studien vor, die diese Thesen stützen. So hat Doerfert (1980) in einer empirischen Untersuchung gezeigt, dass Studienbriefe der Fernuniversität Hagen von den Studierenden als verständlicher eingestuft werden, wenn sie eine systematisch strukturierende Typographie verwenden. In einer kleineren experimentellen Studie hat Hagemann (2003:110–111) festgestellt, dass Probanden, die eine systematisch gestaltete Spielanleitung zu einem ihnen nicht vertrauten Spiel (Schach) durchgelesen haben, anschließende Spielaufgaben signifikant besser lösten als Probanden, die eine inhaltlich identische Anleitung ohne systematische Textauszeichnung gelesen haben. Diese Befunde müssten allerdings durch weitere Untersuchungen gestützt werden, zumal über ihre Einschätzung keineswegs Einigkeit herrscht.[181]

Wenn Typographie aber tatsächlich eine Rolle beim Textrezeptionsvorgang spielt, ist sie ein potenzielles Thema für die Textrezeptionsforschung, die Textlinguistik, die Fachsprachenforschung und die Didaktik. Bisher jedoch wurde das Thema in diesen Disziplinen nur in Ansätzen behandelt. Die Textrezeptionsforschung konzentriert sich im Wesentlichen auf die sprachliche (syntaktische, semantische) und argumentative Struktur von Texten und die kognitive Verarbeitungsleitung beim Lesen (vgl. den Überblick von Christmann/Groeben 1996). Ausnahmen stellen das Buch von Ballstaedt u. a. (1981) sowie insbesondere das sog. »Groninger Textmodell« bzw. »Sechs-Felder-Modell« (vgl. Sauer 1997, 1999) dar, das auf der Basis empirischer Untersuchungen zur Textrezeption wissensvermittelnder Texte die Gestaltung und den Inhalt eines Textes in eine systematische Beziehung setzt. Die These, die dem Modell zugrunde liegt, lautet:

> Ein (wissensvermittelnder) Text mit Visualisierungen ist verständlich, wenn er bestimmte Leseaufgaben visuell und inhaltlich unterstützt.   (Ch. Sauer 1999:94)

Diese gegenseitige Unterstützung findet dem Modell zufolge auf drei Ebenen statt, auf der »lokalen Ebene« (Verarbeitung von Wörtern in der Zeile und einzelnen Abschnitten), auf der »mittleren Ebene« (Verarbeitung von längeren zusammen-

---

181 So kommen Ballstaedt u. a. (1981), die die Rolle typographischer Elemente in der Textrezeption ausführlich diskutieren, auf der Grundlage vorliegender Untersuchung zum Schluss, dass zwar »sowohl mikrotypographische als auch makrotypographische Gestaltungsmittel zu einer Förderung der Textverarbeitung beitragen können«, dass sich »[i]hr Effekt auf die Lernleistung [...] jedoch in der Regel als relativ gering« erweise (Ballstaedt u. a. 1981:233) – dies allerdings mit der Einschränkung, dass »in der Mehrzahl der Untersuchungen nur der Effekt eines einzigen Gestaltungsmittels ohne Berücksichtigung von Lernermerkmalen betrachtet wird, was eine Übertragung der Befunde in die Praxis erschwert« (Ballstaedt u. a. 1981:233). Gerade die gegenseitige Unterstützung von Form und Inhalt, die neuere Textverständismodelle betonen (s. u.), wird also in den Untersuchungen, auf die sich Ballstaedt u. a. stützen, vernachlässigt.

hängenden Passagen) und auf der »globalen Ebene« (Verarbeitung des Gesamttextes). Auf der »lokalen Ebene« bedingen sich *Leserlichkeit* (Wortbilder, Schrift, Auszeichnungen) und *Verstehbarkeit* (kognitive Verarbeitung kleiner Einheiten) gegenseitig, auf der »mittleren Ebene« *Überschaubarkeit* (Satzspiegel, Absatzeinteilung etc.) und *Gestaffeltheit* (die kognitive Verarbeitung von Abschnitten) und auf der »globalen Ebene« *Zugänglichkeit* (die visuelle Makrostruktur) und *Nachvollziehbarkeit* (Verarbeitung des Gesamttextes). Daraus ergeben sich die sechs Felder, denen das Modell seinen Namen verdankt:[182]

(3) Das »Groninger Textmodell« (vgl. Sauer 1999)

	Textbild	**Textinhalt**
global	Zugänglichkeit	Nachvollziehbarkeit
mittel	Überschaubarkeit	Gestaffeltheit
lokal	Leserlichkeit	Verstehbarkeit

Auch in der Fachsprachenforschung wird das Thema Typographie nur selten behandelt (vgl. Schröder 1993), Ausnahmen bilden die Terminologieforschung (vgl. Schröder 1993:194) und die Wörterbuchforschung. Insbesondere diese hat sich mit der textstrukturierenden Funktion typographischer Elemente ausführlich beschäftigt, was nicht überrascht, denn Wörterbücher sind aufgrund ihrer Informationsdichte sprachlich und typographisch ausgesprochen komplex strukturiert.[183] In der Didaktik schließlich werden ebenfalls nur sehr spezifische Aspekte diskutiert, etwa Fragen der Eignung bestimmter Lese- und Schreibschriften oder der Lehrmittelgestaltung. Die Diskussion der Möglichkeiten eines systematischen Einsatzes typographischer Mittel zur Verständnissicherung steht hingegen noch ganz am Anfang (vgl. aber Berndt im Druck).

Wie das Groninger Textmodell verdeutlicht, lässt sich das Verhältnis von Textrezeption und Typographie auf verschiedenen Ebenen betrachten. Im Folgenden sollen nur zwei Ebenen thematisiert werden: eine Mikroebene, bei der es um den eigentlichen Lesevorgang innerhalb eines Textblocks geht, und eine Makroebene, die die Orientierung innerhalb größerer Einheiten und auf der Textfläche umfasst. Für beide Ebenen ist es wichtig, sich zunächst einmal grundsätzlich damit zu beschäftigen, was eigentlich unter ›Lesen‹ zu verstehen ist. Diese Frage mag banal erscheinen, sie erweist sich aber als komplex. Denn zum einen lässt sich nicht generell sagen, dass Lesen in einer bestimmten Art und Weise erfolgt. Die Art und

---

182 In neueren Untersuchungen hat Sauer das Modell auf neun Felder erweitert, um Navigationselemente von Hypertexten mitberücksichtigen zu können. Diesen schreibt er ebenfalls Verständnisförderung zu (vgl. Sauer 1999:106).

183 Vgl. hierzu die Beiträge in Teil IV des Handbuchs für Sprach- und Kommunikationswissenschaft zur Wörterbuchforschung (Gouws u. a. 1989:328–771) sowie Wiegand 2000 und Almind/Bergenholtz 2000.

Weise, wie wir heute Texte lesen, ist das Resultat einer historischen Entwicklung sowohl von Lesegewohnheiten als auch der Textgestalt, zweier Faktoren, die sich auch gegenseitig bedingt haben (vgl. Illich 1991, Raible 1991b). Zum andern ist Lesen, wie ethnographische Untersuchungen zeigen, kulturspezifisch (vgl. Boyarin 1993). Aber selbst wenn wir uns in einer bestimmten Kultur bewegen und uns auf den physiologischen Vorgang beschränken, ist Lesen ein komplexer Prozess, der hier nur verkürzt dargestellt werden kann.

Betrachten wir z. B. die Augenbewegungen beim Lesen (vgl. Günther 1988:103–111; Inhoff/Rayner 1996). Die Augen gleiten keineswegs einfach an einer Reihe aufgereihter Buchstaben entlang, sondern vollführen ruckartige Bewegungen (sog. **Saccaden**), die sich mit Ruhepausen (sog. **Fixationen**) abwechseln, in denen die eigentliche Informationsaufnahme stattfindet. Das Auge bewegt sich dabei nicht kontinuierlich vorwärts, es überspringt Buchstaben und sogar Wörter, außerdem finden auch Rückbewegungen (**Regressionssaccaden**) statt. Bei einem Zeilenwechsel muss das Auge schließlich zum Anfang der nächsten Zeile zurückspringen (**Rückschwung**). Es gilt als gesichert, dass die **Saccadensprünge** vom Textinhalt (Vorwissen, Vorerwartung, Komplexität, Vertrautheit mit Wortbildern etc.) abhängen, ebenso sicher ist jedoch, dass die räumliche Struktur des Textes und der Zeichenträger eine wichtige Rolle spielen (vgl. Groß 1994). Dekodiert werden in erster Linie Wörter (**Wortbilder**); kleinere Einheiten (Silben, Buchstaben) helfen bei der Dekodierung unvertrauter Wortbilder. Die Textgestalter sind sich dieser Vorgänge bewusst (vgl. Willberg/Forssman 2005:68–69) und versuchen, durch mikrotypographische Gestaltung den Lesevorgang zu stützen. Angestrebt werden möglichst eindeutige Buchstabenformen, die Spiegelungen (z. B. Symmetrie zwischen den Buchstaben <d> und <b>; vgl. Wiebelt 2004) und Verwechselbarkeit (z. B. von <l> und <I>) vermeiden. Bevorzugt werden auch möglichst ausgeprägte Wortbilder (durch ausgeprägte **Ober-** und **Unterlängen** der Buchstaben), ausgewogene Buchstaben- und Wortabstände, nicht zu lange Zeilen (als Richtwert gelten maximal 60–70 Anschläge) und ein angemessener Zeilenabstand, der den Rückschwung erleichtert.

Auch die Buchstabengestalt soll dem Auge helfen, in der Zeile zu bleiben. Aus diesem Grund gelten **Serifenschriften** für längere gedruckte Texte (nicht für Bildschirmtexte, da die Serifen dort verschwimmen) als geeigneter als **Groteskschriften**, da man glaubt, dass die Serifen das Auge in der Zeile führen – eine These, die allerdings bislang noch nicht empirisch belegt werden konnte (vgl. Wiebelt 2004:4). Selbst der Vorgang des Blätterns, nach Willberg/Forssman (2005:69) ein unterschätzter Teil des Leseprozesses, wird in die Überlegungen mit einbezogen: So gilt es als typographische Sünde, einen Absatz auf der ersten Zeile einer neuen Seite enden zu lassen und den Leser dadurch mit einem unvorhergesehenen Abschnittsende (einem sog. *Hurenkind*) zu konfrontieren.

Noch komplizierter wird es, wenn wir die Makroebene miteinbeziehen. Denn Lesen ist »visuelles Abtasten einer zweidimensionalen Vorlage, die nicht – bzw. nicht nur – als Oberfläche, sondern als Zeichenträger wahrgenommen wird« (Groß

1994:3). Diese Textfläche, seine Materialität und die räumliche Strukturierung des Textes nehmen wir in der Regel wahr, bevor wir mit dem Lesen beginnen. Gerade die typographische Gestalt kann dabei unsere Vorerwartungen an den Text nachhaltig prägen. So können wir häufig bereits an der makrotypographischen Gestalt eines Textes erkennen, um welche **Textsorte** es sich handelt.[184] Typographie kann also ein **Textsortenindikator** sein. Susanne Wehde (2000:119–133) hat dieses Phänomen »**typographische Dispositive**« genannt.

Auch ziehen bestimmte Elemente auf der Fläche eher unsere Aufmerksamkeit auf sich als andere. Gerade in massenmedialen Texten ist es ja in der Regel nicht so, dass wir mit dem Lesen links oben auf der ersten Seite beginnen und den Text bis zur letzten Seite lesen. Insbesondere Zeitungen haben sich, wie Hans-Jürgen Bucher schreibt, »von einem linearen zu einem nicht-linearen Medium« entwickelt:

> Heutige Printmedien sind [...] segmentierte Informationsangebote für eine selektive Lektüre. Sie verfügen daher über einen breiten Vorrat an operationalen Zeichen und Verweisen, die dem Leser Informationen darüber vermitteln, wie er das Informationsangebot individuell erschließen und nutzen kann.   (H.-J. Bucher 1998:64)

Eine Zeitungsseite besteht aus teilweise aufeinander bezogenen Textclustern, unterschiedlich hervorgehobenen Textblöcken, Überschriften, hervorgehobenen Zitaten, Infografiken, Bildern, Kolumnentiteln usw. Eine Zeitung wird daher, wie Experimente gezeigt haben, bei denen die Augenbewegungen aufgezeichnet wurden (sog. **Eyetracking**), nicht im klassischen Sinne »gelesen«, sondern erst einmal abgetastet. Dabei gibt es übereinstimmende Muster: Zunächst werden in der Regel die Bilder betrachtet, dann die unterschiedlich großen Überschriften gelesen. Beide stellen Einstiegsangebote für den Leser dar, aufgrund derer er schließlich einen Text an- oder durchliest. Aber auch beim Lesen des Fließtextes springt das Auge immer wieder zu den Bildern, zu Infografiken, zu anderen Texten und zu hervorgehobenen Textteilen (vgl. Holsanova u. a. 2006; Bucher 1996, 47–48). Die aufgezeichneten Spuren der Augenbewegungen laufen daher kreuz und quer über die Seite. In solch komplexen Texten[185] sind typographische Elemente als **Strukturindikatoren** von fundamentaler Bedeutung, es ist sogar mit Holsanova u. a. (2006:66) zu fragen, ob sie nicht bis zu einem gewissen Grad beeinflussen, was wir überhaupt lesen.

Selbst die Platzierung der Textteile und Bilder auf der Seite spielt nach Meinung einiger Forscher – und übrigens auch der Textgestalter (vgl. Willberg/Forssman 2005:112–113) – eine wesentliche Rolle. Zu erwähnen ist in diesem Zusammenhang der Versuch von Gunther Kress und Theo van Leeuwen, eine »Grammatik

---

184 Vgl. Walker 2001:2–8; Androutsopoulos 2000.

185 Hierfür sind Zeitungen natürlich nur ein Beispiel. Viele andere Kommunikationsformen (Magazine, Flyer, Plakate usw.) nutzen die Zweidimensionalität ebenso stark. Durch das Internet wurde die Entwicklung noch vorangetrieben: Hier haben wir es häufig mit mehr als zwei Dimensionen zu tun (vgl. Schmitz 2001).

des visuellen Designs« zu entwerfen (Kress/van Leeuwen 1996). Kress und van Leeuwen sind überzeugt davon, dass die spezifische Positionierung eines Elements (Textes oder Bildes) unsere Interpretation dieses Elements wesentlich steuert (vgl. Kress/van Leeuwen 1996:181–229). Sie teilen die Lesefläche in Zentrum und Peripherie bzw. in vier Felder (links/rechts und oben/unten) auf. Die einzelnen Felder, so führen sie aus, sind in einer bestimmten Kultur, in Abhängigkeit u. a. vom **Lesevektor**, mit unterschiedlichen Rezeptionserwartungen besetzt. In unserer Kultur (Lesevektor von links nach rechts und von oben nach unten) gelten demnach folgende Zuschreibungen: Im Zentrum erwarten wir eine wichtigere Information als in der Peripherie; in der linken Hälfte erwarten wir bereits bekannte Informationen (*given*), in der rechten neue (*new*), in der oberen Hälfte eher allgemeine, abstrakte Informationen (*ideal*), in der unteren konkrete, spezifische (*real*). Mit diesem Modell, das Kress und van Leeuwen nach eigenen Aussagen auch anhand von Zeitungsseiten verifiziert haben (vgl. Kress/van Leeuwen 1998), sind die beiden Forscher auf enorme Resonanz gestoßen (vgl. dazu Scollon/Scollon 2003, die den Ansatz weiter ausbauen). Empirisch nachgewiesen wurde ihre These bislang allerdings nicht (vgl. für einen Versuch Holsanova u. a. 2006).

Wenn wir die Makroebene über die Textfläche hinaus erweitern, kommt ein weiterer wichtiger Faktor hinzu: der Aufbau eines Textverständnisses, der sich über die Lektüre des Gesamttextes hinzieht. Man geht heute davon aus, dass es sich bei dieser ›Textverarbeitung‹ um einen komplexen, wechselseitigen Prozess handelt, bei dem dem Text nicht einfach Bedeutung ›entnommen‹ wird. Vielmehr konstruiert der Leser aufgrund seines Weltwissens und seiner Vorerwartung aktiv Textbedeutung (vgl. dazu Schnotz 1996). Dennoch sind Verständnisindikatoren im Text natürlich von großer Bedeutung. Ein wichtiger Terminus aus der **Textlinguistik** hierfür lautet **Kohärenz** (vereinfacht gesagt: der Sinnzusammenhang eines Textes). Textverstehen ist »ein Prozeß der mentalen Kohärenzbildung« (Schnotz 1996:972), der Herstellung eines Textsinns also. Bei dieser Herstellung helfen dem Leser *Kohärenzindikatoren*, etwa ein sich durchziehendes Thema, das wiederholte Auftauchen von Elementen aus demselben Wortfeld oder demselben Erfahrungszusammenhang oder auch das, was man in der Textlinguistik als **Kohäsionsmittel** bezeichnet, nämlich Verknüpfungen auf der sprachlichen Ebene (etwa Wiederaufnahmen bereits verwendeter Wörter, Pronomina, deiktische Mittel usw.). Dass auch typographische Mittel als Kohärenzindikatoren fungieren können, ist eine These, die Jörg Hagemann (2003, im Druck) vertritt.

Hagemann versucht zu zeigen, dass »typographische Elemente das Textverstehen stützen können, wenn sie systematisch verwendet werden, anders ausgedrückt, wenn die Typographie konsequent und schlüssig mit der Informationsstruktur eines Textes korrespondiert« (Hagemann 2003:101). Er nimmt an, dass durch systematische **Textauszeichnung** »kategoriale Ebenen« gebildet werden, die dem Leser Interpretationshilfen bieten. Konkret heißt das, dass bestimmte Wörter im Text, wenn sie gleich ausgezeichnet (bspw. fett gedruckt) sind, als zusammengehörig empfunden werden. Wenn sie tatsächlich derselben Kategorie angehören (wie in diesem Buch, in dem Fachbegriffe, die im Glossar erläutert werden, fett ausgezeichnet sind), unterstützt die Auszeichnung nach Hagemann den Verständnisprozess, die Textgestalt hilft dem Leser, Verknüpfungen vorzunehmen, die freilich inhaltlich auch Sinn machen müssen. Letztlich versucht Hagemann also, die in diesem Abschnitt mehrfach erwähnte Beobachtung, dass systematische Typographie die Textrezeption erleichtern kann, theoretisch zu erklären.

Wir haben in diesem Abschnitt gesehen, dass Typographie in vielerlei Hinsicht die Rezeption eines Textes beeinflussen kann. Im nächsten Abschnitt werden wir der Frage nachgehen, inwiefern sie auch ein Bedeutungsträger sein kann.

6.4.3   Typographie als Bedeutungsträger

Dass mitunter »die graphische Form […] den ›Sinn‹ eines ›Textes‹ ganz wesentlich mit[bestimmt]« (Wolf 2000:291), lässt sich am einfachsten anhand der Assoziationen nachvollziehen, die bestimmte Schriftarten hervorrufen können (der typographische Fachbegriff für dieses Phänomen lautet **Anmutung**). So verbinden wir mit bestimmten **Schriftarten** (vgl. Beispiel (1)) bestimmte historische Epochen, Textsorten, Benutzergruppen sowie Wertungen aller Art. Semantisch gesprochen kann die Gestalt von Schriften also eine **konnotative Bedeutung** tragen.[186] Bestimmte Schriften (etwa **Serifenschriften** wie die Garamond) werden als »formeller« als andere empfunden, sie können einem Text also »Formalität« oder auch »Autorität« (vgl. Walker 2001:42–48) verleihen. Schreibschriften, wie sie häufig auf Einladungen, Speisekarten oder auch Marmeladenetiketten verwendet werden, sollen – je nach Kontext – Exklusivität oder auch die »Individualität«, die wir mit Handgeschriebenem verbinden (vgl. Walker 2001:31–52; Neef, S. 2002), anzeigen. Die Strichstärke einer Schrift verbinden wir häufig mit »Leichtigkeit« oder »Resolutheit«. **Serifenlose Schriften** werden zumeist als »moderner« empfunden als **Serifenschriften** und erst recht als »mittelalterlich« anmutende Unzialschriften oder die gebrochenen Schriften, die für viele nicht nur eine historische oder »rustikale«, sondern vielleicht sogar eine »deutschtümelnde« oder gar »nationalistische« Anmutung haben, während die Egyptienne-Schriften eher Assoziationen zu Wildwestromanen wecken. Wie die Beispiele (4–9) auf der nächsten Seite zeigen, wird dies auch bewusst eingesetzt. Der **konnotative Gehalt** ist mitunter so stark, dass die Schriftwahl einen ganz entscheidenden Beitrag zur Bedeutung leistet, die wir einem Text zuschreiben. Manche Texte, wie die österreichische Wahlannonce in (7)[187], sind ohne das Wissen um den konnotativen Gehalt der verwendeten Schriften gar nicht verständlich.

Doch nicht nur die Schriftgestalt kann Bedeutung tragen, prinzipiell kann jedes typographische Gestaltungselement die Lesart eines Textes beeinflussen: Schriftgrößen, Schriftfarben und Hintergrundfarben (vgl. Beispiel (8) und (9)), die Mate-

---

186 **Konnotation** bezeichnet die Assoziationen, die ein Zeichen hervorrufen kann (bspw. *Feuer* → Behaglichkeit).

187 Sie entstammt dem Beitrag von Schopp (2002:113).

(4) Der Spiegel 4/2001   (5) Der Spiegel 51/2003   (6) Der Spiegel 17/2001

   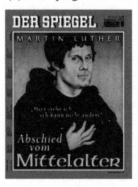   

(7) Der Standard, 9.6.1994   (8) Der Spiegel 21/2003   (9) Der Spiegel 7/2001

Gehen Sie wählen!

𝕬𝕹𝖉𝖊𝖗𝖊 𝖙𝖚𝖓 𝖊𝖘 𝖆𝖚𝖈𝖍.

Nur wer wählt ⅋ zählt.

rialität des Zeichenträgers (Papier oder Stein, Papierqualität etc.) und auch – wie bereits in Abschn. 6.4.2 angedeutet – die Platzierung des Textes auf der Fläche. Gerade bei Letzterem wird das semiotische Potenzial häufig übersehen. Wie stark seine Wirkung jedoch sein kann, zeigt Klaas-Hinrich Ehlers (2004) anhand eines historischen Beispiels. Mit Bezug auf die Briefstellerliteratur des 18. und 19. Jahrhunderts weist Ehlers nach, dass insbesondere der linke Rand bürgerlicher Briefe im 18. und 19. Jahrhundert (bis in die 20er Jahre des 20. Jahrhunderts) hochgradig sozialsemiotisch besetzt war – als Zeichen des sozialen Rangs, in dem sich der Schreiber gegenüber dem Adressaten sah: Je breiter der (bis zu vier Finger breite) Rand war, desto größer war laut Ehlers der Respekt, der dem Angeschriebenen entgegengebracht wurde. Dieser so genannte »Respects-Platz« war nur eines von mehreren makrotypographischen Gestaltungsmitteln, mit denen bürgerliche Briefschreiber **soziale Bedeutung** anzeigten. Unter anderem wurden die Schreiber auch dazu angehalten, den eigenen Namen oder das Personalpronomen *Ich* niemals vor die Anrede oder an den Beginn eines Abschnittes zu setzen und ihre Unterschrift – je nach sozialer Stellung – mit möglichst großem Abstand unter den Text anzu-

fügen. Ohne das Wissen um die soziale Bedeutung dieser »Null-Zeichen«, wie Ehlers (2004:6–7) den bedeutungstragenden Leerraum nennt, entgeht uns heutigen
Lesern ein wichtiger Anteil dieser Kommunikationsform. Ähnliches gilt auch für
den konnotativen Gehalt von Papierformaten. So zeigt Ehlers (2004:13–14), dass
auch die Größe des Briefbogens »Respekt« ausdrückte, und Uwe Jochum (1996)
verdeutlicht in einem Aufsatz zur Buchgeschichte, dass bestimmte Buchformate
mit bestimmten Textsorten in Verbindung gebracht wurden. Diese Verbindung
war so stark, dass etwa Goethes dezidierte Entscheidung, die Erstausgabe des
Werther im für Predigt- und Gesangbücher vorbehaltenden Oktavformat drucken
zu lassen, als Skandal empfunden wurde und laut Jochum (1996) einen wesentlichen Anteil am Erfolg des Briefromans hatte.[188]

Beobachtungen dieser Art haben dazu geführt, dass Typographie als »sekundäres semiotisches System« bezeichnet wurde (so von Wehde 2000:64 und Stöckl
2004:15), das unter Umständen sogar zum »primären semiotischen System«
(Schopp 2002:121) werden kann, nämlich dann, wenn die Textgestalt die Bedeutung stärker prägt als der Inhalt (vgl. auch Glück 1987:248). Wie aber lässt sich
dies genauer beschreiben? Was macht den semiotischen Gehalt typographischer
Elemente aus und warum nehmen wir ihn überhaupt wahr? Dazu muss man zunächst verschiedene Formen der **Semiotik** der Typographie unterscheiden, denn
die Konnotationen, die wir mit bestimmten Gestaltungselementen verbinden, haben sehr unterschiedliche Ursachen. Teilweise hängen sie mit der Form dieser Elemente zusammen, etwa im Fall dünner Schriften als Ausdruck von Fragilität oder
»Leichtigkeit«, oder auch, wie in Beispiel (10), bei der bildhaften Darstellung von
Sachverhalten durch die Schriftform.

(10) Bildhafte Darstellung durch Schrift (aus Schierl 2001:142).

In anderen Fällen jedoch lassen sich die Assoziationen nicht auf die Form zurückführen. So haben gebrochene Schriften, rein formal betrachtet, natürlich nichts
»Deutsches«, »Antiquiertes« oder gar »Nationalistisches« an sich, auch die »Mo-
dernität« von Groteskschriften und die »Formalität« von Antiquaschriften lässt
sich aus ihrer Form nicht ableiten. Diese Eigenschaften werden den Schriften von
den Mitgliedern einer bestimmten Kultur vielmehr zugeschrieben, und zwar aufgrund typischer Verwendungszusammenhänge, aufgrund der Schriftgeschichte oder aufgrund dessen, was wir über die Geschichte einer Schrift zu wissen
glauben.[189] Um diese Unterschiede zeichentheoretisch zu verdeutlichen, bietet

---

188 Vgl. für weitere literarische Beispiele auch Nutt-Kofoth 2004.
189 Willberg (2001:11–12) spricht treffend vom »kollektiven Schriftgedächtnis«. Dass die

sich der Rückgriff auf Charles S. Peirces Unterscheidung von **indexikalischen**, **ikonischen** und **symbolischen** Zeichentypen (vgl. Nöth 2000:66 sowie Abschn. 2.2) an. Ein Beispiel für eine **ikonische** Zeichenbeziehung ist »dünne Schrift = Fragilität/Leichtigkeit« (vgl. dazu bereits Spillner 1995:92–93). Hier besteht ein durch Analogie begründeter Zusammenhang zwischen der Schriftform und der damit verbundenen Assoziation (vgl. für weitere Beispiele Fischer 1999 und Wehde 2000:173–179). Die anderen genannten Fälle jedoch beruhen auf einer **symbolischen** Zeichenbeziehung, denn die Assoziation ist hier ausschließlich durch Zuschreibung begründet.

Auf einer anderen Betrachtungsebene lässt sich mit Peirce noch eine weitere Differenzierung vornehmen. So kann uns eine Schriftart wie die Fraktur ja einerseits schlicht Hinweise auf den Entstehungskontext eines Textes geben, wenn wir etwa ein Dokument aus dem 19. Jahrhundert lesen, so wie uns die Verwendung einer bestimmten Sprache oder eines bestimmten Stils die Zugehörigkeit zu einer bestimmten Sprachgemeinschaft oder Sprechergruppe anzeigt. **Typographische Dispositive** (vgl. oben Abschn. 6.4.2) funktionieren nach diesem Prinzip, und hier sind es oft weniger die auffallenden als vielmehr die »normalen«, erwartbaren typographischen Elemente, die Orientierung stiften.[190] Andererseits kann eine Schriftart wie die Fraktur auch in einem eher unüblichen Kontext – in Antos' Terminologie: *rekontextualisierend* – eingesetzt werden, etwa auf der Titelseite eines Magazins, um Assoziationen zu einer bestimmten historischen Epoche zu wecken – so wie auch eine bestimmte Sprache (bspw. das Italienische) oder ein bestimmter Stil (etwa aus einer Jugendszene) bewusst rekontextualisierend eingesetzt werden können, um bestimmte Assoziationen, die mit dieser Sprache (etwa: Emotionalität) oder diesem Stil (etwa: Coolness) verbunden sind, hervorzurufen. Diese beiden Verwendungsweisen bezeichnen Scollon/Scollon (2003:118–119/133–134) unter Rückgriff auf Peirce als **indexikalische** und **symbolische** Zeichenverwendung:

> [...] the actual language used – English, Chinese, French, etc. – can either **index** the community within which it is being used or it can **symbolize** something about the product or business which has nothing to do with the place in which it is located. These same distinctions can be made through the choice of the fonts or indeed preferred visual semiotic systems of construction.   (R. Scollon/S. W. Scollon 2003:119; Herv. i. O.)

Bei diesen Unterscheidungen ist jedoch eines wichtig: Die typographischen Elemente sind (wie andere Zeichen auch) nicht von Natur aus und in jedem Fall iko-

---

dort tradierten Auffassungen nicht immer mit der tatsächlichen Schriftgeschichte übereinstimmen, zeigt die wechselvolle Geschichte der gebrochenen Schriften, die zwar sehr früh zum Symbol nationaler und nationalistischer Kräfte im Kampf gegen den »Liberalismus« und »Modernismus« wurden, 1941 aber ausgerechnet durch die Nationalsozialisten im offiziellen Schriftverkehr verboten wurden (vgl. etwa von Polenz 1996 und Wehde 2000:216–327).

190 Susanne Wehde betont daher zu Recht: »Gerade ›Normalität‹ hat auf den Verlauf der Textrezeption nicht zu unterschätzenden Einfluß« (Wehde 2000:185).

nische, symbolische oder indexikalische Zeichen. Sie sind es nur dann, wenn ein Zeichenrezipient sie in einer bestimmten Situation als (ikonisches, symbolisches oder indexikalisches) Zeichen *interpretiert*. Dazu muss ein typographisches Element einerseits als Zeichen *wahrgenommen* werden. Der Rezipient muss also davon ausgehen, dass ihm der Produzent mit der Zeichenwahl etwas Bestimmtes mitteilen will oder dass – im Fall indexikalischer Zeichen – die Zeichenwahl einen bestimmten Verwendungszusammenhang erkennen lässt. Andererseits muss der Rezipient in der Lage sein, das Zeichen zu *interpretieren* (d.h. er muss glauben, erkennen zu können, worauf das Zeichen verweist). Dazu ist »semiotisches Wissen« nötig. Eine Zeichentheorie, die diese Faktoren berücksichtigt, hat Rudi Keller (1995) vorgelegt. Keller geht davon aus, dass Zeichen erst dadurch zu Zeichen werden, dass sie in einer konkreten Kommunikationssituation als Zeichen interpretiert werden. Deshalb müssen Zeichen *wahrnehmbar* und *interpretierbar* im genannten Sinne sein (vgl. Keller 1995:108–112). Aus dieser Grundannahme ergibt sich für Keller die bereits genannte Konsequenz, dass Zeichen nicht **Ikone**, **Indexe** oder **Symbole** *sind*, sondern dass sie **ikonisch** (unter Rückgriff auf Ähnlichkeitsbeziehungen), **indexikalisch** (aufgrund kausaler Schlüsse) oder **symbolisch** (unter Rückgriff auf Regelwissen) *interpretiert* werden können (vgl. Keller 1995:113–132). Je nach Situation und »semiotischem Wissen« (vgl. Keller 1995:12–13) der jeweiligen Interpretanten können typographische Elemente damit als Zeichen interpretiert werden (und damit: ein Zeichen *sein*) – oder eben nicht.

Diese Annahmen sind sehr wichtig für die Beurteilung des semiotischen Potenzials typographischer Elemente. Dieses entfaltet sich nur dann, wenn typographische Elemente in bestimmten Situationen von bestimmten Rezipienten als zeichenhaft wahrgenommen werden. Damit sie interpretiert werden können, bedarf es »typographischen Wissens«, eines Wissens um bestimmte kulturell verankerte Verwendungsregeln und Zuschreibungen bestimmter Gestaltungselemente in bestimmten Kontexten. Dass solch ein Wissen existiert, zeigt sich schon daran, dass der Einsatz typographischer Mittel zur Eingrenzung bestimmter Lesarten offenbar häufig seinen Zweck erfüllt. Allerdings ist das Wissen sehr stark zeit-, kultur- und rezipientenabhängig. Die Ausführungen zur Funktion des »Respects-Platzes« in der bürgerlichen Briefkommunikation haben dies verdeutlicht. Wie auch bei pragmatischem (Sprechhandlungs-)Wissen muss man von einem Kontinuum zwischen weit verbreiteten und esoterischen Wissensbeständen ausgehen. So erscheint die im folgenden Zitat wiedergegebene Äußerung des Typographen Hans Peter Willberg wohl nur einem beschränkten Kreis von Experten verständlich. Hier liegt ein ganz spezifisches typographisches »Wissen« zugrunde:

> Ich erhielt einen Brief von einem Verantwortlichen des Designer-Verbandes mit der Aufforderung zur Mitarbeit in einem Ausschuß.
>
> Der Brief war in der 10 Punkt Avant Garde gesetzt, Blocksatz, sehr lange Zeilen, sehr große Löcher zwischen den Wörtern, ohne Durchschuß. Da habe ich lieber gleich abgesagt. (H. P. Willberg/F. Forssman 2001:78)

Aufgrund dieses spezifischen, gruppengebundenen Wissens können typographische Elemente auch von bestimmten Gruppen und Szenen als Stilelemente eingesetzt werden. Dies ist ein Phänomen, auf das die linguistische Stilistik in den letzten Jahren verstärkt aufmerksam geworden ist. Aus diesem Grunde wird dem Thema ein eigener Abschnitt gewidmet.

6.4.4   Typographie als Stilphänomen

Die linguistische Stilistik untersucht, vereinfacht gesagt, warum bestimmte Sprachbenutzer oder Sprachbenutzergruppen in bestimmten Situationen zu bestimmten kommunikativen Mitteln greifen. **Stil** wird aufgefasst als »sinnhafte Form« (Sandig 1986:14), als bewusste Wahl spezifischer semiotischer Ressourcen. Im Mittelpunkt der Stilistik steht also die Annahme, dass die Zeichenwahl selbst »Sinn« trägt. Neuere stilistische Ansätze – zu nennen sind hier etwa die pragmatische, interaktionale und handlungsorientierte Stilistik, wie sie Barbara Sandig (1986, im Druck), Margret Selting (2001) und Ulla Fix (1996, 2001) vertreten – betonen dabei, dass Stil ein soziales Phänomen sei, eine Zeichenwahl mit dem Ziel, »soziale[n] Sinn« (Sandig 1986:28) herzustellen, oder, wie es Aleida Assmann ausgedrückt hat, ein »Mittel zur Steigerung sozialer Sichtbarkeit«.[191] Damit ist gemeint, dass die Zeichenwahl nicht willkürlich ist und auch nicht nur, wie es der alltagssprachliche Stilbegriff nahelegt, rein ästhetischen Überlegungen folgt. Vielmehr ist sie bezogen auf die soziale Relevanz bestimmter Zeichenressourcen (etwa auf das Prestige bestimmter Sprachverwendungen in bestimmten Sprechergruppen), auf die Einstellungen von Sprechergruppen zu bestimmten Sprachgebrauchsformen oder auf die Assoziationen, die mit bestimmten sprachlichen Phänomenen verbunden sind.

Mit der Wahl eines bestimmten Stils situiert sich ein Sprecher mithin stets im sozialen Gefüge. Stil dient dabei unter anderem dazu, die Zugehörigkeit eines Sprechers zu einer bestimmten sozialen Gruppe anzuzeigen, also Identität zu symbolisieren[192], und dazu, an Einstellungen der Adressaten anzuknüpfen, um die Erfolgsaussichten einer sprachlichen Handlung zu erhöhen bzw. die Einstellung des Adressaten zum Sprecher zu beeinflussen. Stilistische Mittel fungieren aber auch als »Kontextualisierungshinweise«, sie zeigen also den (bspw. historischen oder institutionellen) Kontext einer Sprachhandlung an (vgl. dazu Selting 2001:8).

Die Mittel einer solchen »sozial relevanten« Zeichenwahl sind vielfältig und keineswegs auf sprachliche Zeichen beschränkt. Grundsätzlich kann jedes Zeichen, also jede Form, der wir Bedeutung zusprechen, als Stilmittel dienen: sprachliche Zeichen, Kleidung, Körperhaltung, Architektur, Musik usw. Eine der Grundannahmen der neueren Stilistik ist, dass die verschiedenen Zeichentypen sich in der konkreten Verwendung zu einer komplexen, ganzheitlichen Einheit verbinden, die die Rezipienten auch als ganzheitliche Einheit wahrnehmen (vgl. Fix 1996,

---

191 Zitiert nach Fix 2001:113.
192 Vgl. dazu das Konzept des *kommunikativen sozialen Stils* von Kallmeyer 1995.

2001, Selting 2001:7–8, Androutsopoulos 2000:357). Als Konsequenz daraus ergibt sich für die neuere linguistische Stilforschung, dass sie sich nicht nur auf sprachliche Zeichensysteme beschränken kann – eben weil der »stilistische Sinn« eines Textes das Resultat einer komplexen Wechselwirkung verschiedener semiotischer Ressourcen ist. In diesem Sinne fordert Ulla Fix: »Wir brauchen einen auf nichtsprachliche Zeichensysteme erweiterten Stilbegriff« (Fix 2001:113). Denn, so Fix weiter:

> Nichtsprachliche Zeichen, das sind im Schriftlichen z. B. Bilder, typographische Elemente, Farben, Papiersorten, Flächen, Linien usw. […], im Mündlichen z. B. Stimmführung, Mimik, Gestik, Situierung der Sprechenden im Raum […], konstituieren gemeinsam mit sprachlichen Zeichen das Sinnangebot eines Textes. […] Linguistische Textbegriffe sind vor diesem Hintergrund nicht mehr ausreichend. Texte müssen als Komplexe von Zeichen verschiedener Zeichenvorräte betrachtet werden. Stil als Teil der Textbedeutung entsteht aus dem Zusammenwirken dieser verschiedenen Systemen angehörenden Zeichen.   (U. Fix 2001:114/118)

Damit sind wir zurück bei unserem Thema: Der Stil eines Textes wird maßgeblich von seiner mikro- und makrotypographischen Gestalt geprägt, wenn diesen Elementen »sozialer Sinn« zugesprochen wird. Der »soziale Sinn« wiederum ist, um an die Argumentation des letzten Abschnitts anzuknüpfen, Bestandteil eines kollektiven semiotischen (oder spezifischer: typographischen) ›Wissens‹, an das Sprecher anknüpfen bzw. anzuknüpfen versuchen, wenn sie eine bestimmte Zeichenwahl vornehmen. Hans Peter Willberg etwa gibt sich im oben zitierten Beispiel als Mitglied einer sozialen Gruppe typographischer Experten zu erkennen, die ›wissen‹, welche Schriftwahl und typographische Gestaltung eines Briefs einer Kommunikation zwischen Typographie-Experten angemessen ist. Das ›Wissen‹ wird somit auch zum Statussymbol der sozialen Gruppe, die Kompetenz, einen formal akzeptablen Brief zu verfassen, zur Voraussetzung, ›dazuzugehören‹.

Eine solche Zeichenverwendungskompetenz (und damit der **soziale Stil** in Kallmeyers (1995) Sinn) spielt in vielen sozialen Gruppen eine wichtige Rolle. Dazu gehört nicht nur die Beherrschung eines angemessenen sprachlichen Registers (etwa szenesprachlicher Vokabeln) oder bestimmter sprachlicher Normen (u. a. auch die Beherrschung orthographischer Normen), sondern auch häufig das Wissen um bestimmte typographische Elemente, die innerhalb der Gruppe Symbolfunktion übernehmen. Das wurde insbesondere in Arbeiten zum typographischen Stil von politischen Gruppen (etwa rechtsextremer Gruppen, die neben nationalistischen Symbolen vor allem auch gebrochene Schriften als Identitätsmerkmal einsetzen[193]) und von Jugendszenen nachgewiesen. Letzteres hat vor allem Jannis Androutsopoulos in mehreren Arbeiten hervorgehoben. In einem Aufsatz zur Funktion von Typographie als Stilelement in den Medien weist Androutsopoulos darauf hin, dass alle musikalischen Subkulturen der Spätmoderne gezielt typo-

---

193 Vgl. dazu Meier-Schuegraf 2005.

grafische Mittel eingesetzt haben, um »ästhetische Identität«, wie er es nennt, zu schaffen und zu propagieren (vgl. Androutsopoulos 2004). Androutsopoulos führt als Beispiele an:

- die Hippiekultur (1960er-Jahre): psychedelische Schriften
- Punkrock (1970er-Jahre): anarchische Typografie (ausgeschnittene Buchstaben, Schreibmaschinenschrift)
- Heavy Metal (1980er-Jahre): »Gotische« (gebrochene) Schriften
- Techno (1990er-Jahre): Computerschriften
- HipHop (Anfang 21. Jhdt.): Graffiti, gotische Schriften

Die folgenden Beispiele zeigen, wie diese Schriften auf aktuellen Fanseiten im Internet eingesetzt werden:

(11) *http://www.hippie.ch*

(12) *http://www.punk-shop.de*

(13) *http://www.metalglory.de*

(14) *http://www.technoguide.de*

(15) *http://www.hiphop-lyricz.de*

Diese Schriftarten, die auf verschiedenen Medien zu finden sind (auf Platten- und CD-Covern, Flyern, T-Shirts, in Magazinen, Büchern und im Internet), eignen sich hervorragend als Indikatoren sozialer Zugehörigkeit. Gleichzeitig verweisen sie über die eigentliche Gruppenzugehörigkeit hinaus (über die konnotative Symbolik der Schriften) auf Wertvorstellungen der sozialen Gruppe. Die Punk-Typographie etwa spielt auf typographische Formen von Erpresserbriefen an und kokettiert so mit ›Illegalität‹ und ›Gegengesetzlichkeit‹. Die gebrochenen Schriften des Heavy Metal zeigen die Vorliebe für nordische Mythologie an, über die nationalistischen Assoziationen aber auch das Spiel mit martialischen Posen. Die Computerschriften des Techno verweisen nicht nur auf die Technik, die der Musik zugrunde liegt, sondern auch auf das Selbstverständnis der Szenemitglieder als Vertreter einer digitalisierten und medialisierten Gesellschaft, die Graffiti, ohnehin ein fester Bestandteil der Hip-Hop-Kultur, auf das urbane Leben in den Ghettos, in denen diese popkulturelle Strömung entstanden ist (vgl. Androutsopoulos 2004 sowie Meier-Schuegraf im Druck).

Dass bei diesen Schriften die Form im Vordergrund steht, zeigt sich daran, dass die Lesbarkeit oft sekundär ist. Daher werden sie meistens nur in bestimmten Textpositionen eingesetzt, in Titeln, Logos, Werbebannern usw., aber selten im Fließtext (vgl. Androutsopoulos 2004). Dennoch ist auch die typographische Gestaltung des Fließtextes wichtig, denn auch dieser trägt zur Herausbildung eines sozialen Stils bei, wie etwa die Makrotypographie von Internetseiten (vgl. Androutsopoulos 2003), Flyern (vgl. Androutsopoulos 2000) und Fanzines (Fanzeitschriften, vgl. Walker 2001:38) zeigt, deren Textanordnung, Farb- und Zeichenträgerwahl (etwa Hochglanz- vs. Recyclingpapier, Farbdruck vs. Schwarzweißkopie) stark sozialsymbolisch besetzt ist.

Doch nicht nur die Mitglieder einer sozialen Gruppe selbst greifen auf diese semiotischen Ressourcen zurück, um ihre Zugehörigkeit zu signalisieren. Die Ressourcen werden auch von anderen Sprechergruppen aufgegriffen, sei es in ironischer Auseinandersetzung oder Abgrenzung von diesen Gruppen, sei es, um am Prestige einer sozialen Gruppe zu partizipieren. Letzteres versuchen vor allem die Medien und die Werbung. Sie greifen auf typographische Ressourcen zurück, um die Mitglieder einer sozialen Gruppe anzusprechen und für das eigene Produkt zu gewinnen oder auch, um das Produkt mit bestimmten positiven Assoziationen zu verknüpfen, die die typographischen Mittel durch ihre soziale Symbolik transportieren. Dabei handelt es sich um eine Form der »Inszenierung sozialer Stile« (vgl. dazu grundlegend Habscheid/Stöckl 2003). Solche Inszenierungen haben vielfältige Auswirkungen. Zum einen tragen sie zur Verbreitung bestimmter semiotischer Ressourcen und damit auch des ›semiotischen Wissens‹ bei, zum anderen jedoch verringert sich gerade dadurch, dass dieses Wissen durch eine solche Verbreitung immer weniger exklusiv wird, der Wert sozialsymbolisch besetzter Zeichen. Diese Spirale, die Eva Neuland (2000) mit Blick auf verbale Mittel der Jugendsprache als Abfolge von »Stilbildung«, »Stilverbreitung« und »Stilauslöschung« bezeichnet, trägt dazu bei, dass sich auch typographische Stile im Laufe der Zeit wandeln.

6.5   Zusammenfassung

Das Ziel dieses Kapitels war, einen Überblick zu geben über die vielfältigen Funktionen, die Typographie übernehmen kann. Es wurde deutlich, dass die Gestalt und die Platzierung auf der Fläche keineswegs zu vernachlässigende Aspekte von Schrift sind, da sie in ganz unterschiedlicher Weise in den Kommunikationsprozess einwirken, sei es textstrukturierend, sei es differenzierend, in Form einer Bedeutungsnuancierung oder als Hinweis auf die Textsorte, den Entstehungszusammenhang des Textes, seiner Urheber oder auch der Adressaten.

Viele Aspekte konnten nur angeschnitten werden, andere wurden gar nicht erwähnt. Zu nennen sind hier etwa die vielfältigen Auswirkungen multimodaler Kommunikation, die Merkmale handschriftlicher (und damit nicht im eigentlichen Sinne: typographischer) Kommunikation sowie die neuen Möglichkeiten schriftbasierter Kommunikation im Internet, bei der die Schriftgestalt häufig nicht mehr statisch ist, sondern je nach technischer Ausstattung des Betrachters variiert (vgl. Bittner 2003) bzw. – in Form animierter und sich verändernder Schriften – bewusst variiert werden kann.

Die Linguistik ist, wie die Ausführungen gezeigt haben, gerade erst dabei, all diese Möglichkeiten zu sichten. Die theoretische Beschreibung steht daher erwartungsgemäß noch in den Anfängen. Die Zunahme an Arbeiten in den letzten Jahren und der damit verbundene Erkenntnisgewinn deuten aber an, dass viele Linguisten die Herausforderung angenommen haben, dieses für sie neue Gebiet zu beschreiten. Es bleibt zu hoffen, dass die Schriftlinguistik als die Teildisziplin, die es sich zur Aufgabe gemacht hat, eine *umfassende* theoretische Beschreibung schriftlicher Kommunikation zu leisten, an diese Arbeiten anknüpft.

Zur Vertiefung

Sandig im Druck: Einführung in den aktuellen Stand der linguistischen Stilistik auf Basis eines umfassenden Stilbegriffs, der explizit auch Typographie miteinbezieht.
Scollon/Scollon 2003: berücksichtigen neben der Erscheinungsform von Texten auch den Erscheinungsort.
Stöckl 2004: instruktiver Ansatz zur Einbindung der Typographie in die Linguistik.
Wehde 2000: bislang umfassendste zeichentheoretische Arbeit zum Thema.
Willberg/Forssman 2005: Standardwerk zur Typographie von Lesetexten. Sehr gutes und detailliertes Nachschlagewerk.
Willberg/Forssman 2001: knappe, auf Willberg/Forssman 2005 (1. Aufl. 1997) basierende Einführung in den Textsatz. Als Einstieg sehr empfehlenswert.
Willberg 2001: für Anfänger konzipierte Übersicht über verschiedene Schriftarten und ihre Wirkung.

Auch im Internet finden sich zahlreiche interessante Seiten zum Thema. Besonders zu empfehlen sind das Portal *http://www.typografie.info* sowie das von Wolfgang Beinert herausgegebene »Lexikon der westeuropäischen Typographie« (*http://www.typolexikon.de*).

7   Schriftspracherwerb

> Der Schriftspracherwerb ist als mehrstufiger Entwicklungsprozeß anzusehen, in dem Kinder nach und nach die verschiedenen Prinzipien der deutschen Schriftsprache vorwiegend eigenaktiv erwerben.   G. Scheerer-Neumann (1996:1166)

7.1   Grundsätzliche Bemerkungen

In diesem Kapitel wenden wir uns einem Thema zu, das aus entwicklungspsychologischer Sicht am Anfang dieses Buches stehen müsste. Doch kann die Komplexität des Schriftspracherwerbs nur dann adäquat beschrieben werden, wenn die Regularitäten des Schriftsystems, um dessen Erwerb es geht, bekannt sind. Aus diesem Grunde ist das vorliegende Kapitel am Schluss platziert.

In den weiteren Ausführungen dieses Kapitels steht der Erwerb der basalen Lese- und Schreibfähigkeiten im Mittelpunkt. Es geht also um das »Brechen des Codes«, um die »beginnende[n] Fähigkeit zum Lesen und Schreiben noch unbekannter Wörter (und Texte)« (vgl. G. Scheerer-Neumann 1996:1154). In Abschn. 6.2 werden zwei Forschungsansätze zum Erstlesen und Erstschreiben vorgestellt, das Stufenmodell von Uta Frith und das Stufenmodell von Klaus B. Günther. Abschn. 6.3 geht der Frage nach, wie das Lesen- und Schreibenlernen im Grundschulunterricht gestaltet wird und welche Lehrmethoden hier Anwendung finden. Abschn. 6.4 behandelt die weitere Entwicklung der Lese- und Schreibkompetenz, führt also vom Erwerb der basalen Lese- und Schreibfähigkeiten zu Fragen des Textverstehens und der Textproduktion. In Abschn. 6.5 steht das Lesen- und Schreibenlernen von Erwachsenen im Mittelpunkt – und damit eine Thematik, der in unserer literalen Gesellschaft erst seit den 80er Jahren Beachtung geschenkt wurde.

Vier grundsätzliche Anmerkungen seien den folgenden Ausführungen vorangestellt:

1. Wie in den vorangehenden Kapiteln auch, wird der Blick ausschließlich auf das deutsche Schriftsystem gerichtet. Es sei aber eigens betont, dass der Erwerb einer Alphabetschrift an jedem anderen Schriftsystem dieses Typus vorgestellt werden könnte. Dabei würden sich zweifellos interessante Unterschiede zum Deutschen zeigen, die mit der relativen Tiefe des jeweiligen Systems zusammenhängen.[194] Interessant wäre es auch, den Erwerbsverlauf mit dem Erwerb des chinesischen oder japanischen Schriftsystems zu vergleichen, also mit Nicht-Alphabetschriften. Auf

---

194 Je tiefer ein Schriftsystem, desto geringer ist die Zahl der Korrespondenzen zwischen der Graphem- und der Phonemebene (vgl. Kap. 4). Das Englische beispielsweise ist ein relativ tiefes, das Spanische ein relativ flaches Schriftsystem.

diesen Aspekt kann ich aus Platzgründen nicht eingehen, verweise aber auf Kap. 2 und den Artikel von Insup Taylor (1996), »The teaching of reading and writing in east Asia«. Hier finden sich interessante Hinweise zu der Frage, wie Kinder in Japan, Korea und China lesen und schreiben lernen.

2. Der Erwerb der basalen Lese- und Schreibfähigkeiten wird als ganzheitlicher Prozess angesehen. Es wird angenommen, dass sich beide Aktivitäten gegenseitig bedingen, dass sich der Schriftspracherwerb also nicht additiv (erst Lesen-, dann Schreibenlernen), sondern integrativ vollzieht. Vgl. hierzu die Position von Winfried Ulrich, die auch hier zugrunde gelegt wird:

> Lesenlernen und Schreibenlernen sollten nicht getrennt voneinander (zeitlich versetzt oder in zwei Lehrgängen), sondern integrativ erfolgen. Beide Prozesse gehören nicht nur von der Sache her (zwei Seiten der einen schriftsprachlichen Kommunikation) und aus Gründen der Schülermotivation zusammen, sie beeinflussen sich auch gegenseitig positiv (optisches, akustisches, graphomotorisches und taktiles »Mehrkanallernen«).
>
> W. Ulrich (2001, Bd. 1:63)

3. Anders als in der einschlägigen Literatur üblich wird der Terminus ›Schriftspracherwerb‹ hier auf das basale Lesen- und Schreibenlernen von Kindern und von Erwachsenen bezogen. Ich fasse darunter also nicht nur den Erwerb der grundlegenden schriftsprachlichen Kompetenzen zu Beginn der Grundschulzeit (vgl. Glück 2005:567), sondern generell den Erwerb der Fähigkeit, lesen und schreiben zu können.[195] Die methodisch-didaktischen Ansätze der Alphabetisierung sowie die Bedingungen, unter denen der Unterricht erfolgt, dürfen natürlich nicht mit den Lehrgängen zum Erstlesen und Erstschreiben von Kindern parallelisiert werden. Auf den Schriftspracherwerb von Erwachsenen gehe ich daher gesondert ein.

4. Schreiben meint nicht nur, Kenntnis von einem Schriftsystem zu haben, Schreiben bezieht sich auf die Fähigkeit, Texte zu produzieren. Ludwig (2003:6) unterscheidet insgesamt sechs Bedeutungen von Schreiben: »(1) die Produktion von Buchstaben, (2) die Produktion von Wörtern, insbesondere korrekt geschriebener Wörter, (3) die Produktion von Sätzen, (4) die Produktion von Texten, (5) die Produktion von Skripten und (6) die Herstellung einer Kommunikation mithilfe von Texten.« Der Schwerpunkt im Folgenden liegt auf Ersterem, also – mit Blick auf das deutsche Schriftsystem – auf der Frage, wie Kinder und Erwachsene »in die Produktion von Buchstaben eingeführt« (Ludwig 2001:61) werden. Lediglich in Abschn. 7.4, wo es um die Frage geht, wie die Schreibkompetenz gefördert werden kann, kommen Aspekte der Textproduktion in den Blick.

---

195 Dem aufmerksamen Leser wird nicht entgehen, dass der Terminus ›Schriftsprache‹ – obwohl bislang gemieden (zur Begründung vgl. Kap. 0.3) – hier und im Folgenden im Kompositum ›Schriftspracherwerb‹ verwendet wird. Ich folge damit dem Duktus der fachdidaktischen Literatur, wo von Schriftspracherwerb, Schriftspracherwerbsforschung› Schriftspracherwerbsmodell etc. die Rede ist.

7.2   Schriftspracherwerbsmodelle

7.2.1   Vorbemerkungen

Der Erwerb der Lese- und Schreibfähigkeiten wird meist im Rahmen von Entwicklungs- bzw. Stufenmodellen beschrieben. Zwei dieser Entwicklungsmodelle werden hier vorgestellt: das von Uta Frith (1985) für den englischsprachigen Raum entwickelte Drei-Phasen-Modell und die für das Deutsche adaptierte Version, das Fünf-Phasen-Modell von K. B. Günther (vgl. K. B. Günther 1986).[196] Gemeinsam haben beide, dass sie den Schriftspracherwerb nicht als eine starre Abfolge von Lernschritten betrachten, die linear vom Lesen zum Schreiben führen, sondern als ein Zusammenspiel interagierender Faktoren. Eine weitere Gemeinsamkeit besteht darin, dass sie, – »obwohl nicht reflektiert« (Hinney/Menzel 1998:285) – die Dependenzhypothese zugrunde legen, also von der Annahme ausgehen, die geschriebene Sprache sei über Graphem-Phonem-Korrespondenzregeln aus der gesprochenen Sprache ableitbar. Außerdem stimmen sie darin überein, dass die Schriftaneignung mindestens über drei Phasen, die logographische Phase, die alphabetische Phase und die orthographische Phase, erfolgt und sowohl das Lesenlernen als auch das Schreibenlernen umfasst. Allerdings sei hier mit H. Günther (1995) kritisch angemerkt, dass die Rede von Phasen oder Stufen, die ein Kind durchlaufen würde, unangemessen ist. Dadurch entsteht der Eindruck, der Schriftspracherwerb stelle sich gewissermaßen von selbst ein. Wenn hier dennoch von Phasen/Stufen und nicht von »Komponenten« oder »Aspekten«, wie H. Günther (1995:23) es vorschlägt, die Rede ist, dann deshalb, weil den Autoren der vorgestellten Modelle gefolgt wird. Der Leser sollte sich aber dessen bewusst sein, dass es sich beim Schriftspracherwerb nicht um ein festgelegtes Ablaufschema handelt, sondern um interagierende Prozesse. Diese wiederum stellen sich nicht von selbst ein, sondern müssen didaktisch-methodisch unterstützt werden.

7.2.2   Das Drei-Phasen-Modell von U. Frith (1985)

Die Stufenmodell von Uta Frith (1985) knüpft an ältere entwicklungspsychologische Untersuchungen an. Frith setzt drei Phasen an, die jeweils aus zwei Stufen bestehen. Diese Phasen überschneiden sich, und sie gestalten sich bei jedem Kind individuell. Entwicklungsunterschiede bis zu drei Jahren sind möglich. Die charakteristischen Merkmale der drei Phasen sind die folgenden:

1. In der **logographischen Phase** orientieren sich Kinder an einzelnen, auswendig gelernten Buchstaben, an charakteristischen Merkmalen des Wortes, an der Wort-

---

196 Einen alternativen Ansatz, in dem die Schreibung aus einem abstrakten Schreibschema und dieses wiederum aus einem Lautschema entwickelt wird, präsentieren Augst et al. (1994). Zu einem Überblick über drei weitere Modelle, die die Entwicklung der Schreibfertigkeit bis hin zur Textproduktion nachzeichnen, siehe Feilke (1994).

länge oder am situativen Kontext. Beispielsweise erkennen sie das Wort <Omi> am Punkt, <Momo> an den zwei Kreisen, <Langnese> möglicherweise daran, dass sie die Buchstabenkette häufig als Schriftzug auf Werbeplakaten sehen. Auf diese Weise können die Kinder den Schriftzeichen zwar eine Bedeutung zuordnen, nicht aber in jedem Fall die korrespondierende Lautfolge. So kann das Wort <Omi> als *Oma* wiedergegeben werden, <Langnese> als *Eis,* <ULLA> als *Mama* (Beispiele übernommen von Scheerer-Neumann 1996:1157). Diese Phase ist vergleichbar mit der Stufe in der Schriftgeschichte, in der Objekte durch Zeichen dargestellt werden, die auf die Bedeutung (= semasiographisch), nicht aber auf die Lautung bezogen sind (vgl. Kap. 3), in der die Zeichen also noch nicht glottographisch sind.

Die logographische Phase ist durch ein weiteres Merkmal gekennzeichnet. Kinder unterscheiden in dieser Phase nicht zwischen dem Gegenstand und der Bezeichnung für einen Gegenstand. Ein viel zitiertes Beispiel macht dies deutlich: Wenn man Kinder fragt, welches Wort länger sei – *Kuh* oder *Regenwurm* –, geben sie möglicherweise mit Blick auf die Größe der Tiere an, *Kuh* sei das längere Wort. Einen Wortbegriff haben diese Kinder also noch nicht. Die Bezeichnung ›logo-graphisch‹ ist in diesem Sinne falsch gewählt. Auch aus einem anderen Grunde ist die Bezeichnung ›logographisch‹ bzw. ›logographemisch‹ (Terminus von K. B. Günther 1986) irreführend: Wie H. Günther (1988:192) betont, suggerieren diese Ausdrücke, die »Lesestrategie habe Verwandtschaft mit dem Lesen logographischer Schriftsysteme, was unbedingt nicht zutrifft – wie immer der erwachsene Leser des Chinesischen lesen mag, er orientiert sich sicherlich nicht am irrelevanten Detail!« An anderer Stelle weist H. Günther darauf hin, das Modell lasse sich nicht auf den logographischen Schrifttyp übertragen. Dies freilich ist die Frage, denn auch in der Schreibung des Chinesischen gibt es phonologische Hinweise (vgl. Kap. 2), und auch für das Chinesische wird angenommen, so Scheerer-Neumann (1998:39), »dass die Kinder zuerst rein logographisch lesen und später erst diese phonologische Information nutzen.«

Die logographische Phase, so führt Frith (1985) aus, setzt mit dem Lesen ein. Nachdem die Kinder die logographische Strategie im Lesen erworben haben, fangen sie an, auf diese Art und Weise zu schreiben. Sie stellen Wortbilder dar, schreiben also einzelne Wörter als ganze, im Gedächtnis gespeicherte Einheiten auf. Andere Wörter werden weiter zeichnerisch dargestellt (☽ für Mond). Bei den Schreibversuchen kommt es häufig zu Buchstabenvertauschungen (z. B. *AFPEL*) oder Buchstabenauslassungen. Werden nur die Konsonantenbuchstaben eines Wortes verschriftet (z. B. *RKT = RAKETE*), ist dies ein Zeichen dafür, dass das Kind bereits am Beginn der alphabetischen Phase steht.

2. In der **alphabetischen Phase** lesen die Kinder die Wörter phonographisch, Laut für Laut. Dies ist die Phase, in der das **phonologische Rekodieren**, das Überführen der Graphem- in die Phonemkette im Mittelpunkt steht.[197] Nach Gerheid Scheerer-

---

197 An dieser Stelle sei angemerkt, dass nach Martin Neef (2005:16) das Rekodieren konstitutiv für alphabetische und syllabische Schriftsysteme ist. Auf der Basis dieses Rekodie-

Neumann ist umstritten, welche Rolle dabei das sog. phonologische Bewusstsein, das Wissen um die für Alphabetschriften konstitutive Verbindung von Graphem und Phonem, spielt. Sie schreibt:

> Ist das phonologische Bewußtsein eine *Voraussetzung* oder eine *Folge* des Schrift-spracherwerbs? Diese Frage ist nicht nur wissenschaftlich von Interesse, sondern hat unmittelbar Implikationen für eine Lesevorbereitung schon im Kindergarten und die frühe Förderung von Risiko-Kindern: Eine Interpretation des phonologischen Be-wußtseins als Voraussetzung des Schriftspracherwerbs indiziert eine entsprechende vorschulische Vorbereitung und Förderung von Kindern mit ungünstigen soziokultu-rellen und/oder intellektuellen Voraussetzungen. Bei einer Umkehrung der Verhält-nisse wäre eine frühe lautanalytische Förderung weder sinnvoll noch effektiv.
>
> G. Scheerer-Neumann (1996:1159)

Die hier von Scheerer-Neumann angesprochene Frage hat Konsequenzen für die Konzeption des schulischen Anfangsunterrichts: Leselehrgänge wie ›Lesen durch Schreiben‹ (s. u.) setzen ein **phonologisches Bewusstsein** voraus und stellen die alphabetische Strategie über zwei Schuljahre hinweg in den Vordergrund. Kritiker dieses Ansatzes weisen darauf hin, dass von den Kindern zu Beginn der Grund-schulzeit etwas abverlangt würde, was sie nicht leisten können, eben weil sie noch kein phonologisches Bewusstsein hätten (vgl. dazu und zu einer grundsätzlichen Kritik am Konzept des phonologischen Bewusstsein Stetter 2005:108–114).

Den Zugang zur alphabetischen Phase erhalten die Kinder nach Frith (1985) nicht über das Lesen, sondern über das Schreiben, weil die »Anforderungen des Schreibens die Mängel einer logographischen Strategie besonders deutlich ma-chen« (Scheerer-Neumann 1996:1155). Da logographisch geschriebene Wörter vom Betrachter oft nicht wiedererkannt werden, stelle sich bei den Kindern das Bedürfnis ein, die Wörter anders, nämlich phonographisch, zu schreiben. Dabei schreiben sie möglicherweise Wörter falsch, die sie zuvor – aus dem Gedächt-nis heraus – richtig geschrieben hatten (z. B. *Muta* statt *Mutter*, *Kint* statt *Kind*). Diese Fehler zeigen: Die Kinder haben einen großen Schritt auf dem Weg zur (Alphabet-)Schrift getan. Sie legen beim Verschriften das neu erworbene Wissen um Phonem-Graphem-Zuordnungen zugrunde (z. B. /a/ = <a>, /t/ = <t>). Je nach Tiefe des Schriftsystems kommt es auf diese Weise zu einer größeren oder einer kleineren Anzahl von Fehlschreibungen, die im Kontext dieser Überlegungen als notwendige Entwicklungsschritte angesehen werden.

3. In der **orthographischen Phase** lesen die Kinder ihnen bekannte Wörter nicht mehr durch phonologisches Rekodieren, sondern ganzheitlich. Anders als beim Lesen in der logographischen Phase orientieren sie sich dabei nicht mehr an vi-

---

rungsprinzips (»Eine graphematische Form muss die Rekodierbarkeit der korresponie-renden phonologischen Form gewährleisten«) entwickelt er sein Analysemodell. Chris-tian Stetter wiederum wendet sich gegen dieses »Mimesis-Bild der Alphabetschrift« (vgl. Stetter 2005:101–108).

suellen Details, sondern an den Buchstabenfolgen und Buchstabenkombinationen. Morpheme (*ver-, zer-, -heit,- keit, -en, -er* etc.) und häufig vorkommende Buchstabengruppen (<st>, <pfl>, <fr>) werden als Ganzes erkannt. In einem zweiten Schritt wird die orthographische Strategie auf das Schreiben übertragen. Die Zahl der phonographischen Schreibungen nimmt ab, orthographische Regularitäten werden zunehmend umgesetzt, morphologische Schreibungen wie in *Rad* und die Groß- und Kleinschreibung beachtet. Die Silbenstruktur ist nun nicht mehr nur relevant, um – wie in der alphabetischen Phase – Lauteinheiten richtig zu artikulieren (z. B. *Wespe*, nicht *Wesp-e*) sondern auch, um Schreibregularitäten umzusetzen (z. B. Konsonantenbuchstabendoppelungen bei noch unbekannten Wörtern wie *Otter*). Die orthographische Phase stellt den Abschluss des Schriftspracherwerbs dar. Manche Kinder erreichen sie schon im zweiten Schuljahr, andere sehr viel später. Die alphabetische Strategie wird dennoch nie ganz ausgeblendet, unbekannte Wörter werden weiterhin phonographisch gelesen und möglicherweise auch so geschrieben

Halten wir fest: Nach Frith (1985) gibt es einen wechselseitigen Vorsprung im Lese- bzw. Schreibprozess. Die jeweils führende Aktivität zieht bei einem normalen Entwicklungsverlauf die andere auf dasselbe Niveau. Die logographische Strategie setzt ein beim Lesen, die alphabetische beim Schreiben, die orthographische wiederum beim Lesen. In neueren Arbeiten allerdings wird darauf hingewiesen, dass sich für die Annahme, der Erwerb vollziehe sich sukzessive auf diese Weise, noch keine ausreichende empirische Bestätigung finde (vgl. Scherer-Neumann 1996:1156). Zu beachten ist auch, dass die Merkmale des jeweiligen Schriftsystems, das erworben wird, einen Einfluss auf den Erwerbsprozess haben. Dies wurde von Frith (1985), die ihre Studie im angelsächsischen Raum durchführte, nicht berücksichtigt. So verharren englischsprachige Kinder vermutlich länger beim logographischen Lesen als deutsche, da das phonographische Lesen im Englischen aufgrund der geringeren Zahl von Graphem-Phonem-Korrespondenzen weitaus weniger effektiv als im Deutschen ist (vgl. Schreibungen wie *to laugh* und *to love*). Auch die Lehrmethode, nach der in den ersten Klassen der Grundschule unterricht wird, hat Auswirkungen darauf, wie sich der Erwerbsprozess gestaltet. In einem Unterricht, der von Anbeginn das eigene Schreiben von Texten in den Vordergrund stellt (vgl. ›Lesen durch Schreiben‹), ist anzunehmen, dass der Entwicklungsvorsprung zunächst auf der Seite des Schreibens, nicht des Lesens liegt.

In (1) wird das Frith'sche Modell in einer Grafik dargestellt (vgl. auch Scheerer-Neumann 1998:33). Die Pfeile zeigen den Entwicklungsverlauf an. Die symbolische Strategie auf Stufe 1 a) ist dem Schriftspracherwerb vorgelagert. Sie bezieht sich auf die bildhafte Darstellung von Objekten (siehe dazu weiter unten).

(1)

Phasen/Strategien	Lesen	Schreiben
1 a)	logographisch	symbolisch
1 b)	logographisch	logographisch
2 a)	logographisch	alphabetisch
2 b)	alphabetisch	alphabetisch
3 a)	orthographisch	alphabetisch
3 b)	orthographisch	orthographisch

7.2.3   Das Fünf-Phasen-Modell von K. B. Günther (1986)

Klaus B. Günther unterscheidet in seinem 1986 veröffentlichten und seither oftmals zitierten Aufsatz fünf zweistufige Entwicklungsphasen, fügt also dem Frith'schen Modell zwei weitere Phasen hinzu. Der logographischen Phase stellt er die sog. **präliteral-symbolische Phase** als Phase 0 voran. Diese setzt nach K. B. Günther dann ein, wenn Kinder zweidimensionale bildliche Darstellungen auf dreidimensionale Körper beziehen und dies im eigenen Zeichnen umsetzen (z. B. in der Darstellung eines Hauses). Gebrauchen Kinder symbolische Darstellungen (z. B. ♥ für Liebe), dann wenden sie bereits die präliteral-symbolische Strategie an. Ein wichtiges Kennzeichen dieser Phase ist, dass die Kinder die Erwachsenen im Lesen und Schreiben nachahmen, so z. B., indem sie angestrengt in ein Buch schauen oder mit Kritzeleien Schreibbewegungen auf dem Papier simulieren. Diese Phase dient der Vorbereitung des Schriftspracherwerbs, der Erwerb selbst setzt aber erst mit der logographischen Phase ein.

Eine weitere Phase, die K. B. Günther dem Frith'schen Basismodell hinzufügt, ist die **integrativ-automatisierte Phase**. Sie stellt als Phase 4 den Abschluss des Erwerbsprozesses dar. In dieser Phase erwirbt der Lerner eine Sicherheit im Lesen und Schreiben, wie sie für automatisiert ablaufende Handlungen typisch ist. Nach K. B. Günther (1986:43) stellt Phase 4 »eigentlich keine neue Strategie mehr dar, sondern bezeichnet den schriftlichen Sprachgebrauch des kompetenten Lesers und Schreibers in einem autonomen und funktionsspezifischen Repräsentationssystem der Sprache«. Auch daran sehen wir: Die von Günther angesetzten Phasen, die präliteral-symbolische und die integrativ-automatisierte, gehören nicht unmittelbar zum Schriftspracherwerbsprozess.

K. B. Günthers besonderes Verdienst liegt darin, die psycholinguistische Schriftspracherwerbsforschung auf die Schriftspracherwerbsdidaktik bezogen zu haben. Im Folgenden werden einige didaktische Implikationen der Stufenmodelle dargestellt (vgl. auch Brügelmann 1992, Spitta 1992, Scheerer-Neumann 1996 u. a.):

1. Geht man davon aus, dass Kinder auf ihrem Weg in die Schrift (s. den Buchtitel von Brügelmann 1983) verschiedene Strategien anwenden, dann folgt daraus, dass man Fehler nicht mehr als Defizite, sondern als entwicklungsnotwendige Schreibungen, als Annäherungen an die orthographische Strategie ansieht. Solange die Kinder in ihrem Erwerbsprozess dieses Stadium nicht erreicht haben, kann, so wird argumentiert, nicht erwartet werden, dass sie normgerecht schreiben. In der Konsequenz heißt dies, dass das Prinzip der Fehlervermeidung im Unterricht aufgegeben wird.

2. Verzögerungen im Erwerbsprozess lassen sich mittels der einzelnen Stufen bestimmen. H. Günther (1988:194) schreibt in Bezug auf das Lesenlernen: »Ein Kind etwa, das den Übergang in die alphabetische Phase (noch) nicht bewerkstelligt hat, wird im Kontext vergleichsweise ›gut‹ lesen können, dagegen beim Erlesen neuer Wörter systematisch scheitern. […] Bei zusätzlicher Berücksichtigung der Zusammenhänge von Lese- und Schreibprozessen sollte so das Modell auch Hinweise für adäquate Therapieansätze bieten können.« Es lassen sich also individuelle Fördermaßnahmen aus den Stufenmodellen ableiten.

3. Ausgewählte Unterrichtsmethoden können den Schriftspracherwerb in den einzelnen Phasen unterstützen. So sollten phonemanalytische Übungen einen breiten Raum im Unterricht einnehmen (vgl. K. B. Günther 1986), das Schreiben nicht nur ein Abschreiben sein, sondern – wie im Freien Schreiben der Fall – produktiv eingesetzt werden.

4. Stufenmodelle stützen die heute von vielen Didaktikern vertretene Annahme, dass Lesen- und Schreibenlernen ein integrativer Prozess ist und nicht nur das Lesen, sondern auch das Schreiben von Anbeginn an gelehrt und gelernt werden sollte.

5. Schon fast ein Topos ist mittlerweile die Feststellung, dass es im Schriftspracherwerb keine Stunde Null gebe, dass das Lerntempo der Kinder unterschiedlich sei und der Anfangsunterricht diesem Umstand gerecht werden müsse. Die Kritik, die am Fibelunterricht vorgetragen wird, basiert auf diesen Überlegungen (s. u.).

7.3   Lesen- und Schreibenlernen in der Grundschule

7.3.1   Analytische, synthetische und analytisch-synthetische Lehrverfahren

Bislang wurden theoretische Aspekte des Schriftspracherwerbs behandelt, nun wird ein Blick auf die Praxis geworfen, auf den Erstlese- und Erstschreibunterricht in der Grundschule. Vorgestellt werden zunächst die traditionellen Lehrverfahren, die synthetische und die analytische Methode, im Anschluss daran die Kombination beider Verfahren, die analytisch-synthetische Methode. Da in diesen Lehrgängen jeweils das Lesen-, nicht das Schreibenlernen im Vordergrund steht, werden diese Verfahren, der fachdidaktischen Literatur folgend, als Leselehrverfahren bezeichnet.

1. Das **analytische Leselehrverfahren** ist eng verknüpft mit der sog. Ganzheitsmethode (resp. Ganzsatz-, Ganzwortmethode), die in den 50er und 60er Jahren durch die Brüder A. und E. Kern vertreten wurde und auf Annahmen aus der Gestaltpsychologie aufbaut. Vertreter dieses Leselehrverfahrens sind der Ansicht, dass sich die Kinder die Bedeutung ganzer Wörter und kleiner Sätze einprägen sollten. Begründet wird dies damit, dass Wörter zunächst als geschlossenes Ganzes und erst in einem zweiten Schritt als segmentierbare Einheiten wahrgenommen würden und auf diese Weise ein sinnentnehmendes Lesen von Anfang an möglich sei.[198] Allerdings wird dadurch das Gedächtnis enorm belastet. Winfried Ulrich (2001:129f.) schreibt hierzu: »Dem Vorteil des Sinnbezugs steht der Nachteil fehlender Sinnstützen und Merkhilfen durch Wortelemente gegenüber, so dass das Gedächtnis durch eine zunehmende Zahl von Wortganzheiten stark beansprucht wird und es oft zum Raten und Auswendiglernen ganzer Fibeltexte kommt.«

In der Ganzwortmethode werden drei Stufen im Lesenlernen angesetzt (vgl. Valtin 2003:764):

(2)

Dreistufiges Lehrgangsmodell der Ganzheitsmethode
– Stufe des naiv-ganzheitlichen Lesens (Einprägen von Wörtern und Sätzen),
– Stufe der Durchgliederung (Analyse von Teilgestalten),
– Stufe des selbständigen Erlesens (Synthese)

Eine Übung auf der zweiten Stufe ist z.B., dass Wörter, die als Ganzes gelernt wurden, jeweils um einen Buchstaben reduziert und neu aufgebaut werden (z.B. *Hose – Hos – Ho – H – Ha – Has – Hase*), eine andere, dass die Gestalt des Wortes durch Austausch eines Buchstabens verändert wird (z.B. *Sand, Rand, Wand*) (vgl. Schenk 1999:92). Allerdings stellt sich bei diesen Gestaltvariationen das Problem, dass es dadurch auch zu Lautvariationen kommen kann. So wechselt bei Wörtern mit Doppelkonsonantenbuchstaben die Vokallänge, wenn ein Konsonantenbuchstabe gestrichen wird (vgl. *Mutter – Mutte – Mutt – Mut*). Ein anderes Problem besteht darin, dass Erstlesebücher, die dieses Verfahren zugrunde legen, oft inhaltsarme Texte enthalten, da zu Beginn nur wenige Wörter eingeführt und neue Sätze nur durch Wortumstellungen gebildet werden können (vgl. Brügelmann 1983).

---

198 Diese Ausführungen erinnern möglicherweise an die logographische Phase im Schriftspracherwerb. Doch ist eine solche Parallelisierung unzutreffend. Kinder, die die logographische Strategie anwenden und ein Wort an irrelevanten Details erkennen, nehmen das Wort gerade nicht als Ganzes wahr.

2. Das **synthetische Verfahren** geht den umgekehrten Weg, von den Bestandteilen des Wortes zum Ganzen. Eine Variante dieses Verfahrens war bis weit ins 19. Jahrhundert populär: die **Buchstabiermethode**. Die Kindern lernen zunächst in alphabetischer Reihenfolge die Buchstabennamen (*a, be, ce, de* etc.), im Anschluss daran sollen sie ganze Wörter buchstabieren (z. B. *Fuchs* als *ef, u, ce, ha* und *es*). Diese Methode bereitet beim Lesen erhebliche Schwierigkeiten. Im Extremfall führt sie dazu, dass z. B. das Wort *Fuchs* als *Efucehaes* gelesen wird, da nur der Name, nicht aber der Lautwert der Buchstaben bekannt ist. Eine solche Methode wird heute nicht mehr angewandt. In modernen, synthetisch orientierten Lehrverfahren wird an die **Lautiermethode** angeknüpft.[199] Beim Lautieren werden die Wörter als Sequenz einzelner Phoneme wiedergegeben (z. B. *Fuchs* als /f/, /ʊ/, /k/, /s/). Gelernt werden also Phonem-Graphem-Korrespondenzen, aufbauend auf diesen werden in einem zweiten Schritt die Wörter synthetisierend gelesen. Ein Vorteil dieses Verfahrens ist, dass auch unbekannte Wörter erlesen werden können, ein Nachteil, dass dieses Lesen kein sinnkonstituierendes Lesen ist.

Schenk (1999) unterscheidet beim synthetischen Leselehrverfahren drei Stufen: die Stufe der Lautgewinnung, die Stufe der Lautverschmelzung und die Stufe des Wortlesens (vgl. auch Valtin 2003). Hier werden diese Stufen mit linguistischen Termini wiedergegeben.[200] Sie werden nicht als Stufen, sondern als Komponenten bezeichnet, da keine zeitliche Reihenfolge assoziiert werden soll. Die ersten beiden Komponenten können der alphabetischen Phase zugeordnet werden, die dritte der orthographischen Phase.

(3)

Drei Komponenten im (laut-)synthetischen Leselehrverfahren
– Phonologisches Rekodieren
– Synthetisieren der Phoneme
– Ganzheitliche Worterkennung

Beim phonologischen Rekodieren stellt sich das Problem, dass es keine Eins-zu-Eins-Entsprechung zwischen Graphemen und Phonemen gibt. Das Kind muss das Wort *Vater* mit dem Graphem <v> anders lesen als das Wort *Vase* mit demselben Graphem <v>. Leselehrgänge beginnen daher meist mit Wörtern, deren Schreibung weitgehend der Lautung entsprechen (z. B. *Omi, Momo, rot, Fara, ruft,* nicht aber *Kind* oder *Uhr*). Ein weiteres Problem stellt sich bei der Lautsynthese: Phoneme

---

199 Auch diese Methode reicht zurück bis ins 19. Jahrhundert. Die Laute werden, soweit möglich, über konstruierte Beispiele (*i!, o!, a!*) oder über die Anfangssequenzen von Wörtern eingeführt.

200 Das Buch von Christa Schenk stellt zwar eine informative Einführung zur Didaktik des Schriftspracherwerbs dar. Allerdings wurde der Text ohne vertiefte linguistische Kenntnisse verfasst. So werden Konsonantenbuchstaben und Konsonanten gleichgesetzt und es ist vom Deutschen als einer Lautschrift die Rede. Zur Kritik an diesem »Lautschrift-Mythos« vgl. Stetter (2005:100).

sind ja nur abstrakte Einheiten; werden sie realisiert, passen sie ihren Lautwert der lautlichen Umgebung an (**Prinzip der Koartikulation**). So wird das mit dem Graphem <ch> korrespondierende Phonem in dem Wort *Dach* anders gelesen als in dem Wort *ich* (vgl. Kap. 4). Der Schüler muss also jeweils realisieren, um welches Allophon es sich handelt.

3. Jahrzehnte hinweg wurden heftige Diskussionen über die Vor- und Nachteile beider Verfahren geführt. Auch empirische Untersuchungen mit Grundschulklassen brachten keine Klarheit darüber, welches geeigneter sei. Allenfalls zeigte sich, dass das Lesen- und Schreibenlernen eben nicht nur in Verbindung mit der jeweils gewählten Unterrichtsmethode zu sehen ist, sondern auch andere Faktoren eine Rolle spielen (sozialer Hintergrund der Schüler, Person des Lehrers, Lernbedingungen). Sog. **analytisch-synthetische Verfahren** stellen vor diesem Hintergrund einen Kompromiss dar, da sie Elemente aus beiden Verfahren kombinieren. Diese Methodenintegration ist seit den 70er Jahren auch in den Grundschulrichtlinien der einzelnen Bundesländer verankert und in den Lehrbüchern für das erste Schuljahr umgesetzt. Kennzeichnend für dieses Verfahren ist, dass von Anfang an sowohl einzelne Buchstaben als auch ganze Wörter eingeführt werden. Damit die Sätze nicht zu viel unbekanntes Wortmaterial enthalten, werden kleine Abbildungen in die Sätze eingefügt (hier als konstruiertes Beispiel *Wo ist das* ☎?). Auf diese Weise können bereits im ersten Schuljahr kleine Geschichten präsentiert werden, ohne stets auf konstruierte, vereinfachte Kunstsätze (wie z. B. »Fara ruft: Fu. Fu ruft: Fara! Fara! Uta! Uta!«) zurückgreifen zu müssen, die zudem nicht der Sprache der Kinder entsprechen.

In den meisten Fibeln, die im ersten Schuljahr verwendet werden, stellt heute das analytisch-synthetische Leselehrverfahren die Grundlage dar. So werden in der Fibel »Fara und Fu« auf den ersten Seiten die beiden Hauptfiguren Fara und Fu vorgestellt, die die Kinder durch die gesamte Fibel begleiten. Die Namen dieser beiden Figuren eignen sich als Anfangswörter, da sie leicht einprägsam sind und weitgehend lauttreu geschrieben werden. Anhand dieser Wörter werden die Buchstaben <F>, <U>, <A> und <R> eingeführt, die an späterer Stelle zu neuen Wörtern synthetisiert werden. Auch einige nicht lauttreue Wörter werden bereits zu Beginn verwendet (z. B. *ich, wir, und*). Dies betrifft vor allem die Funktionswörter (Artikel, Präpositionen, Pronomina etc.), die wichtige Basiselemente in Sätzen darstellen und deshalb frühzeitig zur Verfügung stehen müssen.

Wie kann nun der Erwerb orthographischer Fähigkeiten bereits im Grundschulunterricht gefördert werden? Drei Aspekte sollen hier angesprochen werden:

a) das Diktat,
b) der Aufbau eines Grundwortschatzes und
c) mögliche Rechtschreibübungen.

Zu a): **Diktate** dienen heute weniger der Leistungskontrolle als vielmehr der Fehlerdiagnose. Zwei Diktatformen sind bekannt: das Klassendiktat und das Partnerdiktat. Weitere, alternative Diktatformen (vgl. Leßmann 1998:73) sind das Wendediktat (Die Schüler erhalten einen Zettel, auf dem mehrere Sätze notiert sind. Sie lesen sich jeweils einen Satz durch und schreiben ihn auswendig auf die Rückseite des Blattes), das Kassettendiktat (Der Diktattext wird vorab auf Kassette gesprochen), das Eigendiktat (Die Schüler schreiben zu einem vereinbarten Thema Wörter auf, von denen sie meinen, dass sie sie fehlerfrei schreiben können) und das Stufendiktat (Der Grundtext wird von allen geschrieben, der erweiterte Text wird jedem Schüler frei gestellt).

Zu b): Bis zum Ende der Grundschulzeit sollen die Schüler eine bestimmte Zahl an Wörtern (ca. 1000) rechtschreibsicher beherrschen. Diese Wörter werden ganzheitlich eingeprägt und immer wieder geübt. Neben häufig gebrauchten Inhaltswörtern, die als geeignete Basis für Transferleistungen dienen können (z. B. *Mutter – Futter – Butter*), gehören hierzu auch Funktionswörter (*mit, bis, in, auf* etc.). Statt eines verbindlichen **Grundwortschatzes** werden häufig auch individuelle Schreiblisten angelegt. Diese enthalten Wörter, die aus der Lebenswelt des Kindes (*Fußball, Ballett, Pferd, Reitstall*) oder aus den jeweils behandelten Unterrichtsthemen stammen.

Zu c): Die Schüler lernen, dass man von der Schreibweise eines bekannten Wortes auf die Schreibweise eines unbekannten schließen kann (z. B. *Katze – Tatze*). Auch Oppositionsschreibungen werden eingeübt (z. B. *leeren* vs. *lehren, verlieren* vs. *fertig*). Von fachdidaktischer Seite wird allerdings davor gewarnt, in dieser frühen Phase des Schreibenlernens solche Oppositionsschreibungen zu behandeln, da sich dadurch Fehlschreibungen verfestigen könnten. Diese Überlegungen gehen zurück auf den Psychologen Paul Ranschburg (1905), der die »alte Erkenntnis, dass Ähnliches nicht gleichzeitig gelernt werden sollte, für die Pädagogik fruchtbar gemacht hat« (Leßmann 1998:114).

Im Folgenden werden einige **Rechtschreibübungen** aufgelistet:

– Wörter mit gleichen Wortbausteinen sammeln (z. B. *ver-, zer-, ge-, -er*),

– Wortfamilien aufschreiben (z. B. *fahren, Fahrer, Autofahrt*),

– Reimwörter suchen und auf ihre Schreibung hin überprüfen,

– systematische Abweichungen von der Phonem-Graphem-Korrespondenz einüben (z. B. nie <sch> vor <t> und <p>, nie <k> vor <w>),

– Worttrennung durch das Klatschen von Silben ermitteln,

– Artikeltest zur Großschreibung durchführen,

– Lernen von Merkwörtern (z. B. *stets* ohne <h>, hat ohne Konsonantenbuchstabenverdopplung) und Merksprüchen.

Zum Schluss dieses Überblicks soll eine Unterrichtsmethode vorgestellt werden, die in den 80er Jahren von dem Schweizer Lehrer Jürgen Reichen konzipiert wurde:

das Modell »Lesen durch Schreiben«. Da dieses in vielen Grundschulen als Basis
für das Erstlesen und Erstschreiben dient, wird dem ›Reichen-Modell‹ ein eigener
Abschnitt gewidmet.

7.3.2   Lesen durch Schreiben

Jürgen Reichen bezeichnet seine Unterrichtsmethode »Lesen durch Schreiben« als
Leselehrgang (vgl. Reichen 1988). Petra Hanke merkt in ihrem Artikel »›Lesen
durch Schreiben (Jürgen Reichen) – ein Leselehrgang‹?« allerdings mit Recht an,
dass es sich dabei weniger um einen Leselehrgang als vielmehr um ein Modell
zum Lesen- und Schreibenlernen handle. Sie formuliert es vorsichtig: »[…] die
Schülerinnen und Schüler erhalten durchaus eine klare Strukturierungs- und Ori-
entierungshilfe […] für das Schreibenlernen«. Ich möchte noch einen Schritt weiter
gehen. Fakt ist, dass die Schüler zunächst ausschließlich das Schreiben lernen. Darauf weist Reichen selbst hin. Das Lesen stelle sich bei konsequenter Anwendung
seiner Methode gewissermaßen von selbst ein, »fast nebenbei« (Reichen 1988:5).

Reichens Lese- und Schreiblehrmethode steht und fällt mit der Frage, wie Kinder in die Lage versetzt werden können, Wörter in Lautketten zu zerlegen und sie
phonetisch korrekt aufzuschreiben. Reichen stellt hierzu fest:

> Das Auflautieren ist die eigentlich entscheidende Hürde, die das Kind auf dem Weg
> zum Lesenkönnen zu nehmen hat, wenn es »durch Schreiben« lesen lernt. Ist diese
> hohe Hürde genommen, dann fällt einem eigentlich alles andere in den Schoss.
>
> J. Reichen (1988:6)

Ob tatsächlich alles andere dem Kind »in den Schoss« fällt, soll an dieser Stelle
nicht diskutiert werden. Wenden wir uns vielmehr der Frage zu, wie dieses Verfahren im Unterricht umgesetzt wird. Das zentrale Arbeitsmittel in sog. Reichen-
Klassen ist die **Anlauttabelle**. Anlauttabellen sind aus herkömmlichen Lehrgängen bekannt; in vielen Fibeln finden sie sich in der einen oder anderen Variante.
Reichen bezeichnet seine Anlauttabelle als Buchstabentabelle, was insofern kor-
rekter ist, als in einer solchen Tabelle ja nur Buchstaben, nicht Laute dargestellt
sind. Die Buchstaben sind bei Reichen in der Form eines Torbogens angeordnet,
wobei die Vokalzeichen den oberen Teil des Bogens bilden, die Konsonantenzeichen die beiden Säulen (vgl. Abb. 4).

Will der Schüler beispielsweise ein Wort wie *KARTOFFEL* schreiben, muss er
die Lautkette segmentieren und den Lautsegmenten einzelne Phoneme zuordnen.
Im besten Fall wird er erkennen, dass /k/ und nicht etwa /ka/ das erste Lautseg-
ment des Wortes darstellt. Um /k/ schreiben zu können, wird er in der Tabelle ein
Bild suchen, das für ein Wort mit eben diesem Phonem im Anlaut steht. Er entdeckt im rechten Torbogen das Bild eines Krokodils und malt den Großbuchstaben
<K> ab. Dieser Vorgang wird für das nächste Lautsegment, für das Phonem /a/,
wiederholt, dann für /r/, /t/ usw. Im Resultat wird das Wort *Kartoffel* möglicherweise als K-A-R-T-O-F-L oder K-A-T-O-F-L geschrieben. Dass ein zweites <F>

(4) Anlauttabelle (aus Reichen 1988:17)

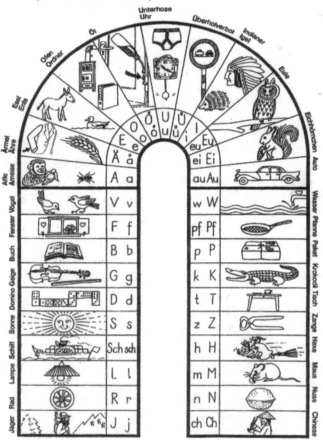

fehlt, wird der Schüler ohne Wissen um die orthographischen Regeln des Deutschen nicht bemerken. Auch dass der Buchstabe <E> fehlt, wird ihm allenfalls bei
überdeutlicher Aussprache auffallen, denn nur dann wird der hier mit dem Buchstaben <E> korrespondierende Murmelvokal /ə/ gesprochen. Eine Schreibung wie
KARTOFL ist also phonetisch, nicht aber orthographisch korrekt.[201] Dies freilich
stellt im Konzept von Jürgen Reichen kein Problem dar. Wichtiger als die orthographische Korrektheit sei, so Reichen, dass die Kinder spontan schreiben und in
ihren Schreibversuchen nicht verunsichert würden:

---

201 Allerdings stellt sich hier die Frage, was »phonetisch korrekt« heißt: Wenn Dialekt spre-
    chende Kinder das Wort ihrer Aussprache gemäß verschriften und z.B. <KATOFL>
    schreiben, dann ist das Wort in Bezug auf ihren Dialekt, nicht aber in Bezug auf die
    Standardsprache phonetisch korrekt geschrieben.

Auch bei orthographischen Fehlern muss zunächst alles toleriert werden, was nicht ein grober Lautfehler ist. [...] D. h. an sich berechtigte Korrekturen werden nur in dem Ausmass tatsächlich gemacht, als es der Schüler gut verkraften kann.   J. Reichen (1988:29)

Fehler sind, folgt man weiter der Argumentation von J. Reichen (1988:56), nicht nur unbedenklich, sie sind sogar unerlässlich (vgl. in diesem Sinne auch H. Brügelmann, G. Spitta, B. Leßmann u. a.), denn sie stellen wichtige Schritte auf dem Weg zur Normschreibung dar. Allerdings lässt sich hierzu mit Christa Röber-Siekmeyer (1998:119) kritisch anmerken: Der Verzicht auf Rechtschreibleistungen wird in vielen fachdidaktischen Arbeiten nachgerade »zu einer pädagogischen Tugend« gemacht.

Hier zeigt sich, wie die Sichtweise von Schrift als die Spiegelung einer Aneinanderreihung von Elementen, die sich als Laute und Wörter entsprechend den Buchstaben und den geschriebenen Wörtern ergeben, durch eine pädagogische (??) Verpackung zu Didaktik wird: Alles, was dieser Erwartung im Wege steht, sei Ballast, der »unfrei« mache und daher aus motivationalen Gründen zunächst unbeachtet bleiben müsse. Die »Abweichungen« seien dann später auswendigzulernen (»Grundwortschatzarbeit«).

Ch. Röber-Siekmeyer (1998:120)

Ob es ratsam ist, in der Anfangsphase des Schriftspracherwerbs auf Rechtschreibhinweise gänzlich zu verzichten, ist in der Tat die Frage. Was geschieht, wenn die Kinder bemerken, dass die vermeintliche Lauttreue nicht generell gilt? C. Osburg (1998:118) stellt mit Recht fest, dass Kinder in dieser Situation die Fehler in ihrer Aussprache oder ihrem Hörvermögen suchen könnten. Zu bedenken ist außerdem, dass Kinder, deren Muttersprache nicht Deutsch ist, mit einem solchen Lehrgang möglicherweise überfordert sind. Dies gilt auch für Kinder mit Aussprachestörungen (vgl. Osburg 1998:103), da diesen Kindern das von Reichen als so wichtig angesehene Auflautieren des Wortes keine Hilfe ist.

Andererseits besteht ein Vorteil der Methode darin, dass die Buchstaben nicht, wie in traditionellen Lehrgängen üblich, in einer bestimmten Reihenfolge gelernt und eingeübt werden. Vielmehr können die Kinder sie nach eigenem Belieben verwenden. Dadurch wird vermieden, dass Kinder, die zu Beginn des ersten Schuljahres bereits die meisten Grapheme kennen, unterfordert und andere wiederum überfordert werden, weil sie dem Lerntempo des Fibellehrgangs nicht folgen können. Reichen (1988:18) schreibt hierzu: »Es kann ihnen freigestellt bleiben, was sie schreiben – wer will, kann sogar kleine Geschichten aufschreiben. Sie sind auch darin frei, diejenigen Buchstaben, die ihnen besser liegen, zuerst ›auswendig‹ zu lernen und diejenigen, die ihnen Mühe machen, mit Hilfe der Tabelle zu ermitteln.« Die individuelle Arbeit mit den Anlauttabellen hat also den Vorteil, dass die Kinder ihre Schreibfähigkeiten selbständig entfalten können. Gleichzeitig kann sich der Lehrer den Kindern widmen, die große Schwierigkeiten beim Schreiben haben und Hilfe benötigen. Claudia Osburg (1998:101) kommentiert diesen positiven Aspekt folgendermaßen: »Schreiben ist nicht durch die vom Lehrer vorgegebene Auswahl der Grapheme bestimmt. Dadurch wird die Kleinschrittigkeit aufgegeben und den

Weg vom ›Einfachen zum Schwierigen‹ bestimmen die Kinder teilweise mit.«

Neu im Lehrgang von J. Reichen ist auch, dass ausschließlich auf die Arbeit mit der Anlauttabelle gesetzt und die Fibelarbeit ganz aus dem Unterricht verbannt wird.[202] Statt eines Lehrwerks werden eigens für »Lesen durch Schreiben« entwickelte Materialien (Arbeitsblätter, Spiele, Lesehefte) benutzt, aus denen das Kind frei auswählen kann.

Die Leistungen, die Kinder auf diese Weise bereits im ersten Schuljahr erbringen, sind in der Tat beachtlich. Das folgende Beispiel zeigt einen Text, den eine Schülerin am Ende des ersten Schuljahres mit Hilfe der Anlauttabelle verfasst hat. Die Kinder sollten – nach dem Prinzip des freien Schreibens (s. u.) – zu einem Thema ihrer Wahl einen kleinen Text aufschreiben.

(5) Schülertext aus dem ersten Schuljahr

> Main groster wuns ist das äntlich. der Somer komt! Dan kan man änt Lich baden gen. oder man kan äntlich im Gater gen! das ist tol! aber ma kan auch mit dem Farat faren. aber auch filaicht! see Tee Sonne Tonne raime schraibs Reise Turm wurm! aber man kan mit dem. bal im Gaten spilen! und auf dem spilpas gen! aber man kan bich mos ich horen! Ich haise Christina!

An diesem einen Beispiel sehen wir, wie kreativ Kinder in ihren ersten Schreibversuchen sein können. Solch erstaunliche Ergebnisse zeigen sich, wenn die Arbeit mit der Anlauttabelle und das Verfassen eigener Texte aneinander gekoppelt werden. Beides ist ein **freies Schreiben** – im medialen und konzeptionellen Sinne des Wortes.

---

202 Die Auffassung, dass der Unterricht ohne ein Lehrbuch erfolgen solle, findet sich in vielen neueren Arbeiten zur Fachdidaktik. So heißt es bei Brügelmann (1988), Fibeln seien nicht am individuellen Entwicklungsstand der Kinder orientiert, sie würden die Kinder im Gleichschritt von Lerneinheit zu Lerneinheit führen, der Unterricht laufe nach festgelegtem Schema, im »Fibeltrott« ab. Andererseits seien solche Lehrgänge »Krücken«, die dem Lehrer die Gestaltung des Unterrichts erleichterten. Er solle aber, so Brügelmann, beizeiten lernen, ohne diese »Krücken« zu gehen.

Kommen wir zurück zum medialen Aspekt des Schreibens, zur Buchstabenproduktion. Der pädagogische Nutzen einer Anlauttabelle ist zweifellos gegeben. Wenn im Folgenden dennoch einige kritische Anmerkungen vorgetragen werden, beziehen sich diese auf die linguistischen Grundlagen der Reichen'schen Tabelle:

1. Die Anlauttabelle ist nicht vollständig. Es fehlt nicht nur das Graphem <ß>, es fehlen auch <y>, <x>, <c> sowie die Grapheme <äu>, <sp>, <st> und <chs>. Vollständigkeit wird, so könnte man dem entgegenhalten, ohnehin nicht angestrebt, da die Schüler zu Beginn ihrer Schreibversuche nicht überfordert werden sollten und für das lautgetreue Schreiben diese Grapheme nicht erforderlich sind. Andererseits stehen für den Anlaut /f/ zwei Bilder. Diese stehen für die Anlautwörter *Vogel* und *Fenster*, repräsentieren also die Grapheme <f> und <v>. Hätte hier nicht auch eines genügt, wenn keine Vollständigkeit im Alphabet angestrebt wird? Das Kind kann beim lautgetreuen Schreiben ohnehin nicht beurteilen, welches Graphem es für die Verschriftung eines Wortes mit dem Phonem /f/ auswählen soll.

2. Im Deutschen ist die Vokallänge distinktiv. Sowohl der lange (besser: der gespannte) als auch der kurze (besser: der ungespannte) Vokal müssen also durch ein eigenes Bild dargestellt werden. Bei den Umlauten wird dies nicht konsequent beibehalten. Für den Buchstaben <Ä, ä > gibt es zwei Abbildungen (*Ärmel* vs. *Ähre*), für <Ö, ö> und <Ü, ü> aber nicht, obwohl auch diesem Buchstaben zwei Vokale entsprechen (vgl. *öffnen* vs. *Öfen, Hütte* vs. *Hüte*). Zwar kann argumentiert werden, dass viele Kinder den Unterschied zwischen gespannten und ungespannten Vokalen ohnehin nicht wahrnehmen, zwei Bilder also gar nicht erforderlich sind. Dann müsste aber ganz auf diese Differenzierung verzichtet und jedem Vokal nur ein Anlautbild zugeordnet werden.

3. Die im Standarddeutschen komplementäre Allophonie von [x] und [ç] wird in der Tabelle nicht umgesetzt, obwohl die beiden Laute in der phonetischen Realisierung große Unterschiede aufweisen und ein Schüler, der Standarddeutsch spricht und das Wort *lachen* schreiben möchte, durchaus nicht vermutet, dass sich der [x]-Laut in *lachen* hinter dem Bild eines Chinesen verbirgt.[203] Zwar mag man einwenden, dass die fehlenden Buchstaben-Lautzuordnungen bei Bedarf ergänzt werden können, Tatsache ist aber auch hier, dass der Schüler nicht in der Lage ist, wie Reichen (1988:19) behauptet, »mit Hilfe der Buchstabentabelle ein beliebiges Wort phonetisch korrekt aufzuschreiben«.

---

203 In der Schweiz liegen die Dinge anders. Hier spricht man das Wort *Chinese* tatsächlich mit anlautendem [x]. Und da Jürgen Reichen Schweizer ist, ist zu vermuten, dass seine Anlauttabelle den örtlichen Gegebenheiten folgt. Dies kann im Übrigen auch eine Erklärung dafür sein, dass das Graphem <ß> in der Tabelle fehlt: <ß> wird in Schweizer Texten nicht mehr verwendet. Eine andere Erklärung ist die, dass am Wortanfang ohnehin nie <ß> geschrieben wird. Insofern kann es in der Anlauttabelle gar kein Bild für ein Wort geben, das mit diesem Graphem beginnt.

4. Die weiteren Kritikpunkte werden kurz und prägnant von Petra Hanke aufgelistet. Sie sollen hier im Zitat wiedergegeben werden:

a. Die Beispielwörter für die unterschiedlichen Basisgrapheme <e> in Ente und <ä> in
Ärmel repräsentieren beide das Phonem /ɛ/. Dies erweist sich beim phonographischen
Verschriften als irreführend, da <e> die grundlegende Schreibung für /ɛ/ darstellt.

b. In den Beispielwörtern »Ähre« und »Uhr« werden nicht die Basisgrapheme <ä> und
<u>, sondern bereits die speziellen – weitaus selteneren – Grapheme <äh> und <uh>
dargestellt. Diese Kennzeichnung eines lang gesprochenen Vokals durch ein Dehnungs-
h stellt nach sprachstatistischen Untersuchungen [...] eher die Ausnahme (12 %) dar. In
der weit überwiegenden Mehrzahl (87 %) wird ein betonter langer Vokal nicht als lang
gekennzeichnet.

c. Bei dem Beispielwort »Igel«, in dem das Graphem <i> das Phonem /i:/ repräsentiert,
wurde ebenfalls eine seltene, untypische Schreibung (6 %) für das Phonem /i:/ ausgewählt. Das Basisgraphem für das Phonem /i:/ ist in den meisten Fällen (85 %) <ie>.
Die Schwierigkeit für eine entsprechende Darstellung in einer Anlauttabelle besteht
nun darin, daß <ie> niemals am Wortanfang auftritt, statt dessen sollte auf die Abbildung eines Wortes mit /i:/ als <ie> im In- oder Auslaut ausgewichen werden.

P. Hanke (1998:191)

Abschließend werden einige Wörter wiedergegeben, die sieben Monate nach der
Einschulung mit Hilfe der Anlauttabelle verschriftet wurden (vgl. 6). Wie wir
sehen, fehlen Vokalbuchstaben (z. B. in den Wörtern *KZE, HAMPELMN*) sowie
Konsonantenbuchstaben (*TROPETE*), die beim lauttreuen Schreiben eigentlich zu
erwarten wären. Andererseits überrascht es nicht, dass das Wort *Fahrrad* (*FA-
RAT*) mit <t> geschrieben wird. Das Kind folgt hier konsequent dem Prinzip des
phonologischen Schreibens. Dass es das morphologische Prinzip noch nicht um-
setzt, sehen wir auch an der Schreibung des Wortes *Hampelmann*. Die Konsonantenbuchstabendoppelung am Wortende, die ja morphologisch bedingt ist, fehlt.

Wie stellt sich nun bei diesem Schreiben »fast nebenbei« das Lesen ein, wie
gelangt der Schüler dazu, Wörter ganzheitlich zu lesen und ihnen Bedeutung zuzuordnen? Reichen gibt hierauf keine klare Antwort. Er betont lediglich, dass sich
»wahrscheinlich [...] parallel zum Schreibenlernen ein ›latentes‹ Lesenlernen entwickelt« (Reichen 1988:20).[204] Reichen stellt sich dies folgendermaßen vor:

Der Schüler will ›Hamster‹ schreiben. Er beginnt, wird aber an dem Punkt, da er z. B.
bereits ›Ham‹ geschrieben hat, abgelenkt und unterbricht seine Arbeit für einen Mo-

---

204 Das Kind sollte nach Reichen niemals gezwungen werden, etwas zu lesen. Insbesondere
das laute Lesen solle vermieden werden: »Die hinlänglich bekannte Situation, in der ein
schwacher Schüler zwangsläufig blossgestellt wird, weil er mühsam einen Text vorstot-
tern muss, während die Klasse mehr oder weniger aufmerksam ›mitliest‹ und der Lehrer
mit Korrekturen ›hilft‹, gehört hier der Vergangenheit an« (Reichen 1988:33).

ment. Wenn er nun wieder weiterarbeitet, muss er sich vergewissern, wo er aufhörte, d. h. er muss das bereits geschriebene ›Ham‹ erkennen.

Da der Schüler noch nicht eigentlich lesen kann, kann er noch nicht erkennen, *dass* das Geschriebene bis jetzt ›Ham‹ heisst, aber er kann nachprüfen, *ob* es ›Ham‹ heisst. Bei der Überprüfung fragt sich der Schüler also nicht: Was heisst dieses Wort hier? Er fragt sich: Heisst das jetzt bereits ›Hamster‹ oder nicht?   J. Reichen (1988:19)

Allerdings ist hier wiederum kritisch anzumerken: Ein solches Lesen ist nichts anderes als eine Rekonstruktion des zuvor Geschriebenen.[205] Eine Bedeutungskonstitution ist damit nicht verbunden. Ob ein Schüler lesen kann, zeigt sich erst dann, wenn er Fragen nach dem Inhalt eines Textes beantworten kann.

7.4   Maßnahmen zur Förderung der Lese- und Schreibkompetenz

7.4.1   Lesen

Lesen ist eine Technik, die – einmal beherrscht – zum Automatismus wird. Man versuche beispielsweise, das im Folgenden Geschriebene zu betrachten, es aber nicht zu lesen.

(11) Wer lesen kann, liest diese Zeile.

Um diesen Satz lesen zu können, muss man nicht nur die Alphabetschrift beherrschen, man muss dem Text einen Sinn zuordnen können. Der erste Punkt betrifft die Kenntnis der Graphem-Phonem-Korrespondenzen, der zweite Punkt bezieht sich auf die kognitive Verarbeitung der einzelnen Wörter und der gesamten Aussage. Beide Aspekte zusammen machen das Lesen aus. In der experimentellen Leseforschung wird untersucht, wie lange Versuchspersonen brauchen, um einen solchen Satz zu lesen (vgl. Günther 1988). Die Vermutung liegt nahe, dass die Lesegeschwindigkeit bei Wörtern, die im mentalen Lexikon gespeichert sind, höher ist als bei solchen, die unbekannt sind. Sie lesen also ihnen unbekannte Beispielwörter synthetisierend, Zeichen für Zeichen. Bekannte Wörter hingegen erkennen sie als Ganzes. Um dies unmittelbar nachzuvollziehen, vergleiche man (11) mit dem folgenden Satz (12) und lese diesen laut vor:

(12) Ma van kedve, holnap nincs kedve.

Wer des Ungarischen nicht mächtig ist, kann den Satz nur synthetisierend lesen, muss den Graphemen also Schritt für Schritt Phoneme zuordnen und diese zusammenfügen. Dabei stellen sich dem Ungarisch-Unkundigen Fragen, die zu einer Verzögerung des Leseprozesses führen: Wird das Graphem <v> als /f/ oder /v/ artikuliert? Welches Phonem wird dem Graphem <c> zugeordnet? Spielt es für die Aus-

---

205 Zur Etymologie des Wortes: *lesen* geht zurück auf das althochdeutsche *lesan* (= verstreut Umherliegendes aufnehmen, zusammentragen, sammeln). Vgl. zum Lesevorgang oben Abschn. 6.4.2.

sprache eine Rolle, dass <c> in Verbindung mit <s> auftritt? Und selbst wenn der
Leser die Antworten auf diese Fragen kennt, kann er den Wörtern keine Bedeutung
zuordnen, wenn er sie nicht in seinem mentalen Lexikon gespeichert hat.

Zwei Komponenten sind also grundlegend für das Lesen in einer Alphabetschrift: die Kenntnis der Graphem-Phonem-Korrespondenzen und das verstan-
desmäßige Erfassen des Textes. Wie es um Letzteres bestellt ist, erbrachte die
PISA-Studie (PISA = Programme for International Student Assessment), die von
der OECD (Organisation für wirtschaftliche Zusammenarbeit und Entwicklung)
in Auftrag gegeben wurde. Im Rahmen dieser Schulleistungsuntersuchung wurde
die Qualität der schulischen Ausbildung in den Bereichen Lesekompetenz, mathematische Grundbildung und naturwissenschaftliche Grundbildung überprüft.
Die Untersuchung wurde im Jahr 2000 in 32 Ländern durchgeführt. In einem ersten Zyklus wurde vorrangig die Lesekompetenz getestet. Dazu wurden zwischen
4.500 und 10.000, durch Zufallsverfahren ausgewählte Schüler im Alter von 15
Jahren befragt. Sie sollten in einem zweistündigen, schriftlichen Test eine Mischung aus Multiple-Choice-Aufgaben und offenen Fragen zum Verständnis von
Texten und Schaubildern beantworten (vgl. ausführlich Baumert et al. 2003). So
mussten die Schüler die Abfahrtszeit eines Zuges mit Hilfe eines Fahrplans ermitteln, ein Diagramm richtig interpretieren und Fragen zum Inhalt von Texten
beantworten. Hierzu ein Beispiel: Den Testpersonen wurden Briefe vorgelegt, deren Verfasser ihre Meinung zu Graffiti äußerten. Daran anknüpfend wurde ihnen
die folgende Multiple-Choice-Aufgabe gestellt: »Die Absicht der beiden Briefe ist:
A. zu erklären, was Graffiti sind; B. Meinungen zu Graffiti äußern; C. die Popu-
larität von Graffiti zu beweisen; D. den Leuten mitzuteilen, wie viel ausgegeben
wird, um Graffiti zu entfernen« (vgl. ZEIT, 6.12.2001, S. 52). Es galt zu erkennen,
dass B die richtige Antwort ist.

Das Ergebnis der PISA-Studie war in Bezug auf die Leistung der deutschen
Schüler niederschmetternd. Im internationalen Vergleich lag ihre Leseleistung an
21. Stelle (auf den ersten Plätzen rangierten Finnland, Kanada und Neuseeland,
auf den letzten Luxemburg, Mexiko und Brasilien): »10 Prozent der Schüler befinden sich auf der untersten Stufe der Lesekompetenz. Sie sind kaum fähig, einfache Informationen aus Texten zu ermitteln« (vgl. ZEIT, 6.12.2001, S. 47). Zum
Vergleich: In Korea sind es nur 1 % aller Schüler, die derart schlecht abschnitten.
Die Veröffentlichung dieser Ergebnisse im Dezember 2001 erregte in Deutschland
viel Aufsehen. Der »PISA-Schock« war groß. In den Medien wurde die Frage diskutiert, wie der Leistungsstand langfristig zu verbessern sei und welche Gründe es
für die mangelnde Lesekompetenz gebe. Allerdings ist hier kritisch anzumerken:
Wenn aufgrund der schlechten Leseleistung behauptet wurde, Deutschland habe
»eine faktische Analphabetenrate von rund 22 %« (Zitat im Spiegel, 10.12.2001),
dann ist diese Behauptung irreführend. Getestet wurde in der PISA-Studie ja
nicht, ob die Schüler die Technik des Lesens und Schreibens beherrschen. Untersucht wurde, ob sie in der Lage sind, den Inhalt von Texten zu verstehen. Dass es
tatsächlich einen Analphabetismus in Deutschland gibt, soll damit nicht in Frage

gestellt werden (vgl. hierzu Abschn. 7.5). Mangelndes Textverständnis darf aber nicht mit Unkenntnis im Lesen gleichgesetzt werden.

Otto Ludwig legt in seiner Diskussion der PISA-Studie dar, welche Aspekte der Leseleistung im Einzelnen überprüft wurden:

> Der internationale Teil der Studie unterscheidet drei Aspekte des Lesens oder – besser – drei Funktionen der Leseoperation: (1) die Ermittlung von Informationen (das Durchkämmen eines Textes nach Informationen, die gesucht werden), (2) die Interpretation des Textes (das eigentliche Textverständnis oder die Deutung eines Textes im ganzen) und (3) die Reflexion und Bewertung des Textes. Die letzte Funktion wird in der Studie nur unzureichend bestimmt. Sie ist aber für uns Deutsche von besonderem Interesse, weil die Schwächen unserer Schülerinnen und Schüler in dieser Hinsicht am deutlichsten werden. [...]
>
> In dem nationalen Teil kommt noch eine weitere Funktion hinzu. In vielen Fällen werden Texte zur Kenntnis genommen, um das eigene Wissen zu erweitern. Dazu muss zumindest der Inhalt der Texte behalten und angeeignet werden. Die Verfasser des deutschen Teils der Studie sprechen also (4) vom »Lernen aus Texten«. Die vier Funktionen des Lesens können durchaus auch Grundlage für den Entwurf eines Lesecurriculums sein, das über die Grundschule hinaus bis in die Sekundarstufe II führt.
>
> O. Ludwig (2002:83)

Ludwig betont mit Recht, dass die **Lesekompetenz** nicht auf die technischen Aspekte des Lesens reduziert werden dürfe. Genau dies sei in deutschen Schulen aber der Fall. In Deutschland gebe es zwar Curricula für den Schreib- und Aufsatzunterricht, nicht aber für einen Leseunterricht, der über die Grundschule hinausführt. Vor diesem Hintergrund könne man, so Ludwig (2002:84), »die Frage stellen, warum die deutschen Schülerinnen und Schüler nicht noch schlechter abgeschnitten haben.«

7.4.2 Schreiben

Es ist Otto Ludwig zuzustimmen, dass die Lesekompetenz im Deutschunterricht der weiterführenden Schulen nicht gezielt gefördert wird. Für die Förderung der **Schreibkompetenz** gilt dies nicht. Die Vermittlung der Fähigkeiten zur Textproduktion war und ist fester Bestandteil des Deutschunterrichts. Strittig ist allerdings, wie diese Fähigkeiten am besten entwickelt werden können. Ludwig (1989) legt in einem knappen Überblick über die Geschichte der **Aufsatzdidaktik** dar, welche Tendenzen in den vergangenen Jahrhunderten zu beobachten waren. Hier sei nur auf die Entwicklung im 20. Jahrhundert eingegangen. Diese war von reformpädagogischen Vorstellungen geprägt. Danach solle das **freie Schreiben** im Mittelpunkt des Aufsatzunterrichts stehen. Ludwig (1989:334) skizziert diese Auffassung folgendermaßen: »Frei sollte das Kind bestimmen, wann es schreibt, wo es schreibt, für wen es schreibt und schließlich auch – ob es überhaupt schreibt.« Gerade in den Grundschulen spielt das Konzept des freien Schreibens eine wichtige Rolle (vgl. Becker-Mrotzek 1997a). Um dem Schreibbedürfnis der Kinder entgegenzukommen, wird dabei weitgehend auf inhaltliche und formale Vorgaben verzichtet. Als wichtiger gelten positive Lernarrangements (vgl. Spitta 1992). Sog. »Schreibwelten« müssen inszeniert werden, um die Kinder zum Verfassen von Texten motivieren: Der Klassenraum muss anregend gestaltet sein, den Kindern müssen reale Schreibanlässe (Einladung an die Eltern, Brief an kranken Mitschüler etc.) angeboten werden. In **Schreibkonferenzen** lesen die Schüler einander ihre Texte vor und machen Verbesserungsvorschläge. Sie erarbeiten also selbst die notwendigen Korrekturen am Text. Auf diese Weise soll der Prozess des Schreibens individuell reflektiert und kollektiv erfahrbar gemacht werden.

Kommen wir nun noch zu der Frage, wie die Schreibkompetenz in der Sekundarstufe gefördert werden kann. Ludwig (1989) betont, dass der Schreibprozess und nicht das Schreibprodukt im Mittelpunkt stehen müsse. Die Phasen dieses Produktionsprozesses, das Planen, Formulieren und Revidieren von Texten, seien zu reflektieren, der fertige Aufsatz sei in diesem Sinne lediglich ein Moment in der Textproduktion. Wie dies in der Unterrichtspraxis umgesetzt werden kann, zeigt der Sammelband von Feilke/Portmann (1996) sehr anschaulich. Hieraus wird im Folgenden ein Beispiel für das 12. Schuljahr präsentiert. Den Schülern werden vier Arbeitsaufträge gegeben:

(7)

1. Arbeitsauftrag: Die Aufklärung behauptet, vernünftiges Denken und Handeln sei oberstes Ziel der Menschen und führe die Menschheit zu ihrem Glück. Verfasse dazu zwei unterschiedliche Texte, wähle die Textform selbst.
2. Arbeitsauftrag: Kommentiere die beiden Texte deines Mitschülers und vergleiche sie miteinander.
3. Arbeitsauftrag: Antworte auf die Stellungnahme deines Mitschülers zu deinen beiden Texten.
4. Arbeitsauftrag: Berichte, wie es dir beim Verfassen deiner Texte ergangen ist.

A. Saxalber (1996:203)

Bei einer solchen Unterrichtskonzeption liegt der Schwerpunkt auf der Arbeit am Text. Der Entstehungsprozess des Textes soll transparent gemacht werden, das fertige Schreibprodukt durch die gegenseitige Kommentierung überdacht werden.

Grundlegend für den hier konzipierten didaktischen Ansatz ist das aus den USA stammende **Schreibproduktionsmodell** von John R. Hayes und Linda S. Flower (1980). Nach Hayes/Flower (1980) besteht der Textproduktionsprozess aus den drei Komponenten Planung (planning), Übersetzung (translating) und Überprüfung (reviewing) (vgl. zusammenfassend Wrobel 2000).[206] In der deutschen Schreib-

---

206 Um einen genaueren Einblick in den Schreibprozess zu bekommen, fordert man beispielsweise Probanden auf, beim Schreiben laut zu denken. Die Protokolle dieser Äußerungen dienen als Datengrundlage.

(6) Bilddiktat im ersten Schuljahr (erstellt mit der Anlauttabelle)

forschung wurde das Modell mit Begeisterung übernommen, es wurde aber auch mehrfach modifiziert. Es wurde darauf hingewiesen, dass die Schreibaktivitäten nicht, wie Hayes/Flower darlegen, sukzessive ablaufen, sondern aufeinander bezogen und mehrfach miteinander verschränkt seien (vgl. Baurmann/Ludwig 1985). Ein weiterer Kritikpunkt ist der, dass das Modell, wie Peter Sieber (2003:213) in einem Überblicksartikel darlegt, »sich ausschließlich am Expertenkönnen ausrichtet.« Ergänzt wurde der Ansatz denn auch durch das »Zwei-Strategien-Modell« von Bereiter/Scardamalia (1987), in dem die Unterschiede in den Texten von Schreibanfängern und Schreiberfahrenen (sog. Experten) in den Mittelpunkt gestellt wurden. Beide Modelle leisteten aber nicht nur einen wichtigen Beitrag für empirische Untersuchungen zur Schreibkompetenz (vgl. Ludwig 2001), wichtig sind auch die Maßnahmen zur Schreibförderung, die im Anschluss daran formuliert werden. So stellt Sieber (2003:219) ein Drei-Säulen-Modell der Schreibförderung vor, das den schulischen Schreibunterricht auf drei Säulen stützt (Schreibprozesse, Überarbeitungsprozesse und Beurteilungsprozesse). Auf der Basis dieses Modells zeigt Sieber (2003:219) detailliert auf, »in welchen Bereichen ein besonderer Bedarf an Weiterentwicklung besteht: Für die erste Säule (die Anregung von Schreibprozessen) sind in der Sprachdidaktik viele Erfahrungen und Anregungen greifbar. Hingegen ist bei den beiden weiteren Säulen noch vieles zu tun – am meisten dort, wo es um den Aufbau der Selbstbeurteilungskompetenz hinsichtlich der Textqualitäten geht.«

7.4.3   Schlussbemerkung

Der Weg vom Lese- und Schreibanfänger zum Lese- und Schreibexperten ist lang und endet nicht mit dem Abschluss der Schulzeit. Wichtig ist die Fortsetzung dieses Weges im Erwachsenenalter. Was die Schreibfähigkeit betrifft, wird dies unmittelbar evident, wenn man längere, distanzsprachlich verfasste Texte von Erwachsenen betrachtet (z. B. Schreiben an Versicherungen oder an Behörden). Dass die Schreibkompetenz nicht nur in der Schule gefördert werden muss, wird auch in der Schreibdidaktik seit langem betont. Doch erst seit einigen Jahren werden an deutschen Universitäten, wie in den USA lange schon üblich, Schreibseminare zum Abbau von Schreibblockaden und zur Verbesserung des schriftlichen Ausdrucks angeboten.

Maßnahmen zur Verbesserung der Lesefähigkeit fristen dagegen auch heute noch ein Schattendasein. Möglicherweise liegt dies daran, dass die Missstände hier nicht so augenfällig sind wie beim Schreiben. Erst die PISA-Studie richtete die Aufmerksamkeit der Öffentlichkeit auf die Tatsache, dass die Lesekompetenz vieler Jugendlicher im Argen liegt. Auch hier ist zu fragen, welche Konsequenzen dieser Befund für die Erwachsenenbildung und das Lehrangebot an den Universitäten hat. Doch vorrangig ist es die Aufgabe der Schule, die Lesekompetenz zu fördern. Denn: »Gerade die Universitäten haben einen Anspruch darauf, daß die Studienanfänger auch kompliziertere Texte zu lesen in der Lage sind« (Ludwig 2002:84).

7.5   Alphabetisierung von Erwachsenen

7.5.1   Analphabetismus und funktionaler Analphabetismus

Wie sich der Erwerb der basalen Lese- und Schreibfertigkeit in der Grundschule gestaltet, wurde bereits gezeigt. Hier nun steht das Lesen- und Schreibenlernen von Erwachsenen im Mittelpunkt der Betrachtung. Zunächst sind einige terminologische Klärungen erforderlich:

1. Ein **Analphabet** ist jemand, der des Lesens und Schreibens unkundig ist. Im Englischen gibt es hierfür die Bezeichnung »illiterate«. Dieser Terminus ist geeigneter als der deutsche, da er nicht fälschlich den Bezug zu einem bestimmten Schrifttypus, der Alphabetschrift, nahe legt.

2. Unter **Alphabetisierung** versteht man, so ist bei Glück (2005:30) zu lesen, »die Vermittlung der Fähigkeiten des Lesens und Schreibens an Jugendliche und Erwachsene, unabhängig vom jew. Schrifttyp. In vielen Ländern richtet sich die A. an Menschen, die aufgrund der infrastrukturellen Situation überhaupt nicht oder nur für kurze Zeit eine Schule besuchen konnten«. Doch auch in Ländern, in denen der Schulbesuch die Regel ist, werden mittlerweile Alphabetisierungsmaßnahmen durchgeführt. Sie richten sich an **sekundäre Analphabeten,** d. h. an Menschen, die

trotz Schulbesuchs keine ausreichenden Kenntnisse im Lesen und Schreiben erworben haben bzw. deren Kenntnisse so rudimentär sind, dass sie sie nach Beendigung der Schulzeit wieder verlernten.[207]

3. Ein Begriffspaar, das in engem Zusammenhang mit der Unterscheidung primärer/sekundärer Analphabetismus steht, ist die Unterscheidung in natürlicher/funktionaler Analphabetismus: Menschen, die in Ländern leben, in denen es keine Schulpflicht gibt und die aufgrund dessen nicht lesen und schreiben können, gelten als **natürliche Analphabeten**. Hierzu gehören auch diejenigen, die aufgrund persönlicher Umstände keine Schule besucht haben (Flüchtlingskinder, Landfahrer). Ihre Zahl ist heute in Industrieländern durch die allgemeine Schulpflicht verschwindend gering.

4. Als **funktionale Analphabeten** werden Menschen bezeichnet, die eine Schule besucht haben, aber aufgrund ihrer begrenzten Lese- und Schreibkompetenz nicht in der Lage sind, an schriftsprachlicher Kommunikation teilzunehmen. Genauer ist hier zwischen funktionalen Schreibanalphabeten und funktionalen Lesealphabeten zu unterscheiden. Erstere können ihren Namen und einzelne Wörter schreiben, können aber nicht lesen. Funktionale Lesealphabeten verfügen ansatzweise über die Fähigkeit des phonologischen Rekodierens, können also Wort für Wort erschließen und möglicherweise sogar einfache Texte lesen. Sie können aber nicht oder nur sehr mangelhaft schreiben.

5. Noch ein Wort zum Unterschied zwischen funktionalem Analphabetismus und Legasthenie.[208] Mögliche Kennzeichen von **Legasthenie** sind, dass die Unterscheidung formähnlicher Buchstaben wie <b> und <p>, <d> und <q>, <M> und <W> Schwierigkeiten bereitet, Buchstaben vertauscht oder ausgelassen werden und gravierende Fehler in der Zuordnung der Graphem-Phonem-Korrespondenz auftreten. Im Folgenden sind einige Schreibversuche von Erwachsenen wiedergegeben, die gebeten wurden, die beiden Wörter *vierzehn Steine* aufzuschreiben: *viezensteine, vierzehn Schteine, Fierzen Steine, wite Tene, fsnstein, fize 14 schane, Wentetne, wiechd, viezeht Stane*. Gerade bei solchen Schreibweisen ist die Abgrenzung zur Legasthenie schwierig. In Anlehnung an die linguistisch ausgerichtete Arbeit zu Analphabetismus und Legasthenie von Gesa Siebert-Ott und Ulrike Fehlisch lege ich hier die folgende Unterscheidung zwischen Legasthenie und Analphabetismus zugrunde:

> Der Terminus Analphabetismus wird in der Regel nur auf erwachsene bzw. nicht mehr schulpflichtige Personen angewendet, bezeichnet also ein Resultat, während der Be-

---

207 Diese Gefahr besteht beispielsweise, wenn die Schreibkompetenz aufgrund feinmotorischer Schwierigkeiten lange Zeit nicht aktiviert wird.

208 In älteren sowie in medizinisch ausgerichteten Arbeiten findet sich die Bezeichnung ›Legasthenie‹, in neueren Arbeiten die Bezeichnung ›Lese- und Rechtschreibschwäche‹. Ob es tatsächlich legastheniespezifische Schreibungen gibt, wird in der jüngeren Forschung in Frage gestellt (vgl. hierzu ausführlich Hofmann 1998).

griff Legasthenie bei Kindern verwendet wird, die am Beginn des (schulischen) Schriftspracherwerbs stehen. Man muß heute davon ausgehen, daß ein großer Teil der Analphabeten erwachsene Legastheniker sind [...]   G. Siebert-Ott/U. Fehlisch (1988:37f.)

7.5.2   Funktionaler Analphabetismus und Literalität

Der funktionale Analphabetismus muss relativ zu den schriftsprachlichen Anforderungen einer Gesellschaft gesehen werden. Je höher diese Anforderungen sind,
desto gravierender sind die Folgen, die sich für die Betroffenen aus ihrer Unkenntnis des Lesens und Schreibens ergeben. Dabei muss auf einen Umstand hingewiesen werden: In unserer hochliteralen Gesellschaft sind den funktionalen Analphabeten Schriftzeugnisse natürlich gut vertraut. Ständig vor die Aufgabe gestellt,
diese Techniken in ihrem Alltag anzuwenden, haben sie in der Regel rudimentäre
Lese- und Schreibfähigkeiten entwickelt oder diese aus der Schulzeit konserviert.
Es wäre denn auch falsch anzunehmen, dass funktionale Analphabeten über keinerlei Kenntnisse im Lesen und Schreiben verfügten. Sie verfügen aber nicht über
das Maß an Fähigkeiten, das es ihnen ermöglicht, die schriftsprachlichen Anforderungen ihrer Umgebung ohne Hilfe zu bewältigen.

Dass es auch in Deutschland einen funktionalen Analphabetismus gibt, trat erst
in den 80er Jahren des 20. Jahrhunderts ins Bewusstsein der Öffentlichkeit. Durch
die Berichterstattung in den Medien mag damals der Eindruck entstanden sein,
die Zahl der funktionalen Analphabeten nehme weiter zu. Das ist falsch. Es gibt
nicht mehr Menschen, die weder lesen noch schreiben können, sondern immer weniger Möglichkeiten, mangelnde Schriftkenntnisse zu verheimlichen. Ausflüchte
wie »Ich habe meine Brille vergessen« oder »Ich habe meine Hand verstaucht«
sind oft nicht mehr möglich, weil bei vielen Tätigkeiten das Schreiben nicht mehr
umgangen werden kann. Zahlreiche Arbeitsvorgänge werden heute ohne menschliche Hilfe abgewickelt. Fahrkarten sind an kleineren Bahnhöfen nur noch am Au-
tomaten erhältlich, Einkäufe werden in Selbstbedienungsläden erledigt, Formu-
lare müssen ohne Hilfe ausgefüllt werden. Vgl. die Bestandaufnahme von Heinz
W. Giese:

> Die modernen Industriegesellschaften waren lange Zeit noch als mündliche verfaßt, zu-
> mindest was die Mehrzahl der Menschen, die in ihnen lebte, anging. Dort, wo Schrift
> den Diskurs dominierte, waren die Spezialisten unter sich; dort, wo Schrift das Leben
> der normalen Bürger beeinflußte, gab es menschliche Schnittstellen, Vermittler zwi-
> schen schriftlichen und mündlichen Kommunikationszusammenhängen (z. B. Schalter-
> beamte, Sachbearbeiter für den Publikumsverkehr, Verkäufer usw.). Im Rahmen von
> Rationalisierungsmaßnahmen verschwinden viele solcher menschlichen Schnittstel-
> len; sie werden durch schriftliche (Formblätter, Antragsformulare) oder maschinelle
> (Automaten, Terminals) ersetzt. Moderne Industriegesellschaften haben alle Nischen
> vernichtet, in denen die schlecht alphabetisierten Menschen in der ersten Hälfte dieses

Jahrhunderts·leben konnten: als Hilfsarbeiter in der Landwirtschaft, auf dem Bau und
in den Häfen.   H. W. Giese (1994:886)

Auch der Computer befördert die zunehmende Schriftzentriertheit unserer Gesellschaft. Zwar gibt es die Möglichkeit der Spracheingabe, doch stellt diese beim
derzeitigen Stand der Technik keine Alternative dar. Sieht man von den wenigen
Piktogrammen ab, die für die Mensch-Maschine-Kommunikation genutzt werden
(z. B. 🖫 für SPEICHERN), dann gilt auch heute noch: Die Eingabe von Programm-
befehlen erfolgt über die Schrift. Wer nicht schreiben kann, kann den Computer
nicht bedienen. Und da ihn immer mehr Menschen beruflich nutzen (müssen), ist
die Möglichkeit, sich ohne ausreichende Schriftkenntnisse zurechtzufinden, heute
weniger denn je gegeben. Dies gilt im Übrigen auch für den Straßenverkehr. Keineswegs ist es so, dass alle Schilder piktographisch sind. Viele sind schriftbasiert
(vgl. »KEINE WENDEMÖGLICHKEIT«) und stellen Verkehrsteilnehmer, die
nicht lesen können, vor große Probleme. So trifft in der Tat zu, was Heinz W. Giese (1994:890) zum Schluss seines Artikels schreibt: »der Zwang zur Literalität ist
[…] absolut geworden«.

7.5.3   Alphabetisierungsmaßnahmen in Deutschland

In Studien aus den 80er Jahren wird dargelegt, dass 4 % bis 5 % eines Schüler-
jahrgangs ohne ausreichende Schriftsprachkompetenz aus den allgemeinbilden-
den Schulen entlassen würden (vgl. H. Giese 1994:884). Dieser Prozentsatz gibt
aber keinen Aufschluss darüber, wie hoch die Zahl der funktionalen Analphabeten
unter den Schulabgängern tatsächlich ist. Die meisten der Schüler, die nicht in
der Lage sind, komplexe Texte zu verstehen, beherrschen ja dennoch die Technik
des Lesens. Dies gilt ebenso für die Schüler, die sehr viele Fehler beim Schreiben
machen. Es ist also zu fragen, welche der Schüler, die der untersten Leistungsstufe
angehören, tatsächlich funktionale Analphabeten sind und welche nur über sehr
mangelhafte Kenntnisse in der deutschen Orthographie verfügen.

Ohnehin sind alle Zahlen zum Analphabetismus in Deutschland nur Schätzungen, eine repräsentative statistische Erfassung der Lese- und Schreibkennt-
nisse fand bislang nicht statt. Auf die Probleme, die eine solche Querschnittsun-
tersuchung mit sich brächte, weisen Marion Döbert und Peter Hubertus in ihrem
lesenswerten Büchlein »Ihr Kreuz ist die Schrift« eindringlich hin:

> Bei Erhebungen auf freiwilliger Basis ist damit zu rechnen, dass sich lese-/schreib-
> unkundige Menschen der Untersuchung aus Scham entziehen. Verpflichtende Tests da-
> gegen, wie sie zum Beispiel in Schulabgangsklassen oder bei der Musterung durch-
> geführt werden könnten, hätten diskriminierende Wirkung für diejenigen, die schon
> vorher wissen, dass sie den Test nicht schaffen. Hinzu kämen verfälschende Einflüsse
> durch die Testsituation.   M. Döbert/P. Hubertus (2000:28)

So kann bis heute lediglich vermutet werden, dass die Zahl der funktionalen Analphabeten in Deutschland bei ca. 4 Millionen liegt. Aufschluss darüber gibt auch nicht die Zahl der Teilnehmer in den **Alphabetisierungskursen**, die in Deutschland seit Anfang der 80er Jahre in Einrichtungen der Erwachsenenbildung, in Behindertenwerkstätten, in Justizvollzugsanstalten etc. durchgeführt werden. Im Jahr 1998 beispielsweise fanden an den Volkshochschulen 2.262 Kurse statt, die von 19.092 Teilnehmern besucht wurden (vgl. Döbert/Hubertus 2000:38).

Viele der Kursteilnehmer haben eine rudimentäre Schreibkompetenz, wieder andere können zwar lesen, nicht aber schreiben. Die Lerngruppen sind also sehr heterogen. Die Kurse finden meist in Kleingruppen, im Idealfall mit weniger als 10 Teilnehmern statt. Sie laufen über einen längeren Zeitraum (2 bis 3 Jahre), wobei in der Regel an mindestens zwei Tagen pro Woche zwei Stunden Unterricht erteilt wird. Doch nicht alle Teilnehmer erreichen am Ende des Kurses ihr Ziel. So gibt es Schätzungen, dass bis zu einem Drittel aller Teilnehmer keine nennenswerten Fortschritte im Lesen und Schreiben verzeichnen konnten (vgl. Ulrich 2001:120).

Die Teilnahme an einem Alphabetisierungskurs stellt für die Betroffenen eine große Belastung dar. Ihnen ist, wie Giese (1994:888) es formuliert, »bewußt, dass sie diese Fähigkeiten eigentlich im Kindesalter hätten erwerben müssen.« Das unterscheidet die Situation ganz erheblich von den Ländern der sog. Dritten Welt. Auch aus diesem Grunde kann sich die Alphabetisierungsarbeit in Deutschland nicht daran orientieren, wie sie in anderen Ländern praktiziert wird. Und auch der schulische Schriftspracherwerb im eigenen Land kann nicht als Vergleichsbasis dienen. Es ist evident, dass erwachsene Analphabeten nicht mit Materialien unterrichtet werden können, die für Kinder konzipiert sind.[209] Sie sollten auch nicht in eine Lernsituation gebracht werden, die sie an den zurückliegenden Schulunterricht erinnert.

Andererseits kann der Erfolg einer solchen Maßnahme nicht nur daran gemessen werden, wie gut die Teilnehmer letztendlich lesen und schreiben können. Wichtig ist auch ihre sozialpsychologische Betreuung.[210] Die Kursleiter sind oft nicht ausreichend auf diese Aufgabe vorbereitet. Döbert/Hubertus (2000:129) skizzieren ihre

---

209 Vgl. die Bemerkung von Sven Nickel (abgedruckt in Döbert/Hubertus 2000:88): »Die Lernpsychologie bestätigt, dass das Lernen an emotional bedeutsamen Inhalten – auch beim Schreibenlernen – erfolgreicher ist. Deswegen verbietet es sich, erwachsenen Lernern sprachlich reduzierte Fördermaterialien zuzumuten. ›Ali holt Salami‹ oder ähnlich bagatellisierte Lesetexte sind angesichts der Vorerfahrungen der Lernenden nicht dazu geeignet, die Bedeutsamkeit von Schrift erfahrbar zu machen.«

210 Hierzu schreibt Sabine Dupree-Zachert (zitiert nach Ulrich 2001:120): »Die Schwierigkeiten im Sozialverhalten der meisten Analphabeten sind so groß und die persönliche Qualifikation der Volkshochschuldozenten liegt so oft nicht im sprachdidaktischen, sondern im soziologischen, sozialpädagogischen oder psychologischen Bereich, dass die Gruppenleiter im Extremfall sagen: »Wir sehen es durchaus als Erfolg an, […] wenn jemand den Kurs abbricht und in der Lage ist, zum Arbeitsamt zu gehen und zu sagen: ›Füll mir das aus, ich kann nicht lesen und schreiben‹.«

Situation folgendermaßen: »Ungesicherte Honorarverträge, ›Learning by doing‹, Improvisieren, individuelles Recherchieren nach Methoden und Materialien sowie […] lediglich punktuelle Fortbildungsmöglichkeiten«. Zu Recht fordern die Autoren, dass in Deutschland, wie bereits in anderen europäischen Ländern (z. B. Belgien), ein fundiertes Ausbildungs- und Fortbildungskonzept entwickelt und der Beruf des Alphabetisierungspädagogen etabliert werden muss.

7.5.4 Methodische Ansätze in der Alphabetisierung

Drei Ansätze zum Lesen- und Schreibenlernen im Erwachsenenalter wurden in den 70er Jahren in Deutschland und den USA entwickelt: der Fähigkeitenansatz, der sprachsystematische Ansatz und der Spracherfahrungsansatz. Gemeinsam haben diese, dass alltägliche Schreibanlässe in die Unterrichtsarbeit einbezogen werden (Ausfüllen von Formularen, Verfassen von Einladungen oder Entschuldigungsschreiben für die Kinder, Erstellen einer Einkaufsliste, Schreiben einer Postkarte oder E-Mail). Sie unterscheiden sich darin, wie die basalen Lese- und Schreibfertigkeiten vermittelt werden. Die Unterschiede werden im Folgenden vorgestellt. Dabei ist allerdings zu bedenken, dass diese drei Ansätze, wie Hubertus/Nickel (2003:725) schreiben, »eher als integrale Bestandteile der Alphabetisierung denn als eigenständige Konzepte zu verstehen sind.« Es ist also keineswegs so, dass in den Alphabetisierungskursen ausschließlich nach dem einen oder dem anderen Verfahren unterrichtet wird.

a) Im **Spracherfahrungsansatz** wird gänzlich auf vorgefertigtes Lehrmaterial verzichtet, die Teilnehmer selbst erstellen die Materialien. Als Ausgangspunkt dienen ihre Erlebnisse im Umgang mit Lesen und Schreiben. Über diese wird gesprochen, diese sind es, die für andere aufgeschrieben werden. Zu Beginn des Kurses übernimmt der Kursleiter das Aufschreiben der Texte (Prinzip des stellvertretenden Schreibens), möglichst bald aber sollen die Lernenden die Texte selbst verschriften, indem sie z. B. die Anfangsbuchstaben einzelner Wörter notieren, ganze Wörter lautgetreu aufschreiben, häufig vorkommende Stichwörter verwenden. Die Texte werden als Lesemappe für alle Kursteilnehmer vervielfältigt und gegebenenfalls mit anderen Kursen getauscht. Falls nötig, ergänzt der Kursleiter das Lehrmaterial um weitere Texte. Dabei muss er sowohl auf eine geeignete Typographie achten (große, klare Schrift, Zwischenüberschriften) als auch auf sprachliche Einfachheit (einfache Wortstruktur, kurze Sätze, viele Wortwiederholungen).

Ein solches Verfahren hat zwei Vorteile: Zum einen ist die Motivation der Lerner in der Regel hoch, da sie Texte bearbeiten, die ihre eigene Situation reflektieren. So wird das Selbstwertgefühl der Kursteilnehmer gestärkt, Schreibhemmungen werden abgebaut. Zum anderen entstehen auf diese Weise erwachsenengerechte Unterrichtsmaterialien. Doch sind diese meist emotionalen Texte nicht dafür geeignet, bestimmte Lerninhalte einzuüben.

Die strukturellen Unterschiede zwischen der gesprochenen und der geschriebenen Sprache werden zunächst gar nicht thematisiert, da, so die Argumentation, dies die Schreibmotivation der Kursteilnehmer beeinträchtigen könnte. Wie beim freien Schreiben in der Schule gelten normabweichende Schreibungen in der Alphabetisierungspraxis als notwendige Schritte auf dem Weg zur Schrift, als Indikatoren für den jeweiligen Kenntnisstand. Erst bei fortgeschrittenen Lernern können die selbst erstellten Texte zur systematischen Arbeit an der Rechtschreibung verwendet werden. In ihrer Diskussion des Spracherfahrungsansatzes merken Gesa Siebert-Ott und Ulrike Fehlisch (1988) hierzu kritisch an:

> Wenn man davon ausgeht, daß Teilnehmer von Alphabetisierungskursen diese Veranstaltung besuchen, um gerade nicht mehr als rechtschreibschwach aufzufallen, kann ihnen der Spracherfahrungsansatz bei diesem Problem wenig helfen. [...] Das Erlernen der für den alltäglichen Schriftverkehr notwendigen Rechtschreibung wird hierbei vernachlässigt.   G. Siebert-Ott/U. Fehlisch (1988:49f.)

Siebert-Ott/Fehlisch (1988:50) ist zuzustimmen, wenn sie schreiben, dass der Spracherfahrungsansatz allein nicht in der Lage ist, das Lesen und Schreiben zu vermitteln. Im Folgenden soll ein weiterer Ansatz vorgestellt werden, der nicht als konkurrierend anzusehen ist, sondern eine sinnvolle Ergänzung darstellt.

b) Im **sprachsystematischen Ansatz** dient die morphologische Struktur der Wörter als Ausgangspunkt der Analyse. Die Vertreter dieses Ansatzes argumentieren, dass man nur eine begrenzte Zahl von Morphemen (»Wortbausteinen«) kennen müsse (ca. 200), um 80% aller Texte lesen zu können. Diese Morpheme müsse man mit den Kursteilnehmern erarbeiten. Dazu werden im Unterricht die wichtigsten »Grundbausteine« (z.B. *Haus, Mann*), »Anfangsbausteine« (z.B. *ver-, zer-*) und »Endbausteine (z.B. *-heit, -lich*) eingeführt, auf Kärtchen geschrieben und eingeübt. Im nächsten Schritt werden unbekannte Wörter analysiert. Hierbei müssen die Kursteilnehmer wiederkehrende Buchstabenverbindungen benennen und diese, soweit möglich, ihnen bereits bekannten Morphemen zuordnen (z.B. *Wir woll-en les-en und schreib-en lern-en*). Wörter mit Fugenmorphemen (z.B. *Arbeit-s-amt*) und unikalen Morphemen (z.B. *Him-beere*), denen synchron keine Bedeutung zukommt, bleiben dabei zunächst ausgeklammert. Ihre Analyse würde die Kursteilnehmer überfordern. Dies gilt ebenso für allomorphe Formen (z.B. *Haus-, Häus-*).

Beim Kursleiter setzt die Anwendung dieser Methode ein beträchtliches linguistisches Wissen voraus. Er muss die Wortbildungsmuster kennen, die im Gegenwartsdeutschen produktiv sind, und er muss entscheiden, welche Wörter sich für die Analyse eignen. Ein Vorteil dieser **Morphemmethode** besteht zweifellos darin, dass die Teilnehmer ihnen unbekannte Wörter von Anbeginn an orthographisch korrekt schreiben – sofern sie die Schreibung der Morpheme kennen. Andererseits können bei diesem Verfahren verstärkt Motivationsprobleme auftreten. Geübt wird ja bevorzugt an Beispielen, die für die systematische Analyse geeignet sind, nicht an Textmaterial, das für die Teilnehmer eine unmittelbare Relevanz hat.

c) Im **Fähigkeitenansatz** wird die Schreib- und Lesefertigkeit als Summe von elementaren kognitiven und motorischen Teilfähigkeiten angesehen, die es zu erwerben bzw. zu verfestigen gilt. Die vorrangige Aufgabe in der Alphabetisierungsarbeit besteht nach diesem Konzept in der Förderung dieser Teilfähigkeiten. Dazu zählen die Fähigkeit zur differenzierten Wahrnehmung, zur räumlichen Orientierung, zum Einprägen, zum logischen Folgern (vgl. Siebert-Ott/Fehlisch 1988:53). Um beispielsweise Phoneme auf akustischer oder artikulatorischer Ebene unterscheiden zu können, üben die Kursteilnehmer das deutliche Artikulieren (z. B. /m/ und /n/), segmentieren einzelne Wörter, bestimmen die Position der Phoneme im Wort. Die schreibmotorischen Fähigkeiten werden verbessert, indem die Art und Weise der Linienführung der Buchstaben und ihre Raum-Lage-Unterschiede trainiert werden (vgl. <p> und <b>).

Die Wörter werden vom Kursleiter zunächst lautgetreu aufgeschrieben und zusammen mit den Teilnehmern analysiert. Erst dann erfolgt die Untergliederung der Wörter in Morpheme. Siebert-Ott/Fehlisch (1988) stellen die Arbeitsweise im Fähigkeitenansatz anschaulich dar:

> Das zu analysierende Wort wird z. B. auf einer Karte vorgegeben und mehrmals laut gesprochen, wobei nacheinander die einzelnen Laute bestimmt werden. Die Laute werden ebenfalls materialisiert, d. h. in Form von Kärtchen festgehalten und diese in der Reihenfolge der Lautabfolgen in Schreibrichtung nebeneinander abgelegt. Je nach Vorkenntnissen der Teilnehmer werden die Kärtchen zunächst nur in Symbole für Konsonanten unterteilt, um z. B. die Konsonantenhäufung sichtbar zu machen. In der Reihenfolge der Ablage werden die Lautverbindungen (1. Laut, 1. und 2. Laut zusammen, 1. bis 3. Laut usw.) synthetisiert (gelesen), anschließend erfolgt die Demontage des fertigen Wortes ebenfalls unter synthetisierendem Lesen des »Restes«. Diese Übungen werden später »im Kopf«, also ohne die Hilfe der Kärtchen durchgeführt. Anschließend wird das Wort geschrieben und die Divergenzen zwischen Laut-»Bild« und Schriftbild […] besprochen. G. Siebert-Ott/U. Fehlisch (1988:55f.)

7.6 Schlussbemerkung

In den vorangehenden Abschnitten wurden Ansätze zum Lesen- und Schreibenlernen im schulischen Anfangsunterricht und in der Alphabetisierungspädagogik vorgestellt. Dabei zeigte sich, dass die Frage, wie Kinder und Erwachsene lesen und schreiben lernen können, umstritten ist. Dies überrascht nicht. Es kann kein allgemeingültiges Verfahren geben, da zahlreiche Faktoren beim Erwerbsprozess interagieren und die Lerner unterschiedliche Voraussetzungen mitbringen. Stufenmodelle können lediglich den Blick dafür schärfen, in welcher Phase des Erwerbsprozesses der Lerner sich möglicherweise befindet.

Abschließend bleibt zu betonen: Die Lese- und Schreibkompetenz umfasst mehr als den Erwerb der basalen Lese- und Schreibfähigkeiten. Hierzu gehört auch die Fähigkeit, Texte rezipieren und Texte verfassen zu können. Diese Fähigkeit muss

im schulischen Deutschunterricht erworben und in der Erwachsenenbildung weiter entwickelt werden. Denn auch (oder gerade) im Zeitalter der neuen Informa-
tions- und Kommunikationstechnologien gilt: Lesen und Schreiben gehören zu
den Schlüsselqualifikationen unserer Gesellschaft.

Zur Vertiefung

Günther, K. B. 1986: Basismodell zum Schriftspracherwerb
Hubertus/Nickel 2003: Überblick zu Alphabetisierungsmaßnahmen
Ludwig 2002: Diskussion von Konsequenzen aus der PISA-Studie
Scheerer-Neumann 1996: Überblick zu Erwerbsmodellen
Sieber 2003: Verhältnis von Schreibforschung und Schreibdidaktik
Valentin 2003: Methoden des Lesen- und Schreibenlernens
Ulrich 2001, Bd. 1: Auswahl von Basistexten zum Schriftspracherwerb

8   Wiederholungsfragen

Fragen zu Kap. 1

1. Hartmut Günther schreibt in seiner Darstellung zu den Unterschieden zwischen mündlicher und schriftlicher Sprache:

> Die Stabilität schriftlicher Texte und die damit mögliche Trennung von Textproduzent, Text und Textrezipient hat weitreichende Konsequenzen.   H. Günther (1988:17)

Zeigen Sie stichwortartig auf, welche Konsequenzen diese »Stabilität schriftlicher Texte« hat.

2. Im Handbuch »Schrift und Schriftlichkeit« werden mehrere Definitionen zu dem Oberbegriff ›schriftliche Sprache‹ gegeben. Eine davon lautet:

> (1) Schriftliche Sprache als sprachliche Gestaltung von Texten. In diesem Fall wird nicht zwischen der Form einer schriftlichen Äußerung und der bei ihrer Herstellung verwendeten sprachlichen Mittel unterschieden. Eine solche Verwendung ist in der sprachwissenschaftlichen Literatur heute nicht mehr anzutreffen, doch spielt sie in anderen Disziplinen, vor allem in der Literaturwissenschaft, noch eine Rolle.
> H. Günther/O. Ludwig (1994:IX)

Erläutern Sie, welche Unterschiede zwischen schriftlicher Sprache und geschriebener Sprache bestehen. Beziehen Sie zur Charakterisierung der geschriebenen Sprache die in Kap. 1 genannten konstitutiven Merkmale ein.

3. Für die Abhängigkeit der geschriebenen von der gesprochenen Sprache wird häufig mit dem Hinweis argumentiert, dass in einer Alphabetschrift eine (wenn auch nur beschränkte) Korrespondenz zwischen Lautung und Schreibung bestehe. Diskutieren Sie dieses Argument in Bezug auf das Deutsche aus historischer Sicht.

4. Im Folgenden finden Sie ein Beispiel für eine über das Handy verschickte Kurznachricht. Die Schreibweise des Originaltextes wurde beibehalten. Zeigen Sie auf, wie dieser Text im Kontinuum von Mündlichkeit und Schriftlichkeit einzuordnen ist (mit Begründung!).

HI BARBARA! NA, WIE KOMMST DU MIT MATHE ZURECHT? HAB DIR EINE MAIL GESCHICKT! SCHÖNEN SAMSTAG NOCH! MARIA

5. Arbeiten Sie an folgendem Auszug aus einem Vortragstext alle Merkmale konzeptioneller Schriftlichkeit heraus:

> Im Deutschen gibt es bekanntlich verschiedene Typen nachgestellter Adjektive. Diese oberflächensyntaktisch parallelen Konstruktionen dürfen keineswegs gleichgesetzt werden. Ich werde zunächst acht Fallgruppen unterscheiden und ihre charakteristischen Merkmale herausarbeiten. Im zweiten Teil des Vortrags lege ich den Schwerpunkt auf eine bestimmte Klasse postnominaler Adjektive, nämlich auf solche, die nicht flektiert und nicht erweitert sind. Ziel ist, Kriterien anzugeben, mit Hilfe derer bestimmt werden kann, ob die Adjektive in attributiver, prädikativer oder adverbialer Relation stehen. Dies ist eine Frage, die in der Literatur bislang zu Widersprüchen führte bzw. gar nicht zur Diskussion gestellt wurde.

6. In seinen Ausführungen zu den Eigenschaften oral begründeten Denkens schreibt Walter Ong, oral begründetes Denken sei »eher additiv als subordinierend« (1987:42). Er führt als Beispiel die Anfangspassage aus der Schöpfungsgeschichte an. Beschreiben Sie die additiven Merkmale dieses Textes. Aus welchem Grunde verwenden Sprecher einer oralen Kultur solche Muster?

> Am Anfang schuf Gott Himmel und Erde. Und die Erde war öde und leer, und Dunkelheit lag auf dem Antlitz des Meeres; und der Geist Gottes war über den Wassern. Und Gott sagte: Es werde Licht. Und Licht ward. Und Gott sah, daß das Licht gut war; und er trennte das Licht von der Dunkelheit. Und er nannte das Licht Tag und die Dunkelheit Nacht; und es gab Abend und Morgen, den ersten Tag.

Fragen zu Kap. 2

7. Erläutern Sie den Unterschied zwischen Sprachsystem und Schriftsystem. Konsultieren Sie hierfür den Artikel von Peter Eisenberg, *Sprachsystem und Schriftsystem* in Günther, H./Ludwig, O. (Hrsg.) (1996), Bd. 2, 1368–1380.

8. Erläutern Sie den Unterschied zwischen Schriftsystem und Schrifttyp.

9. Um welchen Zeichentypus handelt es bei dem Zeichen <&>? Begründen Sie Ihre Entscheidung!

10. Nehmen Sie ein linguistisches Nachschlagewerk zur Hand. Informieren Sie sich darin über den Begriff ›Agglutination‹.

11. Betrachten Sie den folgenden Textauszug. Welches Schriftsystem liegt vor? Begründen Sie Ihre Entscheidung.

가구는 일상 생활에서 인간과 가장 밀접한
관계를 가지며 의식(衣食)을 위한 수납뿐만 아
니라 휴식과 일을 위해서도 없어서는 안 되는 기
물이다. 따라서 사용하기에 편리함을 주는 실용
성과 시각적 기쁨을 주는 미적 요소가 겸비되어
야 함은 말할 것도 없다.

Fragen zu Kap. 3

12. Geben Sie an, um welche Schriftzeichen es sich im folgenden Beispiel handelt.
Begründen Sie Ihre Entscheidung.

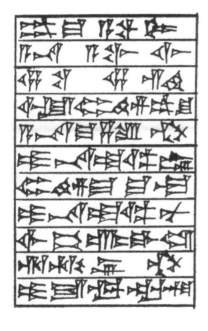 

(aus Haarmann 1991:232)

13. Handelt es sich bei den ägyptischen Hieroglyphen um eine Alphabetschrift?

14. Nehmen Sie Stellung zu folgender Aussage: »Den Anfang der Schriftgeschichte sieht man in der Regel im vorderorientalischen Raum im 4. Jahrtausend vor der Zeitrechnung« (Maas 1992:19).

15. Recherchieren Sie im Internet unter dem Stichwort ›Rongorongo‹ und tragen Sie die wichtigsten Informationen zusammen. Alternativ dazu können Sie sich in der Monographie von Haarmann (1991) oder in der Enzyklopädie von Coulmas (1996a) über Rongorongo informieren.

Fragen zu Kap. 4

16. Nach den Graphem-Korrespondenz-Regeln wird der Phonemkombination /kv/ im Deutschen das Graphem <qu> zugeordnet. Was spricht dafür, <qu> und nicht <q> als korrespondierendes Graphem anzunehmen?

17. Nennen Sie für jedes Vokalgraphem zwei Beispiele mit silbeninitialem <h>. Greifen Sie dabei auch auf morphologisch komplexe Formen zurück. In einigen Fällen ist es schwierig, einfache Formen zu finden (Aufgabe übernommen aus Eisenberg 2004:386).

18. Überlegen Sie, welche systematischen Aussprachevarianten im Deutschen für das Wort *ewig* vorkommen. Erläutern Sie darauf bezugnehmend das morphologische Prinzip.

19. Hartmut Günther schreibt in Bezug auf Beispielsätze wie *Hans möchte gern mit seinen Kindern Eis laufen* bzw. *Hans möchte gern mit seinen Kindern Eis kaufen*: »Die Schreibung signalisiert [jedenfalls dem heutigen Leser], daß *Eis* in allen Sätzen ein Substantiv ist, das eine syntaktische Beziehung zum Verb hat. Eine solche Beziehung gibt es beim *Eislaufen* natürlich nicht« (1997:12).
Erläutern Sie, worin der syntaktische Unterschied zwischen *Eis laufen* und *Eis kaufen* besteht und diskutieren Sie vor diesem Hintergrund die Tatsache, dass beide Konstruktionen nach der Neuregelung getrennt geschrieben werden.

20. Betrachten Sie den folgenden Satz:

WIR HABEN IN MOSKAU LIEBE GENOSSEN.

Schreiben Sie den Satz mit initialer Groß- und Kleinschreibung und erläutern Sie, von welchen Faktoren die Großschreibung jeweils abhängt.

Fragen zu Kap. 5

21. In Nerius et al. (2000:287) finden sich die folgenden Beispiele für mittelhochdeutsche Schreibweisen: *gap – geben, wart – werden, hant – hende*. Diese werden kommentiert mit der Feststellung: »Die mittelhochdeutschen Graphien wirken insgesamt stark vom phonematischen Prinzip bestimmt«. Erläutern Sie diese Aussage.

22. Vergleichen Sie die Schreibung in folgendem Textauszug aus einem Rechtsbuch der Slowakei von 1628 mit der heutigen Rechtschreibung (Aufgabenstellung übernommen von Gewehr 1997:478):

Ob ein weib ihre Frucht mit willen abtreibett; oder sie der mann dazue Zwinget, d[a]z sie es thuen muß; Vnnd etw[a]z ein nehme d[a]z sie die frucht abtriebe. Solche werden von rechts wegen billich geschied[e]n doch also d[a]z man die sachen zue Vor gewiß erfahre; denn solche thatt ist ein erschrecklich laster; vbertrifft alle Vntreue allen Ehebruch, Vnnd streitett wieder Gottes Ordnung [...].

23. Eine der vielen Schlagzeilen, die im Zusammenhang mit der Rechtschreibreform zu lesen waren, lautete: *Recht geschrieben. Klug geurteilt. Das Bundesverfassungsgericht hat den Weg zur Reform der Sprache geebnet* (ZEIT), eine andere: *Der Aufstand der Dichter* (Spiegel). Situieren Sie beide Schlagzeilen in ihrer zeitlichen Abfolge und erläutern Sie knapp den Hintergrund.

24. Schlagen Sie in vier Rechtschreibwörterbüchern (Duden, 21. Auflage von 1996, Duden, 22. Auflage von 2000, Duden, 23. Auflage von 2004 und Bertelsmann 1996) die folgenden Wörter nach: *wiedersehen, hochbegabt, der Notleidende*.[211] Was fällt Ihnen auf?

25. Diskutieren Sie die Frage, ob nicht auch die gemäßigte Kleinschreibung in der Reform hätte berücksichtigt werden müssen.

26. Es folgt eine Aufzählung von Wörtern in alter Rechtschreibung: *essen, Straße, Mißstand, bißchen, fleißig, beschließen, mäßig, Rußland, müssen, süß, genießen, Haß*. Welche dieser Wörter werden nunmehr mit <ss>, welche weiter mit <ß> geschrieben? Wie lautet die zugrunde liegende Regel?

Fragen zu Kap. 6

27. Erläutern Sie anhand des folgenden Beispiels die Kotextgebundenheit typographischer Mittel:

Gemeinsam durch **dick** und dünn.

28. Arbeiten Sie die suprasegmentalen Mittel in folgendem Lexikoneintrag (aus Bußmann 2002:670) heraus:

---

211 Die Schreibung erfolgt hier nach der alten Rechtschreibregelung.

Symbol [griech. *sýmbolon* ›Erkennungszeichen‹, eigentlich ›Zusammen-fügbares‹].
(1) In der →Semiotik von Peirce [1931-58] Klasse von →Zeichen, bei denen die Beziehung zwischen Zeichen und Bezeichnetem ausschließlich auf Konvention beruht. Zum Unterschied vgl. →Index und →Ikon. Die Bedeutung von S. ist sprach- bzw. kulturspezifisch festgelegt, das gilt eben-so für sprachliche Zeichen wie auch für Gesten (Begrüßungsformen) oder bildliche Darstellungen (vgl. Taube als S. des Friedens).

Literatur:
Peirce, C. S. [1931-1958] : *Collected Papers.* 8 Bde. Cambridge, MA.
Peirce, C. S. et al. [1976] : *Zur semiotischen Grundlegung von Logik und Mathematik.*
    Stuttgart.
[…]

29. Welche der von Gerd Antos vorgeschlagenen typographischen Funktionen ste-hen in diesem Lexikonartikel im Vordergrund?

30. Welche typographischen Mittel werden in der folgenden Anzeige verwendet und wie funktionieren sie? (Hinweis: Die Hintergrundfarbe ist orange, die Schrift-farbe weiß. Der kleingedruckte Text lautet *SPIEGEL-Leser wissen mehr.*)

31. Welche Art der Zeichenverwendung findet sich in den folgenden (fiktiven) Gaststättenschildern? Welche Verpflegung würden Sie hier erwarten?

a.) Gaststätte am Eck
b.) Restaurant Stadt Zürich
c.) **Black & White Bar**
d.) Zum grünen Salon
e.) inselkneipe

32. Inwiefern verwendet das Beispiel (7) in Abschnitt 6.4.3 gruppenstilistische Zeichenressourcen?

33. Warum lässt sich aus diesem Beispiel nicht ableiten, dass Frakturschriften »nationalistische« Schriften sind?

Fragen zu Kap. 7

34. Vergleichen Sie die Stufenmodelle von Frith (1985) und Günther (1986).

35. Nennen Sie Gründe, die für eine Verbindung von Lesen- und Schreibenlernen
im schulischen Anfangsunterricht sprechen.

36. Nehmen Sie Stellung zu dem Vorwurf, die ganzheitliche Lehrmethode mit
Verzicht auf eine Erhellung der Phonem-Graphem-Korrespondenzen verhindere
den Leselernerfolg und trage zur Zunahme der Zahl der Legastheniker und der
funktionalen Analphabeten [...] bei (Aufgabe übernommen aus Ulrich 2001, Bd. 1:
89).

37. Erläutern Sie den Begriff ›Lesesozialisation‹. Schlagen Sie hierzu in dem Buch
»Deutschunterricht von A bis Z«, herausgegeben von Dietlinde H. Heckt und Karl
Neumann, nach (Braunschweig: Westermann Schulbuchverlag 2001).

38. Betrachten Sie die in einem Alphabetisierungskurs dokumentierten Schreibungen *vierzehn Schteine* und *Fierzen Steine*. Über welche Fähigkeiten verfügen
die Schreiber bereits, über welche nicht?

39. Erläutern Sie die Unterschiede zwischen dem Spracherfahrungsansatz und der
Morphemmethode (sprachsystematischer Ansatz). Welcher der beiden Methoden
würden Sie den Vorzug geben?

40. Nehmen Sie Stellung zu den Ergebnissen der PISA-Studie. Welche Maßnahmen sind erforderlich, das Leistungsniveau deutscher Schüler anzuheben?

41. Diskutieren Sie die Frage, ob die Lese- und Schreibkompetenz durch die Nutzung der neuen Medien gefördert wird. Immerhin ist das Internet weitgehend schriftbasiert, und auch das Handy wird heute bevorzugt fernschriftlich (zum Verschicken von SMS), nicht fernmündlich (zum Telefonieren) genutzt.

9 Lösungsvorschläge

Lösungsvorschläge zu Kap. 1

1. Die Stabilität schriftlicher Texte, die der Flüchtigkeit mündlicher Äußerungen gegenübersteht, zeigt sich u. a. in folgenden Punkten:
- Der Inhalt schriftlicher Texte ist immer wieder nachlesbar.
- Schriftliche Texte sind in der Regel losgelöst von der Schreibsituation, sie sprechen ›aus sich selbst heraus‹.
- Schriftliche Texte können an die Nachwelt überliefert werden.

2. Die hier gegebene Definition von schriftlicher Sprache nimmt Bezug auf die konzeptionelle Dimension (»sprachliche Gestaltung«) und bringt diese in Verbindung zum Medium (»sprachlichen Mittel«). Dahingegen beziehen sich die konstitutiven Merkmale geschriebener Sprache ausschließlich auf die medialen Eigenschaften geschriebener Sprache. Es sind dies die folgenden: a) Die geschriebene Sprache benötigt ein Werkzeug. b) Die geschriebene Sprache hat eine räumliche Ausdehnung.

3. Eine weitgehende Korrespondenz zwischen Lautung und Schreibung hat vermutlich zu Beginn der Verschriftung des Deutschen existiert; sie ist durch den Lautwandel aber heute nicht mehr gegeben. Die Schrift hat den Lautwandel nicht nachvollzogen. Dies zeigt sich u. a. darin, dass bestimmte lautliche Veränderungen nicht abgebildet werden. So ist die mittelhochdeutsche Diphthongierung in Wörtern wie <Liebe> heute noch in der Schreibung konserviert.

4. Im Text treten Merkmale konzeptioneller Mündlichkeit auf. Auf lexikalischer Ebene gehören dazu die jugendsprachliche Begrüßungsformel *Hi* sowie die Gesprächspartikel *na*. Zwei Sätze sind elliptisch: Im ersten Fall fehlt das Subjektpronomen *ich*, im zweiten Fall wurde der Satz *Ich wünsche dir noch einen schönen Samstag* auf das Akkusativobjekt reduziert.

5. Zu den Merkmalen konzeptioneller Schriftlichkeit gehören die Ausdrücke *bekanntlich*, *keineswegs* und *bislang*. Auch die Verwendung von *dies* anstelle von *das* in dem Satz *Dies ist eine Frage* zählt dazu. Diese Ausdrucksmittel werden der gehobenen Stilebene zugeordnet. In syntaktischer Hinsicht ist die komplexe, hypotaktische Konstruktion *Ziel ist, Kriterien anzugeben, mit Hilfe derer […], ob die […] zu nennen*. Die größere Elaboriertheit zeigt sich auch auf textueller Ebene.

Der Text weist eine hohe Informationsdichte auf. Auch wird die weitere Vorgehensweise angekündigt; die mündlichen Äußerungen sind also im Detail geplant, jeder einzelne Schritt wurde vorab überlegt.

6. Alle Sätze werden mit der koordinierenden Konjunktion *und* verbunden, subordinierende Konjunktionen wie *als, weil, während* fehlen, temporale und kausale Bezüge werden nicht explizit gemacht. Wäre dies der Fall, würde der erste Satz beispielsweise lauten: *Als Gott Himmel und Erde schuf, war die Erde öde und leer.* In der Mehrzahl handelt es sich um einfache Hauptsätze, nur an einer Stelle tritt ein Gliedsatz auf (*Gott sah, daß das Licht gut war*). Die Sätze sind parallel aufgebaut, es steht jeweils das Subjekt vor dem Prädikat. Eine Ausnahme bildet lediglich der erste Satz, der ohnehin eine exponierte Stellung einnimmt. Der Grund für diese Aneinanderreihung paralleler Strukturen liegt darin, dass solche Sätze leichter im Gedächtnis haften bleiben. Auch der wiederholte Gebrauch der Konjunktion *und* ist damit erklärbar. Eine solche *passe-partout*-Konjunktion lässt sich leichter im Gedächtnis behalten, als dies bei einer Anzahl verschiedener Konjunktionen der Fall wäre. Außerdem tangiert sie nicht die Abfolge der Satzglieder, die Wortstellung bleibt unverändert. Der Sprecher muss also nur eine syntaktische Konstruktion memorieren.

Lösungsvorschläge zu Kap. 2

7. Nach Eisenberg (1996:1369) sind ›Sprachsystem‹ und ›Schriftsystem‹ hierarchisch untergeordnete Begriffe. Sprachsystem ist der Oberbegriff, Schriftsystem der Unterbegriff. Ein Pendant zum Terminus ›Schriftsystem‹, der sich auf Gesprochenes bezieht, existiert nicht; die Termini ›Sprechsystem‹ oder ›Redesystem‹ sind nicht gebräuchlich.

8. Der Terminus ›Schrifttyp‹ bezieht sich nach der Klassifikation von Ludwig (1983) auf das Gestaltungsprinzip von Schriften. Nach der jeweils dominanten Bezugsebene unterscheidet man den logographischen, syllabischen und alphabetischen Schrifttyp. Der Terminus ›Schriftsystem‹ ist dem untergeordnet. Er bezeichnet das auf eine Einzelsprache bezogene Inventar von Schriftzeichen.

9. Das Zeichen <&>, das von Schriftsetzern und Typographen »Etzeichen« oder »Kaufmanns-und« genannt wird (nicht zu verwechseln mit dem ›Ätzeichen‹ @), steht für das lateinische Wort *et* (und). Zwischen dem Zeichen und dem Dargestellten gibt es keine Abbildbeziehung. Es ist ein Logogramm. Nach Zimmer (2000:142) geht <&> auf eine Ligatur aus <E> und <t> zurück: »[L]inks das kursive große *E*, eine umgekehrte 3, rechts das Kreuz des kleinen *t*, und beides verschmolzen und ohne die Feder abzusetzen in einem Strich geschrieben.«

10. Im »Lexikon der Sprachwissenschaft«, herausgegeben von Hadumod Bußmann (2002³), ist unter dem Eintrag ›Agglutination‹ Folgendes zu lesen:

> **Agglutination** (lat. *agglutinare*, anleimen). In der Wortbildung: morphologisches Bil-
> dungsprinzip, nach dem die einzelnen Morpheme sowohl monosemantisch [...] als auch
> juxtaponierend [...] sind, d. h. jedem Morphem entspricht ein Bedeutungsmerkmal, und
> die Morpheme werden unmittelbar aneinander gereiht, vgl. türk.: *ev* ›Haus‹, *-im* ›mein‹,
> *-ler* ›Plural‹, *-in* ›Genitiv‹: *evlerimin* ›meiner Häuser‹.

11. Im vorliegenden Beispiel handelt es sich um einen Text in Hangul. Anders
als die japanischen Kana, die ebenfalls aus wenigen Strichen bestehen, sind die
koreanischen Schriftzeichen nicht linear angeordnet. Sie bilden, wie der Beispiel-
text zeigt, kleine Quadrate, die ihrerseits in einer Linie gereiht sind. Außer diesen
›Quadratzeichen‹ finden sich einige weitere quadratähnliche Zeichen, die jeweils
ein komplexes Ganzes bilden und aus einer größeren Anzahl von Strichen bestehen. Dabei handelt es sich um Hancha, d. h. um chinesische Schriftzeichen.

Lösungsvorschläge zu Kap. 3

12. Der Text enthält eine Reihe von Keilschriftzeichen. Charakteristisch hierfür
sind die kantigen Striche, die daraus resultieren, dass die Zeichen mit einem pris-
maförmigen Griffel in weichen Ton gedrückt wurden. Betrachtet man Keilschriftzeichen auf Papier, dann sind die keilförmigen Eindrücke nicht mehr zu erkennen.
Die spitze, eckige Linienführung, die keinerlei bildliche Assoziationen mehr zulässt, lässt aber auf die Keilschreibtechnik schließen.

13. Bei den ägyptischen Hieroglyphen handelt es sich nicht um eine Alphabetschrift. Erste Ansätze einer phonographischen Schreibweise, wie sie für Silben-
und Alphabetschriften charakteristisch ist, sind aber erkennbar. Von ursprünglich
piktographischen Zeichen wurde die Lautung übernommen, nicht aber die Bedeutung. Auf diese Weise wurde das Konsonantengerüst ägyptischer Wörter wiedergegeben. Die Vokale blieben unberücksichtigt.

14. Nach H. Haarmann (1991:18) gehört diese Aussage zu den »veralteten Anschauungen« der Schriftforschung. Der Anfang der Schriftgeschichte liege nicht
im Vorderen Orient, sondern in Europa, und datiere nicht auf das 4. Jahrtausend
v. Chr., sondern auf das 6. Jahrtausend v. Chr. Diese Auffassung ist in der Schrifthistoriographie umstritten.

15. Rongorongo ist die Bezeichnung für eine Klasse von Schriftzeichen, die auf
der zu Chile gehörigen Osterinsel im Südpazifik in Gebrauch waren. Rongorongo-
Zeichen fand man u. a. auf hölzernen Schrifttafeln, den sog. Rongorongo-Hölzern.
Rongorongo besteht aus ca. 120 Zeichen mit überwiegend geometrisch-abstrakten

Formen (vgl. Haarmann 1991:191). Ihre Entzifferung stellt die Forschung vor ein Rätsel. In den 50er Jahren des 20. Jahrhunderts gelang es dem Deutschen Th. Barthel, den Inhalt einzelner Texte zu erschließen. Die Ergebnisse seiner Studien veröffentlichte er 1963 in der Zeitschrift *Anthropos* unter dem Titel »Rongorongo-Studien« (S. 372–436). Folgt man seiner Analyse, ist Rongorongo keine phonographische, sondern eine logographische Schrift.

Lösungsvorschläge zu Kap. 4

16. Der Buchstabe <q> tritt im Deutschen nur in Verbindung mit nachfolgendem <u> auf. Es gibt also keine Evidenz dafür, dass <q> ein eigenes Graphem darstellt. Nach Günther (1988:83) findet man nur ein einziges Minimalpaar, das den Status von <q> als Graphem belegen könnte: *quell – duell.*

17. <Gewieher> <fliehen>; <brühe>, <früher>; <Ehe>, <stehen>; <Flöhe>, <höher>, <Häher>, <nähen>; <Rahe>, <nahes>; <Lohe>, <drohen>; <Truhe>, <ruhen> (Lösungsvorschlag übernommen aus Eisenberg 2004:427).

18. Das Wort *ewig* hat drei Aussprachen: [eːvɪç] (wenn es alleine steht), [eːvɪk] (z. B. in *ewiglich*) und [eːvɪg] (z. B. in *ewige*). In allen drei Fällen bleibt die Schreibung des Wortstammes gleich (s. Günther 1988:87 zum analogen Beispiel *König*).

19. In der Konstruktion *Eis kaufen* stellt *Eis* ein Objekt zu dem Verb *kaufen* dar, es tritt also in eine syntaktische Beziehung zum Verb. In *Eis laufen* hingegen handelt es sich nicht um eine selbständige Ergänzung. *Eis* kann hier weder einen Artikel noch ein Adjektiv zu sich nehmen. Das Substantiv ist in das Verb inkorporiert. Mit andern Worten: Eine Beziehung zwischen *Eis* und *laufen* existiert nur auf lexikalischer, nicht auf syntaktischer Ebene. In solchen Fällen sollte man die Substantiv-Verb-Verbindung zusammenschreiben. In der Neuregelung wurde dem nicht Rechnung getragen, alle trennbaren Bildungen vom Typ ›Substantiv + Verb‹ werden getrennt geschrieben. Somit werden syntaktisch unterschiedliche Fälle orthographisch gleich behandelt. Allerdings ist abzusehen, dass sich in diesem Bereich noch Änderungen ergeben werden.

20. Für diesen Satz gibt es zwei Schreibweisen:

a) Wir haben in Moskau Liebe genossen.
b) Wir haben in Moskau liebe Genossen.

Die Anfangsgroßschreibung von *Wir* resultiert aus dem Umstand, dass das Pronomen am Satzanfang steht, die Großschreibung *Moskau* daraus, dass es sich um einen Eigennamen handelt. Was die beiden letzten Wörter des Satzes betrifft, so gibt es zwei Möglichkeiten: Entweder ist *Liebe* der Kern einer (potentiell expandierbaren) nominalen Gruppe und wird deshalb großgeschrieben. Oder aber das Wort

Genossen stellt den Kern der nominalen Gruppe dar. Der Kern wäre in diesem Fall durch das Adjektiv *liebe* expandiert.

Lösungsvorschläge zu Kap. 5

21. An den Schreibungen *gap* und *wart* erkennt man, dass der Auslautverhärtung, die in der neuhochdeutschen Graphie nicht berücksichtigt wird, hier noch in der Schrift Rechnung getragen wird. Die Schreibung bildet die Lautung unmittelbar ab. Dies gilt auch für die Substantive *hant* und *hende*. Nerius et al. (2000:287) weisen aber darauf hin, dass dennoch nicht von einer streng phonematischen Orthographie gesprochen werden darf. So wurde im Mittelhochdeutschen die Vokallänge graphisch nicht angezeigt.

22. Die Setzung von großen Anfangsbuchstaben folgt in diesem frühneuhochdeutschen Text nicht dem Prinzip der Substantivgroßschreibung. So wird das Substantiv *weib* klein-, das Substantiv *Frucht* und das Verb *Zwinget* großgeschrieben. Weiter fällt die Schreibung <th> vor Vokal wie in *thuen* und *that* auf. Seit der II. Orthographischen Konferenz von 1902 erfolgt die Schreibung von <t> in diesem Kontext ohne <h>. Das Graphem <V> steht im Text für zwei Anlautphoneme: für das Phonem /ʊ/ (vgl. *Vnnd* bzw. *Vntreue*) und das Phonem /f/ (vgl. *zue Vor*). Im Wortinnern steht das Graphem <u> (vgl. *dazue*). In heutiger Schreibweise hängt die Schreibung von <u> und <v> nicht von der Position des Lautes, sondern ausschließlich von der Lautqualität (Vokal/Konsonant) ab. Außerdem wird in der Verbform der 3. Pers. Singular auf *-et* (*abtreibett; streitett*) der Konsonantenbuchstabe <t> verdoppelt. Dies ist eine heute nicht mehr übliche Schreibweise. Die Schreibung *billich* schließlich ist phonematisch orientiert – anders als im Neuhochdeutschen, wo das Suffix zwar auch [-ɪç] gesprochen, aber *-ig* geschrieben wird. Eine solche an der Lautung orientierte Schreibung ist charakteristisch für die früheren Sprachstufen des Deutschen.

23. Die Schlagzeile *Recht geschrieben. Klug geurteilt. Das Bundesverfassungsgericht hat den Weg zur Reform der Sprache geebnet* (ZEIT) datiert vom Juli 1998. In diesem Monat entschied das Bundesverfassungsgericht, dass die Einführung der Rechtschreibreform rechtmäßig sei. Die Schlagzeile *Der Aufstand der Dichter* (Spiegel) stammt aus dem Jahr 1996. Sie nimmt Bezug auf die Kampagne, die der Deutschlehrer Friedrich Denk gegen die Rechtschreibreform initiierte. Nach der Frankfurter Buchmesse erschien in den Medien eine Unterschriftenliste mit den Namen von Schriftstellern, die sich gegen die Rechtschreibreform aussprachen. Der Spiegel berichtete über diese Initiative in einem Leitartikel mit dem Titel *Der Aufstand der Dichter*.[212]

---

212 Im Editorial des Heftes wird betont, dass die Schreibung nicht umgestellt werde – was vier Jahre später doch geschah.

24. Duden 1996 (21. Auflage): *wieder sehen, hoch begabt, der Notleidende*

Duden 2000 (22. Auflage): *wiedersehen (auch wieder sehen (erneut begegnen)), hoch begabt (auch hochbegabt), der Not Leidende*

Duden 2004 (23. Auflage): *wiedersehen (auch wieder sehen (erneut begegnen), hoch begabt (auch hochbegabt), der Not Leidende, auch der Notleidende*

Bertelsmann 1996: *wieder sehen, hoch begabt, der Not Leidende/der Notleidende*

Sowohl zwischen den Duden-Auflagen als auch zwischen Duden und Bertelsmann treten Abweichungen auf. Diese sind auf unterschiedliche Auslegungen der Paragraphen im Regelwerk zurückzuführen (Duden/Bertelsmann), aber auch darauf, dass die fortwährende Diskussion um die Neuregelung zu Änderungen Anlass gab (Duden 21. Aufl./22. Aufl./23. Aufl.). Die Änderungen werden im Duden nicht eigens gekennzeichnet, doch ist dem Eintrag von *wieder* in der 22. und 23. Auflage eine halbseitige Erläuterung hinzugefügt, in der Hinweise zur Getrennt- und Zusammenschreibung gegeben werden. Dies ist zweifellos eine Reaktion auf die Kritik von sprachwissenschaftlicher Seite. Dass einzelne Regeln aus dem Reformpaket wieder geändert wurden, sieht man am Beispiel *der Not Leidende*: In der 23. Auflage des Dudens ist wieder die Zusammenschreibung *der Notleidende* zugelassen.

25. Argumente für die gemäßigte Kleinschreibung:

– Reduzierung der Unsicherheits- und Problemfälle

– Einsparen von zahlreichen Schulstunden zum Einüben der Regeln zur Substantivgroßschreibung

– Anpassung an die Schreibweise anderer europäischer Sprachen

Argumente gegen die gemäßigte Kleinschreibung:

– Erschwernis für das sinnentnehmende Lesen

– Traditionsbruch

– Zunahme von Mehrdeutigkeiten (vgl. *Wir haben in Moskau liebe genossen*)

26. *essen, Straße, Missstand, bisschen, fleißig, beschließen, mäßig, Russland, müssen, süß, genießen, Hass*
Die Regel, die den Schreibungen *essen, Missstand, bisschen, Russland, müssen* und *Hass* zugrunde liegt, lautet: »Folgt im Wortstamm auf einen betonten kurzen Vokal nur ein einzelner Konsonant, so kennzeichnet man die Kürze des Vokals durch Verdopplung des Konsonantenbuchstabens« (§ 2). Für die Schreibungen *Straße, fleißig, beschließen, mäßig, süß* und *genießen* gilt § 25: »Für das scharfe (stimmlose) [s] nach langem Vokal oder Diphthong schreibt man ß, wenn im Wortstamm kein weiterer Konsonant folgt.«

Lösungsvorschläge zu Kap. 6

27. Das Beispiel zeigt, dass typographische Bedeutung in der Regel vom umgebenden Text (Kotext) abhängig ist. Die ikonische Lesart der Strichstärken (dick, dünn) ergibt sich nur in Relation zur Grundschriftart. Das Beispiel zeigt weiterhin, dass auch der Textinhalt ein wichtiger Faktor für die Wahrnehmung der Schriftform ist.

28. Es finden sich die folgenden suprasegmentalen Mittel:
(1.) Lineare Suprasegmente: (a.) Großschreibung (als Klassifikator, der die Wortart Substantiv anzeigt, als Grenzsignal, das den Satzbeginn anzeigt, sowie als Auslassungssignal in Akronymen), (b.) Schriftgröße (Unterscheidung zweier Textebenen: Haupttext und Literaturhinweise), (c.) Textauszeichnungen (als Grenzsignal, das den Wechsel der Aussageebene anzeigt: Fettdruck kennzeichnet das Lemma, Kursivdruck Literaturtitel sowie Wörter, auf die sich der Text beschreibend bezieht, Kapitälchen kennzeichnen Personennamen), (d.) Interpunktion (als Grenzsignal von Sätzen und Teilsätzen sowie als Auslassungssignal in Form von Abkürzungspunkten), (e.) einfache Anführungszeichen als Grenzsignal (zeigt Bedeutungserklärungen an), (f.) Klammern als Grenzsignale sowie (g.) das Pfeil-Ideogramm als Verweiszeichen auf andere Lexikoneinträge.
(2.) Flächige Suprasegmente: (a.) Absatzumbrüche als Grenzsignale, (b.) Leerzeilen als Grenzsignale sowie (c.) eine Absatzeinrückung, die die Einheit eines Absatzes (als Grenzsignal) anzeigt.

29. In diesem Lexikonartikel steht (wie in den meisten Lexikonartikeln) die *epistemische* Funktion im Vordergrund. Die typographischen Mittel dienen in erster Linie als *Strukturindikatoren*, sie zeigen verschiedene Aussage- und Informationsebenen des Textes an.

30. Auf mikrotypographischer Ebene ist die Schriftwahl entscheidend. Es wird die Hausschrift des SPIEGEL-Magazins verwendet, die die Betrachter unmittelbar an das Magazin denken lassen sollen. Es handelt sich um eine Egyptienne-Schrift. Die häufig damit verbundenen Assoziationen (Wildwestfilme) spielen hier keine Rolle. Makrotypographisch wird der Effekt noch dadurch verstärkt, dass auch die Schrift- und Hintergrundfarben (weiß auf orange), die Schattierung der Schrift sowie der Rahmen zur *Corporate Identity* des Magazins gehören. Diese Mittel funktionieren nur aufgrund des typographischen Wissens der Betrachter, die das Magazin und seine Gestaltung kennen. Darauf spielt auch der Slogan *SPIEGEL-Leser wissen mehr* an, dessen Kleinschreibung andeutet, dass ein Erkennen der typographischen Mittel erwartet wird.

31. Die Beispiele a), b), d) und e) verweisen symbolisch auf bestimmte Kulturen und Traditionen, Beispiel c) stellt einen ikonischen Zusammenhang zwischen dem Namen der Bar und den Schriftfarben her. In a) wird man gutbürgerliches Essen er-

warten (Fraktur als Symbol für Gutbürgerlichkeit), in b) asiatisches Essen (obwohl es sich nur um stilisiertes asiatisches Schreiben handelt), in c) Cocktails und Häppchen (aufgrund der Sprach- und Wortwahl), in d.) amerikanisches Essen (Wildwest-Symbolik der Egyptienne), in e.) irisches Essen (da die Unzialschrift häufig als Symbol für irische Kultur verwendet wird).

32. Das Beispiel spielt auf die Verwendung von gebrochenen Schriften als Gruppensymbol durch rechtsextreme Gruppierungen an. Es handelt sich dabei um eine Inszenierung sozialer Stile im Sinne einer bewussten Abgrenzung zu diesen Gruppierungen.

33. Frakturschriften wirken nicht in allen Zusammenhängen gleich. Die Verwendung im Logo einer Zeitung beispielsweise hat eine eigene semiotische Funktion: Sie bindet die Zeitung ein in eine Tradition der Verwendung solch gebrochener Schriften im Titel. Wiederum andere Assoziationen werden in Gaststättenschildern angesprochen (Gutbürgerlichkeit, Tradition). In historischen Dokumenten werden gebrochene Schriften hingegen in der Regel nur als indexikalische Hinweise auf die Entstehungszeit wahrgenommen.

Lösungsvorschläge zu Kap. 7

34. Sowohl das Drei-Phasen-Modell von Frith (1985) als auch das Fünf-Phasen-Modell von Günther (1986) sind entwicklungsorientierte Modelle. Sie beschreiben nicht einzelne Teilleistungen, sondern Lernschritte, die Kinder im Schriftspracherwerb individuell vollziehen. Gemeinsam haben beide, dass ein Wechsel zwischen den Strategien des Lesens und Schreibens angenommen wird, wobei jeweils eine der beiden Strategien dominant ist. Auch werden drei Hauptphasen in beiden Modellen angesetzt: die logographische Phase, die alphabetische Phase und die orthographische Phase. Unterschiede ergeben sich in der Gewichtung der einzelnen Phasen, die daraus resultieren, dass das Frith'sche Modell für den englischsprachigen, das Günther'sche Modell für den deutschsprachigen Raum entwickelt wurde. Außerdem setzt Günther noch zwei weitere Phasen an, die präliteral-symbolische Phase, die vor der Einschulung liegt, und die integrativ-automatisierte Phase, die den Abschluss des Erwerbsprozesses darstellt. Diese letzte Phase, die im Grunde nie abgeschlossen ist, umfasst auf der Seite des Schreibens die Entfaltung der orthographischen Kenntnisse, auf der Seite des Lesens den Ausbau der Fähigkeit zum automatisierten Worterkennen.

35. Wie die Stufenmodelle zeigen, beeinflussen sich Lesen und Schreiben gegenseitig. Würde man zunächst nur einen Leselehrgang durchführen, dann blieben die auf der Seite des Schreibens bereits erworbenen Strategien ungenutzt. Außerdem müssten die Buchstaben zweimal eingeführt werden, einmal beim Lesen, dann beim Schreiben (vgl. Ulrich 2001:127). Werden die basalen Lese- und Schreib-

fähigkeiten dagegen integrativ vermittelt, dann knüpft man an die bei der Einschulung vorhandene, in der Regel recht hohe Lese- *und* Schreibmotivation an. Außerdem erfahren die Kinder auf diese Weise von Anbeginn an, dass es sich beim Lesen und Schreiben um zwei Seiten des einen schriftsprachlichen Kommunikationsverhaltens handelt und praktizieren die für die Textproduktion wichtige kontrollierende Rezeption des geschriebenen Eigentextes bereits im ersten Schuljahr (vgl. Ulrich 2001, Bd.1:129).

36. Ein Kausalzusammenhang lässt sich schwer nachweisen. Auch gibt es sicher noch andere Gründe im Sozialsystem und Bildungssystem der USA, die für die unbefriedigenden Ergebnisse der Literarisierung der Bevölkerung verantwortlich sind. Doch ist es zulässig, Vermutungen über einen Zusammenhang zwischen Lehrmethoden und Lernerfolgen anzustellen. (Text übernommen aus Ulrich (2001:132), der die Antwort seiner Fragestellung gemäß auf die Verhältnisse in den USA bezieht).

37. In dem genannten Nachschlagewerk findet sich unter dem Stichwort ›Lesen/ Lesesozialisation‹ ein Artikel von Bettina Hurrelmann. Sie legt dar, dass unter ›Lesesozialisation‹ der »Erwerb der Kompetenz zur Rezeption schriftlicher Texte in einem umfassenden Sinne« (S. 202) verstanden wird. Der Gebrauch des Begriffs ›Sozialisation‹ betone die Tatsache, dass es sich bei diesem Kompetenzerwerb um einen dialektischen Prozess »zwischen eigenaktiver Konstruktion und gesellschaftlich-kulturellen Vorgaben« (S. 202) handle. Im Prozess dieser Sozialisation eigne sich der Einzelne Verständigungstechniken, Kommunikationsbedürfnisse und Werthaltungen seiner Kultur an. Dass das Lesen ein eigenaktiver Konstruktionsprozess ist, verdeutlicht Hurrelmann mit anschaulichen Worten: »Schriftliche Texte sind keine ›Kontainer‹, aus denen man den Sinn nur herauszunehmen hätte […]. Also ist das Verstandene auch keine unverändert überstellte Botschaft, sondern Ergebnis eines aktiven (re)konstruktiven Prozesses« (S. 200).

38. *vierzehn Schteine*: Der Schreiber verfügt bereits über orthographische Kenntnisse. Der einzige orthographische Fehler tritt auf bei der Schreibung des [ʃ]-Lautes in *Steine*. Der Schreiber geht offensichtlich davon aus, dass hier die Graphem-Phonem-Korrespondenz [ʃ] → <sch> gilt.
Fierzen Steine: Der Schreiber wendet die Grundregel der Graphem-Phonem-Zuordnung in dem Wort *Fierzen* richtig an. Dass die Zuordnung für die Schreibung des Phonems /f/ nicht den GPK-Regeln entspricht, ist eine Sonderregelung, die er nicht kennt. Das Wort *Steine* dagegen wird orthographisch korrekt aufschreiben, die systematische Abweichung von der GPK-Regel (kein <sch> vor <p> und <t>) scheint bekannt.

39. Im Spracherfahrungsansatz wird der Lernende aktiv an der Gestaltung der Unterrichtsmaterialien beteiligt. Seine Erfahrungen im Umgang mit Sprache und

seine eigenen Gedanken dienen als Grundlage für das Erstellen von Eigentexten, die in der Anfangsphase stellvertretend vom Kursleiter aufgeschrieben werden. Auf diese Weise sollen die durch die Alphabetisierung und die eigene Lebenssituation entstandenen Probleme aufgearbeitet und die Kursteilnehmer verstärkt zum Lesen- und Schreibenlernen motiviert werden. Im Unterschied zu diesem ganzheitlichen Lernen steht im sprachsystematischen Ansatz die Einsicht in den Aufbau von Wortstrukturen im Mittelpunkt. Den Kursteilnehmern soll zunächst diese Einsicht vermittelt werden, bevor sie ganze Texte aufschreiben. Im Unterricht wird an ausgewählten Beispielen das Lesen und Schreiben von Morphemen (= Wortbausteinen) eingeübt. Keiner Methode ist der Vorzug zu geben, der Kursleiter sollte beide Methoden kennen und je nach Unterrichtssituation anwenden.

40. Im Folgenden werden einige der Maßnahmen genannt, die nach Veröffentlichung der PISA-Studie in den Medien diskutiert wurden: 1. Die Kinder sind am Nachmittag oft sich selbst überlassen. Es sollte daher mehr Ganztagsunterricht angeboten werden. 2. Eltern sollten ihren Kindern mehr vorlesen. 3. In den Kindergärten sollte bereits Vorschulunterricht angeboten werden. 4. Die Erzieherinnen sollten ein Studium absolvieren. 5. Lernschwache und besonders begabte Kinder müssen besonders gefördert werden. 6. Die Deutschkenntnisse ausländischer Kinder müssen durch gezielte Maßnahmen verbessert werden. 7. Im Unterricht sollte mehr Wert auf das Vermitteln von Problemlösungsstrategien anstelle von tradiertem Wissen gelegt werden. 8. Der Medienkonsum der Kinder muss eingeschränkt werden; sie sollen verstärkt zum Lesen angehalten werden. 9. Auch in den weiterführenden Schulen muss die Lese- und Schreibkompetenz trainiert werden. 10. Der Lesestoff im Deutschunterricht sollte an der Alltagswelt der Schüler orientiert sein. 11. Die Lehrpläne sollten auf das Wesentliche reduziert werden. 12. Das Lehramtsstudium sollte praxisorientierter sein, die Lehrerweiterbildung sollte verbindlich festgeschrieben werden.

41. Zwar ist es richtig, dass Lesen und Schreiben durch die Computernutzung mehr Gewicht erhält. Webseiten im Internet sind auch heute noch weitgehend schriftbasiert. Doch das Geschriebene ist meist kurz, fragmentarisch und weniger kohärent als in herkömmlichen Texten; die Seiten sind nicht linear angeordnet, sondern folgen dem Hypertextprinzip. Der Leser springt also von einer Textstelle zur anderen, von einer Seite zur nächsten. Und auch für den Schreiber gilt: Das Verfassen von E-Mail-, Chat- und SMS-Nachrichten verlangt nicht das Maß an Abstraktion, das für das Schreiben herkömmlicher Texte erforderlich ist. Gerade SMS-Texte sind stark situationseingebunden und aus dem Kontext heraus verstehbar. Eine elaborierte Ausdrucksweise ist hier meist nicht nötig.

Glossar

Abkürzung: graphische Kürzung eines Wortes, die in der gesprochenen Sprache nicht beibehalten wird (so die Abkürzung *z. B.*). Davon zu unterscheiden ist das →Kurzwort.

Affix: nicht frei vorkommendes →Morphem, das entweder dem Wortstamm vor- (z. B. *be-liefern*) oder nachgestellt (z. B. *Krank-heit*) wird.

agglutinierender Sprachtyp: Klassifikation der →Sprachtypologie. Kennzeichnend für agglutinierende Sprachen ist das Aneinanderbinden von Morphemen, wobei jedes Morphem in der Regel ein und nur ein (grammatisches) Bedeutungsmerkmal trägt.

Akrophonie: Verwendung eines →logographischen oder →piktographischen Zeichens in der Funktion eines →alphabetischen Zeichens. So läge im Deutschen ein Fall von Akrophonie vor, wenn der Konsonant /b/ mit dem piktographischen Zeichen. geschrieben würde.

Aliteralität: gesellschaftlicher Zustand, der durch Schriftlosigkeit gekennzeichnet ist.

Allographie: Variation in der Realisierung eines →Graphems. Drei Typen lassen sich unterscheiden: a) schreibtechnische Variation (z. B. Druckschrift, Schreibschrift), b) funktionale Variation (z. B. Groß-/Kleinschreibung), c) orthographische Variation (z. B. *Ketschup/Ketchup*).

Allophonie: Variation in der Realisierung eines →Phonems. Die Variation kann frei (z. B. Zäpfchen-[r] vs. Zungenspitzen-[r]) oder durch die lautliche Umgebung festgelegt sein (z. B. *ich*- vs. *ach*-Laut).

Alphabet: Inventar von →Schriftzeichen einer →Alphabetschrift. Die Bezeichnung ist abgeleitet aus den griechischen Buchstaben <α> und <β>.

Alphabetisierung: Unterrichtung von Jugendlichen und Erwachsenen in der Technik des Lesens und Schreibens.

Alphabetschrift: Klassifikation der →Schrifttypologie. Grundeinheit ist das →Graphem, dominante Bezugsgröße ist das →Phonem.

ambisyllabisch: Konsonant, der gleichzeitig zwei aufeinanderfolgenden Silben angehört (vgl. die Artikulation von /t/ in dem Wort *Mutter*).

analytisches Leselehrverfahren: Weiterentwicklung der →Ganzheitsmethode. Als Ausgangspunkt im Erstlesen und Erstschreiben dienen ganze Wörter, die durchgegliedert werden.

analytisch-synthetisches Leselehrverfahren: Kombination der →analytischen und der →synthetischen Methode. Die Schüler lernen im Anfangsunterricht sowohl ganze Wörter als auch einzelne Buchstaben kennen.

Anmutung: assoziative Wirkung einer Schrift (→Typographie).

Antiqua: (1.) →Schriftgattung, die sich aus der →karolingischen Minuskel ableitet (im Gegensatz zu gebrochenen Schriften); (2.) →Schriftart mit →Serifen.

Ausschluss: Abstand zwischen den Wörtern im (gedruckten) Text (→Typographie).

Auszeichnung: →Textauszeichnung.

Autonomiehypothese: Annahme, dass die Schreibung/die geschriebene Sprache eine eigenständige, von der Lautung/der gesprochenen Sprache weitgehend unabhängige Realisationsform von Sprache darstellt.

BinnenGroßschreibung: →Großschreibung eines Buchstabens im Wortinnern, in der Regel an der →Morphemgrenze (z. B. *DirektBankService, SchreibArbeit*).

Binnen.interpunktion: →graphostilistisches Mittel der Interpunktion innerhalb eines Wortes (z. B. *bahn.comfort, ZDF.reporter*).

Buchstabiermethode: →synthetisches Leselehrverfahren, wonach zunächst die Buchstabennamen in der Reihenfolge des Alphabets zu lernen sind (*a, be, ce, de …*).

bustrophedon: Wechsel der Schriftrichtung von einer Zeile zur nächsten (links-rechts; rechts-links ; →Lesevektor).

Chirographie: handschriftliche Gestaltung von Texten.

Dependenzhypothese: Annahme, dass die Schreibung/die geschriebene Sprache von der Lautung/der gesprochenen Sprache abhängig ist; →Autonomiehypothese.

Detailtypographie: →Mikrotypographie.

Determinativum: bedeutungstragender Teil eines Schriftzeichens; →Phonetikum.

dextrograd: Laufrichtung einer Schrift (von links nach rechts). Zu unterscheiden von der Rechtsläufigkeit ist die Linksläufigkeit (→sinistrograd).

diakritisches Zeichen: graphischer Zusatz, der in einer →Alphabetschrift zur weiteren Differenzierung des Zeicheninventars dient (z. B. Akzentzeichen).

Durchschuss: Zeilenabstand im (gedruckten) Text (→Typographie).

emisch: funktionale Gemeinsamkeiten und Zusammenhänge sprachlicher Einheiten (bspw. →Grapheme).

etisch: physikalisch beobachtbare Gemeinsamkeiten und Zusammenhänge sprachlicher Einheiten (bspw. →Graphen).

Eyetracking: Verfahren zur Aufzeichnung der Augenbewegungen beim Lesen.

Fixation: Phase der Informationsaufnahme beim Lesen, während das Auge ruht (→Saccade).

flektierender Sprachtyp: Klassifikation der →Sprachtypologie. Kennzeichnend für flektierende Sprachen ist, dass grammatische →Morpheme mehr als eine Bedeutung tragen und mit dem Wortstamm bzw. benachbarten Morphemen eine morphologische Einheit bilden; →agglutinierender Sprachtyp.

Flexion: Bildung grammatischer Formen eines Worts durch Veränderungen des Wortstammes oder das Hinzufügen von →Affixen.

Font: konkrete Schrift (z. B. Times New Roman) (→Typographie).

Futhark: Alphabetische Schriftzeichen der →Runenschrift.

Ganzheitsmethode: →Leselehrverfahren, das seinen Ausgangspunkt bei ganzen Wörtern nimmt, die die Kinder als Einheiten memorieren sollen.

Gemination: Verdoppelung von Konsonanten oder Konsonantenbuchstaben. Eine Schreibgemination liegt z. B. vor in dem Wort *tippen*.

geschriebene Sprache: schriftlich fixierte Repräsentationsform von Sprache.

Gesprächsanalyse: wissenschaftliche Disziplin, die sich mit der Analyse von Gesprächen beschäftigt.

gesprochene Sprache: mündlich artikulierte Repräsentationsform von Sprache.

Glottographie: Verbindung von bedeutungs- und lautbezogener Ebene; →Semasiographie; →Phonographie.

Graph: Bezeichnung für nicht weiter klassifiziertes, schriftlich fixiertes Zeichen.

Graphem: kleinstes bedeutungsunterscheidendes Zeichen eines →Schriftsystems.

Graphematik (auch: Graphemik): linguistische Disziplin, in der die (→emischen) Grundeinheiten des →Schriftsystems sowie die Regeln ihrer Verknüpfung beschrieben werden.

Graphem-Phonem-Korrespondenzregeln (auch GPK-Regeln): systematische Zuordnung der Grundeinheiten des →Schriftsystems zu den Grundeinheiten des →Lautsystems.

Graphemik: →Graphematik.

Graphetik: linguistische Disziplin, die sich mit den physikalisch wahrnehmbaren (→etischen) Phänomenen geschriebener Sprache befasst (→Graphematik).

Graphologie: nichtlinguistische Disziplin, die Zusammenhänge zwischen dem Schreibstil (→Stil) und den Charaktereigenschaften des Schreibers aufzuzeigen versucht.

Graphostilistik: Verwendung schreibtechnischer Mittel zur Gestaltung eines Textes (z. B. →BinnenGroßschreibung, →Binnen.interpunktion).

Groteskschrift: Schrift ohne →Serifen (→Typographie).

Hangul: koreanisches Schriftsystem.

Hanzi: chinesisches Schriftzeichen.

Hieroglyphen: Schriftzeichen, die zu Beginn der ägyptischen Schriftgeschichte als →Piktogramme auftraten und sich zu Konsonantenzeichen entwickelten.

Hiragana: japanische →Silbenschrift (neben →Katakana).

Homographie: identische Schreibung zweier bedeutungsverschiedener Wörter (z. B. *Tenor/Tenor*).

Homonymie: identische Schreibung und identische Lautung zweier bedeutungsverschiedener Wörter (z. B. *Schloss/Schloss*).

Homophonie: identische Lautung zweier bedeutungsverschiedener Wörter (z. B. *malen/mahlen*).

Ideogramm: Zeichen, das einen Bedeutungskomplex darstellt (z. B. ♥).

Ikon: Zeichen, das in einer Ähnlichkeitsbeziehung zur bezeichneten Sache steht (z. B. ✄) (→Index, →Symbol).

Index: Zeichen, das in einer Kausalbeziehung zur bezeichneten Sache steht (z. B. *Rauch* zu Feuer) (→Ikon, →Symbol).

Inkorporation: Einbinden eines frei vorkommenden Wortes in eine komplexe Wortstruktur (z. B. *staubsaugen*).

Interpunktion: Zeichensetzung.

IPA (= International Phonetic Alphabet): international standardisierte →Lautschrift.

isolierender Sprachtyp: Klassifikation der →Sprachtypologie. Kennzeichnend für isolierende Sprachen ist, dass grammatische Beziehungen nicht durch grammatische →Morpheme, sondern durch lexikalische und syntaktische Mittel ausgedrückt werden (z. B. Verwendung von Präpositionen, Wortstellung).

Kalligraphie: Schönschreibkunst.

Kana: japanisches →Silbenschriftsystem, das aus zwei Teilsystemen besteht (→Katakana, →Hiragana).

Kanji: japanische Bezeichnung für chinesisches Schriftzeichen (→Hanzi).

karolingische Minuskel: Bezeichnung für die vom 8. bis 12. Jhdt. n. Chr. verwendete →Minuskelschrift, die Grundlage der heutigen Schreib- und Druckschrift ist.

Katakana: japanische Silbenschrift (neben →Hiragana).

Keilschrift: historische Schrift, deren Bezeichnung darauf zurückgeht, dass die Schriftzeichen mit einem eckigen Griffel auf Tontafeln geritzt wurden.

kenematisch: auf bedeutungsleere Einheiten bezogen; →plerematisch.

Kerning: Ausgleich des Abstandes spezifischer Buchstabenpaare (bspw. *VA*) im Textsatz (→Laufweite, →Typographie).

Kohärenz: Sinnzusammenhang eines Textes (→Kohäsion, →Textlinguistik).

Kohäsion: Verknüpfung sprachlicher Elemente im Text (bspw. durch sprachliche Verweise; →Kohärenz, →Textlinguistik).

Kommunikationsform: Bestimmte Arten der Kommunikation (bspw. Chat, Zeitung) innerhalb eines →Mediums (→Medium, →Textsorte).

Konnotation: assoziativer Gehalt eines sprachlichen Zeichens.

Konsonantenschrift: →Alphabetschrift, die dadurch gekennzeichnet ist, dass nur Konsonanten, nicht Vokale graphisch wiedergegeben werden.

konzeptionelle Mündlichkeit: Duktus einer sprachlichen Äußerung, kennzeichnend ist die informelle Ausdrucksweise.

konzeptionelle Schriftlichkeit: Duktus einer sprachlichen Äußerung, kennzeichnend ist die formelle Ausdrucksweise.

Kotext: textinterne Umgebung eines sprachlichen Elements.

Kurzwort: aus den Bestandteilen von Basislexemen gebildetes neues Wort (z. B. *FCKW* als Initialkurzwort, *Kripo* als Silbenkurzwort). Davon zu unterscheiden ist die →Abkürzung.

Laufweite: allgemeiner Buchstabenabstand im (gedruckten) Text im Gegensatz zum →Kerning spezifischer Buchstabenpaare (→Typographie).

Lautiermethode: synthetisches Leselehrverfahren, bei dem das Erarbeiten des Lautwerts von Buchstaben im Mittelpunkt steht.

Lautschrift: Zeichensystem, das der graphischen Wiedergabe gesprochener Sprache dient; →IPA.

Layout: Grundkonzeption, nach der ein Text gestaltet wird (→Typographie).

Legasthenie: Bezeichnung für Lese- und Rechtschreibstörungen bei Kindern, deren Herkunft entwicklungsbedingte Ursachen haben kann.

Leseforschung: Disziplin, die die physiologischen und kognitiven Aktivitäten beim Lesen untersucht.

Leselehrverfahren: Methodenkonzeptionen zum Lesen- und Schreibenlernen in der Grundschule. Unterschieden werden die →analytische, die →synthetische und die →analytisch-synthetische Methode.

Lesen durch Schreiben: Lese- und Schreiblehrgang der Grundschule, konzipiert von Jürgen Reichen. Ein Kennzeichen dieser Methode ist, dass die Schüler von Anbeginn an mit Hilfe einer Anlauttabelle beliebige Wörter aufschreiben.

Lese-Rechtschreibschwäche (LRS): →Legasthenie.

Lesesozialisation: Erwerb der Kompetenz zur Rezeption schriftlicher Texte Lexem: Basiseinheit des Lexikons.

Lesevektor: in einem Schriftsystem übliche Leserichtung (z. B. →bustrophedon).

Linear A: im 2. Jahrtausend v. Chr. auf Kreta verwendetes Schriftsystem, das bis heute nicht entschlüsselt werden konnte und Parallelen zu dem späteren →Linear B aufweist.

Linear B: im 2. Jahrtausend v. Chr. auf Kreta und Teilen des griechischen Festlands verwendetes Schriftsystem, das Parallelen zu dem früheren →Linear A aufweist.

literale Kultur: schriftgeprägte Kultur.

Logogramm: →Schriftzeichen, das für ein ganzes Wort steht (z. B. <8>).

logographische Schrift: Schrift, deren dominante Bezugsgröße das Wort ist.

logographischer Schrifttyp: Klassifikation der →Schrifttypologie. Grundeinheit ist das →Logogramm, dominante Bezugsgröße ist das Wort.

Logozentrismus: Auffassung, dass die gesprochene Sprache gegenüber der geschriebenen Priorität hat und als alleiniger Untersuchungsgegenstand in der Sprachwissenschaft dienen sollte. Davon zu unterscheiden ist der →Skriptizismus.

Majuskel: Großbuchstabe (→Minuskel).

Majuskelschrift: Schriftart, die dadurch gekennzeichnet ist, dass die Buchstaben alle dieselbe Höhe haben, d. h. keine →Ober- und →Unterlängen aufweisen (vgl. <ABCDEF>); →Minuskelschrift.

Makrotypographie: (1.) typographische Anordnung von Schriftzeichen auf der Fläche (→Mikrotypographie (1.)); (2.) typographische Gliederung eines Textes (→Mikrotypographie (2.), →Mesotypographie, →Paratypographie).

mediale Mündlichkeit: gesprochene Repräsentationsform von Sprache.

mediale Schriftlichkeit: geschriebene Repräsentationsform von Sprache.

Medium: Hilfsmittel zur Herstellung, Übertragung und Speicherung von Zeichen (bspw. vernetzter Computer, Papier) (→Kommunikationsform, →Textsorte).

Mehrgraph: →Graphem, das aus mehreren Buchstaben besteht (z. B. <sch>).

Mesotypographie: flächentypographische Gestaltung im Text (→Makrotypographie (2.), →Mikrotypographie (2.), →Paratypographie).

Mikrotypographie: (1.) typographische Anordnung von Schriftzeichen in der Zeile (→Makrotypographie (1.)); (2.) Schriftgestaltung (→Makrotypographie (2.), →Mesotypographie, →Paratypographie).

Minimalpaar: bedeutungsverschiedene Wörter, die sich lediglich in einem Segment unterscheiden (z. B. *Wanne – Kanne*).

Minuskel: Kleinbuchstabe (→Majuskel).

Minuskelschrift: Schriftart, die dadurch gekennzeichnet ist, dass die Buchstaben nicht dieselbe Höhe haben, sondern →Ober- und →Unterlängen aufweisen (vgl. <g> mit Unterlänge, <h> mit Oberlänge). Davon zu unterscheiden ist die →Majuskelschrift.

More: Silbe, die aus einem kurzen Vokal oder einer Verbindung aus Kurzvokal und maximal einem Konsonanten besteht.

Morphem: kleinste bedeutungtragende Einheit.

Morphemkonstanz: Beibehaltung der graphischen Form, auch wenn die lautliche Form des Morphems einer Variation unterliegt (vgl. *lieb-* in den Wörtern *lieblich* und *Liebe*); →morphologisches Prinzip.

morphologisches Prinzip: konstitutives Prinzip im deutschen →Schriftsystem, das auf der konstanten Schreibung von Morphemen aufbaut; →Morphemkonstanz.

Multimodalität: Vorkommen und Wechselwirkung verschiedener →Zeichenmodalitäten im Text (z. B. Schrift und Bild).

Oberlänge: bei →Minuskeln oberer Teil des Buchstabenschaftes (bspw. bei <d> im Gegensatz zu <o>).

orale Kultur: schriftlose Kultur.

Orthographie: Normierung eines Schriftsystems, die in der Regel neben der Laut-Buchstaben-Zuordnung und Wortschreibung auch die Zeichensetzung umfasst.

Paratypographie: Materialität eines Textes (→Makrotypographie (2.), →Mikrotypographie (2.)).

Phon: Bezeichnung für einen nicht weiter klassifizierten Laut.

Phonem: kleinstes bedeutungsunterscheidendes Zeichen eines →Lautsystems.

Phonologie: linguistische Disziplin, in der die Grundeinheiten des →Lautsystems sowie die Regeln ihrer Verknüpfung beschrieben werden.

Phonetikum: lauttragender Teil eines →Schriftzeichens.

Phonogramm: graphische Darstellung der Lautstruktur eines Wortes, z. B. [mɪt].

Phonographie: Bezug zur Lautebene.

phonologisches Bewusstsein: Wissen um die Segmentierbarkeit von Wörtern und das Verhältnis von Laut und Buchstabe.

phonologisches Prinzip: konstitutives Prinzip im deutschen →Schriftsystem, das auf der konstanten Schreibung von Phonemen beruht; →Graphem-Phonem-Korrespondenz.

phonologisches Rekodieren: lautliche Wiedergabe eines Wortes durch das Erlesen jedes einzelnen Buchstabens.

Piktogramm: Zeichen, das in einer unmittelbar wahrnehmbaren Beziehung zum dargestellten Objekt steht (z. B. ☺), →Ikon.

Pinyin: alphabetbasierte Verschriftung der chinesischen Sprache.

plerematisch: auf bedeutungstragende Einheiten bezogen; →kenematisch.

quantitätsbasierter Ansatz: Analyse der Konsonantenbuchstabendoppelung (vgl. *Butter*) mit Bezug auf die Kürze des dem Konsonanten vorangehenden Vokals.

Radikal: Teil eines chinesischen →Schriftzeichens, der die Zuordnung zu einem Bedeutungsfeld gewährleistet.

Rebus: Verwendung der Lautgestalt eines Zeichens für ein →homophones Wort oder für einen Wortbestandteil mit anderer Bedeutung (vgl. die Schreibung der ersten Silbe des Wortes *Zweige* als *2ge*).

Rechtschreibung: →Orthographie.

Regressionssaccade: Augenrückbewegung beim Lesen (→Saccade).

Romanisierung: Schreibung einer Nicht-Alphabetschrift mit den Buchstaben des lateinischen →Alphabets.

Rückschwung: Augenbewegung vom Ende einer Zeile zum Anfang der nächsten.

Runenschrift: erste alphabetische Schrift der Germanen.

Saccade: Augenbewegung beim Lesen, bei der keine Informationsaufnahme stattfindet (→Fixation).

Satzspiegel: Verhältnis der bedruckten Fläche eines Textes zu den Seitenrändern (→Typographie).

Satzzeichen: graphische Mittel zur Untergliederung von Sätzen und Texten.

Schärfungsschreibung: Anzeige der Kürze eines Vokals durch graphische Mittel (z. B. durch die Doppelung des Konsonantenbuchstabens).

Schreibprozessforschung: Disziplin, die die kognitiven Aktivitäten während der Textproduktion untersucht.

Schreibsilbe: graphische Einheit, die aus den Regularitäten des →Schriftsystems resultiert und ihre Entsprechung in der →Sprechsilbe hat.

Schrift: Inventar von Schriftzeichen.

Schriftart: →Schriftklassifikation nach formalen Gemeinsamkeiten (bspw. →Serifenschriften, →Groteskschriften).

Schriftfamilie: →Schriftklassifikation, bei der verschiedene →Schriftschnitte einer Abstraktionsklasse zugerechnet werden.

Schriftgattung: →Schriftklassifikation, bei der verschiedene →Schriftarten einer Abstraktionsklasse mit gemeinsamen Merkmalen zugerechnet werden (bspw. gebrochene Schriften, →Antiquaschriften (1.)).

Schriftklassifikation: Zuordnung verschiedener Schriften zu Abstraktionsklassen mit gemeinsamen Merkmalen.

Schriftlichkeitsforschung: einzeldisziplinübergreifende Forschungsrichtung, deren Untersuchungsgegenstand die geschriebene Sprache ist.

Schriftschnitt: verschiedene Varianten (fett, kursiv, Kapitälchen) einer Schrift (→Schriftklassifikation).

Schriftsippe: stilistisch zusammengehörige →Schriftarten (z. B. Varianten einer Schrift mit und ohne →Serifen; →Schriftklassifikation).

Schriftspracherwerb: Erwerb der basalen Lese- und Schreibfertigkeit.

Schriftsystem: einzelsprachabhängiges Inventar von Schriftzeichen.

Schrifttyp: Gestaltungsprinzip, das einer →Schrift zugrunde liegt.

Schrifttypologie: Klassifikation von →Schriftsystemen nach ihrer dominanten Bezugsgröße in →Alphabetschrift, →Silbenschrift, →logographische Schrift.

Schriftzeichen: kleinste segmentale Einheit eines →Schriftsystems; →Graphem, →Syllabogramm, →Logogramm.

scriptio continua: Buchstabensequenzen ohne Anzeigen der Worttrennung (z. B. *kommeheutespäter*).

Semasiographie: Bezug zur Bedeutungsebene.

Semiotik: wissenschaftliche Disziplin, die die Struktur von sprachlichen und nicht-sprachlichen Zeichen untersucht.

Serifenschrift: Schrift mit →Serifen.

Serife: Endstriche von Buchstaben in →Antiquaschriften (2.).

silbenbasierter Ansatz: Analyse der Konsonantenbuchstabendoppelung in Wörtern wie *Butter* unter Rückbezug auf die Silbenstruktur.

Silbengelenk: Konsonant, der gleichzeitig zwei aufeinanderfolgenden Silben angehört; →ambisyllabisch.

syllabischer Schrifttyp: Klassifikation der →Schrifttypologie. Grundeinheit ist das →Syllabogramm, Bezugsgröße ist die Silbe.

Syllabogramm: Schriftzeichen, das für eine Silbe steht.

Silbenschrift: →Schrift, deren dominante Bezugsgröße die Silbe ist.

Skriptizismus: Auffassung, dass die geschriebene Sprache gegenüber der gesprochen Sprache Priorität hat und als alleiniger Untersuchungsgegenstand in der Sprachwissenschaft dienen sollte. Davon zu unterscheiden ist der →Logozentrismus.

soziale Bedeutung: Bedeutung eines Zeichens, die den sozialen Rang eines Sprechers anzeigt.

sozialer Stil: →Stil, der →soziale Bedeutung anzeigt.

Spatium: Leerraum zwischen zwei Wörtern. Graphisches Mittel zur Textstrukturierung.

Spelling Pronunciation: Aneinanderreihen von Buchstabennamen in der gesprochenen Sprache (z. B. *FAZ = Ef-a-zet*).

sprachliches Zeichen: Einheit des Sprachsystems, das aus einer untrennbaren Verbindung von Ausdrucks- und Inhaltsseite besteht.

Sprachtypologie: Klassifikation von Sprachen nach ihren grammatischen Eigenschaften; →agglutinierend, →flektierend, →isolierend.

Sprechsilbe: artikulatorische Einheit auf →suprasegmentaler Ebene.

Stammschreibung: →morphologisches Prinzip.

Stil: Verwendung bestimmter sprachlicher und graphischer Mittel im Text.

Stilistik: linguistische Disziplin, die die Funktion des →Stils sprachlicher Äußerungen untersucht.

Strukturindikator: sprachliches oder graphisches Mittel, das sprachliche Hierarchieebenen kennzeichnet (z. B. Überschriften).

Stufenmodell: Modell, das den →Schriftspracherwerb als ein Zusammenspiel interagierender Faktoren beschreibt, wobei angenommen wird, dass der gesamte Prozess mindestens über drei Stufen verläuft.

Supragraphem: →Suprasegment.

Suprasegment: →suprasegmentales graphisches Element (z. B. →Textauszeichnung, →Großschreibung).

suprasegmental: →Eigenschaft, die sich auf die Verbindung von Segmenten bezieht.

Syllabar: Inventar von →Schriftzeichen in einer →Silbenschrift.

Syllabogramm: Schriftzeichen, das für eine Silbe steht.

Symbol: Zeichen, das in einer auf Konvention beruhenden Beziehung zur bezeichneten Sache steht (z. B. *Rauch* zu Feuer) (→Index, →Ikon).

Text: a) im weiteren Sinne: sprachliche Äußerungsform, die entweder gesprochen oder geschrieben vorliegt; b) im engeren Sinne: sprachliche Äußerungsform, die schriftlich fixiert ist.

Textauszeichnung: graphische Hervorhebung von Textteilen (z. B. Fettdruck) (→Typographie).

Textdesign: wirkungsorientierte →typographische und inhaltliche Gestaltung eines Textes.

Textlinguistik: wissenschaftliche Disziplin, die sich mit der Analyse satzübergreifender Regularitäten beschäftigt.

Textsorte: Klasse von →Texten mit gemeinsamen formalen und funktionalen Eigenschaften (bspw. Kochrezept; →Medium, →Kommunikationsform).

Textsortenindikator: sprachliches oder graphisches Element, das eine →Textsorte kennzeichnet.

Transkription: schriftliche Wiedergabe einer Äußerung in →Lautschrift.

Transliteration: Übertragung eines Schriftsystems in ein anderes (z. B. die logographische Schrift des Chinesischen in eine Alphabetschrift).

Typographie: Technik der Herstellung gedruckter Texte, drucktechnische Gestaltung eines Textes bzw. Lehre von der drucktechnischen Gestaltung. Auf der

Ebene der Gestaltung unterscheidet man zwischen →Mikrotypographie und →Makrotypographie.

typographische Dispositive: kulturell verankerte →Textsortenindikatoren.

Unterlänge: bei →Minuskeln unterer Teil des Buchstabenschaftes (bspw. bei <q> im Gegensatz zu <o>).

Univerbierung: Zusammenwachsen einer zwei- oder mehrgliedrigen syntaktischen Konstruktion zu einem Wort (vgl. *so dass* > *sodass, an Stelle* > *anstelle*).

Wortbild: graphische Erscheinungsform eines Wortes.

Zeichenmodalität: spezifische semiotische Ressource (engl.: *mode*) in einem Text (bspw. Schrift, Bild) (→Multimodalität).

Zeilenfall: Verhältnis der Zeilenlängen im (gedruckten) Text (→Typographie).

Literatur

Adamzik, Kirsten (2004): *Textlinguistik. Eine einführende Darstellung.* Tübingen: Niemeyer (= *Germanistische Arbeitshefte* 40).

Adelung, Johann Chr. (1788): *Vollständige Anweisung zur Deutschen Orthographie, nebst einem kleinen Wörterbuche für die Aussprache, Orthographie, Biegung und Ableitung.* Leipzig: in der Weigandschen Buchhandlung. Nachdruck von 1978. Hildesheim/New York: Georg Olms Verlag.

Ágel, Vilmos (1999): Grammatik und Kulturgeschichte. Die *raison graphique* am Beispiel der Epistemik. In: Gardt, Andreas/Haß-Zumkehr, Ulrike/Roelcke, Thorsten (Hrsg.): *Sprachgeschichte als Kulturgeschichte.* Berlin/New York: de Gruyter, 171–223.

Ágel, Vilmos (2003): Prinzipien der Grammatik. In: Lobenstein-Reichmann, Anja/Reichmann, Oskar (Hrsg.): *Neue historische Grammatiken. Zum Stand der Grammatikschreibung historischer Sprachstufen des Deutschen und anderer Sprachen.* Tübingen: Niemeyer (= *Reihe Germanistische Linguistik* 243), 1–46.

Ágel, Vilmos/Kehrein, Roland (2002): Das Wort – Sprech- und/oder Schreibzeichen? Ein empirischer Beitrag zum latenten Gegenstand der Linguistik. In: Ágel, Vilmos/Gardt, Andreas/Haß-Zumkehr, Ulrike/Roelcke, Thorsten (Hrsg.): *Das Wort. Seine strukturelle und kulturelle* Dimension. Festschrift für Oskar Reichmann zum 65. Geburtstag. Tübingen: Niemeyer, 3–28.

Ágel, Vilmos/Hennig, Mathilde (2006): Überlegungen zur Theorie und Praxis des Nähe- und Distanzsprechens. Erscheint in: Ágel, Vilmos/Hennig, Mathilde (Hrsg.): *Zugänge zur Grammatik der gesprochenen Sprache.* Tübingen: Niemeyer (im Druck).

Almind, Richard/Bergenholtz, Henning (2000): Die ästhetische Dimension der Lexikographie. In: Fix/Wellmann (Hrsg.) (2000), 259–288.

Althaus, Hans Peter (1980): Graphetik. In: Althaus, Hans Peter/Henne, Helmut/Wiegand, Herbert Ernst (Hrsg.): *Lexikon der germanistischen Linguistik,* 2. vollständig neu bearbeitete und erweiterte Auflage. Tübingen: Niemeyer, 138–142.

Amtliche Regelung gem. Beschluß der Kultusministerkonferenz vom 01.12.1995. *Deutsche Rechtschreibung. Regeln und Wörterverzeichnis.* Herausgegeben vom Ministerium für Schule und Weiterbildung des Landes Nordrhein-Westfalen. Düsseldorf: Concept Verlag 1996.

Amtliche Regelung. *Deutsche Rechtschreibung. Regeln und Wörterverzeichnis.* Herausgegeben von der Zwischenstaatlichen Kommission für deutsche Rechtschreibung. Tübingen: Narr 2005 (Online unter *http://www.ids-mannheim.de/reform/regelwerk.pdf,* Zugriff am 8.1.2006).

Androutsopoulos, Jannis K. (1999) : Der Name @. In: *Networx Nr. 6.* Online verfügbar über *http://www.mediensprache.net/de/networx/docs/networx-6.asp.*

Androutsopoulos, Jannis K. (2000): Zur Beschreibung verbal konstituierter und visuell strukturierter Textsorten: das Beispiel Flyer. In: Fix/Wellmann (Hrsg.) (2000), 343–366.

Androutsopoulos, Jannis K. (2003): HipHop im Web: Zur Stilanalyse jugendkultureller Websites. In: Habscheid/Fix (Hrsg.) (2003), 271–292.

Androutsopoulos, Jannis K. (2004): Typography as a Resource of Media Style: Cases from Music Youth Culture. In: Mastoridis, Klimis (Hrsg.): *Proceedings of the 1ˢᵗ International Conference on Typography and Visual Communication.* Thessaloniki: University of Macedonia Press, 381–392.

Antos, Gerd (2001): Sprachdesign als Stil? Lifting oder: Sie werden die Welt mit anderen Augen sehen. In: Jakobs/Rothkegel (Hrsg.) (2001), 55–76.

Assmann, Jan (Hrsg.) (1992): *Das kulturelle Gedächtnis. Schrift, Erinnerung und politische Identität in frühen Hochkulturen.* München: Beck.

Assmann, Aleida/Assmann, Jan/Hardmeier, Christof (Hrsg.) (1983): *Schrift und Gedächtnis. Archäologie der literarischen Kommunikation I.* München: Wilhelm Fink Verlag.

Augst, Gerhard (Hrsg.) (1985): *Graphematik und Orthographie. Interdisziplinäre Aspekte gegenwärtiger Schrift- und Orthographieforschung.* Tübingen: Niemeyer (= *Reihe Germanistische Linguistik* 98).

Augst, Gerhard (1991): Alternative Regeln zur graphischen Kennzeichnung des kurzen Vokals im Deutschen – ein historischer Vergleich. In: Augst, Gerhard/Ehrismann, Otfried/Ramge, Hans (Hrsg.): *Festschrift für Heinz Engels zum 65. Geburtstag.* Göppingen: Kümmerle Verlag, 320–344.

Augst, Gerhard (2004): Orthografie/Orthography. In: Ammon, Ulrich et al. (Hrsg.): *Soziolinguistik: Ein internationales Handbuch zur Wissenschaft von Sprache und Gesellschaft. 2., vollständig neu bearbeitete und erweiterte Auflage. Sociolinguistics: an international handbook of the science of language and society. 2nd completely revised and extended edition.* Berlin/New York: de Gruyter, 646–653.

Augst, Gerhard/Dehn, Mechthild/Habersaat, Steffi (1994): Lautschema und Schreibschema. In: Brügelmann et al. (Hrsg.) (1994), 291–298.

Augst, Gerhard/Blüml, Karl/Nerius, Dieter/Sitta, Horst (Hrsg.) (1997): *Zur Neuregelung der deutschen Orthographie. Begründung und Kritik.* Tübingen: Niemeyer (= *Reihe Germanistische Linguistik* 179).

Augst, Gerhard/Schaeder, Burkhard (1997): Architektur des amtlichen Regelwerks. In: Augst et al. (Hrsg.) (1997), 73–91.

Augst, Gerhard/Dehn, Mechthild (1998): *Rechtschreibung und Rechtschreibunterricht.* Stuttgart: Klett.

Ballstaedt, Steffen-Peter/Mandl, Heinz/Schnotz, Wolfgang/Tergan, Sigmar-Olaf (1981): *Texte verstehen, Texte gestalten.* München/Wien/Baltimore: Urban & Schwarzenberg (= *U-&-S-Psychologie*).

Baudusch, Renate (1989): *Punkt, Punkt, Komma, Strich.* 3., durchgesehene Auflage. Leipzig: Bibliographisches Institut (1. Aufl. 1984).

Baudusch, Renate (1997): »Die unproblematischsten Vorschläge sind die zur Zeichensetzung«: In: Augst et al. (Hrsg.) (1997), 489–495.

Baumert, Jürgen et al. (Hrsg.) (2003): *PISA 2000: ein differenzierter Blick auf die Länder der Bundesrepublik Deutschland.* Opladen: Leske & Budrich.

Baurmann, Jürgen/Günther, Hartmut/Knoop, Ulrich (Hrsg.) (1993): *homo scribens. Perspektiven der Schriftlichkeitsforschung.* Tübingen: Niemeyer (= *Reihe Germanistische Linguistik* 134).

Baurmann, Jürgen/Ludwig, Otto (1985): Texte überarbeiten. Zur Theorie und Praxis von Revisionen. In: Boueke, Dietrich/Hopster, Norbert (Hrsg.): *Schreiben – Schreiben lernen. Rolf Sanner zum 65. Geburtstag.* Tübingen: Narr, 254–276.

Baurmann, Jürgen/Ludwig, Otto (Hrsg.) (1990): *Schreiben – Schreiben in der Schule.* Hildesheim/Zürich/New York: Georg Olms Verlag (= *Zeitschrift Germanistische Linguistik* 104/105).

Becker-Mrotzek, Michael (1997): Warum Schreiben so schwer ist. In: Becker-Mrotzek, Michael/Hein, Jürgen/Koch, Helmut H. (Hrsg.): *Werkstattbuch Deutsch. Texte für das Studium des Faches.* Münster: Lit Verlag, 88–96.

Becker-Mrotzek, Michael (1997a): *Schreibentwicklung und Textproduktion. Der Erwerb der Schreibfertigkeit am Beispiel der Bedienungsanleitung.* Opladen: Westdeutscher Verlag.

Behaghel, Otto (1899): Geschriebenes Deutsch und gesprochenes Deutsch. Abgedruckt in: O. Behaghel (1927): *Von deutscher Sprache. Aufsätze, Vorträge und Plaudereien.* Lahr: Moritz Schauenburg, 11–34.

Beißwenger, Michael (Hrsg.) (2001): *Chat-Kommunikation. Sprache, Interaktion, Sozialität & Identität in synchroner computervermittelter Kommunikation. Perspektiven auf ein interdisziplinäres Forschungsfeld.* Stuttgart: ibidem.

Bennington, Geoffrey/Derrida, Jacques (1991): *Jacques Derrida.* Deutsche Übersetzung von 1994. Frankfurt/M.: Suhrkamp.

Bereiter, Carl/Scardamalia, Marlene (1987): *The Psychology of Written Composition.* Hillsdale: Lawrence Erlbaum Ass.

Bergmann, Rolf/Nerius, Dieter (Hrsg.) (1998): *Die Entwicklung der Großschreibung im Deutschen von 1500 bis 1700.* 2 Bde. Heidelberg: C. Winter Universitätsverlag.

Bernabei, Dante (2003): *Der Bindestrich. Vorschlag zur Systematisierung.* Frankfurt/M.: Lang (= *Angewandte Sprachwissenschaft* 11).

Berndt, Elin-Birgit (im Druck): »Das Unsichtbare sichtbar machen«. Die Typographie als Instrument der Visualisierung am Beispiel Franz Kafkas. In: Marci-Boehncke, Gudrun/Rath, Matthias (Hrsg.): *Medien zwischen Ikonographie und Textbegriff.* München: Kopäd-Verlag (= *Medienpädagogik interdisziplinär*).

Bertelsmann. Die neue deutsche Rechtschreibung. Verfasst von Ursula Hermann. Bearbeitet und erweitert von Prof. Dr. Lutz Götze. München: Bertelsmann Lexikon Verlag GmbH Gütersloh 1996.

Bertelsmann. Die deutsche Rechtschreibung. Verfasst von Ursula Hermann. Völlig neu bearbeitet und erweitert von Prof. Dr. Lutz Götze. Einmalige Sonderausgabe. München: Bertelsmann Lexikon Verlag GmbH Gütersloh 1999.

Bierwisch, Manfred (1972): Schriftstruktur und Phonologie. In: *Probleme und Ergebnisse der Psychologie* 43, 21–44.

Bittner, Johannes (2003): *Digitalität, Sprache, Kommunikation. Eine Untersuchung zur Medialität von digitalen Kommunikationsformen und Textsorten und deren varietätenlinguistischer Modellierung.* Berlin: Erich Schmidt Verlag (= *Philologische Studien und Quellen* 178).

Blumenstock, Leonhard (1997): Schriftspracherwerb: mit oder ohne Fibel? In: Haarmann, Dieter (Hrsg.): *Handbuch Grundschule.* Bd. 2., 23. Auflage. Weinheim und Basel: Berlitz Verlag, 89–107.

Bolz, Norbert (1993): *Am Ende der Gutenberg-Galaxis. Die neuen Kommunikationsverhältnisse.* München: Wilhelm Fink Verlag.

Boyarin, Jonathan (Hrsg.) (1993): *The Ethnography of Reading.* Berkeley/Los Angeles/Oxford: University of California Press.

Brand, Kaspar (1999): Der Wandel der Typografie wissenschaftlicher Arbeiten unter dem Einfluß der computergestützten Textherstellung. In: Jakobs/Knorr/Pogner (Hrsg.) (1999), 111–128.

Bredel, Ursula (2002): The Dash in German. In: Neef/Neijt/Sproat (Hrsg.) (2002), 131–148.

Bredel, Ursula/Günther, Hartmut (2000): Quer über das Feld das Kopfadjunkt. Bemerkungen zu Peter Gallmanns Aufsatz *Wortbegriff und Nomen-Verb-Verbindungen.* In: *Zeitschrift für Sprachwissenschaft.* Bd. 19, Heft 1, 103–110.

Bredel, Ursula/Günther, Hartmut/Klotz, Peter/Ossner, Jakob/Siebert-Ott, Gesa (Hrsg.) (2003): *Didaktik der deutschen Sprache.* 2 Bde. Paderborn: Schöningh.

Brekle, Herbert E. (1994): Typographie. In: Günther/Ludwig (1994), 1. Halbband, 204–227.

Brekle, Herbert E. (1997): Das typographische Prinzip. Versuch einer Begriffsklärung. In: *Gutenberg-Jahrbuch* 72, 58–63.

Brinker, Klaus/Sager, Sven F. (2001³): *Linguistische Gesprächsanalyse. Eine Einführung.* 3. durchges. u. erg. Auflage. Berlin: Erich Schmidt Verlag (= *Grundlagen der Germanistik* 30).

Brügelmann, Hans (1983): *Kinder auf dem Weg zur Schrift. Eine Fibel für Lehrer und Laien.* Konstanz: Faude.

Brügelmann, Hans/Balhorn, Heiko/Füssenich, Iris (Hrsg.) (1994): *Am Rande der Schrift. Zwischen Sprachenvielfalt und Analphabetismus.* DGLS-Jahrbuch. Lengwil: Libelle.

Brügelmann, Hans/Brinkmann, Erika (1998): *Die Schrift erfinden – Beobachtungshilfen und Methodische Ideen für einen offenen Anfangsunterricht im Lesen und Schreiben.* Lengwil: Libelle.

Bucher, Hans-Jürgen (1996): Textdesign – Zaubermittel der Verständlichkeit? Die Tageszeitung auf dem Weg zum interaktiven Medium. In: Hess-Lüttich, Ernest W. B./Holly, Werner/Püschel, Ulrich (Hrsg.): *Textstrukturen im Medienwandel.* Frankfurt/M. u. a.: Lang (= *Forum Angewandte Linguistik* 29), 31–59.

Bucher, Hans-Jürgen (1998): Vom Textdesign zum Hypertext. Gedruckte und elektronische Zeitungen als nicht-lineare Medien. In: Holly, Werner/Biere, Bernd Ulrich (Hrsg.): *Medien im Wandel.* Opladen: Westdeutscher Verlag, 63–102.

Burger, Harald (2005): *Mediensprache. Eine Einführung in Sprache und Kommunikationsformen der Massenmedien.* 3., völlig neu bearbeitete Auflage. Berlin/New York: de Gruyter.

Bußmann, Hadumod (Hrsg.) (2002³): *Lexikon der Sprachwissenschaft.* 3., aktualisierte und erweiterte Auflage. Stuttgart: Kröner.

Butt, Matthias/Eisenberg, Peter (1990): Schreibsilbe und Sprechsilbe. In: Stetter (Hrsg.) (1990), 33–64.

Chomsky, Noam/Halle, Morris (1968): *The Sound Pattern of English.* New York: Harper & Row.

Christmann, Ursula/Groeben, Norbert (1996): Die Rezeption schriftlicher Texte. In: Günther/Ludwig (Hrsg.) (1996), 2. Halbband, 1536–1545.

Coe, Michael D. (1992): *Breaking the Maya Code.* London: Thames and Hudson.

Cohen, Marcel (1958): *La grande invention de l'écriture et son évolution.* Paris: Klinksieck.

Conrady, Peter/Rademacher, Gerhard (Hrsg.) (1995): *Fibeln im Gespräch: Kriterien zur Analyse.* 2., erweiterte und überarb. Auflage. Essen: Die blaue Eule.

Coulmas, Florian (1981): *Über Schrift.* Frankfurt/M.: Suhrkamp.

Coulmas, Florian (1989): *The Writing Systems of the World.* Oxford: Blackwell Publishers.

Coulmas, Florian (1996) : Typology of Writing Systems. In: Günther/Ludwig (Hrsg.) (1996), 2. Halbband, 1380–1387.

Coulmas, Florian (1996a): *The Blackwell Encyclopedia of Writing Systems.* Oxford: Blackwell Publishers.

Coulmas, Florian (2003): *Writing Systems. An Introduction to their Linguistic Analysis.* Cambridge: Cambridge University Press.

Danet, Brenda (2001): *Cyberpl@y: Communicating Online.* Oxford: Berg (= *New technologies/new cultures series*).

DeFrancis, John (1984) : *The Chinese Language. Fact and Fantasy.* Honolulu: The University of Hawaii Press.

Derrida, Jacques (1967): *De la grammatologie.* Paris: Les Editions de Minuit (Dt. Übersetzung: *Grammatologie.* Frankfurt/M.: Suhrkamp).

Deutsche Akademie für Sprache und Dichtung (Hrsg.) (2003): *Zur Reform der deutschen Rechtschreibung. Ein Kompromißvorschlag.* Göttingen: Wallstein Verlag.

Doblhofer, Ernst (1957): *Zeichen und Wunder. Die Entzifferung verschollener Schriften und Sprachen.* Wien/Berlin/Stuttgart: Paul Neff Verlag.

Döbert, Marion/Hubertus, Peter (2000): *Ihr Kreuz ist die Schrift. Analphabetismus und Alphabetisierung in Deutschland.* Hrsg. v. Bundesverband Alphabetisierung e. V. Klett: Stuttgart.

Doerfert, Frank (1980): *Zur Wirksamkeit typografischer und grafischer Elemente in gedruckten Fernstudienmaterialien.* Phil. Diss. Hagen (= *Bericht zum Ziff-Forschungsprojekt* 1.2).

Dritter Bericht der Zwischenstaatlichen Kommission für deutsche Rechtschreibung. Berichtzeitraum 1.1.2000–31.12.2001. *http://www.rechtschreibkommission.de* (gesehen am 21.12.2003, kein Zugriff mehr möglich).

Duden, Konrad (1880): *Vollständiges Orthographisches Wörterbuch der deutschen Sprache. Nach den neuen preußischen und bayerischen Regeln.* Leipzig: Verlag des Bibliographischen Instituts. Sammlung Duden. Bd. 1. Faksimiledruck. Mannheim: Bibliographisches Institut.

Duden. Die deutsche Rechtschreibung. Maßgebend in allen Zweifelsfällen. 19., neu bearbeitete und erweiterte Auflage. Hrsg. von der Dudenredaktion auf der Grundlage der neuen amtlichen Rechtschreibregeln. Mannheim/Leipzig/Wien/Zürich: Dudenverlag 1986.

Duden. Die deutsche Rechtschreibung. 21., völlig neu bearbeitete und erweiterte Auflage. Hrsg. von der Dudenredaktion auf der Grundlage der neuen amtlichen Rechtschreibregeln. Mannheim/Leipzig/Wien/Zürich: Dudenverlag 1996.

Duden. Die deutsche Rechtschreibung. 22., völlig neu bearbeitete und erweiterte Auflage. Hrsg. von der Dudenredaktion auf der Grundlage der neuen amtlichen Rechtschreibregeln. Mannheim/Leipzig/Wien/Zürich: Dudenverlag 2000.

Duden. Die deutsche Rechtschreibung. 23., völlig neu bearbeitete und erweiterte Auflage. Hrsg. v. der Dudenredaktion. Mannheim/Leipzig/Wien/Zürich: Dudenverlag 2004.

Duden. Die Grammatik. 7., völlig neu bearbeitete und erweiterte Auflage. Hrsg. von der Dudenredaktion. Mannheim/Leipzig/Wien/Zürich: Dudenverlag 2005.

Dürscheid, Christa (1999): Zwischen Mündlichkeit und Schriftlichkeit: die Kommunikation im Internet. In: *Papiere zur Linguistik* 60, Heft 1, 17–30.

Dürscheid, Christa (2000): Rechtschreibung in elektronischen Texten. In: *Muttersprache* 110, Heft 1, 52–62.

Dürscheid, Christa (2000a): Verschriftungstendenzen jenseits der Rechtschreibreform. In: *Zeitschrift für germanistische Linguistik* 28, Heft 2, 237–247.

Dürscheid, Christa (2002): E-Mail und SMS – ein Vergleich. In: Ziegler/Dürscheid (Hrsg.) (2002), 93–114.

Dürscheid, Christa (2003): Medienkommunikation im Kontinuum von Mündlichkeit und Schriftlichkeit. Theoretische und empirische Probleme. In: *Zeitschrift für Angewandte Linguistik*, Heft 38, 37–56.

Dürscheid, Christa (2004): Netzsprache – ein neuer Mythos. In: *Osnabrücker Beiträge zur Sprachtheorie.* Thema des Heftes: Internetbasierte Kommunikation. Hrsg. v. Beißwenger, Michael/Hoffmann, Ludger/ Storrer, Angelika, 141–157.

Dürscheid, Christa (2005[3]): *Syntax. Grundlagen und Theorien.* Wiesbaden: Verlag für Sozialwissenschaften (= *Studienbücher zur Linguistik* 3).

Dürscheid, Christa (2005a). Normabweichendes Schreiben als Mittel zum Zweck. In: *Muttersprache* 115, H. 1, 40–53.

Dürscheid, Christa (2006). Äußerungsformen im Kontinuum von Mündlichkeit und Schriftlichkeit. Sprachwissenschaftliche und sprachdidaktische Aspekte. In: Neuland, Eva (Hrsg.): *Variation im heutigen Deutsch. Perspektiven für den Sprachunterricht.* Frankfurt/M.: Peter Lang (= *Sprache – Kommunikation – Kultur*), 289–302 (im Druck).

Ehlers, Klaas-Hinrich (2004): Raumverhalten auf dem Papier. Der Untergang eines komplexen Zeichensystems dargestellt an Briefstellern des 19. und 20. Jahrhunderts. In: *Zeitschrift für Germanistische Linguistik* 32, 1–31.

Ehlich, Konrad (1981): Text, Mündlichkeit, Schriftlichkeit. In: Günther (Hrsg.) (1981), 23–51.

Ehlich, Konrad/Coulmas, Florian/Graefen, Gabriele (1995): *Bibliography on Writing and its Use.* Berlin/New York: de Gruyter.

Eisenberg, Peter (1981): Substantiv oder Eigenname? Über die Prinzipien unserer Regeln zur Groß- und Kleinschreibung. In: *Linguistische Berichte* 72, 77–101.

Eisenberg, Peter (1983): Orthografie und Schriftsystem. In: Günther et al. (Hrsg.) (1983), 41–68.

Eisenberg, Peter (1989): Die Schreibsilbe im Deutschen. In: Eisenberg/Günther (Hrsg.) (1989), 57–84.

Eisenberg, Peter (1996): Sprachsystem und Schriftsystem. In: Günther/Ludwig (Hrsg.) (1996), 2. Halbband, 1368–1380.

Eisenberg, Peter (1996a): Das deutsche Schriftsystem. In: Günther/Ludwig (Hrsg.) (1996), 2. Halbband, 1451–1455.

Eisenberg, Peter (1997): Die besondere Kennzeichnung der kurzen Vokale – Vergleich und Bewertung der Neuregelung. In: Augst et al. (Hrsg.) (1997), 323–335.

Eisenberg, Peter (1999): Vokallängenbezeichnung als Problem. In: *Linguistische Berichte* 179, 343–400.

Eisenberg, Peter (2004): *Grundriß der deutschen Grammatik. Das Wort.* 2., überarbeitete und aktualisierte Auflage. Stuttgart: Metzler.

Eisenberg, Peter (2005): Der Buchstabe und die Schriftstruktur des Wortes. In: *Duden. Die Grammatik,* 61–93.

Eisenberg, Peter/Günther, Hartmut (Hrsg.) (1989): *Schriftsystem und Orthographie.* Tübingen: Niemeyer (= *Reihe Germanistische Linguistik* 97).

Empfehlungen des Rats für deutsche Rechtschreibung. Teil 1: Regeln und Wörterverzeichnis. München und Mannheim. Februar 2006. (Online unter *http://rechtschreibrat.ids-mannheim.de/doku/teil1_regeln2006.pdf* und *http://rechtschreibrat.ids-mannheim.de/doku/teil2_woerterverzeichnis2006.pdf* <Zugriff an 29.3.2006>).

Empfehlungen des Rats für deutsche Rechtschreibung. Teil 2: Erläuterungen und Materialien. München und Mannheim. Februar 2006. (Online unter *http://rechtschreibrat.ids-mannheim.de/doku/erlaeuterungen_u_mat2006.pdf* <Zugriff am 4.3.2006>).

Erfurt, Jürgen (1996): *Sprachwandel und Schriftlichkeit.* In: Günther/Ludwig (Hrsg.) (1996), 2. Halbband, 1387–1404.

Ernst, Albert (2005): *Wechselwirkung. Textinhalt und typografische Gestaltung.* Würzburg: Königshausen & Neumann.

Ewald, Petra/Nerius, Dieter (1997): Die Alternative: gemäßigte Kleinschreibung. In: Augst et al. (Hrsg.) (1997), 419–434.

Ewald, Petra/Sommerfeldt, Karl-Ernst (Hrsg.) (1995): *Beiträge zur Schriftlinguistik.* Frankfurt/M.: Peter Lang (= *Sprache – System und Tätigkeit* 15).

Feilke, Helmuth (1994): »Gedankengeleise« zum Schreiben. In: Brügelmann et al. (Hrsg.) (1994), 278–290.

Feilke, Helmuth/Portmann, Paul R. (Hrsg.) (1996): *Schreiben im Umbruch. Schreibforschung und schulisches Schreiben.* Stuttgart: Klett.

Fiehler, Reinhard (2000): Gesprochene Sprache – gibt's die? In: *Jahrbuch der ungarischen Germanistik* 2000. Bonn/Budapest: DAAD/GUG, 93–104.

Fiehler, Reinhard (2005): Gesprochene Sprache. In: *Duden. Die Grammatik,* 1175–1256.

Fiehler, Reinhard/Barden, Birgit/Elstermann, Mechthild/Kraft, Barbara (2004): *Eigenschaften gesprochener Sprache. Theoretische und empirische Untersuchungen zur Spezifik mündlicher Kommunikation.* Tübingen: Narr (= *Studien zur deutschen Sprache* 30).

Fischer, Andreas (1999): Graphological Iconicity in Print Advertising. A Typology. In: Nänny, Max/ Fischer, Olga (Hrsg.): *Form Miming Meaning. Iconicity in Language and Literature.* Amsterdam/ Philadelphia: Benjamins, 251–283.

Fix, Ulla (1996): Textstil und KonTextstile. Stil in der Kommunikation als umfassende Semiose von Sprachlichem, Parasprachlichem und Außersprachlichem. In: Fix, Ulla/Lerchner, Gottfried (Hrsg.): *Stil und Stilwandel. Bernhard Sowinski zum 65. Geburtstag gewidmet.* Frankfurt/M. u. a.: Lang (= *Leipziger Arbeiten zur Sprach- und Kommunikationsgeschichte* 3), 111–132.

Fix, Ulla (2001): Zugänge zu Stil als semiotisch komplexer Einheit. Thesen, Erläuterungen und Bei-
    spiele. In: Jakobs/Rothkegel (Hrsg.) (2001), 113–126.
Fix, Ulla/Wellmann, Hans (Hrsg.) (2000): *Bild im Text – Text im Bild.* Heidelberg: Winter (= *Sprache
    – Literatur und Geschichte* 20).
Fleischer, Wolfgang/Michel, Georg/Starke, Günter (1993): *Stilistik der deutschen Gegenwartssprache.*
    Frankfurt/M. u. a.: Lang.
Földes, Csaba (2000): Die Neuregelung der deutschen Rechtschreibung im Kontext von Deutsch als
    Fremdsprache und Auslandsgermanistik. In: *Deutsch als Fremdsprache* 37, 199–208.
Földes, Csaba (2003): Erwerb der reformierten Orthographie im Deutschen als Muttersprache und als
    Fremd- bzw. Zweitsprache. In: Häcki Buhofer, Annelies (Hrsg.): *Spracherwerb und Lebensalter.*
    Tübingen/Basel: A. Francke Verlag, 125–136.
Földes-Papp, Károly (1987) (Erstausgabe 1966): *Vom Felsbild zum Alphabet: die Geschichte der Schrift
    von ihren frühesten Vorstufen bis zur modernen lateinischen Schreibschrift.* Stuttgart, Zürich:
    Belser.
Forssman, Friedrich/de Jong, Ralf (2002): *Detailtypographie. Nachschlagewerk für alle Fragen zu
    Schrift und Satz.* Mainz: Hermann Schmidt Verlag.
Frith, Uta (1985): Beneath the Surface of Developmental Dyslexia. In: Patterson, K. E./Marshal, J. C./
    Coltheart, M. (Hrsg.): *Surface Dyslexia. Neuropsychological and Cognitive Studies of Phonological
    Reading.* London: LEA, 301–330.
Friedrich, Johannes (1954): *Entzifferung verschollener Schriften und Sprachen.* Berlin/Göttingen/Hei-
    delberg: Springer-Verlag.
Friedrich, Johannes (1966): *Geschichte der Schrift unter besonderer Berücksichtigung ihrer geistigen
    Entwicklung.* Heidelberg: Winter.
Fuhrhop, Nanna (2005): Orthografie. Heidelberg: Winter (= *Kurze Einführungen in die Germanistische
    Linguistik* 1).

Gadamer, Hans-Georg (1983): Unterwegs zur Schrift? In: Assmann et al. (Hrsg.) (1983), 10–19.
Gallmann, Peter (1985): *Die graphischen Elemente der gesprochenen Sprache.* Tübingen: Niemeyer.
Gallmann, Peter (1997): Warum die Schweizer weiterhin kein Eszett schreiben. Zugleich eine Anmer-
    kung zu Eisenbergs Silbengelenk-Theorie. In: Augst et al. (Hrsg.) (1997), 135–140.
Gallmann, Peter (1999): Wortbegriff und Nomen-Verb-Verbindungen. In: *Zeitschrift für Sprachwissen-
    schaft.* Bd. 18, H. 2, 269–304.
Gallmann, Peter (2000): Kopfzerbrechen wegen Kopfadjunkten: Eine Duplik. In: *Zeitschrift für Sprach-
    wissenschaft.* Bd. 19, H. 1, 111–113.
Gallmann, Peter/Sitta, Horst (1996): *Die Neuregelung der deutschen Rechtschreibung. Regeln, Kom-
    mentar und Verzeichnis wichtiger Neuschreibungen.* Mannheim/Leipzig/Wien/Zürich: Dudenverlag
    (= *Duden-Taschenbücher* Bd. 26).
Gallmann, Peter/Sitta, Horst (2001): *Deutsche Grammatik.* 3. Auflage. Zürich: Lehrmittel-Verlag.
Gelb, Ignace Jay (1952): *A Study of Writing. The Foundation of Grammatology.* Chicago/London: The
    University of Chicago Press.
Gewehr, Wolf (1997): Zur Geschichte der deutschen Orthographie und die Rechtschreibreform 1996. In:
    Becker-Motzek, Michael/Hein, Jürgen/Koch, Helmut H. (Hrsg.): *Werkstattbuch Deutsch. Texte für
    das Studium des Faches.* Münster: Lit Verlag, 464–500.
Giese, Heinz W. (1994): Literalität und Analphabetismus in modernen Industrieländern. In: Günther/
    Ludwig (Hrsg.) (1994), 1. Halbband, 883–893.
Giesecke, Michael (1990): Orthotypographia. Der Anteil des Buchdrucks an der Normierung der Stan-
    dardsprache. In: Stetter (Hrsg.) (1990), 65–89.
Giesecke, Michael (1990a): *Der Buchdruck in der frühen Neuzeit – Eine historische Fallstudie über die
    Durchsetzung neuer Informations- und Kommunikationstechnologien.* Frankfurt/M.: Suhrkamp.
Glück, Helmut (1987): *Schrift und Schriftlichkeit. Eine sprach- und kulturwissenschaftliche Studie.*
    Stuttgart: Metzlersche Verlagsbuchhandlung.
Glück, Helmut (2001): Alphabetkonstruktion und orthoepischer *Standard.* Eine Kausalbeziehung oder
    ein normativer Irrtum? In: Borchers, Dörte et al. (Hrsg.): *Hieroglyphen – Alphabete – Schriftre-
    formen. Studien zu Multilateralismus, Schriftwechsel und Orthographieneuregelungen.* Göttingen:
    Seminar für Ägyptologie und Koptologie (= *Lingua Aegyptia – Studia monographica* 3), 101–115.

Glück, Helmut (2002): Sekundäre Funktionen der Schrift – Schrift-Sprache, Schrift-Magie, Schrift-Zauber, Schrift-Kunst. In: Wende, Waltraud (Hrsg.) (2002): *Über den Umgang mit der Schrift*. Würzburg: Verlag Königshausen & Neumann, 100–115.

Glück, Helmut (Hrsg.) (2005). *Metzler Lexikon Sprache*. Dritte, neubearbeitete Auflage. Stuttgart: Metzler.

Goodman, Nelson (1968): *Languages of Art. An Approach to a Theory of Symbols*. 2nd print. Indianapolis: Bobbs-Merrill. Deutsche Übersetzung: *Sprachen der Kunst. Entwurf einer Symboltheorie*. Frankfurt/M.: Suhrkamp 1997.

Goody, Jack (Hrsg.) (1968): *Literacy in Traditional Societies*. Cambridge: University Press. Deutsche Übersetzung: *Literalität in traditionellen Gesellschaften*. Frankfurt/M.: Suhrkamp 1981.

Gouws, Rufus/Heid, Ulrich/Schweickard, Wolfgang/Wiegand, Herbert Ernst (Hrsg.) (1989): *Wörterbücher. Ein internationales Handbuch zur Lexikographie*. Bd. 1. Berlin/New York: de Gruyter (= *Handbücher zur Sprach- und Kommunikationswissenschaft* 5.1).

Groß, Sabine (1994): *Lese-Zeichen. Kognition, Medium und Materialität im Leseprozeß*. Darmstadt: Wissenschaftliche Buchgesellschaft.

Gumbrecht, Hans Ulrich/Pfeiffer, K. Ludwig (Hrsg.) (1995): *Materialität der Kommunikation*. 2. Auflage. Frankfurt/M.: Suhrkamp (= *stw* 750).

Günther, Hartmut (1981): Das Prinzip der Alphabetschrift begreifen lernen – einige Thesen zu einem fragwürdigen Konzept. In: Günther (Hrsg.) (1981), 53–68.

Günther, Hartmut (Hrsg.) (1981): *Geschriebene Sprache – Funktion und Gebrauch, Struktur und Geschichte*. München (= *Forschungsberichte des Instituts für Phonetik und Sprachliche Kommunikation* 14).

Günther, Hartmut (1983): Charakteristika von schriftlicher Sprache und Kommunikation. In: Günther/Günther (Hrsg.) (1983), 17–39.

Günther, Hartmut (1988): *Schriftliche Sprache. Strukturen geschriebener Wörter und ihre Verarbeitung beim Lesen*. Tübingen: Niemeyer.

Günther, Hartmut (1990): Typographie, Orthographie, Graphetik. Überlegungen zu einem Buch von Otl Aicher. In: Stetter (Hrsg.) (1990), 90–104.

Günther, Hartmut (1993): Die Studiengruppe ›Geschriebene Sprache‹ bei der Werner Reimers Stiftung, Bad Homburg. In: Baurmann/Günther/Knoop (Hrsg.) (1993), 371–377.

Günther, Hartmut (1995): Die Schrift als Modell der Lautsprache. In: *Osnabrücker Beiträge zur Sprachtheorie* (OBST), 51, 15–32.

Günther, Hartmut (1996): Duden und Bertelsmann. Vom rechten Schreiben eines Wörterbuchs zu einer neuen Orthographie. In: *Sprachreport 4/96. Informationen und Meinungen zur deutschen Sprache*. Hrsg. vom Institut für deutsche Sprache, 1–5.

Günther, Hartmut (1997): Zur grammatischen Basis der Getrennt-/Zusammenschreibung im Deutschen. In: Dürscheid, Christa/Ramers, Karl Heinz/Schwarz, Monika (Hrsg.): *Sprache im Fokus. Festschrift für Heinz Vater zum 65. Geburtstag*. Tübingen: Niemeyer, 3–16.

Günther, Hartmut (1997a): Alles Getrennte findet sich wieder – Zur Beurteilung der Neuregelung der deutschen Rechtschreibung. In: Eroms, Hans W./Munske, Horst H. (1997): *Die Rechtschreibreform: Pro und Kontra*. Berlin: Erich Schmidt Verlag, 81–93.

Günther, Hartmut (1998): Sprachwissenschaft und Sprachdidaktik. Am Beispiel großer und kleiner Buchstaben. In: *Didaktik Deutsch* 4, 17–33.

Günther, Hartmut/Günther, Klaus-B. (Hrsg.) (1983): *Schrift – Schreiben – Schriftlichkeit. Arbeiten zur Struktur, Funktion und Entwicklung schriftlicher Sprache*. Tübingen: Niemeyer (= *Reihe Germanistische Linguistik* 49).

Günther, Hartmut/Ludwig, Otto (Hrsg.) (1994) und (1996): *Schrift und Schriftlichkeit. Ein interdisziplinäres Handbuch internationaler Forschung*. 2 Bde. Berlin/New York: de Gruyter.

Günther, Klaus B. (1986): Ein Stufenmodell der Entwicklung kindlicher Lese- und Rechtschreibstrategien. In: Brügelmann, Hans (Hrsg.): *ABC und Schriftsprache: Rätsel für Kinder, Lehrer und Forscher*. Konstanz: Faude, 32–54.

Haarmann, Harald (1991): *Universalgeschichte der Schrift*. 2., durchges. Auflage. Frankfurt: Campus-Verlag.

Haarmann, Harald (1994): Entstehung und Verbreitung von Alphabetschriften. In: Günther/Ludwig (Hrsg.) (1994), 1. Halbband, 328–347.

Haarmann, Harald (2002): *Geschichte der Schrift*. München: Beck.

Habscheid, Stephan/Fix, Ulla (Hrsg.) (2003): *Gruppenstile. Zur sprachlichen Inszenierung sozialer Zugehörigkeit.* Frankfurt/M. u. a.: Lang (= *Forum Angewandte Linguistik* 42).

Habscheid, Stephan/Stöckl, Hartmut (2003): Inszenierung sozialer Stile in Werbetexten – dargestellt am Beispiel der Möbelbranche. In: Habscheid/Fix (Hrsg.) (2003), 189–210.

Häcki Buhofer, Annelies (1985): *Schriftlichkeit im Alltag. Theoretische und empirische Aspekte – am Beispiel eines Schweizer Industriebetriebs.* Bern/Frankfurt/New York: Verlag Peter Lang (= *Zürcher Germanistische Studien* 2).

Häcki Buhofer, Annelies (2000): Mediale Voraussetzungen: Bedingungen von Schriftlichkeit allgemein. In: Brinker, Klaus et al. (Hrsg.): *Text- und Gesprächslinguistik. Ein internationales Handbuch zeitgenössischer Forschung.* 1. Halbband. Berlin/New York: de Gruyter, 251–261.

Haferland, Harald (2004): *Mündlichkeit, Gedächtnis und Medialität.* Göttingen: Vandenhoeck & Ruprecht (erscheint).

Hagemann, Jörg (2003): Typographische Kommunikation. In: Hagemann, Jörg/Sager, Sven F. (Hrsg.): *Schriftliche und mündliche Kommunikation. Begriffe – Methoden – Analysen. Festschrift zum 65. Geburtstag von Klaus Brinker.* Tübingen: Stauffenburg-Verlag (= *Stauffenburg Festschriften*), 101–115.

Hagemann, Jörg (im Druck): Typographie und logisches Textdesign. In: Roth/Spitzmüller (Hrsg.) (im Druck).

Hanke, Petra (1998): »Lesen durch Schreiben« (Jürgen Reichen) – ein »Leselehrgang«? In: Becher, Hans R./Bennack, Jürgen/Jürgens, Eiko (Hrsg.): *Taschenbuch Grundschule.* Baltmannsweiler: Schneider Verlag Hohengehren, 184–198.

Hausendorf, Heiko (2000): Die Zuschrift. Exemplarische Überlegungen zur Methodologie der linguistischen Textsortenbeschreibung. In: *Zeitschrift für Sprachwissenschaft* 19/2, 210–244.

Hayes, John R./Flower, Linda (1980): Identifying the Organization of Writing Processes. In: Gregg, L. W./Steinberg, E. R. (Hrsg.): *Cognitive Processes in Writing.* Hillsdale: Lawrence Erlbaum Ass., 3–30.

Heller, Klaus (1996): Großschreibung im Wortinnern. In: *Sprachreport* 3/96. Hrsg. vom Institut für deutsche Sprache, 3–4.

Heller, Klaus (1996a): *Rechtschreibreform.* In: *Sprachreport. Informationen und Meinungen zur deutschen Sprache.* Extraausgabe Juli 1996. Hrsg. vom Institut für deutsche Sprache.

Heller, Klaus/Scharnhorst, Jürgen (1997): Kommentar zum Wörterverzeichnis. In: Augst et al. (Hrsg.) (1997), 269–290.

Hennig, Mathilde (2000): Können gesprochene und geschriebene Sprache überhaupt verglichen werden? In: *Jahrbuch der ungarischen Germanistik.* Budapest/Bonn: DAAD/GUG, 105–125.

Hennig, Mathilde (2001): Das Phänomen des Chats. In: *Jahrbuch der ungarischen Germanistik.* Budapest/Bonn: DAAD/GUG, 215–239.

Hofmann, Bernhard (1998): *Lese-Rechtschreibschwäche – Legasthenie: Erscheinungen, Theorieansätze, Prävention. Eine systematische Einführung in die Gesamtproblematik.* München: Oldenburg.

Holsanova, Jana/Holmqvist, Kenneth/Rahm, Henrik (2006): Entry Points and Reading Paths on Newspaper Spreads: Comparing a Semiotic Analysis with Eye-tracking Measurements. In: *Visual Communication* 5/1, 65–93.

Hua, Zongde/Hua, Rong (2000): Über die Schriftreform Deutsch/Chinesisch. Eine kontrastive Untersuchung. In: *Literaturstraße. Chinesisch-deutsches Jahrbuch für Sprache, Literatur und Kultur.* Hrsg. v. Zhang Yushu u. Winfried Woesler, Bd. 1, 277–292.

Huber, Ludowika et al. (Hrsg.) (1998): *Einblicke in den Schriftspracherwerb.* Braunschweig: Westermann.

Hubertus, Peter/Nickel, Sven (2003): Sprachunterricht in der Erwachsenenbildung: Alphabetisierung von Erwachsenen. In: Bredel/Günther/Klotz/Ossner/Siebert-Ott (Hrsg.) (2003), Bd. 2, 719–728.

Hussmann, Heinrich (1977): *Über die Schrift.* Wiesbaden: Guido Pressler Verlag.

Ickler, Theodor (1997): Getrennt- und Zusammenschreibung. Ein Kommentar zu § 34 und § 36 der Neuregelung. In: *Muttersprache* 107, H. 3, 257–279.

Ickler, Theodor (1997a): *Die Rechtschreibreform – ein Schildbürgerstreich.* St. Goar.

Ickler, Theodor (1999): *Kritischer Kommentar zur »Neuregelung der deutschen Rechtschreibung« mit einem Anhang zur »Mannheimer Anhörung«.* 2., durchges. u. erw. Auflage. Erlangen/Jena: Verlag Palm & Ecke (= *Erlanger Studien* 116).

Ickler, Theodor (2000): Rezension zu *Duden. Die deutsche Rechtschreibung. 22., völlig neu bearbeitete und erweiterte Auflage*. Hrsg. von der Dudenredaktion auf der Grundlage der neuen amtlichen Rechtschreibregeln. Mannheim/Leipzig/Wien/Zürich: Dudenverlag 2000. In: *Frankfurter Allgemeine Zeitung*, 11.8.2000, Feuilleton. Nr. 185, S. 41.

Ickler, Theodor (2001): *Regelungsgewalt. Hintergründe der Rechtschreibreform*. St. Goar: Leibniz Verlag.

Ickler, Theodor (2002): *Kommentar zum dritten Bericht der Rechtschreibkommission*. Online unter *http://www.rechtschreibreform.de/K3/IcklerK3Kommkurz.pdf* (gesehen am 6.1.2006).

Illich, Ivan (1991): *Im Weinberg des Textes. Als das Schriftbild der Moderne entstand*. Frankfurt/M.: Luchterhand Literaturverlag (= *Luchterhand Essay*).

Inhoff, Albrecht W./Rayner, Keith (1996): Das Blickverhalten beim Lesen. In: Günther/Ludwig (Hrsg.) (1996), 2. Halbband, 942–957.

Jacobs, Joachim (2005): Spatien. *Zum System der Getrennt- und Zusammenschreibung im heutigen Deutsch*. Berlin: de Gruyter (= *Linguistik – Impulse und Tendenzen* 5).

Jäger, Ludwig (2000): Die Sprachvergessenheit der Medientheorie. Ein Plädoyer für das Medium Sprache. In: Kallmeyer, Werner (Hrsg.): *Sprache und neue Medien*. Berlin/New York: de Gruyter (= *Jahrbuch des Instituts für deutsche Sprache 1999*), 9–30.

Jakobs, Eva-Maria/Knorr, Dagmar/Pogner, Karl-Heinz (Hrsg.) (1999): *Textproduktion. HyperText, Text, KonText*. Frankfurt/M. u. a.: Lang (= *Textproduktion und Medium* 5).

Jakobs, Eva-Maria/Rothkegel, Annely (Hrsg.) (2001): *Perspektiven auf Stil*. Tübingen: Niemeyer (= *Reihe Germanistische Linguistik* 226).

Janich, Nina (2001): *Werbesprache. Ein Arbeitsbuch*. 2., vollständig überarbeitete und erweiterte Auflage. Tübingen: Narr.

Jensen, Hans (1958): *Die Schrift in Vergangenheit und Gegenwart*. Berlin: VEB Deutscher Verlag.

Jochum, Uwe (1996): Textgestalt und Buchgestalt. Überlegungen zu einer Literaturgeschichte des gedruckten Buches. In: *Zeitschrift für Literaturwissenschaft und Linguistik* 26/103, 20–34.

Johnson, Sally (2005): *Spelling Trouble? Language, Ideology and the Reform of German Orthography*. Clevedon: Multilingual Matters.

Kallmeyer, Werner (1995): Zur Darstellung von kommunikativem sozialem Stil in soziolinguistischen Gruppenporträts. In: Debus, Friedhelm/Kallmeyer, Werner/Stickel, Gerhard (Hrsg.): *Kommunikation in der Stadt, Bd. 3: Kommunikative Stilistik einer sozialen Welt »kleiner Leute« in der Mannheimer Innenstadt*. Berlin/New York: de Gruyter (= *Schriften des Instituts für Deutsche Sprache* 4,3), 1–25.

Keller, Rudi (1994²): *Sprachwandel. Von der unsichtbaren Hand in der Sprache*. 2., überarbeitete und erweiterte Auflage. Tübingen: Francke (= *UTB* 1567).

Keller, Rudi (1995): *Zeichentheorie*. Tübingen/Basel: Francke (= *UTB* 1849).

Kim-Renaud, Young-Key (Hrsg.) (1997): *The Korean Alphabet. Its History and Structure*. Honolulu: University of Hawaii Press.

Klein, Wolf Peter (2002): Der Apostroph in der deutschen Gegenwartssprache. Logographische Gebrauchserweiterungen auf phonographischer Basis. In: *Zeitschrift für Germanistische Linguistik* 30, 169–197.

Knoop, Ulrich (1993): Zum Verhältnis von geschriebener und gesprochener Sprache. Anmerkungen aus historischer Sicht. In: Baurmann/Günther/Knoop (Hrsg.), 217–229.

Köller, Wilhelm (1988): *Philosophie der Grammatik. Vom Sinn grammatischen Wissens*. Stuttgart: Metzler.

Kloock, Daniela (1995): *Von der Schrift- zur Bild(schirm)kultur. Analyse aktueller Medientheorien*. Berlin: Wissenschaftsverlag Spiess.

Koch, Peter/Oesterreicher, Wulf (1985): Sprache der Nähe – Sprache der Distanz. Mündlichkeit und Schriftlichkeit im Spannungsfeld von Sprachtheorie und Sprachgeschichte. In: *Romanistisches Jahrbuch* 36, 15–43.

Koch, Peter/Oesterreicher, Wulf (1994): Schriftlichkeit und Sprache. In: Günther/Ludwig (Hrsg.), 1. Halbband, 587–604.

Kohrt, Manfred (1987): *Theoretische Aspekte der deutschen Orthographie*. Tübingen: Niemeyer (= *Reihe Germanistische Linguistik* 70).

Krämer, Sybille (2003): Schriftbildlichkeit oder: Über eine (fast) vergessene Dimension der Schrift. In: Krämer, Sybille/Bredekamp, Horst (Hrsg.): *Bild – Schrift – Zahl*. München: Fink (= *Reihe Kulturtechnik*), 157–176.

Kranz, Florian (1998): *Eine Schifffahrt mit drei f. Positives zur Rechtschreibreform*. Göttingen: Vandenhoeck & Ruprecht.

Krebernik, Manfred/Nissen, Hans J. (1994): Die sumerisch-akkadische Keilschrift. In: Günther/Ludwig (Hrsg.) (1994), 1. Halbband, 274–288.

Kress, Gunther/van Leeuwen, Theo (1996): *Reading Images: The Grammar of Visual Design*. London: Routledge.

Kress, Gunther/van Leeuwen, Theo (1998): Front Pages: (The Critical) Analysis of Newpaper Layout. In: Bell, Alan/Garret, Peter (Hrsg.): *Approaches to Media Discourse*. Oxford: Blackwell, 186–219.

Leiss, Elisabeth/Leiss, Johann (1997): *Die regulierte Schrift. Plädoyer für die Freigabe der Rechtschreibung*. Erlangen und Jena: Verlag Palm & Enke.

Lee, Sang-Oak (1997): Graphical Ingenuity in the Korean Writing System: With New references to Calligraphy. In: Kim-Renaud (Hrsg.) (1997), 107–116.

Van Leeuwen, Theo (2005): *Introducing Social Semiotics*. London/New York: Routledge.

Leßmann, Beate (1998): *Schreiben und Rechtschreiben – Ein Praxisbuch zum individuellen Rechtschreibtraining*. Heinsberg: Dieck.

Li, Jie (1996): Das chinesische Schriftsystem. In: Günther/Ludwig (Hrsg.) (1996), 2. Halbband, 1404–1412.

Lindquist, Christer (2001). *Skandinavische Schriftsysteme im Vergleich*. Tübingen: Niemeyer (= *Linguistische Arbeiten* 430).

Lobin, Henning (Hrsg.) (1999): *Text im digitalen Medium. Linguistische Aspekte von Textdesign, Texttechnologie und Hypertext Engineering*. Opladen: Westdeutscher Verlag.

Ludwig, Otto (1983): Einige Vorschläge zur Begrifflichkeit und Terminologie von Untersuchungen im Bereich der Schriftlichkeit. In: Günther/Günther (Hrsg.) (1983), 1–15.

Ludwig, Otto (1989): Die Produktion von Texten im Deutschunterricht – Tendenzen in der Aufsatzdidaktik und ihre Herkunft. In: Antos, Gerd/Krings, Hans P. (Hrsg.): *Textproduktion. Ein interdisziplinärer Forschungsüberblick*. Tübingen: Niemeyer (= *Konzepte der Sprache und Literaturwissenschaft* 48), 328–347.

Ludwig, Otto (1994): Geschichte des Schreibens. In: Günther/Ludwig (Hrsg.) (1994), 1. Halbband, 48–65.

Ludwig, Otto (1995): Integriertes und nicht-integriertes Schreiben. Zu einer Theorie des Schreibens: eine Skizze. In: Baurmann, Jürgen/Weingarten, Rüdiger (Hrsg.): *Schreiben. Prozesse, Prozeduren und Produkte*. Opladen: Westdeutscher Verlag, 273–287.

Ludwig, Otto (2001): Es begann mit dem Sputnik-Schock... Die neuere deutsche Schreibforschung. In: *Praxis Deutsch* 170, 28. Jg., 58–62.

Ludwig, Otto (2002): PISA 2000 und der Deutschunterricht. In: *Der Deutschunterricht* Jg. LIV, Heft 2, 82–85.

Ludwig, Otto (2003): Konzeptionen des Schreibens. In: *Der Deutschunterricht* Jg. LV, Heft 3. Thema des Heftes: SchreibArbeit, 4–13.

Ludwig, Otto (2005): *Geschichte des Schreibens. Bd 1. Von der Antike bis zum Buchdruck*. Berlin/New York: de Gruyter.

Lüthgens, Stephanie (2002): *Rechtschreibreform und Schule. Die Reformen der deutschen Rechtschreibung aus der Sicht von Lehrerinnen und Lehrern*. Frankfurt/M. u. a.: Lang.

Lurija, Aleksandr Romanovich (1976): *Cognitive Development: Its Cultural and Social Foundations*. Cambridge: Havard University Press.

Lyons, John (1983, 1987³): *Die Sprache*. München: Beck'sche Verlagshandlung [Engl. Original: Language and Linguistics: Cambridge: CUP 1981].

Maas, Utz (1989): Dehnung und Schärfung in der deutschen Orthographie. In: Eisenberg/Günther (Hrsg.) (1989), 229–249.

Maas, Utz (1992): *Grundzüge der deutschen Orthographie*. Tübingen: Niemeyer (= *Reihe Germanistische Linguistik* 120).

Maas, Utz (1997): Orthographische Regularitäten, Regeln und ihre Deregulierung. Am Beispiel der Dehnungszeichen im Deutschen. In: Augst et al. (Hrsg.) (1997), 337–364.

Maas, Utz (2004): Geschriebene Sprache/Written Language. In: Ammon, Ulrich et al. (Hrsg.): *Sozio-linguistik: Ein internationales Handbuch zur Wissenschaft von Sprache und Gesellschaft. 2., vollständig neu bearbeitete und erweiterte Auflage. Sociolinguistics: an international handbook of the science of language and society. 2nd completely revised and extended edition.* Berlin/New York: de Gruyter, 633–645.

Meier-Schuegraf, Stefan (2005): Merkmale rechtsextremistischer visueller Kommunikation im Internet. In: Hofmann, Wilhelm/Leeske, Franz (Hrsg.): *Politische Identität – visuell.* Münster: LIT (= *Studien zur visuellen Politik* 1), 153–173.

Meier-Schuegraf, Stefan (im Druck): Stylelife. Graffiti als typografisches Ausdrucksmittel sozialen Stils. In: Kimminich, Eva (Hrsg.): *Kultur und Kreativität.* Frankfurt/M. u. a.: Lang (= *Welt – Körper – Sprache. Perspektiven kultureller Wahrnehmungs- und Darstellungsformen*) [Preprint unter *http://www.tu-chemnitz.de/phil/medkom/mk/meier/meier-schuegraf/graffiti.pdf*].

Meiers, Kurt (1998): *Lesen lernen und Schriftspracherwerb im ersten Schuljahr.* Bad Heilbronn: Klinghardt.

Mentrup, Wolfgang (1980): Zur entwicklung der groß- und kleinschreibung im deutschen. In: Mentrup, Wolfgang (Hrsg.): *Materialien zur historischen entwicklung der gross- und kleinschreibungsregeln.* Tübingen: Niemeyer (= *Reihe Germanistische Linguistik* 23), 279–333.

Merten, Klaus/Schmidt, S./Weischenberg, S. (Hrsg.) (1994): *Die Wirklichkeit der Medien. Eine Einführung in die Kommunikationswissenschaft.* Opladen: Westdeutscher Verlag.

Merten, Klaus (1998): *Einführung in die Kommunikationswissenschaft. Bd. 1. Grundlagen der Kommunikationswissenschaft.* Münster: Lit Verlag (= *Aktuelle Medien und Kommunikationsforschung* 1).

Müller-Yokota, Wolfgang (1994): Weiterentwicklungen der chinesischen Schrift: Japan – Korea – Vietnam. In: Günther/Ludwig (Hrsg.) (1994), 1. Halbband, 382–404.

Neef, Martin (2002): The Reader's View: Sharpening in German. In: Neef, Martin/Neijt, Anneke/Sproat, Richard (Hrsg.): *The Relation of Writing to Spoken Language.* Tübingen: Niemeyer (= *Linguistische Arbeiten* 460), 169–191.

Neef, Martin (2005): *Die Graphematik des Deutschen.* Tübingen: Niemeyer (= *Linguistische Arbeiten* 500).

Neef, Martin/Primus, Beatrice (2001): Stumme Zeugen der Autonomie – Eine Replik auf Ossner. In: *Linguistische Berichte* 187, 353–378.

Neef, Martin/Gallmann, Peter (Hrsg.) (2005): *Eigennamen.* Berlin: de Gruyter. (= *Zeitschrift für Sprachwissenschaft* 24.1).

Neef, Martin/Weingarten, Rüdiger (Hrsg.): *Schriftlinguistik. Ein Lern- und Konsultationswörterbuch mit systematischer Einleitung und englischen Übersetzungen.* Berlin: Mouton de Gruyter (= Wörterbücher zur Sprach- und Kommunikationswissenschaft). In Vorbereitung.

Neef, Sonja (2002): Die (rechte) Schrift und die (linke) Hand. In: *Kodikas/Code* 25/1–2, 159–176.

Nerius, Dieter (1994): Orthographieentwicklung und Orthographiereform. In: Günther/Ludwig (Hrsg.) (1994), 1. Halbband, 720–739.

Nerius, Dieter/Augst, Gerhard (Hrsg.) (1988): *Probleme der geschriebenen Sprache. Beiträge zur Schriftlinguistik auf dem XIV. Internationalen Linguistenkongreß 1987 in Berlin.* Akademie der Wissenschaften der DDR (= *Linguistische Studien, Reihe A, Arbeitsberichte* 173).

Nerius, Dieter/Scharnhorst, Jürgen (1980) (Hrsg.): *Theoretische Probleme der deutschen Orthographie.* Berlin: Akademie-Verlag.

Nerius, Dieter et al. (Hrsg.) (2000): *Deutsche Orthographie. 3., völlig neu bearbeitete Auflage.* Mannheim/Leipzig/Wien/Zürich: Dudenverlag.

Nerius, Dieter (2003): Wie schreiben wir gegenwärtig? Stand und Probleme der Orthographiereform. In: *Deutsch als Fremdsprache* 40, Heft 1, 3–13.

Nerius, Dieter (2004): Das morphematische Prinzip im Rahmen der Orthographietheorie. In: *Sprachwissenschaft* 29, 17–32.

Neuland, Eva (2000): Jugendsprache in der Diskussion: Meinungen, Ergebnisse, Folgerungen. In: Eichhoff-Cyrus, Karin M./Hoberg, Rudolf (Hrsg.): *Die deutsche Sprache zur Jahrtausendwende. Sprachkultur oder Sprachverfall?* Mannheim u. a.: Dudenverlag, 107–123 (= *Thema Deutsch* 1).

Nöth, Winfried (2000): *Handbuch der Semiotik.* Stuttgart/Weimar: Metzler.

Nussbaumer, Markus (1996): BinnenGroßschreibung. In: *Sprachreport* 3/96. Hrsg. vom Institut für deutsche Sprache, 1–3.

Nutt-Kofoth, Rüdiger (2004): Text lesen – Text sehen: Edition und Typographie. In: *Deutsche Vierteljahresschrift für Literaturwissenschaft und Geistesgeschichte* 78/1, 3–19.

Ong, Walter (1982). *Orality and Literality. The Technologizing of the Word.* London: Methuen & Co. Deutsche Übersetzung: *Oralität und Literalität. Die Technologisierung des Wortes.* Opladen: Westdeutscher Verlag 1987.

Osburg, Claudia (1998): Anlauttabellen im Unterricht – Methodische Neuheit oder didaktischer Umbruch? In: Osburg, Claudia (Hrsg.): *Textschreiben – Rechtschreiben – Alphabetisierung: Initiierung sprachlicher Lernprozesse im Bereich der Grundschule, Sonderschule und Erwachsenenbildung.* Baltmannsweiler: Schneider Verlag Hohengehren, 97–136.

Ossner, Jakob (2001): Das <h>-Graphem im Deutschen. In: *Linguistische Berichte* 187, 325–351.

Ossner, Jakob (2001a): Worum geht es eigentlich? Replik auf die Replik von Martin Neef und Beatrice Primus. In: *Linguistische Berichte* 187, 379–382.

Paul, Hermann (1880): *Prinzipien der Sprachgeschichte.* Nachdruck 1970. Tübingen: Niemeyer.

Peek, Rainer (1996): Zum Leseverständnis der erwachsenen Wohnbevölkerung in der Bundesrepublik Deutschland. Erste Ergebnisse der deutschen Teilstudie zur ›International Adult Literacy Survey‹. In: *Alfa-Rundbrief 32*, 28–30.

Pfeiffer-Rupp, Rüdiger (1984): Graphostilistik. In: Spillner, Bernd (Hrsg.): *Methodik der Stilanalyse.* Tübingen: Narr, 101–119.

Piirainen, Ilpo Tapani (1981): *Handbuch der deutschen Rechtschreibung.* Bochum: Kamp.

Von Polenz, Peter (1996): Die Ideologisierung der Schriftarten in Deutschland im 19. und 20. Jahrhundert. In: Böke, Karin/Jung, Matthias, Wengeler, Martin (Hrsg.): *Öffentlicher Sprachgebrauch. Praktische, theoretische und historische Perspektiven.* Opladen: Westdeutscher Verlag, 271–282.

Posner, Roland (1971): Strukturanalyse in der Gedichtinterpretation. Textdeskription und Rezeptionsanalyse am Beispiel von Baudelaires *Les Chats.* In: Ihwe, Jens (Hrsg.): *Literaturwissenschaft und Linguistik. Ergebnisse und Perspektiven, Bd. II/1: Zur linguistischen Basis der Literaturwissenschaft,* I, Frankfurt/M.: Athenäum (= *ars poetica* 8), 224–267.

Primus, Beatrice (1997): Satzbegriffe und Interpunktion. In: Augst et al. (Hrsg.) (1997), 463–488.

Primus, Beatrice (2000): Suprasegmentale Graphematik und Phonologie: Die Dehnungszeichen im Deutschen. In: *Linguistische Berichte* 181, 9–34.

Primus, Beatrice (2003): Zum Silbenbegriff in der Schrift-, Laut- und Gebärdensprache – Versuch einer mediumübergreifenden Fundierung. In: *Zeitschrift für Sprachwissenschaft* 22, Heft 1, 3–55.

Raible, Wolfgang (1991a): *Zur Entwicklung von Alphabetschrift-Systemen. Is fecit cui prodest.* Heidelberg: Winter.

Raible, Wolfgang (1991b): *Die Semiotik der Textgestalt. Erscheinungsformen und Folgen eines kulturellen Evolutionsprozesses.* Heidelberg: Winter (= *Abhandlungen der Heidelberger Akademie der Wissenschaften. Philosophisch-historische Klasse* Jg. 1991, Abh. 1).

Raible, Wolfgang (1994): Orality and Literacy. In: Günther/Ludwig (Hrsg.) (1994), 1. Halbband, 1–17.

Ramers, Karl Heinz (1988): *Vokalquantität und -qualität im Deutschen.* Tübingen: Niemeyer.

Ramers, Karl Heinz (1999): Vokalschreibung als orthographisches Problem: Zur Funktion der Doppelkonsonanzschreibung im Deutschen. In: *Linguistische Berichte* 179, 52–64.

Ranschburg, Paul (1905): Über die Bedeutung der Ähnlichkeit beim Erlernen, Behalten und bei der Reproduktion. In: *Journal für Psychologie und Neurologie.* Bd. V, 93–127.

Ramsey, S. Robert (1996): Korean Alphabet, World Alphabet. In: *Journal of the International Association for Korean Language Education. Bd. 7. Paris International Conference on Hangul and Culture.* Hrsg. v. International Association for Korean Language Education, 19–30.

Rautenberg, Ursula (Hrsg.) (2003): *Reclams Sachlexikon des Buches.* Stuttgart: Reclam.

Rautenberg, Ursula/Wetzel, Dirk (2001): *Buch.* Tübingen: Niemeyer (= *Grundlagen der Medienkommunikation* 11).

Reichen, Jürgen (1988[3]): *Lesen durch Schreiben. Wie Kinder selbstgesteuert Lesen lernen.* Heft 1. Zürich: SABE.

Röber-Siekmeyer, Christa (1993): *Die Schriftsprache entdecken.* Weinheim: Beltz Verlag.

Röber-Siekmeyer, Christa (1998): DEN SCHBRISERIN NAS. Was lernen Kinder beim Spontanschreiben, was lernen sie nicht? Didaktische Überlegungen zum Verhältnis zwischen geschriebener und gesprochener Sprache, dargestellt an dem Problem der Wortabtrennungen. In: Weingarten/Günther (Hrsg.) (1998), 116–150.

Roth, Kersten Sven/Spitzmüller, Jürgen (Hrsg.) (im Druck): *Textdesign und Textwirkung in der massenmedialen Kommunikation*. Konstanz: UVK.

RRK = *The Revized Romanization of Korean* (2000). Hrsg. v. National Academy of the Korean Language, Ministry of Culture & Tourism. Seoul.

Sandig, Barbara (1986): *Stilistik der deutschen Sprache*. Berlin/New York: de Gruyter (= *Sammlung Göschen* 2229).

Sandig, Barbara (im Druck): *Textstilistik des Deutschen*. 2. völlig neu bearbeitete und erweiterte Auflage. Berlin/New York: de Gruyter (= *de Gruyter Studienbuch*).

Sauer, Christoph (1997): Visualisierung inbegriffen: Textüberarbeitung und Umgestaltung. In: Jakobs, Eva-Maria/Knorr, Dagmar (Hrsg.): *Schreiben in den Wissenschaften*. Frankfurt/M. u. a.: Lang (= *Textproduktion und Medium* 1), 91–106.

Sauer, Christoph (1999): Die Verständlichkeit von Texten, Visualisierungen und Bildschirmen. Untersuchungen zur Leseaufgabenunterstützung. In: Jakobs/Knorr/Pogner (Hrsg.) (1999), 93–109.

De Saussure, Ferdinand (1916): *Cours de linguistique générale*. Deutsche Übersetzung: *Grundfragen der allgemeinen Sprachwissenschaft*. Hrsg. v. Charles Bally und Albert Sechehaye. Berlin: de Gruyter (2. Auflage 1967).

Saxalber, Annemarie (1996): Lerner beurteilen ihre eigenen Texte. In: Feilke/Portmann (Hrsg.) (1996), 198–214.

Schaeder, Burkhard (1997): Die Getrennt- und Zusammenschreibung (GZS) im amtlichen Regelwerk und aus der Sicht eines ihrer Kritiker: Theodor Icklers »Kommentar zu § 34 und § 36 der Neuregelung«. In: *Muttersprache* 107, 354–367.

Scharnhorst, Jürgen (1993): Der Weg zur Einheitlichkeit der deutschen Orthographie. In: *Der Deutschunterricht* 46, 9, 423–431.

Scheerer, Eckart (1993): Mündlichkeit und Schriftlichkeit – Implikationen für die Modellierung kognitiver Prozesse. In: Baurmann et al. (Hrsg.) (1993), 141–176.

Scheerer-Neumann, Gerheid (1996): Der Erwerb der basalen Lese- und Schreibfähigkeiten. In: Günther/Ludwig (Hrsg.) (1996), 2. Halbband, 1153–1169.

Scheerer-Neumann, Gerheid (1998): Schriftspracherwerb: »The State of the Art« aus psychologischer Sicht. In: Huber, Ludowika et al. (Hrsg.) (1998), 31–46.

Schenk, Christa (1999): *Lesen und Schreiben lernen und lehren: eine Didaktik des Schriftspracherwerbs*. 2., überarb. und erweiterte Auflage. Baltmannsweiler: Schneider-Verlag Hohengehren.

Schenkel, Wolfgang (1983): Wozu die Ägypter eine Schrift brauchten. In: Assmann et al. (Hrsg.) (1983), 45–63.

Scheuringer, Hermann/Stang, Christiane (2004): *Die deutsche Rechtschreibung*. Wien: Edition Praesens.

Schierl, Thomas (2001): *Text und Bild in der Werbung. Bedingungen, Wirkungen und Anwendungen bei Anzeigen und Plakaten*. Köln: Herbert von Harlem Verlag.

Schlobinski, Peter (2001): Zum Prinzip des Relativismus von Schriftsystemen – die chinesische Schrift und ihre Mythen. In: *Zeitschrift für Sprachwissenschaft* 20, H. 1, 117–146.

Schmandt-Besserat, Denise (1992): *Before Writing. I: From Counting to Cuneiform. II: A Catalog of Near Eastern Tokens*. Austin: University of Texas Press.

Schmitt, Alfred (1980): *Entstehung und Entwicklung von Schriften*. Hrsg. v. Claus Haebler. Köln/Wien: Böhlau.

Schmitz, Ulrich (2001): Optische Labyrinthe im digitalen Journalismus. Text-Bild-Beziehungen in Online-Zeitungen. In: Bucher, Hans-Jürgen/Püschel, Ulrich (Hrsg.): *Die Zeitung zwischen Print und Digitalisierung*. Wiesbaden: Westdeutscher Verlag, 207–232.

Schnotz, Wolfgang (1996): Lesen als Textverarbeitung. In: Günther/Ludwig (Hrsg.) (1996), 2. Halbband, 972–983.

Schopp, Jürgen F. (2002): Typographische Schrift als Mittel nationaler Identifikation. Beobachtungen zur Semiose von Druckschriften. In: Höfner, Eckhard/Schröder, Hartmut/Wittmann, Roland (Hrsg.): *Valami más. Beiträge des Finnisch-Ungarischen Kultursemiotischen Symposiums »Zeichenhafte Aspekte der Veränderung« (25.–28.11.1998, Berlin, Frankfurt (Oder) – Slubice)*. Frankfurt/M. u. a.: Lang (= *Nordeuropäische Beiträge aus den Human- und Gesellschaftswissenschaften* 22), 95–126.

Schröder, Hartmut (1993): Semiotische Aspekte multimedialer Texte. In: Schröder, Hartmut (Hrsg.): *Fachtextpragmatik*. Tübingen: Narr (= *Forum für Fachsprachenforschung* 19), 189–213.

Schweizer Monatshefte. *Zeitschrift für Politik, Wirtschaft, Kultur.* 83. Jahr, Heft 11. 2003. Thema des Heftes: Die deutsche Sprachverwirrung. Fehlkonzept Rechtschreibung.

Scollon, Ron/Scollon, Suzie Wong (2003): *Discourses in Place. Language in the Material World*. London/New York: Routledge.

Searle, John (1969): *Speech Acts*. Cambridge: University Press.

Segert, Stanislav (1994): Decipherment. In: Günther/Ludwig (Hrsg.) (1994), 1. Halbband, 416–423.

Selting, Margret (2001): Stil – in interaktionaler Perspektive. In: Jakobs/Rothkegel (Hrsg.) (2001), 3–20.

Sieber, Peter (1998): *Parlando in Texten. Zur Veränderung kommunikativer Grundmuster in der Schriftlichkeit*. Tübingen: Niemeyer (= *Reihe Germanistische Linguistik* 191).

Sieber, Peter (2003): Modelle des Schreibprozesses. In: Bredel/Günther/Klotz/Ossner/Siebert-Ott (Hrsg.) (2003), Bd. 1, 208–223.

Siebert-Ott, Gesa/Fehlisch, Ulrike (1988): *Legasthenie und Analphabetismus aus linguistischer Sicht*. Kölner Linguistische Arbeiten Germanistik (= *KLAGE* 15).

Singh, Simon (2001): *Geheime Botschaften. Die Kunst der Verschlüsselung von der Antike bis in die Zeiten des Internet* (engl. Originalausgabe 1999: *The Code Book. The Science of Secrecy from Ancient Egypt to Quantum Cryptography*). München: Deutscher Taschenbuch Verlag.

Spiekermann, Erik (1986): *Ursache & Wirkung: ein typographischer Roman*. Berlin: H. Berthold.

Spillner, Bernd (1995): Stilsemiotik. In: Stickel, Gerhard (Hrsg.): *Stilfragen*. Berlin/New York: de Gruyter (= *Jahrbuch des Instituts für deutsche Sprache 1994*), 62–93.

Spitta, Gudrun (1992): *Schreibkonferenzen in Klasse 3 und 4. Ein Weg vom spontanen Schreiben zum bewußten Verfassen von Texten*. Frankfurt/M.: Cornelsen Scriptor.

Stalph, Jürgen (1996): Das japanische Schriftsystem. In: Günther/Ludwig (Hrsg.) (1996), 2. Halbband, 1413–1427.

Stetter, Christian (1990): Die Groß- und Kleinschreibung im Deutschen. Zur sprachanalytischen Begründung einer Theorie der Orthographie. In: Stetter (Hrsg.) (1990), 196–220.

Stetter, Christian (1990) (Hrsg.): *Zu einer Theorie der Orthographie. Interdisziplinäre Aspekte gegenwärtiger Schrift- und Orthographieforschung*. Tübingen: Niemeyer (= *Reihe Germanistische Linguistik* 99).

Stetter, Christian (1997, 1999[2]): *Schrift und Sprache*. Frankfurt/M.: Suhrkamp.

Stetter, Christian (2002): Einige Bemerkungen zu Ideographie und Alphabetschrift. In: *Zeitschrift für Sprachwissenschaft* 21, H. 1, 82–97.

Stetter, Christian (2005): *System und Performanz. Symboltheoretische Grundlagen von Medientheorie und Sprachwissenschaft*. Weilerswist: Velbrück Wissenschaft.

Stjernfeld, Frederik (1993): Buchstabenformen, Kategorien und die Apriori-Position. Ein Essay in angewandter Grammatologie. In: Gumbrecht, Hans Ulrich/Pfeiffer, K. Ludwig (Hrsg.): *Schrift*. München: Fink, 289–310 (= *Materialität der Zeichen*, Reihe A: Bd. 12).

Stöckl, Hartmut (2004): Typographie: Gewand und Körper des Textes – Linguistische Überlegungen zu typographischer Gestaltung. In: *Zeitschrift für Angewandte Linguistik* 41, 5–48.

Taylor, Isup (1996): The Teaching of Reading and Writing in East Asia. In: Günther/Ludwig (Hrsg.) (1996), 2. Halbband, 1309–1318.

Thaler, Verena (2005): Zur Problematik der Synchronizität computervermittelter Kommunikation. In: *Zeitschrift für Angewandte Linguistik* 43, 76–98.

Tschichold, Jan (1960): *Erfreuliche Drucksachen durch gute Typographie. Eine Fibel für jedermann*. Ravensburg: Maier [Faksimile-Nachdruck Augsburg: Maro-Verlag 2001].

Ulrich, Winfried (2001): *Didaktik der deutschen Sprache. Ein Arbeits- und Studienbuch in drei Bänden. Bd. 1: Fachdidaktik – Schriftspracherwerb – Mündlicher Sprachgebrauch*. Stuttgart: Klett.

Vachek, Josef (1939): Zum Problem der geschriebenen Sprache. In: *Travaux du Cercle Linguistique de Prague* 8, 94–104.

Valentin, Renate (2003) : Methoden des basalen Lese- und Schreibunterrichts. In: Bredel/Günther/Klotz/Ossner/Siebert-Ott (Hrsg.) (2003), Bd. 2, 760–771.

Vater, Heinz (2001[3]): *Einführung in die Textlinguistik*. München: Fink (= *UTB* 1660).

Vierter Bericht der Zwischenstaatlichen Kommission für deutsche Rechtschreibung. Berichtzeitraum 1.1.1002 bis 31.12.2003. Im Internet nur noch in einer Zusammenfassung einsehbar unter *http:// won.mayn.de/rechtschreibreform/b-kmk-2004-02.html* <Zugriff am 7.1.2006).

Walker, Sue (2001): *Typography and Language in Everyday Life: Prescriptions and Practices*. London: Longman (= *Language in Social Life Series*).

Wang, William (2001): Die chinesische Sprache. In: *Spektrum der Wissenschaft* 2001, H. 4, 72–78.

Wehde, Susanne (2000): *Typographische Kultur. Eine zeichentheoretische und kulturgeschichtliche Studie zur Typographie und ihrer Entwicklung*. Tübingen: Niemeyer (= *Studien und Texte zur Sozialgeschichte der Literatur* 69).

Weingarten, Rüdiger/Günther, Hartmut (Hrsg.) (1998): *Schriftspracherwerb*. Baltmannsweiler: Schneider Verlag Hohengehren.

Weinrich, Harald (1985): *Wege der Sprachkultur*. Stuttgart: Deutsche Verlags-Anstalt.

Wiebelt, Alexandra (2004): *Symmetrie bei Schriftsystemen. Ein Lesbarkeitsproblem*. Tübingen: Niemeyer (= *Linguistische Arbeiten* 488).

Wiegand, Herbert Ernst (2000): Über Suchbereich, Suchzonen und ihre textuellen Strukturen in Printwörterbüchern. Ein Beitrag zur Theorie der Wörterbuchform. In: Wiegand, Herbert Ernst (Hrsg.): *Wörterbücher in der Diskussion IV. Vorträge auf dem Heidelberger Lexikographischen Kolloquium*. Tübingen: Niemeyer (= *Lexicographica: Series Maior 100*), 233–301.

Wiese, Richard (1996, 2000²): *The Phonology of German*. Oxford: University Press.

Willberg, Hans Peter (2000): *Typolemik. Streiflichter zur Typographical Correctness*. Mainz: Hermann Schmidt Verlag.

Willberg, Hans Peter (2001): *Wegweiser Schrift. Erste Hilfe für den Umgang mit Schriften. Was passt – was wirkt – was stört*. 2. Auflage. Mainz: Hermann Schmidt Verlag.

Willberg, Hans Peter/Forssman, Friedrich (2001): *Erste Hilfe in Typographie. Ratgeber für Gestaltung mit Schrift*. 3. Auflage. Mainz: Hermann Schmidt Verlag.

Willberg, Hans Peter/Forssman, Friedrich (2005): *Lesetypographie*. 4., komplett überarbeitete und erweiterte Auflage. Mainz: Hermann Schmidt Verlag.

Wolf, Norbert Richard (2000): Texte als Bilder. In: Fix/Wellmann (Hrsg.) (2000), 289–305.

Wrobel, Arne (2000): Phasen und Verfahren der Produktion schriftlicher Texte. In: Brinker, Klaus et al. (Hrsg.): *Text- und Gesprächslinguistik. Ein internationales Handbuch zeitgenössischer Forschung*. 1. Halbband. Berlin/New York: de Gruyter, 458–471.

Zabel, Hermann (Hrsg.) (1987): *Fremdwortorthographie. Beiträge zu historischen und aktuellen Fragestellungen*. Tübingen: Niemeyer.

Ziegler, Arne/Dürscheid, Christa (Hrsg.) (2002): *Kommunikationsform E-Mail*. Tübingen: Stauffenburg (= *Textsorten* 7).

Zimmer, Dieter E. (1997): *Die Elektrifizierung der Sprache*. München: Heyne (überarbeitete Taschenbuchausgabe).

Zimmer, Dieter E. (1997): Schone Gruse aus dem Netz. Über die rechte Schreibung in der E-Mail. In: ders.: *Deutsch und anders. Die Sprache im Modernisierungsfieber*. Reinbek bei Hamburg: Rowohlt, 272–292.

Zimmer, Dieter E. (2000): *Die Bibliothek der Zukunft. Text und Schrift in den Zeiten des Internet*. Hamburg: Hoffmann und Campe.

Sachregister

Studienbücher zur Linguistik

V&R

Band 1: Klaus Bayer
Argument und Argumentation
Logische Grundlagen der Argumentations-
analyse

1999. 249 Seiten mit zahlreichen Grafiken und
Schautafeln, kartoniert. ISBN 3-525-26505-0

Band 2: Utz Maas
Phonologie
Einführung in die funktionale Phonetik des
Deutschen

2., überarbeitete Auflage 2006. 392 Seiten mit
zahlreichen Abb. und Schautafeln, kartoniert
ISBN 3-525-26526-3

Band 3: Christa Dürscheid
Syntax
Grundlagen und Theorien

3. unveränderte Auflage 2000. 242 Seiten,
kartoniert. ISBN 3-525-26515-8

Band 4: Jens Runkehl / Torsten Siever
Linguistische Medienanalyse
Einführung in die Analyse von Presse, Radio,
Fernsehen und Internet

2007. Ca. 250 Seiten, kartoniert
ISBN 3-525-26528-X

Band 5: Marcus Hernig
Deutsch als Fremdsprache
Eine Einführung

2005. 269 Seiten, kartoniert
ISBN 3-525-26522-0

Band 6: Christina Gansel /
Frank Jürgens
**Textlinguistik
und Textgrammatik**
Eine Einführung

2002. 249 Seiten mit 38 Figuren, kartoniert
ISBN 3-525-26519-0

Band 8: Christa Dürscheid
**Einführung
in die Schriftlinguistik**
Grundlagen und Theorien

3., überarbeitete und ergänzte Auflage 2006.
319 Seiten mit 31 Abb., kartoniert
ISBN 3-525-26516-6

Band 10: Peter Schlobinski
Grammatikmodelle
Positionen und Perspektiven

2003. 268 Seiten mit zahlreichen Abb.,
kartoniert
ISBN 3-525-26530-1

Band 11: Michael Dürr /
Peter Schlobinski
Deskriptive Linguistik
Grundlagen und Methoden

3., überarbeitete Auflage 2006.
301 Seiten, kartoniert
ISBN 3-525-26518-2

Vandenhoeck & Ruprecht